진화사고

Originally published in Japan by Ama no Kaze Korean Translation Copyright © 2023 by Next Wave Media Korean edition is published by arrangement with Ama no Kaze through BC Agency.

살아남는 콘셉트를 만드는
생각 시스템

進化思考

EVOLUTIONAL CREATIVITY
Creating a Surviving Concept: 'Mutation & Selection'

진화사고

다치카와 에이스케 지음 | 신희라 옮김

EISUKE TACHIKAWA

흐름출판

창조란 무엇인가

우리는 그 의미를 제대로 이해하고 있는가

한국 독자들에게

《진화사고》를 선택해준 모든 분들에게 감사 인사를 전합니다. 이 책이 한국에서 출판된다니, 나에게 무척이나 특별한 사건입니다. 이는 나의 유년 시절과 연결된 일이어서 잠시 예전 이야기를 풀어보고자 합니다.

나는 한국과 함께 자랐습니다. 열세 살 때쯤 아버지가 재혼한 분이 바로 한국분이셨습니다. 내 여동생에게는 한국과 일본의 피가 흐릅니다. 어린 시절, 김밥이나 부대찌개, 소꼬리를 고아 만든 곰탕 등 어머니가 해주신 한국 음식을 먹으며 자랐습니다. 첫 해외여행도 자연스레 한국으로 다녀왔습니다. 나에게 한국은 유년기의 추억이자, 제2의 고향입니다.

그러나 경제적인 사정으로 부모님이 이혼하면서 어머니와 왕래가 끊겼습니다. 하지만 다정했던 어머니를 잊은 적이 없습니다. 언젠가 어머니를 다시 만나는 일은 우리 남매의 인생 과제이기도 합니다. 이러한 연유로 한국어판 출간은 내게 매우 뜻깊은 일입니다.

한국을 가까이 느끼며 자란 만큼, 한국과 일본의 갈등을 지켜보면서 가슴앓이를 해왔습니다. 불행한 역사의 벽을 넘으면 우리는 상당히 닮은 모습을 지닌 친구이자 마음속 깊은 곳에서는 서로 존중하고 있는 사이라고 믿습니다. 한국 사회와 일본 사회, 그리고 그 안에서 살아가는 사람들의 상황 역시 닮은 점이 많습니다. 학벌주의 교육과 창조성의 단절, 성숙한 선진국으로 남기 위한 수많은 노력, 급속도로 발전하는 아시아 여러 나라와의 관계, 저성장에 따른 침체, 이에 따라 발생하는 격차와 불합리 등 양국 시민들은 비슷한 도전과 어려움에 직면해 있습니다. 그래서인지 우리 모두는 생떼를 부리듯이 창의력을 요구하는 사회에서 살아가고 있습니다. 정작 창의력을 어떻게 개발하고 끌어내야 하는지 모른다는 것도 두 사회의 공통점이라 하겠습니다.

본문에서 재차 말하겠지만 창조성은 타고나는 것이 아닙니다. 재능의 영역으로 치부한 채 지레 포기할 필요가 전혀 없습니다. 누구나 진화라는 자연의 지혜에서 창조의 설계법을 배울 수 있습니다.

여러분 앞에 놓인 장애물을 뛰어넘고 싶다면 이 책에서 소개할 진화의 구조가 해답이 되어줄 겁니다. '우연한 변화 속에서 나타나는 다양한 선택지'와 '관찰을 통해 필연을 찾아내는 신중함'은 아무리 어려운 문제라도 해결하는 데 도움이 될 것입니다. 변이와 선택의 나선을 돌리다 보면 살아남는 콘셉트, 팔리는 아이디어, 끌리는 공간을 창조할 수 있습니다.

《진화사고》가 한국 독자들을 깨달음으로 이끌어 새로운 길을 여는 데 보탬이 되기를 진심으로 바랍니다.

들어가며

레오나르도 다빈치가 그린 〈인체 비례도〉, 18세기 일본 화가 이토 자쿠추의 〈수탉〉을 가만히 들여다본다. 칙 코리아의 대표곡 〈리턴 투 포에버〉에 귀를 기울인다. 안토니오 가우디가 설계한 사그라다 파밀리아의 공간에 압도된다. 이해할 수 없다. 어떻게 이런 경이로운 작품을 창조할 수 있을까? 아무리 생각해도 인간의 작품이라고 받아들이기 힘들다. 이내 깨닫는다. 이 사람들은 천재구나. 나 같은 사람은 그들의 발끝에도 미치지 못할 평범한 존재구나.

비행기를 완성한 라이트 형제나 가솔린 자동차를 발명한 칼 벤츠, 인쇄기를 발명한 요하네스 구텐베르크, 컴퓨터를 개발한 폰 노이만 등 역사를 바꿔놓은 발명가들 역시 창조의 천재였기에 그런 물건을 만들어낼 수 있었다. 나와는 다른 사람이라는 사실을 절감하게 된다.

그런데 창조성이란 진정 그런 것일까?

천재만이 창조적인 것을 만들 수 있을까?

나도 당신도 그렇게 포기해야만 할까?

인간은 누구나 창조성을 발휘할 힘을 가지고 있다. 다만, 창조성의 구조나 창조성을 키우는 방법을 알지 못할 뿐이다. 의자를 설계하는 방법이나 음식 조리법같이 무언가 만드는 방법은 배운 적이 있을 테지만 창조성의 체계를 배운 사람이 있을까? 창조성에 확실한 구조가 있으며, 그 구조를 체계적으로 익힐 방법이 있다면 어떨까? 그렇다면 창조는 누구라도 도전해볼 만한 과제가 될 것이다.

창조는 불가사의한 현상이다. 무수히 많은 생물 중에서 오직 인간만이 압도적인 창조성을 발휘하는 이유는 무엇일까? 우리도 자연의 일부이기 때문에 창조 역시 자연 현상일 수밖에 없다. 이와 비슷한 자연 현상은 없을까?

그러다 문득 떠올랐다. 자연계에는 창조와 닮은 현상이 하나 존재한다. 바로 진화다. 인간의 창조성을 '다양한 형태가 작동하도록 만드는 과정'이라고 설명한다면 진화는 이에 정확히 부합한다. 그렇다면 진화의 관점에서 창조의 신비를 풀어낼 수 있지 않을까? 이런 생각을 거치며 나는 진화에 매달렸다. 20년 가까이 창조의 구조와 생물의 진화에 대해 끊임없이 생각을 쌓아 올리다가 비로소 '진화사고'라는 개념을 정립하게 됐다.

이 책에는 살아남는 콘셉트를 만드는 생각 시스템, 진화사고의 체계와 여기에 이르기까지의 탐구 과정, 그리고 그 연습법이 정리되어 있다. 창조를 둘러싼 지식의 구조를 파헤쳐 수많은 이로 하여금 창조성을 발휘하게 하는 것이 내 바람이다. 이 책이 앞으로 문명이 직면할 각종 과제를 창조적으로 해결하려는 이들에게 나침반이 되길 바란다.

CONTENTS

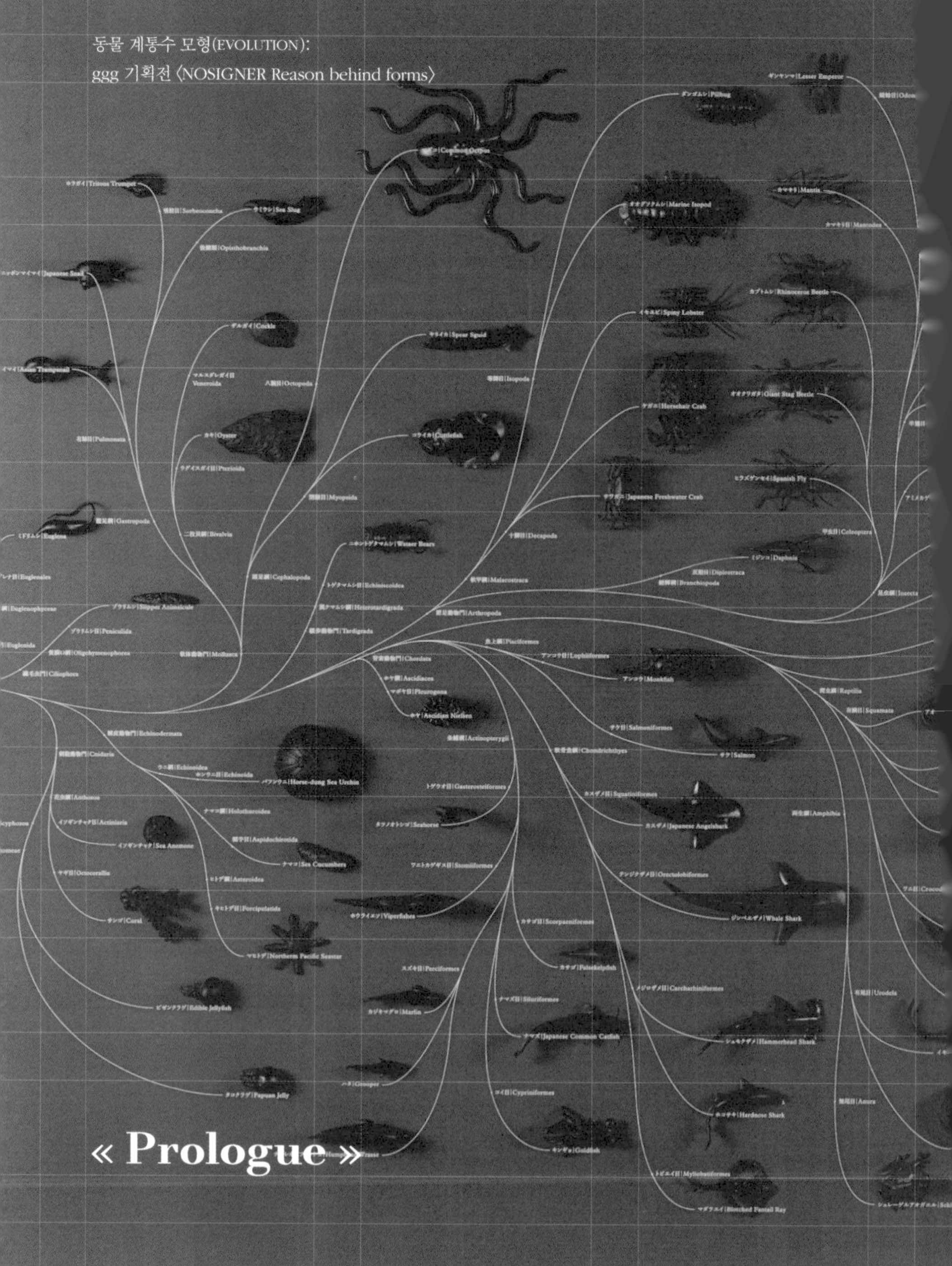
동물 계통수 모형(EVOLUTION):
ggg 기획전 〈NOSIGNER Reason behind forms〉
« Prologue »

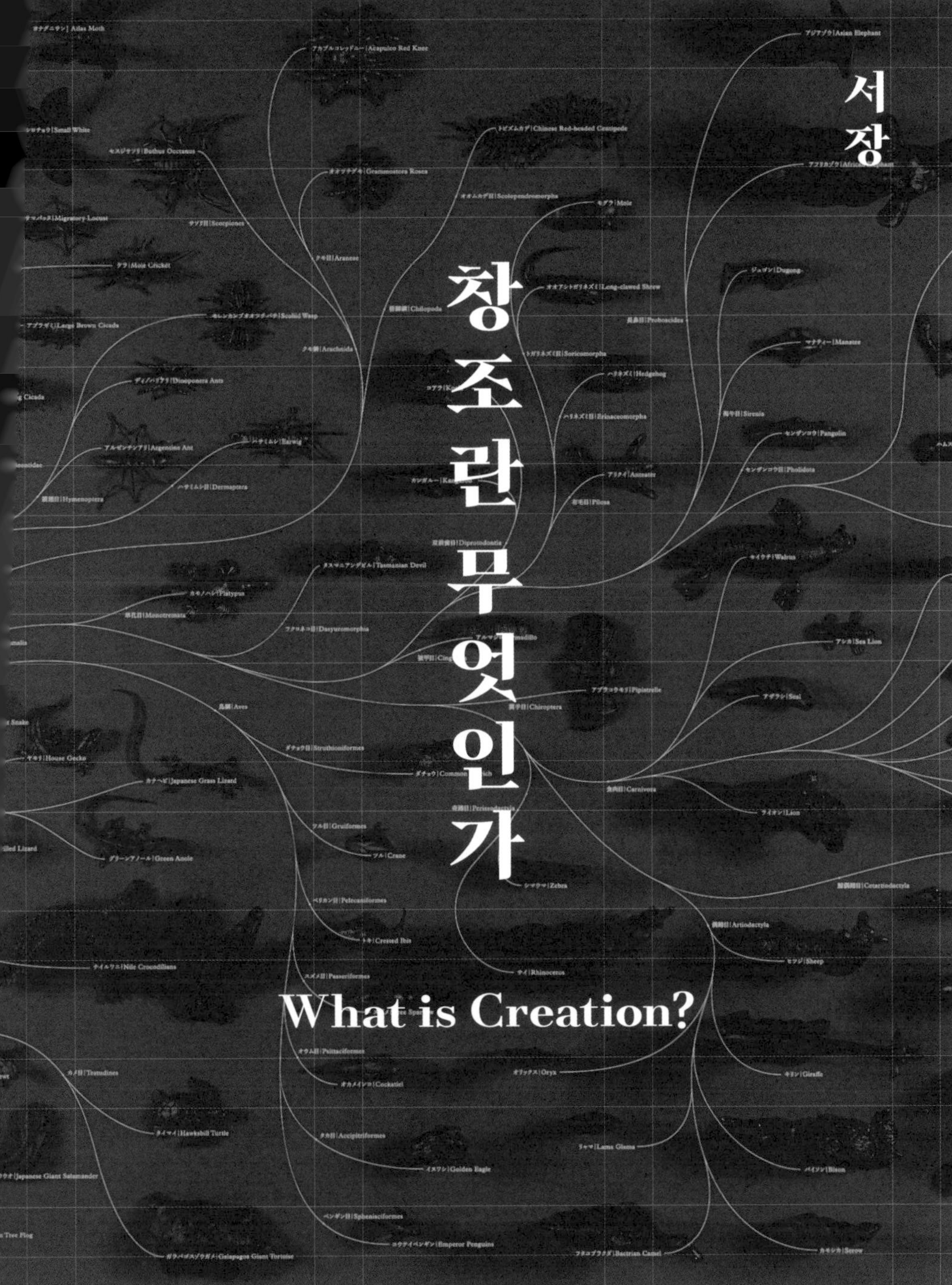

서장

창조란 무엇인가

What is Creation?

창조와 관계 사이

20년 전, 대학원생이던 나는 건축 디자인에 푹 빠져 있었다. 건물의 형태를 구상하는 일이 즐거웠다. 모형이나 컴퓨터 그래픽으로 멋진 디자인을 만들어내려고 밤샘 작업도 마다하지 않았다. 건축은 사람을 끌어당기는 마력이 있어서 나처럼 건축에 중독된 학생이 수두룩했다. 그러던 어느 날 이런 의문이 머릿속에 떠올랐다.

창조란 도대체 무엇인가?

나는 그 의미를 제대로 이해하고 있는가?

뜬금없으면서도 진부한 질문처럼 들릴지도 모르겠다. 사전에서는 창조를 '새로운 것을 만드는 일'이라고 설명한다. 그 정도는 알고 있었다. 창조에는 '신이 우주 만물을 만드는 일'이라는 의미도 있다. 이 두 가지 의미가 한 단어에 담겨 있다는 사실이 신기했다. 신의 존재는 제쳐두더라도 나는 무언가를 만드는 힘, 즉 창조성에 깊은 흥미가 일어났다.

우리는 평소 그다지 깊이 생각하지 않고 창조라는 단어를 입에 올린다. 애초에 인간에게는 어째서 물건을 만드는 능력이 있는 걸까? 끊임없이 무언가를 만들어낸다고 해서 제대로 창조하고 있다고 할 수는 없다. 나는 창조를 잘하고 싶지만, 창조에 대해 아무것도 모른다는 사실을 깨닫게 됐다. 창조라는 현상을 제대로 설명하려고 할수록 갈피를 잡을 수 없었다. 나는 건축 디자인을 '창조'하고 싶었다. 그런데 겉모습이 멋진 건물을 짓기만 하면 그것을 훌륭한 창조라고 할 수 있을까? 어쩌면 커다란 착각에 빠진 채 창조라는 현상에서 중요한 요소를 놓치고 있는 것은 아닐까? 문득 그런 불안감이 뇌리를 스쳤다. 지금 돌이켜 생각하면 이때의 불안이 내 인생의 전환점이었다.

불안을 느꼈던 시기는 여러 건축물을 견학하러 다니던 때였다. 대학원생이었던 만큼 책이나 자료에서 유명한 건축물을 무수히 봐왔다. 당시 나는 우수한 건축 디자인이란 한 번도 본 적 없는 '새로운 형태'로 귀결된다고 믿었다. 그러나 현장에 나가 그동안 동경했던 기발한 건물을 보는데도 어떠한 감흥도 느껴지지 않았다. 반면 전혀 기대하지 않았던 건물에서 새로운 아름다움을 발견하고 감동하기도 했다. 즉, 미디어를 통해 보는 멋진 디자인과 현장에서 오감으로 느끼는 훌륭함 사이에는 커다란 간극이 있었다. 눈에 보이지 않는 '관계'가 나와 건축 디자인 사이에 존재했던 것이다.

생활 곳곳에 존재하는 관계성은 어떻게 생각해도 디자인의 정의나 평가와 밀접하게 연관되어 있다. 아무리 눈길을 끄는 의자라도 앉자마자 엉덩이가 아프다면 관계가 뛰어난 디자인이라고 할 수 없다. 반대로 사람과의 관계성이 좋다면 몇백 년 동안 사랑받기도 한다. 보이지 않는 이런 차이의 정체는 무엇일까. 이에 대해 생각하면서 디자인은 형태보다 관계가 중요하다는 사실을 점점 깨닫게 되었다. 이런 과정을 거치면서 디자인이란 '형태를 바탕으로 아름다운 관계를 만들어내는 일'이라고 내 나름대로 정의하게 되었다.

젓가락 하나에도 관계성의 디자인이 녹아 있다. 벽에 걸린 포스터에도, 실내의 온도에도 마찬가지다. 겉으로 보이는 모습 뒤 곳곳에는 관계성이 자리하고 있고 이것이 건물의 좋고 나쁨을 결정한다면 건축 디자인은 어디부터 어디까지의 작업을 가리키는 것일까. 나는 건축가가 되고 싶었지만, 어디에서 무엇부터 시작하면 좋을지 전혀 감을 잡을 수 없었다.

관계성이 좋은 디자인의 본질이라는 사실을 깨달은 뒤, 독특한 형태를 장점으로 내세운 건물에서는 깊은 의미를 느낄 수 없었다. 새로운 형태만으로는 부족했다. 진정 훌륭한 디자인은 사람과 사물 사이에 새로운 관계를 만들어낸다. 그런데 아직 젓가락 하나 만들 자신도 없는 내가 건물 같은 거대한 구조를 설계할 수 있을까? 관계성을 만들어야 한다는 것은 알지만, 애초에 무엇을 어떻게 해야 할지 알 수 없어서 모든 게 뜬구름 잡는 이야기 같았다. 그렇게 나는 대학원을 휴학하고 잠시 멈추어 고민해보기로 했다.

그러면서 건축가라는 존재는 오래전부터 '인간과 사물 간의 새로운 관계를 만드는 사람'이고 '특정 영역에 구애받지 않고 종횡무진 활약하는 사람'이라는 사실을 깨달았다. 다재다능한 천재라고 일컬어지는 레오나르도 다빈치와 가장 오래된 피라미드를 설계한 임호테프는 의사였다. 20세기를 대표하는 건축가를 살펴보더라도 르 코르뷔지에는 화가이자 편집자, 도시 계획가였고, 미스 반 데어 로에는 가구 디자이너이면서 교육자인 동시에 발명가였다. 임스 부부는 사업가이자 엔지니어였고 과학 커뮤니케이터에 영상 디렉터까지 다양한 분야를 섭렵했다. 뛰어난 창조성을 발휘해온 디자이너들에게는 지금처럼 전문적으로 세분된 형태의 건축 디자인이 아니라 창조성을 발휘하기 위한 기술과 사고가 있을 뿐이다. 나에게는 그 사실이 한 줄기 빛처럼 느껴졌다. 한때 통합적 창조성을 발휘해온 직업들은 도대체 어디로 사라져버린 걸까. 과거 위인들이 이룩해온 통합적 창조를 본보기 삼아 우리 미래에 '관계'를 만들어낼 디자인과 발명을 이루기 위해서는 어디부터 시작하면 좋을까.

디자인의 분업화는 고도 성장기 이후에 나타났다. 그때부터 디자인 영역은 크게 축소되어 사회운동으로서의 저력을 잃어버렸다. 디자인뿐만 아니리라. 온갖 분야가 세분화되면서 그 역할이 축소되었다. 좁은 전문 분야에만 집중하다 보면 자기 업무 영역이라고 생각하는 범위가 축소되고 결국 전문 분야의 혁신마저 어려워진다. 여러 영역에 걸친 딜레마를 해결하는 일은 타인의 손에 맡기고, 사회 문제는 정치인 몫으로 치부해버리기도 한다. 전문 분야의 분업화는 문과, 이과 같은 단어에서도 엿볼 수 있다. 나뉨으로 인해 이제껏 알려지지 않았던 새로운 발상이나 물건을 창조할 수 없게 된 것은 물론, 안으로든 밖으로든 영향력을 잃어버렸다. 상황이 이런데도 우리는 모든 전문 분야의 기반에 자리한 창조성을 학습하는 것을 시작부터 포기하고 있다.

나는 건축 디자인이라는 전문 분야에서 벗어나 창조라는 현상 그 자체를 분석하고 싶다는 생각에 휩싸였다. 사소한 것부터 시작해도 좋으니 관계를 담는 형태를 제대로 디자인할 능력을 갖추고 싶었다. 그렇게 나는 '통합적 창조성을 발휘하는 디자이너'를 목표로 삼게 되었다.

창조의 본질을 둘러싼 수수께끼

창조라는 현상을 이해하려는 시도는 뜬구름을 잡는 일 같다. 그러나 창조의 흔적은 우리 일상 여기저기에서 발견할 수 있다. 주위를 한번 돌아보자. 마루, 벽, 창문, 조명, 의자, 탁자, 전화기, 문, 열쇠 등 다양한 물건이 보일 것이다. 자연물이 아닌 이러한 사물은 예외 없이 누군가가 창조한 디자인을 바탕으로 만들어진 결과물이다.

건축가나 디자이너만 창조성을 발휘하는 것은 아니다. 파나소닉의 창업자인 마쓰시타 고노스케도, 혼다 모터스의 창업자인 혼다 소이치로도 처음 사업을 시작할 때는 직접 도면을 그렸다. 괴테는 시와 소설을 쓰는 한편 과학자와 정치가로서도 활약했다. 이들에게는 역할 분담이나 문과와 이과의 구분 같은 것은 애초 존재하지 않았다. 이들은 단지 창조했을 뿐이다.

창조는 때때로 그 주인이 누구인지 따질 수 없기도 하다. 우리는 누가 만들었는지도 모르는 물건들에 둘러싸여 있다. 전구를 발명한 토머스 에디슨이나 전화를 발명한 그레이엄 벨같이 발명가가 누구인지 알려진 물건도 있지만 벽, 기둥, 문, 열쇠 같은 기본 요소에 이를수록 그 창조자를 알기란 쉽지 않다. 아니, 이러한 '누군가'가 실제로 존재하는지도 의문이다. 지금 우리 생활을 구성하는 사물들은 이름을 알 수 없는 수많은 사람들의 창조가 연쇄적으로 이어지면서 꾸준히 개선되어 온 결과다. 누가 만들었는지도 모른 채 그 물건을 또 다른 누군가가 개선한다. 그러한 반복이 세계를 이루어왔다는 사실이, 창조는 특정 개인에 의해 이루어진다는 우리의 믿음을 뒤흔든다.

창조는 단순히 물리적인 세계를 구성하는 데 그치지 않는다. 창조라는 행위 자체는 우리 마음과 직결된 것처럼 보인다. 그림 그리기를 좋아하는 아이나 요리를 좋아하는 고등학생, 기타 연주가 삶의 즐거움인 아저씨 혹은 도예나 조각, 프라모델 조립 같은 취미를 위해서 거금을 쏟아붓는 수많은 이들의 모습에서 알 수 있듯이 창조의 목적은 편리한 생활을 도모하는 데 그치지 않는다. 오히려 인간은 창조에서 행복을 찾아내는 것처럼 보인다.

기업의 창업자나 투자가가 평생 쓰지 못할 정도의 부를 쌓고 나면 으레 하는 일이 있다. 건축가와 아름다운 집을 설계하거나 예술품을 수집해 미술관을 세우거나 자신과 관련 있는 분야의 박물관을 열거나 학교를 설립한다. 이렇듯 인간은 경제적 자유를 획득하더라도 창조를 그만두지 않는다. 창조는 인간의 근원적인 욕구 중 하나로, 우리는 창조라는 행위를 때로 살아가는 목적으로까지 승화시킨다. 이처럼 창조는 세계와 마음 양쪽에 깊은 영향을 미치며 우리 삶에 밀접하게 연관되어 있다. 그런데도 우리는 창조라는 현상을 확실하게 이해하고 있는 것처럼 보이지 않는다.

창조란 무엇인가? 창조에는 수많은 수수께끼가 따라다닌다. 무작정 탐구를 시작한 내 앞을 몇 가지 '창조의 본질을 둘러싼 수수께끼'가 가로막았다. 이러한 수수께끼를 탐구한 인물은 나뿐만이 아니었다. 소크라테스, 플라톤부터 현대 철학자에 이르기까지 끊이지 않고 탐구해온 수수께끼에 나 역시 부딪히게 된 것이다. 이 책에서 탐구해보려는 목적지를 다시 한번 지도에 기록해두기 위해서 나에게 찾아온 여섯 가지 수수께끼를 적어보겠다.

질문 하나, '아름다움'이란 무엇인가

인간은 어디에서 아름다움을 느낄까? 아름다움이 필요한 이유는 무엇일까?

창조를 이야기할 때 빠지지 않고 언급되는 질문이 바로 '아름다움(美)'이라는 개념이다. 아름다움은 그 하나만으로 학문 분야가 성립할 만큼 지극히 난해한 개념이다. 디자이너나 아티스트, 공예가 등 창조적인 직업인들에게 아름다움은 창조의 궁극적인 목적 중 하나이다. 디자이너와 사용자는 '좋은 형태'라는 상황을 무의식적으로 공유하는데, 좋고 나쁨을 평가하는 데는 명확한 이유가 없다. 사실 아름다움을 정의하기란 무척 어렵다. 하지만 우리에게 아름다움에 관한 공통된 감각이 있는 만큼 마냥 불가능한 일은 아니다. 그 기준은 설명하기 어렵지만 확실하게 존재한다.

디자인을 전공하는 학생들은 어떻게 하면 '좋은 형태'를 만들 수 있는지 이해하는 데 오랜 시간을 쏟는다. 이는 처음 자전거 타기를 배우는 것과 비슷한데 어느 날 갑자기 저도 모르게 깨달음이 찾아와 아름다운 형태를 만들어낼 수 있게 된다. 그전까지는 왜 할 수 없었는지 알지 못하고, 완성된 형태가 어째서 '아름다운 형태'인지도 설명하지 못한다. 나아가 생리적으로 아름답지 않다고 느낀 사물이 닿는 것만으로도 혐오감을 느끼기도 한다. 이러한 기준을 깨닫는 과정을 '눈을 키운다'라고 표현하기도 한다.

그렇다면, '좋은 형태'의 기준이 되는 아름다움의 본질이란 과연 무엇일까?

질문 둘, '발상의 강도'란 무엇인가

어떤 아이디어가 강력한 아이디어일까?

창조에는 이런 의문이 반드시 따라온다. 이를 '발상의 강도'라는 단어로 표현하기도 한다. 디자인, 예술, 나아가 경영 같은 창조적 활동에서는 발상, 즉 아이디어가 핵심인 경우가 많다. 그 아이디어가 강력한지 약한지에 대한 논의는 항상 콘셉트를 만드는 단계에서 일어난다.

창조에는 아름다움 같은 '표현의 질' 뿐만 아니라 '발상의 강도'라는 또다른 평가 기준이 있다. 이 기준은 아름다움과 다르게 형태로 드러나지 않기 때문에 애매하고 파악하기 힘들다. 하지만 역사에 남는 훌륭한 창조는 반드시 강력한 아이디어를 내포하고 있다. 발명이나 사업으로 눈을 돌리면 창조성이라는 단어가 곧 '강력한 아이디어'를 가리켜왔다는 사실을 알게 된다.

아이디어를 내는 일이라고 하면 디자이너나 아티스트, 영화감독, 연구자, 발명가 등이 떠오르지만 실제로 아이디어는 직종과 상관없이 모든 종류의 업무와 관련되어 있다. 강력한 아이디어를 내는 데는 전문성과는 다른 비법이 있으며 뛰어난 아이디어 메이커의 사고 배경에는 무엇인가 공통적인 시스템이 있는지도 모른다.

질문 셋, '관계'를 어떻게 받아들일 것인가

복잡하게 뻗어 나가는 연결을 이해할 수 있을까?

훌륭한 창조물을 만들어내려면 형태의 아름다움 혹은 발상의 강도뿐 아니라 창조가 이뤄지는 주변의 관계를 이해하는 힘도 꼭 필요하다. 사물을 기능하게 하려면 사용자와의 관계를 면밀히 고려하고 관련된 주변 지식을 세밀하게 알고 있어야 한다. 주변의 제약 요인을 이해하고 관계를 파악하는 힘이 필요하다. 방문하는 장소가 바뀌면 입는 옷이 달라지는 것처럼 좋고 나쁨을 결정하는 것은 사물 자체가 아니라 주위와의 관계성이다.

관계를 파악하는 기술은 디자이너, 연구자, 경영자뿐만 아니라 다양한 업종에 종사하는 모든 사람들에게 꼭 필요한 능력이다. 이 역시 학교에서는 배울 수 없다. 그러나 우리가 배우지 못했을 뿐, 이를 파악하는 프로세스에는 공통적인 규칙이 있다. 문화인류학의 에스노그라피(ethnography, 참여관찰이나 심층면담 등을 통해 집단의 특성을 파악하는 문화인류학의 조사기법－편집자주)와 잡지 인터뷰가 닮은 것처럼 생물의 먹이사슬과 드라마의 인물관계도도 비슷한 구조를 갖추고 있다. 복잡한 관계성을 분해해서 세세하게 이해하는 일은 수학의 인수분해와 비교되기도 한다. 세상 속 관계를 이해하는 방법은 수없이 많지만, 그중 대부분에는 몇 가지 공통적인 패턴이 있다. 이처럼 관계를 고찰하기 위한 기술에는 특정한 사고 형태가 있다. 이러한 관계를 어떠한 사고법으로 파악하면 좋을까?

질문 넷, '진정 만들어야 하는 것'은 무엇인가

물건이 넘쳐나는 시대, 창조에는 어떤 의미가 있을까?

더욱 넓은 의미에서 창조를 인식해보자. 끊임없이 물건이 쏟아지는 시대다. 계속해서 새로운 물건을 만들 필요가 있을까? 이 역시 창조를 마주할 때 피할 수 없는 근본적인 의문이다.

진정 가치 있는 무언가를 만들려면 그것이 우리에게 왜 필요한지 본질적인 이유를 찾아내는 과정이 중요하다. 창조의 목적은 질문의 답을 찾는 방법보다도 목적에 관한 질문 그 자체에서 드러난다. 무엇을 위해 만드는가? 때로는 답변이 준비되지 않았는데도 새로운 질문에 의해 사회가 먼저 움직이기도 한다.

SF 영화에 등장하는 미지의 창조물이 현실 사회의 변화를 불러오듯 이런 질문으로 대중의 의식에 자극을 줌으로써 신기술의 출현이 빨라진 사례도 있다. 반대로 어떠한 질문도 하지 않으면 창조적인 답변을 준비할 기회 자체가 나중으로 미뤄져버린다. 본질적으로 지금 우리가 만들어야 하는 것은 무엇인가? 이러한 추상적인 의문을 던지는 창조성은 역사 속 사상가나 철학자의 영역에 가까워진다. 지금 진정 만들어야 하는 것은 도대체 무엇인가?

질문 다섯, '자연이 창조를 더 잘하는 이유'는 무엇인가

창밖을 내다보자. 가로수, 꽃, 새, 뭉게구름 등이 보일 것이다. 가로수는 자연물로, 아름다운 형태를 취하고 있을 뿐 아니라 그 잎은 빛을 에너지로 바꾸는 변환기 역할을 하고, 줄기는 물을 끌어 올리는 펌프 역할을 한다. 또한 열매를 통해 동물과의 공생 관계를 교묘하게 이용해 널리 자손을 퍼트린다.

디자이너는 경이로운 창조성을 느낄 수밖에 없다. 이러한 형태의 아름다운 관계는 자연계 도처에 셀 수 없이 다양하게 존재한다. 생물은 기본적으로 인간이 만들어낸 인공물보다도 훨씬 치밀하고 효율적인 구조를 형성하고 있다.

생물은 인공물의 디자인과는 전혀 다른 과정을 거쳐 발생하는데, 어째서 공통적인 창조성이 느껴지는 걸까? 여기에 인간의 창조성이라는 현상을 이해할 단서가 있을지도 모른다.

그림 0-1 기하학적인 아름다움을 보여주는 로마네스코 브로콜리

질문 여섯, 왜 인간만이 '창조하는 생물'인가

수많은 생물종 중에서 우리 인간만이 복잡한 도구를 만들 수 있는 이유는 무엇일까? '도구를 만드는 건 당연한 거 아니야?' 하고 생각할지도 모르겠다. 그러나 한번 생각해보길 바란다. 침팬지와 호모 사피엔스의 DNA는 98.77퍼센트 일치한다.[1)] 인간에 가까운 존재인 침팬지 역시 원시적인 도구는 만든다고 보고되고 있지만, 사람과 같은 수준으로 창조성을 발휘하지 못한다. 원숭이뿐 아니라 지구상에 존재하는 거의 모든 생물은 새로운 도구를 만드는 능력을 기준으로 보면 인간과 완전히 구분된다.

사실 우리 호모 사피엔스 역시 수만 년 동안 돌로 된 도구밖에 만들지 못하던 석기시대에 머물러 있었다. 그러다 약 3만 5000년 전부터 갑자기 의복이나 장신구 등 석기 이외의 도구를 폭발적으로 창조하기 시작했다. 어떤 계기로 인류는 갑자기 창조성을 폭발하게 된 것일까? 현생 인류는 아침 식사를 만들거나 교실에서 대화하거나 회사에서 업무를 기획할 때도 창조성에 기대어 살아가고 있다. 창조성은 이미 우리 생활과 떼려야 뗄 수 없는 중요한 능력이 됐다. 태고의 인류나 동물이 이렇게나 편리한 능력을 활용하지 못한 이유는 무엇일까. 우리는 도대체 어떻게 창조성을 획득하게 된 것일까.

창조성을 일깨우는 여행을 떠나자

창조를 탐구하는 와중에 이러한 근원적인 수수께끼가 나를 붙들고 놓아주지 않았다. 창조라는 현상은 생각할수록 그 심연을 드러내며 복잡성을 키워갔다.

도대체 창조란 무엇인가. 이러한 의문에서 시작해 창조성을 둘러싼 수수께끼를 철저하게 분석하려 했다. 처음의 목적은 디자이너로서 나 자신의 창조성을 갈고닦기 위한 탐구였다. 그러나 차차 이 문제가 우리 모두와 연관되어 있다고 생각하게 되었다. 창조성은 누구하고나 관련 있는 주제이지만, 심리적 콤플렉스가 되거나 재능의 문제라고 생각해 포기하기 쉽다. 어떻게 하면 이러한 좌절을 극복할 수 있을까? 누구나 창조적인 발상을 배울 방법이 있다면 얼마나 멋질까? 지구도 사회도 한계에 가까워진 시대에 미래는 문제투성이일 수밖에 없다. 새로운 해답을 끌어내려면 창조성이 반드시 필요하다.

어느 날 계산을 해봤다. 우리는 평생 몇 가지 프로젝트에 참여할까? 매년 20가지 새로운 프로젝트에 50년 동안 꾸준히 참여한다면 1000가지가 된다. 성실히 노력해왔다고 생각하지만 내 경우 성공적으로 수행한 프로젝트는 여태껏 수백 가지 정도가 고작이다. 만약 운 좋게 창조성 학습법을 전 인류가 공유했다고 가정해보자. 그래서 전 세계 인구의 1%가 평생 단 한 번, 미래에 도움이 되는 프로젝트를 실현한다면 어떤 일이 벌어질까?

전 세계 인구는 2050년경 90억 명에 달할 것으로 보인다. 그 1%에 해당하는 프로젝트라면 약 1억 가지의 새로운 가능성을 뜻한다. 1000가지와 1억 가지의 가능성은 비교도 안 된다. 이런 이유로 나는 내가 발견한 창조성의 구조를 모든 이들과 공유하고 싶다.

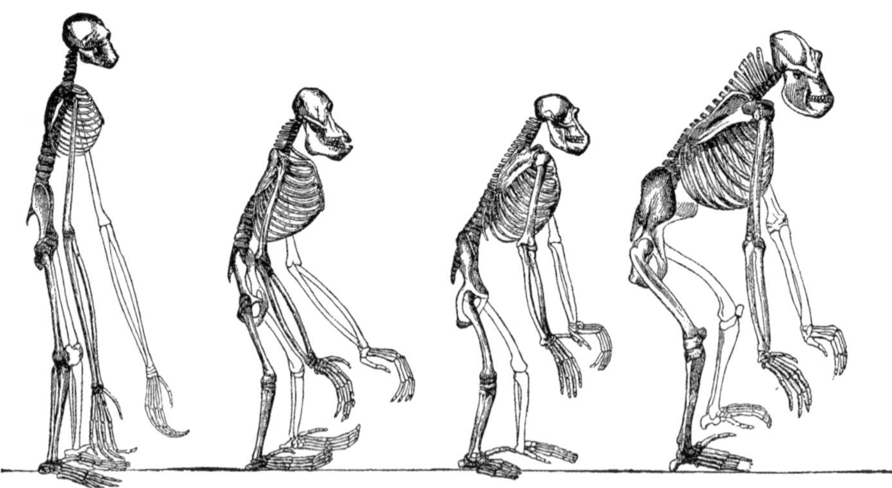

Fig. 204. (Cf. p. 181.) Gibbon.
Fig. 205. (Plate XIV. Fig. 3.) Orang-outang.
Fig. 206. (Plate XIV. Fig. 1.) Chimpanzee.
Fig. 207. (Plate XIV. Fig. 2.) Gorilla.

이제부터 창조성이라는 수수께끼를 풀어가는 여행을 떠날 것이다. 이 수수께끼의 문을 열 열쇠는 생물의 진화에 숨겨져 있다.

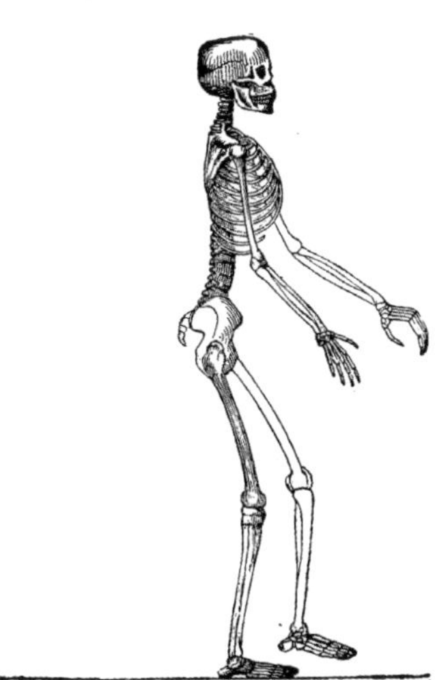

Fig. 208.
(Plate XIV. Fig. 4.)
Man.

그림 0-2 이렇게나 닮았는데도 영장류인 다른 생물과 다르게 인간만이 창조할 수 있는 이유는 무엇일까

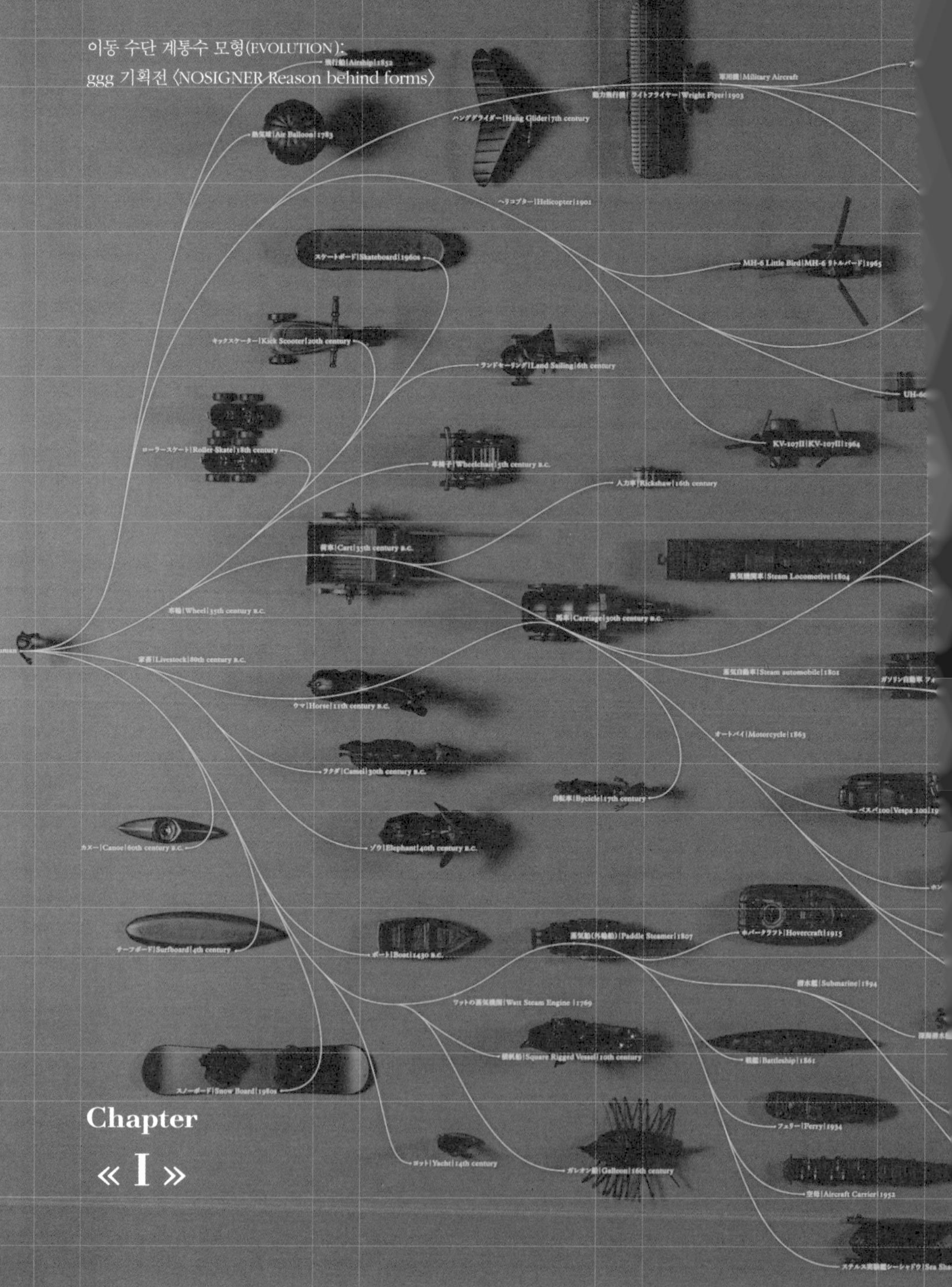
飛行船|Airship|1852
熱気球|Air Balloon|1783
ハンググライダー|Hang Glider|7th century
軍用機|Military Aircraft
動力飛行機|ライトフライヤー|Wright Flyer|1903
ヘリコプター|Helicopter|1901
スケートボード|Skateboard|1960s
MH-6 Little Bird|MH-6 リトルバード|1965
キックスケーター|Kick Scooter|20th century
ランドセーリング|Land Sailing|6th century
ローラースケート|Roller Skate|18th century
車椅子|Wheelchair|5th century B.C.
KV-107II|KV-107II|1964
人力車|Rickshaw|16th century
荷車|Cart|35th century B.C.
蒸気機関車|Steam Locomotive|1804
車輪|Wheel|35th century B.C.
馬車|Carriage|30th century B.C.
|Human
家畜|Livestock|80th century B.C.
蒸気自動車|Steam automobile|1801
ウマ|Horse|11th century B.C.
オートバイ|Motorcycle|1863
ラクダ|Camel|30th century B.C.
自転車|Bycicle|17th century
カヌー|Canoe|60th century B.C.
ゾウ|Elephant|40th century B.C.
蒸気船(外輪船)|Paddle Steamer|1807
ホバークラフト|Hovercraft|1915
サーフボード|Surfboard|4th century
ボート|Boat|1430 B.C.
潜水艦|Submarine|1894
ワットの蒸気機関|Watt Steam Engine|1769
横帆船|Square Rigged Vessel|10th century
戦艦|Battleship|1861
スノーボード|Snow Board|1980s
フェリー|Ferry|1934
ヨット|Yacht|14th century
ガレオン船|Galleon|16th century
空母|Aircraft Carrier|1952

이동 수단 계통수 모형(EVOLUTION):
ggg 기획전 〈NOSIGNER Reason behind forms〉

Chapter
« I »

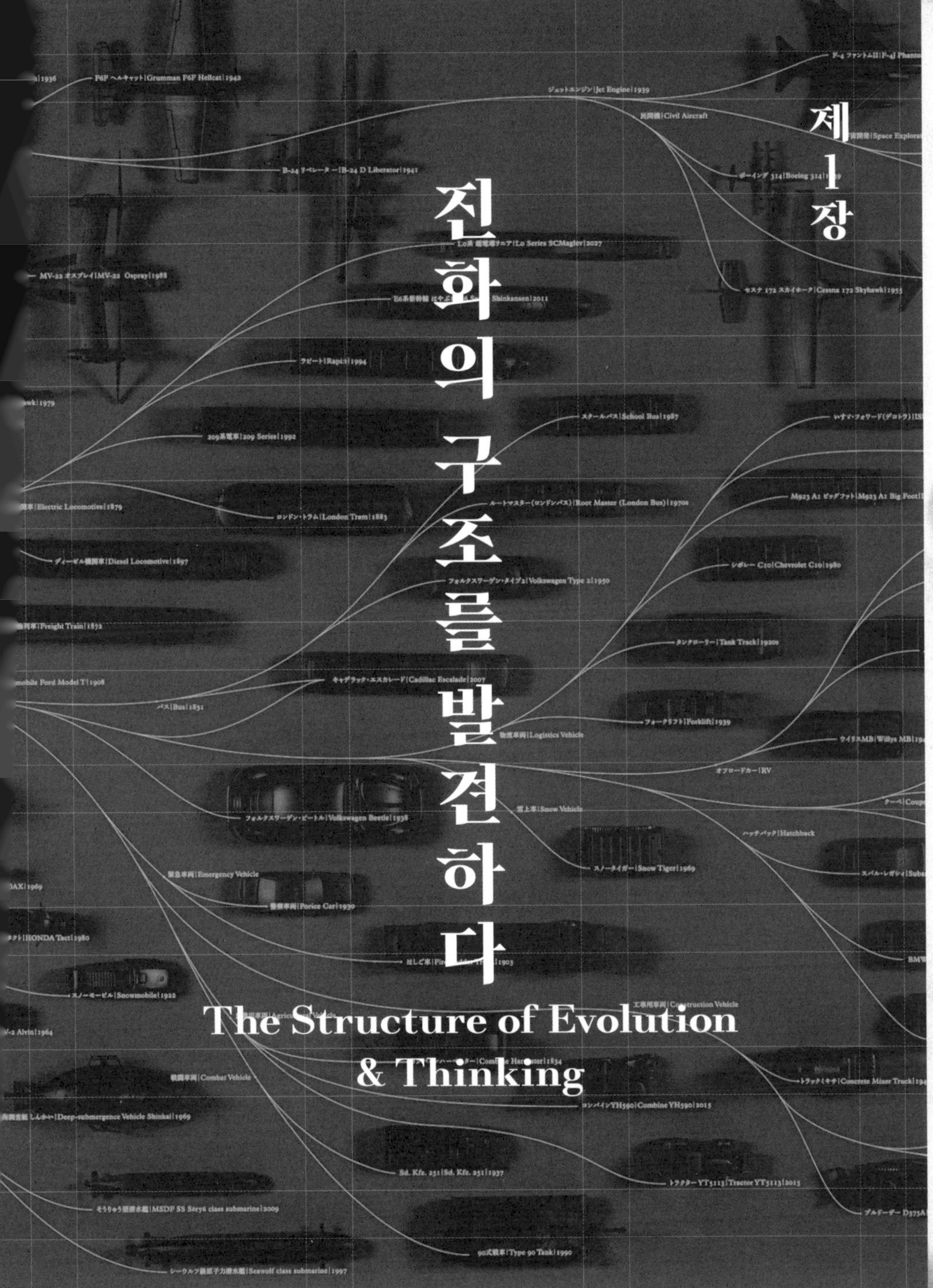

제 1 장

진화의 구조를 발견하다

The Structure of Evolution & Thinking

우리 뇌에는 광인과 수재가 함께 산다

IQ가 높으면 창조성도 뛰어날까

흔히 창조성은 선천적인 재능이자 능력이라고 여겨진다. '저 사람은 타고났다니까' 하고 지레 포기하는 목소리가 여기저기에서 들린다. 가능하다면 누구나 천재가 되고 싶을 것이다. 그런데 반드시 타고난 재능이 있어야만 뛰어난 창조성을 발휘할 수 있는 걸까? 일본에서는 특히 이렇게 생각하는 경향이 강하다. 일본 대학생 중 스스로 창조적이라고 생각하는 비율은 겨우 8%에 그친다는 조사 결과도 있다. 세상에는 타고난 사람과 타고나지 못한 사람이 있으며, 타고나지 않았다면 창조성을 포기해야만 하는 걸까?

천재의 창조성을 살펴보기 전에 천재의 판단 기준으로 널리 활용되는 지능지수(IQ)를 살펴보자. 노벨상급의 역사적인 발견을 한 과학자들의 IQ는 어느 정도일까. IQ가 가장 높은 사람은 컴퓨터 이론의 주춧돌을 마련한 폰 노이만으로 그 수치가 300에 달한다고 알려져 있다. 이 정도라면 확실히 이상치라고 할 수 있다. 하지만 수상자 중에는 IQ가 120 내외인 경우도 있는 등 노벨상 수상자의 IQ는 편차가 커서 지능만이 창조적 발견의 인자라고는 하기는 어려워 보인다.

IQ가 120 이상인 사람은 전체 인구의 5퍼센트, 20명 중 1명꼴이다. IQ가 창조성의 기준이라면 우리 주변에서도 노벨상 수상자 만큼은 아니더라도 중요한 발견을 하는 사람을 찾아볼 수 있어야 한다. 그러나 실제로 이런 이들은 쉽게 눈에 띄지 않는다. 게다가 노벨상 수상자의 인터뷰를 읽어보면 역사적인 발견이 우연히 이루어졌음을 강조하는 이들이 이상할 정도로 많다. 물론 이는 겸손의 표현일 수도 있지만 실제로 창조성은 상당 부분 타고나는 요소보다 우연성에 좌우되는지도 모른다.

과학자라면 보통 논리적인 분석이 필요하므로 IQ가 그 능력에 직결될 가능성이 크지만 과학자가 아니라면 어떨까? 창조성을 발휘하는 또 다른 직업인 예술가의 IQ도 살펴보자. 역사에 이름을 남긴 뛰어난 예술가 중에는 IQ가 높은 사람도 많으나 80 정도 되는 이들도 있다.

'IQ가 높으면 더 창조적인가?' 하는 질문의 답을 찾기 위해 멘사(IQ 130 이상인 사람이 가입할 수 있는 국제단체) 회원 중 창조적인 분야에서 일하는 사람이나 역사적인 발견을 한 사람의 숫자를 살펴봤지만 명백한 연관성을 찾아내기 어려웠다. 이 같은 사실을 종합해보면 창조성과 IQ 사이에는 우리가 생각하는 것만큼 깊은 관계가 없는 것으로 보인다.

물론 IQ로 규정할 수 없는 재능도 있다. 그러나 태어나면서부터 특별한 지능을 지닌 사람만이 창조성을 발휘할 수 있다고 단정 짓고 지레 포기할 필요는 없어 보인다. 이번에는 천재를 정반대 각도에서 살펴보자.

광인의 도전 정신, 수재의 관찰력

> 극도의 지혜는 극도의 심신미약과 마찬가지로 광기 어린 어리석음이라고 비난받는다. — 블레즈 파스칼[2)]

> 끊임없이 갈망하라. 우직하게 나아가라. — 스티브 잡스[3)]

천재를 설명하는 표현이나 천재의 발언에 주목해보자. 오래전부터 흔히 '바보와 천재는 종이 한 장 차이'라는 말을 하곤 했다. 천재의 광인성(狂人性)과 관련된 속설의 기원은 기원전 300년대 고대 그리스 시대까지 거슬러 올라간다. 우리는 역사상 등장한 천재들을 보며 유사 이전부터 현재에 이르기까지 '천재는 바보'라고 쭉 생각해왔던 듯하다. 그만큼 '바보 같음(광인성)'이 창조적 재능에 있어 중요했던 것일까? 붓다는 '어리석은 이가 자신을 어리석다고 생각한다면 그는 곧 현자라고 할 수 있다'라고 말했다.[4)] 바보라고 자각하는 데에서 찾아오는 지혜가 있는 것인지도 모르겠다. 창조적인 발상을 '비상식적인 아이디어', '엉뚱한 발상'이라고 말하기도 하는데 이러한 수식어도 바보를 떠오르게 한다. 광인성과 창조성 사이에는 어떤 관계가 있을까. 천재가 되는 것은 아무리 원해도 쉽지 않은 일이지만, 바보라면 누구나 될 수 있을 것 같다. 한 줄기 희망이 보이기 시작한다.

'바보와 천재는 종이 한 장 차이'라는 말은 왠지 험담 같기도 하고 우리 같은 범인의 질투 같기도 한데, 에디슨은 신문 인터뷰에서 이런 말을 한 적이 있다. "천재는 1퍼센트의 영감과 99퍼센트의 노력으로 만들어진다." 에디슨은 나중에 이 말을 영감이 중요하다는 의도를 표현하려던 것이라고 했는데, 수많은 천재가 탁월한 지식을 쌓으며 '노력'하는 사람들인 것도 사실이다. 위인전만 봐도 고생하면서 열심히 공부하고 연구에 몰두하는 장면이 종종 미담처럼 등장한다.

창조성이 희미한 영감에 대량의 땀과 노력을 더한 결과라는 점은 사실인 듯하다. 다만 조금도 낭만적인 구석이 없는 결론이다. 역시 바보 같은 영감만으로는 부족한 걸까? 충분한 지식과 경험을 쌓는 것으로 충분하다면 노력 여하에 따라 무엇이라도 할 수 있지 않을까? 지식을 열심히 쌓다 보면 일단 학문이라는 문이 열린다. 그러나 내가 경험한 학교 수업은 지식을 탐구하는 행위라기보다는 획일적인 고행에 가까울 뿐, 창조성과는 저만치 떨어져 있었다. 그리고 안타깝게도, 열심히 공부하고 시험 점수가 높은 것만으로는 천재적인 창조성을 손에 넣을 수 없다는 사실을 우리 모두가 이미 충분히 알고 있다.

젊은 시절에 에디슨의 조수로 일하다가 후에 라이벌이 된 천재 니콜라 테슬라는 노력하는 사람인 에디슨을 비꼬며 이렇게 말했다. "나라면 약간의 이론과 계산으로 그 노력을 90퍼센트는 줄일 수 있을 텐데, 동정을 금할 길이 없다."[5] 왠지 가슴이 아프지만, 안타깝게도 이 한마디에서 역시 한 가지 진실을 엿볼 수 있다.

천재를 둘러싼 바보-수재 논란은 역사 속에서 셀 수 없을 만큼 되풀이되어왔다. 천재란 '고독한 광인'인가 아니면 '노력을 아끼지 않는 수재'인가. 창조성의 본질이라고 일컬어지는 두 가지 자질을 조금 더 자세히 살펴보자.

여기에서 말하는 '광인성'이란 일반적으로 하지 않는 일을 하는 것, 즉 상식에서 벗어난 변이도를 가리킨다고 생각하면 된다. 반대로 '수재성'이란 상황을 파악해 적절한 선택을 하는 힘이라고 정의하자. 이러한 정의를 전제로 하면 전혀 상관없어 보이는 바보와 수재가 실제로는 상반된 것이 아니게 된다. 에디슨이나 테슬라처럼 '노력으로 쌓은 지식과 경험을 무기로 전례 없는 행동에 뛰어드는 사람'은 이 정의에 따라 말하자면 '수재적 광인'이며 두 가지 자질을 두루 갖추고 있다고 할 수 있다.

광인성이 미지를 향한 도전을 주저하지 않는 마음을 의미한다면, 이는 곧 새로운 변화에 대한 유연성(HOW)이라고도 바꿔 말할 수 있다. 수재성이 상황을 이해하는 힘이라고 본다면, 이는 곧 사물의 본질을 관찰하는 힘(WHY)이라고 할 수 있다. 두 가지 모두 창조성에서 빼놓을 수 없는 사고임은 틀림없다. '바보-변경-HOW'와 '수재-관찰-WHY'라는 양면적인 사고를 어떻게 다루는가에 창조적인 사고의 구조를 찾아낼 힌트가 있는 것인지도 모른다. 이들은 일견 서로 궁합이 잘 맞지 않는 조합처럼 보인다. 그러나 이 두 가지 사고를 모두 할 수 있는 방법을 알아낸다면 누구나 천재 같은 강력한 창조성을 발휘할 수 있게 되지 않을까?

창조성과 나이의 상관관계

심리학자 레이몬드 카텔은 사람의 지능에는 두 가지로 구분되는 성질이 있다고 주장했다. 각각의 지능을 '결정성 지능'과 '유동성 지능'이라고 불렀다.

결정성 지능이란 학교 수업이나 사회 규범 등 경험을 통해 배양되는 지능을 가리킨다. 유동성 지능이란 독창적인 아이디어를 떠올리거나 기존과 다른 방법으로 과제를 해결할 때 혹은 새로운 지식을 배울 때 활용하는 지능이라고 정의한다. 이 두 가지 지능은 내가 지금까지 지적해온 천재 안에 내재된 수재성과 광인성이라는 두 가지 성질에 호응하는 개념처럼 보인다.

카텔의 연구에 의하면 다음 페이지의 〈그림 1-1〉 같이 유동성 지능은 10대 때 활발하게 발휘되지만 20세 전후 정점에 이른 뒤 서서히 낮아진다. 반대로 결정성 지능은 경험이 쌓이고 나이를 먹을수록 점점 높아진다. 흥미로운 사실은 〈그림 1-2〉에서 볼 수 있듯이 유동성 지능 곡선이 범죄를 빈번하게 저지르는 연령을 조사한 '연령-범죄 곡선'과 거의 일치한다는 사실이다. 적어도 그래프상으로는 범죄를 일으키는 광인성과 유동성 지능 간에는 상관관계가 있어 보인다.

나이 들면서 우리는 위험을 무릅쓰지 않게 되는 대신 창조성을 일부 잃는다. 사회가 안정되어 상황의 목적(WHY)이 변하지 않는다면 결정성 지능을 갖춘 숙련자는 효율적으로 활약할 수 있을 것이다. 그러

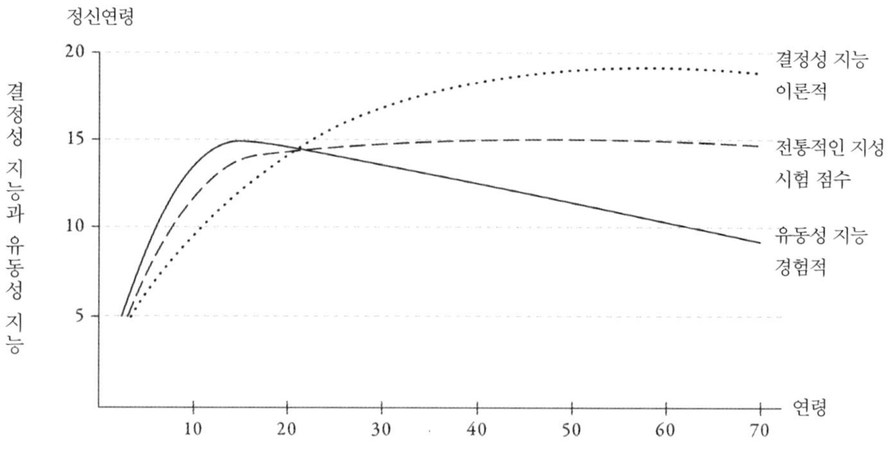

그림 1-1 레이몬드 카텔이 제시한 결정성 지능과 유동성 지능 그래프

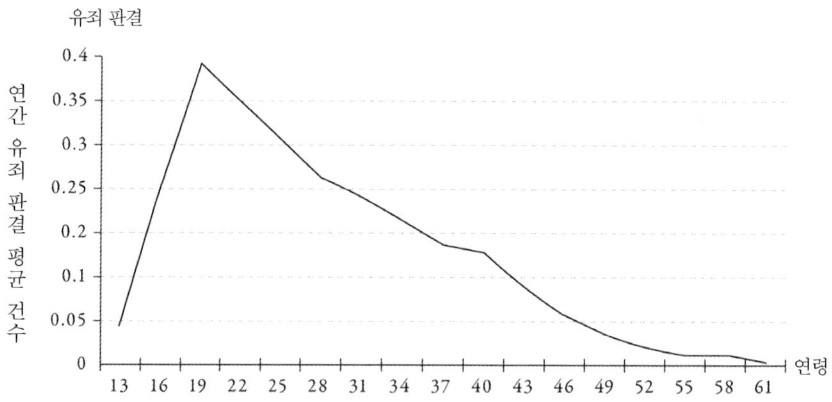

그림 1-2 연령-범죄 곡선. 연령별 범죄율의 정점은 만 19세다. 유동성 지능의 정점과 거의 일치한다

나 세계는 급속도로 변화하고 있다. 이 변화에 대응하려면 새로운 방법(HOW)을 활용하는 유연한 유동성 지능이 필요하다.

하지만 나이 들수록 유동성 지능은 감소하고, 알고 있는 상황이나 방법도 고정되기 때문에 숙련자일수록 변화가 격렬한 시대에 적응하기 어렵다. 즉, 유례없이 변화가 잦아 한 치 앞을 내다보기 어려운 뷰카(VUCA, 변동성Volatility·불확실성Uncertainty·복잡성Complexity·모호성Ambiguity의 약자로 변동적이고 복잡하며 불확실하고 모호한 사회 환경을 뜻함-편집자주) 사회에서 위계가 강조되는 조직은 생존을 위협받을 수밖에 없다. 따라서 위험을 감수하더라도 변화에 대응할 수 있는 세대에게 의사결정 권한을 주는 편이 유리한 결과를 도출해낼 가능성이 높다.

2018년, 일본 상장 대기업 100개 사 경영자의 평균 취임 연령은 57.5세였다. 미국의 주요 100개 기업 경영자의 평균 연령은 46.8세[6]다. 이 차이가 일본이 고도성장기 이후의 변화에 대응하지 못한 이유 중 하나인지도 모른다. 미국과 일본의 평균 주가를 비교해보면 1990년대 초반에는 거의 비슷했다. 그러나 이후 30년간 일본 주식이 제자리걸음하고 있는 사이 미국은 10배가량 성장했다. 이 차이를 불러온 원인 중 하나가 이 같은 지능의 불균형인지도 모른다. 기업을 경영하는 데 있어 이 두 가지 지능의 균형을 의식하는 일은 충분히 가치 있을 것이다.

참고로 노벨상 수상자를 조사해보니 수상 관련 연구를 시작한 평균 나이는 36.8세였다.[7] 그즈음의 두 사고 간 균형이 창조성을 발휘하는 데 가장 적합한 상태인지도 모르겠다.

세대론을 이야기하고 싶은 것이 아니다. 분명 카텔은 나이 들수록 유동성 지능이 감소한다고 지적했다. 그러나 앞서 살펴봤듯이 우리는 애초에 창조성의 구조를 이해하지 못하고 있으며, 어떤 교육이 필요한지도 모른다. 즉, 유동성 지능을 유지하고 나아가 높일 수 있는 교육을 전혀 받지 못했다. 그렇다면 단순히 나이를 탓하며 변화에 강한 유동성 지능을 포기할 필요는 없지 않을까. 우리가 변화에 대한 유연성을 키울 방법을 모를 뿐이라면, 새로운 교육을 통해 생물학적으로 나이가 들어도 신선한 발상을 하는 사람을 늘릴 수 있을지도 모른다. 평균적인 사례는 아니지만, 실제로 나는 참신한 사고력을 유지한 채 살아가는 이들을 많이 알고 있다.

한편, 결정성 지능이 무르익는 데 시간이 걸린다고 해서 아이들은 세상 물정을 모른다고 단정 짓는 것은 경솔한 판단이다. 호기심을 갖고 관찰하는 아이 중에는 어른도 혀를 내두를 정도로 경이로운 지성을 발휘하는 사례가 있다. 사물을 관찰한 결과에서 고찰을 끌어내 그 배경에 흐르는 본질적인 관계성을 이해하는 데 도움을 주는 교육이 있다면 결정성 지능이 좀 더 빠르게 향상될 것이다. 두 가지 지능의 관점에서 다시 한번 변화를 향한 유연성을 충분히 갖추고 있는지, 그리고 상황에 대한 고찰이 이루어졌는지 돌아보길 바란다.

변이적 뇌와 선택적 뇌

뇌과학자인 로저 스페리와 마이클 가자니아는 좌뇌와 우뇌 사이에 자리한 뇌량이 절단된 사람(분리뇌)을 면밀히 연구했다. 그 결과, 좌뇌와 우뇌는 부위마다 독자적으로 활동하고 서로 왕복하면서 사고를 보완한다는 사실을 밝혀냈다. 마치 확인된 사실처럼 널리 퍼져 있는 '감각적인 우뇌'와 '논리적인 좌뇌'라는 가설은 틀렸다. 이러한 생각이 공유되는 것은 수많은 사람이 '천사와 악마의 속삭임'이라는 비유처럼 사고가 대립한다고 생각하기 때문이다.

뇌는 '엽'이라고 불리는 여러 영역으로 나누어져 있으며, 각 영역은 저마다 다른 사고를 담당한다. 그리고 각각의 엽은 연합섬유라는 네트워크를 통해 서로 소통한다. 이 신호 교환에 실제 뇌 기능의 90%가 쓰인다. 약간 거칠게 말하면, 마치 천사와 악마처럼 뇌에는 '변이적 뇌(광인적 사고)'와 '선택적 뇌(수재적 사고)'가 각 부위의 기능으로 존재하고 있는 것이다. 즉, 뇌과학적으로 본 '사고의 구조'는 광인성과 수재성이 끊임없이 갈등하는 과정이다.

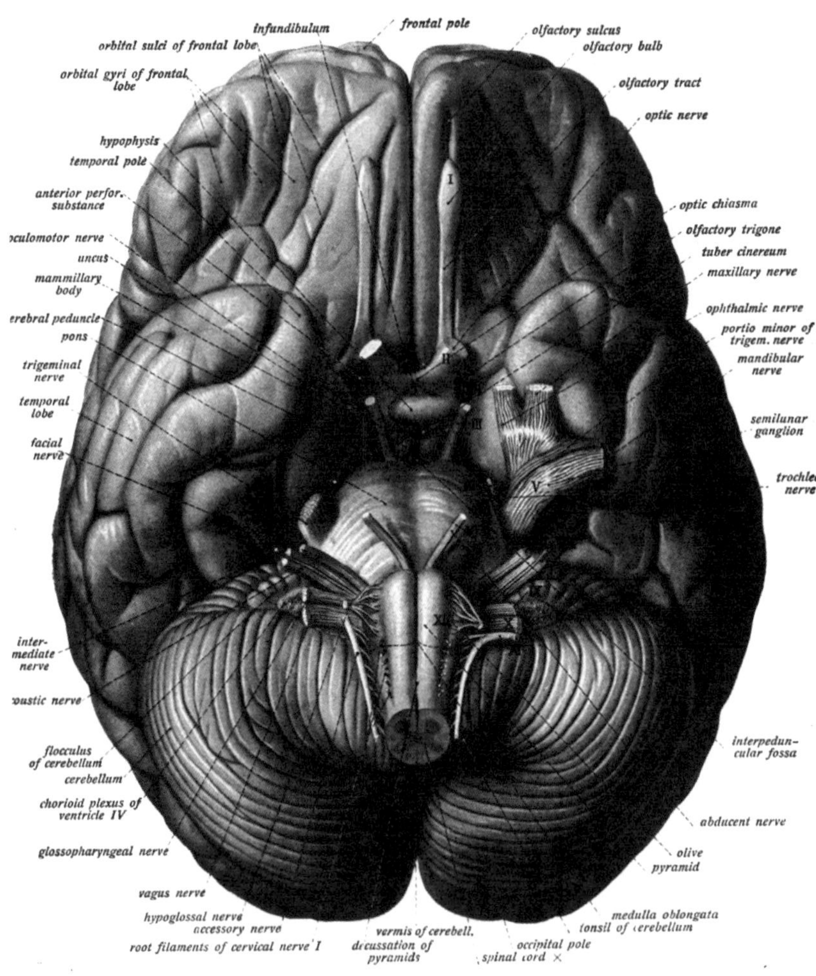

그림 1-3 뇌는 부위마다 다른 생각을 하고 있어서 생각끼리 항상 갈등한다

누구나 천재처럼 생각할 수 있다

조금씩 모아온 고찰을 살펴보면 서서히 창조성의 윤곽이 드러난다. 창조성이란 '바보와 수재' 혹은 '변경과 관찰' 같은, 두 가지 다른 성질을 지닌 프로세스가 왕복하면서 발휘되는 현상이라고 가정해보자.

역사상 천재라 불린 '발상이 풍부한 이들'은 때로 평범한 이들이 상상조차 할 수 없는 수많은 위업을 달성해왔다. 그렇다고 해서 이들의 신체나 뇌 구조가 우리와 다를 리 없다. 천재의 머릿속에서 이루어지는 일이 앞서 언급한 왕복 프로세스에 따라 이뤄지는 것이라고 한다면 어떨까?

천재들은 마치 미친 사람처럼 변이의 사고를 적극적으로 활용해 전례 없는 발상을 무수히 탄생시키며, 이를 수재 같은 선택적 사고로 취사선택한다. 이러한 발상과 취사선택을 매우 빠른 속도로 반복하는 것이 소위 천재들의 사고 구조라면 충분히 이해된다. 그렇다면 천재라고 불리는 이들은 누구라도 할 수 있는 일을 빠른 속도로 반복하는 습관이 있다고 할 수 있지 않을까?

만약 그렇다면 창조성이란 더 이상 천재만이 재현할 수 있는 마법이 아니라 배울 수 있는 기술이 된다. 나는 오랜 시간 디자이너로 활동하면서 무언가를 만들어왔다. 그러면서 머릿속에서 변이와 선택의 왕복이 일어나고 있다는 감각을 확실하게 느꼈다. 아마 모든 사람이 자신의 머릿속에서 이런 과정이 진행되고 있다는 것을 느껴봤을 것이다. 변이와 선택의 왕복에는 창조라는 현상을 포함해 온갖 지적인 현상의 보편적인 구조가 숨어 있는 것처럼 보인다.

그런데 바보와 수재라는 두 가지 사고를 양립해보려고 시도하는 것은 말처럼 쉽지 않았다. '변이적 광인형 사고'와 '선택적 수재형 사고'는 곧바로 서로 다투기 시작한다. 수재형 사고가 집중하는 것을 광인형 사고가 방해하고, 광인형 사고의 자유분방함은 수재형 사고의 경직성에 구속당한다. 그 때문에 두 가지 사고를 양립하기란 무척이나 어렵다. 더 큰 문제는 이러한 두 가지 사고 프로세스를 고려한 교육이 현재까지 전혀 중시되지 않는다는 사실이다.

현대 초중고 교육이 이러한 두 가지 지능에 근거하고 있는지를 따져보자. 우선 광인형 사고 교육과 관련해서는 절망적이다. 대부분의 학교 커리큘럼은 전례가 있는 문제를 중심으로 공통된 기준을 통해 평가가 이뤄진다. 이 때문에 학생들은 평균화된다. 전례 없는 일에 도전하는 성향은 평가 대상이 아니다. 학교에서 광인은 논외의 대상이다. 보통 사람들과 다르다는 이유로 무시당하기도 한다. 변화를 억누르는 부자연스러움 때문에 일부 아이들이 자연 상태의 사고를 찾아 날뛰는지도 모른다. 이렇게 난동을 피우는 아이들은 교육 시스템에서 배제되어버린다. 정답만 고집하는 교육이 창조적 변화를 제안하는 힘을 빼앗아가고 있는 것은 아닐까. '자, 지금부터 바보가 되어보자!' 같은 광인적인 사고를 연습하는 수업이 있으면 어떨까. 아이들의 광인성, 즉 미지에 도전하려는 창조성의 싹은 학년이 올라갈수록 시든다. 현재의 시스템 속에서 광인으로 남는 것은 커다란 리스크이기 때문이다.

지금 상황을 보면 관찰을 바탕으로 이해하는 사고 역시 가르치고 있다고 하기 어렵다. 현재의 기초 교육으로 아이들의 세상을 이해하는 잣대를 충분히 키워줄 수 있을까? 시험 범위에만 제한돼 있는 교육을 십수 년 받다가 에스컬레이터를 탄 듯이 사회에 진입한 순간, 마른하늘에 날벼락처럼 지금까지 받아보지 못한 지시가 떨어진다.

"지금까지 없었던 상품을 기획해줘."

"참신한 발상으로 신규 사업을 구상해봐."

"독창적인 연구 주제를 생각해 오세요."

이런 요구는 학교 시험과 달리 명확한 정답이 없고 확실한 점수도 매겨지지 않는다. 하지만 우리는 창조성의 수준을 암묵적으로 판단할 수 있다. 즉, 이러한 질문은 누구나 평가하고 있지만, 명확하게 평가할 수는 없는 종류의 것이다. 갑자기 정답 없는 과제를 주며 결과를 내라고 요구받는다면 망연자실할 사람도 당연히 있을 테다. 이제까지 받아온 학교 교육에서는 이러한 질문을 받아본 적이 없을 테니 말이다.

일본에서는 2020년 학습지도요령이 개정되면서 '살아가는 힘'을 배양하기 위해 인간성, 사고력·판단력·표현력, 사회에서 실제로 도움이 될 기술을 익혀야 한다는 내용이 추가되었다. 말만 들으면 무척 희망적이다. 동시에 여태까지 교육 본래의 목적을 성취하기 위한 커리큘럼이 제정되어 있지 않았다는 점은 의아하다. 앞으로가 기대되지만, 이를 구체적으로 어떻게 실현할지는 아직 확실히 정해지지 않았다.

지금까지 이야기한 두 종류의 지능은 이러한 과제를 해결하는 데 도움이 될 듯하다. 새롭고 특이한 것을 겁내지 않고 생각하는 변화의 힘을 터득하고, 상황을 관찰하고 분석해 방침을 끌어내는 관찰의 힘을 익힌다면 창조성까지도 키울 수 있을 것이다.

그렇다면 광인적이며 변화를 낳는 사고처럼 고정관념에서 벗어나 바보같이 생각하려면 어떻게 해야 할까? 전례 없는 행동에는 용기와 무모함이 필요하다. 그러한 행동에 대한 심리적 장벽이나 두려움을 극복하고 상식의 벽을 돌파하는 미친 듯한 사고방식을 손에 넣으려면 어떻게 해야 할까? 이는 현재 교육 방식에서 근본적으로 부족한 부분이다.

마치 수재처럼 관찰을 통해 사물을 이해하는 사고는 또 어떻게 획득할 수 있을까? 이는 미지의 사건을 마주할 때 상황을 읽어내고 관계를 파헤치는 사고력이라고 할 수 있다. 이러한 능력은 수재를 설명할 때 흔히 나오는 '노력'이라는 단어보다는 '호기심'이라는 표현이 잘 어울린다. 호기심 있는 사람에게 더 많이 알기 위한 노력은 고행이 아니다. 몰두하며 즐거워하는 사람일수록 상황을 깊이 이해하고 성과를 낸다는 사실을 나는 경험적으로 알고 있다. 그러나 현재 교육에서 호기심을 갖고 관계를 이해하는 관찰법이나 탐구 방법을 알려주고 있을까? 고개를 갸웃거리게 된다.

자신의 테마를 만들어 즐기면서 창조적으로 탐구하는 힘을 키우려면 어떻게 해야 할까? 우리 사회를 구성하는 모든 인공물은 인류의 창조성을 바탕으로 만들어졌다. 따라서 당연히 창조성을 키우는 일은 교육에서 가장 중요한 목표 중 하나여야 한다. 그런데도 우리는 창조성을 키워줄 구체적인 교육 방법을 모르고 있다. 모든 사람이 무의식적으로 창조성을 발휘하고 있지만, 실제로 어떻게 발휘하고 있는지 그 구조를 제대로 알지 못한다. 창조성 학습은 세대와 영역에 구애받지 않는, 전 세계 인류와 관련된 문제다. 만약 창조성의 구조를 정의할 수 있다면 이는 우리 콤플렉스에 대한 복음이 될 것이다.

그 수수께끼를 풀기 위해 나는 우선 인간의 창조성이라는 경이로운 현상을 이해하려 했다. 이에 대한 전제로 인간의 창조성 역시 자연현상이라는 사실에서 출발했다. 인간의 창조성이 38억 년 동안 이어져온 생명의 역사 속에서 유일한 초현실적인 현상으로 보이더라도, 여기에는 자연과학으로 설명할 수 있는 이유가 있는 게 분명하다. 그러나 다른 생물에게서 비슷한 현상을 찾기 어렵다면, 적어도 자연계에 비교할 만한 현상이 있어야 창조성을 자연현상이라고 할 수 있을 것이다. 반대로 유사한 자연현상이 있다면, 거기에 힌트가 숨겨져 있을지도 모른다.

창조성을 탐구하기 위해 자연 속에서 창조성과 닮은 지적 현상을 찾기 위해 눈을 돌려보았다. 원시 생물이 진화 속에서 획득한 지적인 습성을 살펴보면, 여기에서도 바보와 수재의 구조가 일치한다는 무척 흥미로운 사실이 드러난다.

찰스 다윈이 발견한 진화 시스템

박테리아는 생각할 수 있을까

가장 오래된 지성은 어떤 형태로 존재했을까? 이런 관점에서 자연계를 살펴보면, 변이와 선택에 있어 똑 닮은 현상을 원시적인 생물에게서 발견할 수 있다. 박테리아(세균)가 자기 주변에서 먹이를 발견하는 방법은 생물학적으로 볼 때 지구상의 생물에게서 최초로 나타난 지적인 습성 중 하나로 여겨진다.

동물이나 식물의 세포보다 훨씬 작은 박테리아에게는 당연히 뇌도 눈도 붙어 있지 않다. 그런데도 박테리아는 마치 지성이 있는 생명체처럼 효율적으로 먹이를 포식하는 시스템을 갖고 있다. 박테리아를 관찰해보면 먹이(영양)를 찾아 끊임없이 나아가는 모습을 보인다. 더욱 주의 깊게 관찰하면 1초 정도 '똑바로 전진'한 뒤 '방향 전환'하는 것을 볼 수 있다. 이 단순한 움직임은 로봇청소기를 닮았다. 무작위로 움직이다가 어느 순간 먹이와 마주치면 박테리아의 행동 패턴이 바뀐다. 박테리아는 순식간에 방향 전환 스위치를 끄고 먹이 속으로 똑바로 나아간다. 이렇게 해서 박테리아는 먹이 속에서 효율적으로 움직인다. 그러다가 먹이 바깥으로 빠져나오면 다시 방향 전환 스위치를 켠다. 박테리아는 마치 유인 물질을 골라내듯이 접근해간다. 이러한 성질을 '화학주성'이라고 부른다. 박테리아는 이 단순한 작업을 끊임없이 반복할 뿐이지만,

결과를 놓고 보면 닥치는 대로 움직이는 것보다 훨씬 효율적으로 영양을 섭취하게 된다. 흥미롭게도 박테리아는 단순한 움직임을 기계적으로 되풀이할 뿐인데도 외부에서 관찰하면 마치 '먹이를 찾으려는 계획'이 있는 것처럼 보인다.

화학 주성은 생명이 지닌 지적인 기능 중 가장 초기에 획득한 성질이다. 화학 주성의 원리는 바보와 수재의 경우와 똑같은 구조를 지니고 있다. 즉, '무작위로 움직이는 불규칙성(광인성 = 변이의 사고)'과 '주변의 먹이를 인식하고 행동을 정하는 힘(수재성 = 선택의 사고)'이라는 두 가지 프로그램의 최소 조합으로 설명할 수 있다. 이를 통해 무작위적인 변이와 주위에 맞춘 선택적 현상이 동반되면 단순히 과학적 반응일 뿐이더라도 지적인 현상이 출현한다는 사실을 알 수 있다.

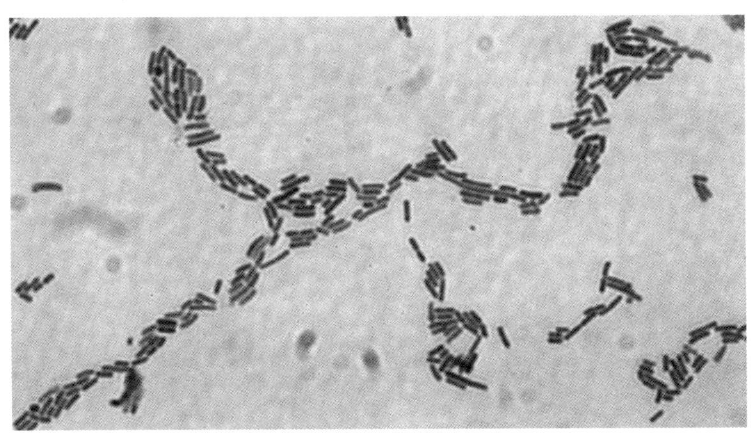

그림 1-4 활발히 움직이는 대장균.
영양 농도가 높으면 직진하고 낮으면 무작위로 움직인다

변이와 선택

자연계에 존재하는 창조와 비슷한 현상 중 가장 훌륭한 사례는 바로 '생물의 진화'다. 그렇다면 진화란 무엇인가? 지금까지 설명했듯, 우연에 의한 변이와 자연선택을 반복하며 적응해 나가는 생물의 보편적인 현상을 가리킨다.

생물은 38억 년이라는 어마어마한 세월에 걸쳐 변이와 자연선택을 반복하며 진화해왔다. 무수한 종의 생물들이 상황에 적합한 형태로 갈라지면서 다양성을 지닌 환경이 구축됐다. 모든 생물은 형태와 행동, 신체 기능 등이 신기할 정도로 주위 환경에 잘 들어맞는다. 누군가에 의해 '정교하게 디자인되었다'고 해도 이상하지 않을 정도다. 생물학에서는 진화가 이러한 합치를 향해 나아가는 것을 가리켜 '적응'이라고 부른다.

생물의 적응은 자연계 곳곳에서 나타난다. 앞서 언급했듯 디자인을 '형태에 의해 태어난 관계'라고 정의하면 훌륭한 디자인은 인공물뿐 아니라 자연계에서도 무수히 많이 찾아볼 수 있다. 나를 포함한 온 세상의 디자이너는 자연의 형태가 지닌 아름다움과 기능성 앞에 그저 백기를 든 채 한 수 배울 뿐이다.

수많은 생물이 인공물보다 훨씬 세련된 구조를 구축하고 있다. 진화는 곧 '창조성의 보고'라고 할 수 있다. 생물의 구조는 언뜻 설계자의 지적인 성과로 보이지만, 진화는 설계자 없이 변이와 자연선택에 의해 자연발생하는 현상이다. 그 수수께끼를 풀어낸 위대한 인물에 대해 잠시 이야기해보자.

생물 진화와 관련해 대담하면서도 본질적인 가설이 제시된 것은 지금으로부터 약 160년 거슬러 올라간 1858년으로, 찰스 다윈과 앨프리드 월리스가 발표한 자연선택설, 이어서 다윈이 발표한《종의 기원》[8]이라는 경이로운 서적이 그 시작이다.

뛰어난 박물학자이기도 한 두 사람은 방대한 증거를 바탕으로 자연선택에 의한 진화론을 제창했는데, 이는 전 세계에 커다란 충격을 주며 자연계에 대한 인식을 완전히 뒤집어버렸다. 자연선택설에서의 진화는 복제 시 우연한 에러를 통해 개체 간 차이를 만드는 '변이' 구조와 환경 속에서 자손을 남기는데 유리한 성질이 '자연선택'되는 구조가 유전되어 끝없이 반복되면서 서서히 종 전체가 상황에 적응하는 방향으로 바뀌는 현상이다. 이때 우연한 변이도, 필연적인 자연선택도 개체의 의사와는 관계없이 일어난다.

즉, 이 가설은 정교한 생물의 형태는 누군가가 디자인한 결과가 아니라, 변이와 자연선택의 반복으로 발생했다는 사실을 논리적으로 설명한 코페르니쿠스적 전환이었다. 먼저 자연선택설의 진화론에서 중요한 개념을 정리해보자.

변이 생물이 세대를 거듭하는 과정에서 개체의 형태에 작은 변이가 우연히 발생한다.

선택 개체는 상황에 따라 자연선택되는데 유리한 형질이 살아남는 경향이 드러난다.

유전 부모의 생득적인 형질은 대부분 DNA를 통해 자녀에게 유전되며 이어진다.

분화 생식격리되면 선택 압력이 변화해 여러 세대에 걸쳐 새로운 종으로 분화한다.

적응 세대에 걸쳐 자연선택이 반복되면서 서서히 상황에 적응한 형질에 가까워진다.

이러한 변이와 자연선택이 38억 년 동안 지속된 결과, 지구는 수많은 생물로 뒤덮이게 되었다. 자연계에는 '변이와 선택'의 반복으로 합리적인 디자인이 자연발생하는 구조가 존재한다.

자연선택설을 우리의 창조성에 대입해보자.

창조성이 개인의 재능이나 신의 계시에 의한 것이라고 여겨 포기하는 사고방식은 다윈 이전의 진화론과 닮았다. 우리는 창조성에 대해 과거의 진화론에 대해 가졌던 것과 비슷한 오해를 품고 있으며, 창조가 우리에게 주어진 선물이라고 착각하고 있는 것은 아닐까? 그 같은 전제부터 의심해보면 확실히 우리는 의도적으로 발상하지 못하고 있다는 사실을 깨닫게 된다. 우리는 자기 아이디어에 놀라기도 한다. 다시 말해, 창조란 스스로 깜짝 놀랄 정도로 우연에 기대는 현상이자 상황의 필연성에 선택 당하는 과정이다. 자기 의사를 뛰어넘은 우연과 필연의 반복이 곧 창조성의 열쇠다. 이것이 바로 뛰어난 장인이 말하는 무아(無我)의 정체인지도 모른다.

의도를 뛰어넘은 우연과 필연성에 의한 선택을 반복하는 진화적 현상이 창조라고 가정해보자. 실제 디자인 현장에서도 이 같은 반복 현상이 일어난다. 몇 번이고 미지의 우연에 도전하고 필연성을 관찰하면서 선택한다. 이러한 반복을 통해 의도를 뛰어넘은 디자인에 가까워지는 것이다. 그렇다면 어떻게 해야 우발적인 창조성이 가속되고 선택의 필연성이 높아질까? 의도적으로 창조하지는 못하더라도 발생 확률은 높일 수 있지 않을까?

창조는 진화의 유사품

생물의 진화와 인간의 창조는 쌍둥이같이 닮았다. 너무 닮은 나머지 다윈주의가 등장하고 160년이 지난 지금은 '제품이 진화했다', '조직을 진화시킨다'처럼 '새로운 물건이 나오거나 개선됨'이라는 의미로 '진화'라는 단어를 사용할 정도다. '진화'와 '창조의 발전'을 같은 의미로 사용하는 것은 엄밀히 말해 오용이다. 그러나 지금에 이르러서는 신제품 광고 등에서 일반적인 표현으로 사용되고 있음을 볼 수 있다.

다윈이 진화론을 발표한 당시에도 '진화'라는 단어를 듣고 사람들은 도구나 사회의 창조에서도 동일한 시스템이 작동한다고 생각한 듯하다. 예를 들어, 영국의 소설가 새뮤얼 버틀러는 다윈을 향한 야유를 담아 '기계 사이에는 동물계나 식물계처럼 자연도태가 일어나는 기계계가 있다'라는 생각을 소설 속에 녹여냈다.[9] 때는 막 산업혁명이 시작된 시기로, 사람들은 기계의 출현을 목전에 두고 있던 때였다.

하지만 생물은 자기 신체를 스스로 원하는 대로 진화시킬 수 없다. 신체의 기본 구조를 바꾸려면 수백만 년이라는 길고 긴 세월이 필요하다. 우리 인류는 20만 년 전 호모 사피엔스로 진화한 이래 신체 구조가 거의 달라지지 않았으나, 사회나 행동은 같은 생물의 것이라고 여겨지지 않을 정도로 격변했다. 이러한 변화에는 도구의 창조가 지대한 영향을 미쳤다.[10]

도구란 무엇인가? 도구는 인간의 유사 진화다. 도구는 대부분 그전까지 할 수 없었던 일을 가능하게 하기 위해 발명되었다. 예를 들어, 젓가락은 5000년 전부터 중국 황하강 유역에서 사용되었는데, 뜨거운 음식을 잡거나 위생적으로 먹을 수 있게 하려는 목적으로 발명됐다. 젓가락은 손가락이 지닌 한계를 뛰어넘게 해준 도구라고 할 수 있다. 인간의 몸이 지닌 제약을 극복하기 위해 신체 일부를 진화시키려 젓가락 같은 도구를 수없이 만들어왔다고 생각하면 도구가 존재하는 이유를 설명할 수 있다.

인간의 '눈'으로 볼 수 없을 정도로 멀리 있거나 작은 것을 보기 위해 망원경과 현미경, 나아가 영상통화를 발명했다. 인간의 '목소리'가 멀리까지 가지 못하니 발성법을 체득해 메가폰과 마이크를 만들었다. 연약한 '소화기관'에 맞춰 식재료에 변화를 주기 위해 요리법을 연구하고 조리도구나 냉장고를 개발했다. 상처나 추위에 약한 '피부'를 보완하도록 옷이 탄생했다. 금방 지치고 운동능력이 낮은 '발'을 보호하기 위해 신발과 운송 수단을 만들었다. 쉽게 잊어버리는 '뇌'를 보조하기 위해 많은 양을 정확하게 기억할 수 있도록 책과 기억장치를 발명했다. 이처럼 창조는 인류에게 유사 진화를 가져다주었다. 유사 진화 능력으로 우리는 신체를 확장하고 무수한 도구를 활용하며 하루하루 살아가고 있다.

쉴 새 없이 도구를 만들어내며 만물의 근원인 소립자부터 머나먼 우주까지 관찰하는 천리안과 초음속으로 하늘을 나는 이동수단은 물론 수백 년간 잊지 않는 기억력을 지니는 동시에 통신망을 이용해 지구 반대편까지 전달되는 목소리와 마침내 인간의 지능을 넘어설 가능성이 엿보이는 인공지능(AI)까지 발명하면서 인간은 어떤 의미에서 지구에 존재하는 최강의 생물이 되었다.

창조라는 이해하기 힘든 지적 현상도 사람이라는 생물에 의해 일어나는 만큼 자연현상의 일종이라고 할 수 있다. 그러나 창조는 다른 자연현상과는 차원이 다르게 보이기도 한다. 이렇게 생각하면 진화는 창조와 매우 닮은 거의 유일한 자연현상으로 보인다. 진화 외에는 다양한 상황을 해결해주는 형태가 무수히 자연발생하는 현상이 떠오르지 않는다. 따라서 창조성이라는 자연현상을 이해하기 위해 생물의 진화를 기준으로 그 구조를 탐구하는 것이 자연과학적으로 보면 흔치 않은, 확실한 방법 아닐까.

만일 '창조'가 '진화'의 미완성 대용품이라면 어떨까? 인류의 '창조'는 기껏해야 수만 년간 이루어졌을 뿐이지만, 생물의 형태는 38억 년이라는 장대한 시간 동안 상황과의 상호작용을 거치며 자연선택압력에 의해 다듬어져왔다. 이런 관점에서 보면, 오랜 시간 선택압력으로 다듬어진 생물의 형질이 극히 짧은 적응 기간밖에 거치지 않은 인간의 창조물보다 완성도 높게 느껴지는 이유는 어느 정도 필연적이다.

제2장 〈변이〉에서도 설명하겠지만 인류의 역사를 살펴보면 우리의 창조성은 언어가 탄생한 이후 급속도로 증가했다. 즉, 인류가 창조성을 발휘하도록 진화한 배경에는 언어가 매우 중요한 요인으로 작용했다. 수많은 창조 현장 혹은 지금 이 순간에도 인류는 언어의 힘에 기대어 매우 빠른 속도로 도구를 창조, 계량, 생산해내고 있다.

진화와 창조의 디자인전

'진화와 창조의 관계를 파헤치고 싶다.' 그런 생각을 하던 2016년 즈음, 운 좋게도 긴자그래픽갤러리(ggg)에서 개인전을 열 기회가 생겼다. 일본 그래픽 디자인의 전당으로 알려진 ggg는 매년 그래픽 디자이너 몇 명에게 개인전을 열 기회를 주는데, 디자인 업계에서는 무척이나 영예로운 공간으로 손꼽힌다. 나는 디자인 작품을 보여주는 데 그치지 않고 진화와 창조에 관해 탐구한 바를 일부라도 보여주고 싶었다. 이 책에 소개된 동물과 이동 수단의 진화 관계도, 나비 표본과 색종이의 비교, 선풍기와 나무의 해부 모형, 아이폰 애플리케이션으로 통합된 낡은 도구 등 수많은 참고자료는 이때 전시된 것들이다.

진화와 창조를 결합한 색다른 전시에서의 탐구를 통해 자연에 디자인의 본질이 있다는 확신이 깊어지면서 나는 생물의 진화라는 현상에 더더욱 흠뻑 빠져들게 되었다.

그림 1-5 ggg 기획전. 생물 진화와 디자인을 비교 전시했다

진화사고의 탄생

진화는 '변이'와 '선택' 사이를 왕복하면서 자연적으로 발생하는 창조적인 현상이다. 신기하게도 진화에서뿐만 아니라 다양한 지적 현상에서도 꼭 닮은 구조를 찾아볼 수 있다. 진화와 창조의 유사성을 알아가며 나는 자연물과 인공물 모두에 적용되는 보편적인 창조 법칙이 있지 않을까 하는 의문을 품게 되었다. 모든 지적 구조는 '변이'와 '선택'의 반복에서 시작되는 것은 아닐까? 그 구조를 깊이 이해하면 창조성의 법칙을 체계화할 수 있을지도 모른다.

진화를 바탕으로 창조의 비밀을 푼다니 무척 흥미로웠다. 그런데 두 현상이 너무나도 닮은 탓에 이미 비슷한 이론을 생각한 사람이 있을지 모른다는 생각이 들었다. 조사해보니 문화진화론이나 사회진화론이라는 학술 분야가 존재하고 있었다. 여기에서 문화와 진화의 유사성을 지적한 저술을 다수 찾을 수 있었다. 앞서 언급한 새뮤얼 버틀러의 소설이나 에드워드 윌슨이 1975년에 출간한《사회생물학》[11), 최근에 브라이언 아서의《기술의 본성》[12), 케빈 켈리의《기술의 충격》[13) 등과 같이 인공물의 진화를 다룬 관점의 책도 있었다. 이들 책에서 저자들은 사회와 기술의 진화를 자연의 진화와 대비해 그 유사성을 부각시키려 했다. 또한 인간 역시 진화의 산물인 만큼 인간의 사회 행동과 창조성을 생물학의 관점에서 똑같이 취급하려 했다. 나는 이 책들에서 지적 호기심을 강하게 자극받는 한편 격려도 받았다. 하지만 나는 아래와 같은 시점에서 저술한 책을 찾고 싶었다.

진화 구조를 창조의 구체적인 수단으로 활용할 수 있을까?

(창조하는 방법은 무엇인가?, HOW)

진화를 통해 창조라는 자연현상을 밝혀낼 수 있을까?

(어떻게 창조할 수 있는가?, WHY)

안타깝게도 앞서 언급한 학술 영역이나 저작에서는 이 질문의 답을 얻을 수 없었다. 특히 문화진화론적인 고찰에서 '진화 프로세스를 창조에 활용할 구체적인 수단(HOW)'을 제시하는 접근법은 전무했다.

다음으로는 '창조의 구체적인 수단'을 찾기 위해 발명이나 이노베이션 관련 발상법에는 어떤 것이 있는지 조사해보았다. 제1차 세계대전 이후 각국에서 기술을 개발하고자 발명을 장려하거나 시장 경쟁에 필요한 뛰어난 아이디어를 만들어내기 위해 다양한 '수단'을 개발했다는 사실을 알아냈다. 예를 들어, 동서 냉전시대에 구 소련에서는 기술 개발 수단으로 'TRIZ'라는 발명법을 고안했다. 서구에서는 그 존재조차 알지 못했던 TRIZ는 복잡한 체계를 통해 발명과 아이디어를 산출하는 40가지 정도의 방법을 담고 있다.

한편, 미국의 광고 회사 BBDO의 창업자 알렉스 오스본은 그가 발견한 발상법을《나보다 잘 되는 놈의 비밀》[14]에 정리해 베스트셀러로 만들었다. '브레인스토밍'이라는 단어는 이 책에서 처음 사용되었다.

오스본은 '인간의 사고력은 분석하는 판단력과 아이디어를 만들어내는 창조 정신이라는 이중 구조로 되어 있다'라고 언급했는데, 이는 변이와 선택의 반복과 매우 닮았다. 이후 1967년 정보처리를 연구하던 심리학자 에드워드 드 보노가 '수평적 사고'라는 이론을 제창했다.[15] 그에 의하면 수평적 사고란 우발적인 발상을, 수직적 사고란 논리적인 사고를 가리킨다. 시기적으로 볼 때 드 보노는 오스본의 영향을 받았을 가능성이 있지만, 그가 주장한 두 가지의 대비 역시 변이 사고와 선택 사고의 반복에 대해 시사하는 부분이 있다.

여러 가지 발상법을 조사해보았지만, 특히 이 세 가지 발상법이 사고를 둘로 나누고 우발적으로 발상한다는 점에서 변이와 선택으로 나누어 사고하는 나의 가설과 닮은 발상법(HOW)으로 보였다. 또한 최근 마케팅이나 연구 개발(R&D)에서 이용하는 방법도 생물학적 수단과 공통점이 있었다. 리버스 엔지니어링에서는 해부학적인 관점을, 포지셔닝 전략이나 블루오션 전략에서는 생태학적인 관점을 엿볼 수 있다.

하지만 이러한 발상법이나 전략은 발생 배경의 한계 때문인지 효율적으로 발상하기 위한 방법론(HOW)에만 집중했다. 창조가 일어나는 불가사의함을 자연현상으로 설명하는 형태의 사고법은 거의 없어서 생물인 인간이 어떻게 그런 방법으로 창조할 수 있는가(WHY)에 대한 답은 전혀 얻을 수 없었다.

나는 진화의 구조가 이 수수께끼의 답이라고 확신하게 됐다. 그러나 아무리 열심히 찾아봐도 '진화와 발명은 왜 닮았는가?'나 '진화 프로세스를 적용한 창조의 구체적인 방법은 무엇인가?'에 답하는 연구는 발견하지 못했다. 탁월한 선인들이 탐구를 거듭했으나 창조성을 진화적으로 학습하는 방법은 아직 확립되지 않은 것처럼 보였다. 이노베이션이나 변혁이 강력하게 필요한 시대임에도 불구하고 창조성을 학습하는 명확한 방법은 찾을 수 없었다. 좋게 봐야 주술에 불과한 발상법이 횡행하고 창조성의 구조는 천재적인 사람의 비밀로만 존재해 지금도 여전히 마법같이 여겨지고 있다.

그러나 생물학적 진화도 창조적 사고도 모두 변이와 선택의 반복을 통해 이뤄지는 것이라면 이것이 수수께끼를 풀 열쇠가 되지 않을까? 이런 관점에서 진화와 창조의 관계를 밝혀낸다면 창조성은 누구나 재현 가능한 자연현상이 되어 배울 수 있는 대상으로 전환될지 모른다. 이것이야말로 우리가 창조성이라는 현상과 마주하고 그것을 학습하는 방법을 한 단계 높일 수 있는, 탐구할 만한 가치가 있는 철학이라는 확신이 들기 시작했다.

문득 '만능산(Universal Acid)'이라는 단어가 떠올랐다. 대니얼 데닛은 '진화'라는 사상의 만능성을 설명하면서 무엇이든 녹여버리는 만능산과 비슷하다고 표현했다.[16] 나는 진화의 만능산으로 창조라는 현상을 철저하게 녹여, 그 끝에 남을 창조성의 골격을 알고 싶었다. 그리하여 2016년 후반부터 진화의 관점에서 인간의 창조성을 끌어올릴 방법론을 '진화사고'라고 지칭하고, 10년 넘게 여러 기업이나 학교에서 가르쳐온 창조성의 방법론을 모두 그 안에 통합시켰다. 처음부터 다시 출발해 인간의 창조성을 생물학에서 다시 배워보려 했다. 새로운 여행이 시작될 것이란 예감이 들었다. 다윈이 비글호를 타고 출발했을 때 이런 기분이었을까? 전문 분야와 동떨어진 영역을 탐구한다는 불안과 기대를 품은 채, 나는 미지의 바다로 헤엄쳐 나가듯 진화와 창조의 공통 구조를 탐구하기 시작했다.

창조는 변이와 선택의 반복으로 탄생한다

창조성이란 변이와 선택의 왕복에 의해 나타나는 선택적 현상이다. 진화사고는 창조성의 원리를 차용해, 우연의 발생 확률을 높이고 관찰을 통해 선택의 필연성을 높임으로써 자기 의사를 뛰어넘는 발상에 도달하려는 창조적 사고법이다. 만약 창조성이 진화와 공통적인 구조를 지니고 있다면, 그 구조를 바탕으로 창조성을 배울 수 있을 것이다. 그렇다면 창조성을 재능 차원의 문제라고 포기할 필요가 없어진다. 이는 어린이부터 어른까지 창조성을 활용하는 우리 모두에게 복음으로 다가올 것이다.

다시 한번 두 가지 사고에 대해 간단하게 설명해보겠다.

변이의 사고: 우발적인 아이디어를 대량 낳는 발상법.

선택의 사고: 자연선택압력을 파악하는 생태학적인 관찰법.

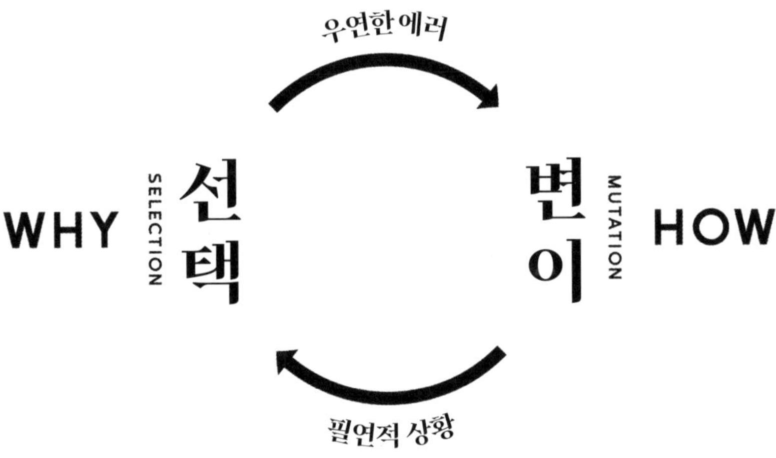

그림 1-6 변이와 선택의 왕복을 반복하며 생물도 창조도 진화한다

진화사고에서는 창조성 발휘라는 현상을 생물의 진화와 매우 비슷한 현상이라고 이해하며, '변이의 사고'와 '선택의 사고'라는 두 과정의 왕복에서 발생한다고 본다. 이런 관점에서 창조란 변이 때문에 무수한 오류를 우연히 일으키는 사고와 선택적 관점에서 자연선택하는 사고의 왕복이며, 진화와 비슷한 형태로 그 구조를 파악할 수 있다.

진화사고에서의 변이 사고와 선택 사고는 바꾸어 말하면 WHY와 HOW의 조합으로 표현할 수도 있다.

HOW, 변이의 사고: 어떤 방식으로 변화하는가?

WHY, 선택의 사고: 왜 지금의 형태로 존재하는가?

생물 진화에서 우연히 변이를 만드는 구조와 필연적인 자연선택에서 적응에 가까워지는 구조는 애초에 전혀 다른 성질을 지닌다. 창조적인 사고에서도 이 두 사고가 섞이지 않도록 주의하길 바란다. 확실하게 구분하지 않으면 고정관념에 얽매이거나 새로운 도전을 주저하는 등 창조성에 도움이 되지 않는 상황에 부닥칠지도 모른다. 우리는 저도 모르게 두 가지 사고를 깊이 연관 지어 고정해버린다. 그러나 빠지기 쉬운 이러한 사고의 함정도 두 가지 사고를 의식해 따로따로 반복하다 보면 해결할 수 있다.

사물이나 아이디어를 발상하면서 활용되는 변이 사고와 선택 사고의 왕복에 관해 설명할 때 나는 '어둠 속 구슬 넣기'를 예로 들고는 한다. 다음과 같은 상황을 상상해보자. 여러분은 크고 캄캄한 방 안에서 구슬 넣기 게임을 할 예정이다. 바닥에 구슬이 수없이 떨어져 있는데 구슬 자체에서 은은히 빛이 난다. 이 구슬을 어딘가에 놓여 있는 바구니에 넣어야 한다. 구슬 개수는 무제한이지만 가능한 한 많이 넣어야 방에서 나갈 수 있다. 주위가 너무 어두워서 바구니가 어디에 있는지조차 알 수 없다. 일단 바로 옆에는 손전등과 빛나는 구슬이 무수히 많이 있다. 자, 어떻게 하면 좋을까?

이런 상황에 처하면 분명 '손전등으로 바구니를 찾는다' 혹은 '구슬을 마구잡이로 던진다' 같은 방법을 시도하기 마련이다. 창조의 사고는 이와 유사하다. 암중모색이나 마찬가지다. 창조적 사고에 비유하면, 손전등은 '선택의 필연성'의 관찰, 구슬 던지기는 '변이의 우연성'을 향한 도전이라고 할 수 있다. 관찰을 통해 바구니의 위치나 방향을 파악한다. 적절한 선택의 방향을 찾아내려면 손전등으로 비추듯 상황을 관찰해 이해하는 과정이 중요하다. 방의 구조나 바구니가 놓인 위치, 장애물의 성질을 알면 성공률이 현저히 높아진다. 즉, 리서치는 창조의 성공률을 높인다. 반대로 구슬을 무작위로 던지는 변이의 도전에만 익숙하다면 검증하기가 점점 어려워진다. 그러나 우연도 중요하다. 이 게임은 새로운 구슬을 끊임없이 던져 오류를 일으키지 않으면 절대 성공할 수 없다. 멈추지 않고 변이적으로 구슬을 던지는 사람은 우연히 바구니

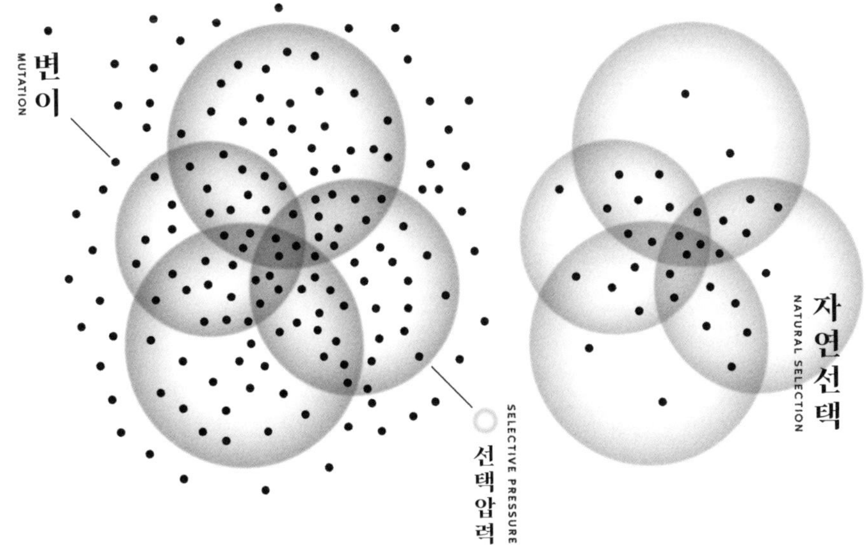

그림 1-7 무작위적 변이가 선택압력에 의해 자연선택된다

를 발견하게 될지도 모른다. 결국 둘 다 중요하다. 즉, 창조하기 위해서는 리서치만으로는 부족하며, 변이에만 기대는 것은 비효율적이다.

창조적인 사고 과정에서는 상태를 관찰해 필연적 선택의 방향을 설정하고, 아이디어를 변이시켜 시도한다. 이때 변이의 사고와 선택의 사고는 성질이 각각 전혀 다르다는 점을 이해해두자. 이 왕복 과정을 몇 번이고 되풀이하다 보면 점점 해결책에 가까워진다. 인간이라면 누구나 머릿속에서 이런 과정을 거치고 있다는 주장이 진화사고의 출발점이다.

선택과 변이라는 두 바퀴를 돌리다 보면 구슬은 언젠가 바구니에 들어간다. 즉, 두 가지 방법이 만나는 순간이 찾아온다. 창조적인 인간의 뇌에서는 이런 왕복이 매우 빠르게 이루어지는데, 충분히 고민한 결과를 바탕으로 한 발상이 튀어나올 때면 갑자기 정곡을 찔린 것처럼 느껴진다. 이러한 구조를 가정하면 창조적 재능이란 곧 왕복 횟수에 달려 있다는 사실을 알 수 있다. 그리고 이노베이션이 사라진 현장에 남겨진 수많은 문제점이 눈에 들어올 것이다.

× 무작정 떠오른 것을 적으면 발상이 된다. (변이의 사고에만 빠져 있다)

× 조사만 잘하면 발상은 저절로 떠오른다. (선택의 사고에만 빠져 있다)

× 지금까지와 다른 의견은 즉시 반대한다. (변이의 사고를 부정한다)

× 아이디어의 수준은 신경 쓰지 않는다. (선택의 사고를 방치한다)

너무 많이 들어서 귀가 아플지도 모르겠다. 이노베이션을 일으키려는 조직에도 이런 안타까운 상황은 산재해 있다. 자연계에서 우발적인 변이의 발생과 필연적인 자연선택은 별개의 과정으로 일어난다. 이를 대입해보면 창조에서도 변이적 에러를 허용하면서 관찰을 통해 본질적인 방향성을 이해하는 일이 진정한 창조성을 대하는 방법이 된다. 그러면 신규 사업 개발이나 콘셉트 입안 같은 창조적인 작업에 어떻게 대처해야 할지 알게 된다. 이를 통해 이노베이션 발생률을 비약적으로 높일 수 있다.

변이 사고와 선택 사고라는 두 가지 과정을 완전히 분리하는 것이 창조성의 열쇠다. 앞서 언급했듯 창조적인 사람의 뇌에서는 이러한 왕복이 자연스럽게 이루어진다는 것을 감안하면 쉽게 납득이 갈 것이다. 하지만 두 가지 생각을 동시에 하는 데 익숙하지 않으면, 생각이 정지하기 쉽다. 바보 같은 일을 생각하면서 똑똑하게 선택하려는 과정은 마치 이중인격자 같다. 따라서 진화사고에 능숙해지기 전까지는 변이 사고와 선택 사고로 생각하는 시간을 물리적으로 분명히 나누어 바보가 되는 시간과 본질을 바라보는 시간에 각각 집중해보기를 추천한다.

진화의 나선을 돌리자

두 가지 사고의 반복 속에서 창조적인 발상이 자연발생한다.

변이의 사고에서는 생물 진화에 나타나는 변이 패턴을 배우며, 바보 같아 보이는 우발적 사고를 손에 넣는다. 이처럼 생물의 진화와 발명에는 어느 정도 유사한 변이 패턴이 존재한다. 흥미롭게도 이는 코미디언의 개그나 예술, 디자인에서도 공통으로 나타난다. 이러한 패턴을 체득하면 고정관념을 깨부수는 미친 발상을 짧은 시간에 수없이 생산할 수 있다. 달걀 개수가 많을수록 살아남는 개체가 많아지는 것과 마찬가지로 변이적 아이디어를 단기간에 대량 생산하는 기술은 새로운 가능성이 탄생할 확률을 높인다. 변이의 사고 과정을 습득하면 새로운 아이디어를 만들어낼 자신감이 붙으며, 사고방식이 자유로워지고, 하나의 발상에 집착할 필요가 없어진다.

선택의 사고에서는 자연과학적인 관찰법을 바탕으로 상황에 따라 필연적으로 선택되는 방향성을 관찰하는 방법을 배워 나간다. 자연과학의 관찰법을 배움으로써 객관성에 의해 고정관념이나 착각을 차단하고 현상을 이해할 힘을 키울 수 있다. 창조성을 평가할 수 있게 되면 점점 다듬을 수도 있게 된다. 이러한 관찰은 필연성이 낮고 변이하기 쉬운 부분을 발견하는 데 도움이 된다. 즉, 무엇을 개선해야 하는지 보이기 시작한다.

진화의 나선(그림 1-8)을 살펴보자. 이 그림은 진화와 창조에 공통된 프로세스를 진화사고의 관점에서 나타낸 것이다. 우측의 변이 프로세스에서는 다양한 가능성이 우연히 발생해 가지처럼 끝없이 뻗어 나간다. 좌측의 선택 프로세스를 통해 가지치기되면서 상황이 크게 바뀌지

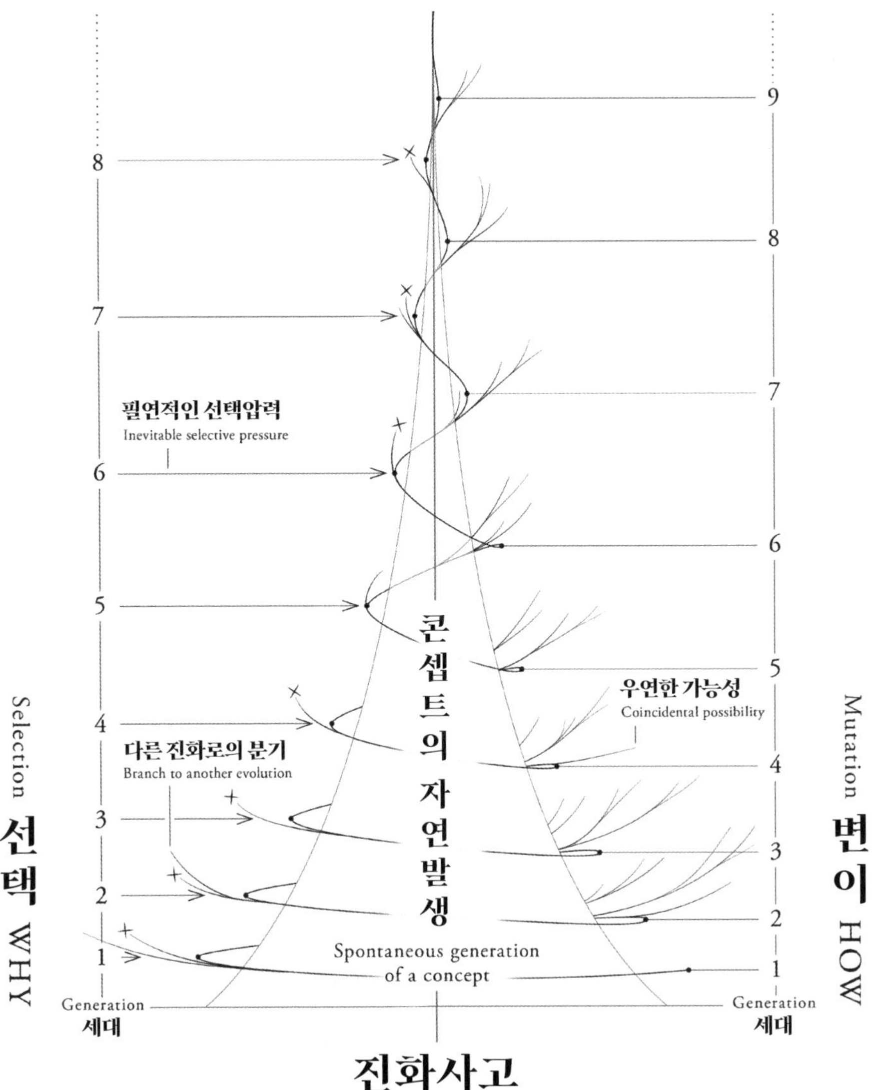

그림 1-8 생물이든 도구든 모든 창조는 변이와 선택의 왕복에서 태어난다

않는다면 서서히 유리한 방향으로 수렴된다. 모든 가지가 선택되는 것은 아니다. 가지가 생존 전략을 바꾸면 그 끝에 또 다른 나선이 등장해 상황에 따라 선택압력이나 그 변이적 방법이 분기해 나간다. 진화사고에서는 변이와 선택의 반복이야말로 생물의 진화와 인공물이 공유하는 보편적인 창조 시스템이라고 이해한다. 이들 두 가지 사고는 자전거 페달과 같다. 자전거의 두 바퀴를 마음껏 돌리면 무슨 일이 벌어질까? 더 솔직해지고 더 자유로워졌다고 느끼게 된다.

진화의 전제 중 하나는 완벽한 생물이란 존재하지 않으며, 어떤 생물도 변화의 여지가 있다는 것이다. 여기에 의도는 개입하지 않는다. 창조에 이 전제를 대입해보면, 먼저 완벽한 창조는 없다는 것을 깨닫게 된다. 완벽한 생물이 없듯이, 인류 역사상 완벽한 물건을 만든 이는 아무도 없다. 창조성도 변이적인 실패와 도전이 없다면 진화하지 않는다. 실제로 실패 역시 창조의 일부다. 그리고 실패해야만 진화할 수 있다는 것은 변이의 전제가 된다. 이 깨달음은 나의 사고를 자유롭게 해주었다. 실패하더라도 선택 사고의 관점이 있다면 상황에 이미 존재하는 선택압력의 흐름을 깨닫고 실패의 원인을 이해하여 객관적으로 납득할 수 있게 된다. 이러한 거대한 흐름으로 연결되는 관찰 기법을 터득하면 고집을 부리지 않게 되며 마음이 안정된다. 관찰해서 흐름을 이해하면 객관적으로 의견을 낼 수 있게 되고 솔직함과 자신감이 몸에 밴다. 즉, 두 가지 사고에 익숙해지면서 아이디어를 내는 데 자신이 생기고 마음도 편해진다.

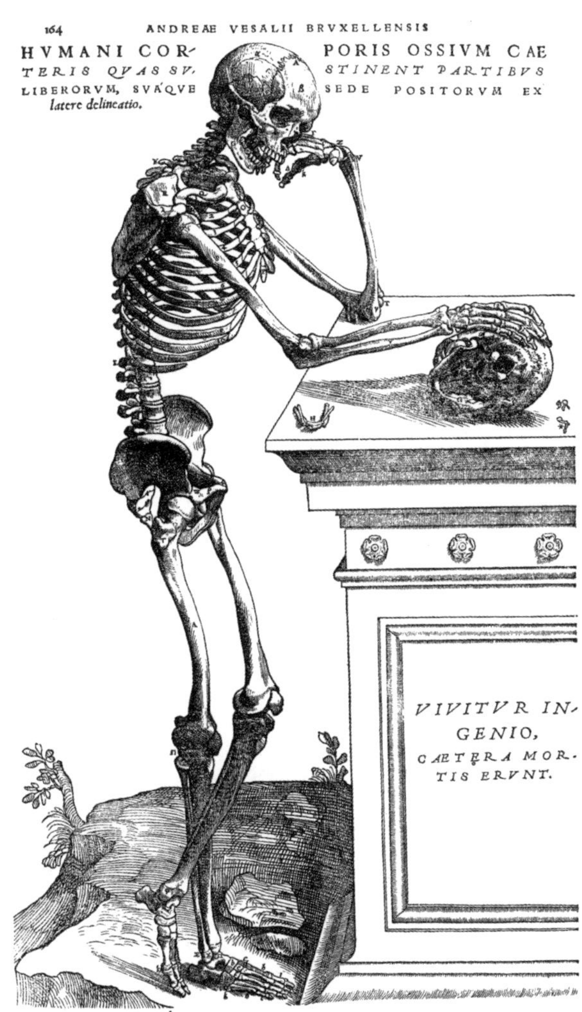

그림 1-9 베살리우스의《파브리카》.
그 역시 자연과 창조의 유사성에 대해 고민했는지도 모른다

진화사고에서 창조는 개인의 의지력과 상관없이 일어나는 현상이다. 애초에 의지 탓을 하면 콤플렉스가 생겨날 뿐이다. 우연한 변이의 사고와 필연적인 선택의 사고는 어느 쪽이든 의도와 다른 방향으로 이어진다. 사고의 왕복을 통해 아이디어는 무수히 나타나고 관찰에 기반한 이유로 선택된다. 창조성을 두 가지 사고의 왕복에서 만들어낸 나선적인 현상이라고 이해한다면 머릿속에서 끊임없이 왕복하면서 창조의 강도를 높이는 관점에 익숙해진다. 우리가 의도적으로 창조할 수는 없을지 모르지만, 이런 과정은 창조의 발생 확률을 높여준다. 무엇보다 중요한 사실은 누구든 이를 익힐 수 있다는 점이다. 즉, 창조성은 더 이상 미지의 영역이 아니라 배울 수 있는 기술이 된다.

진화워크 — 진화사고를 시작하자

이 책은 읽고 이해하는 데서 끝내는 것이 아니라 '진화사고를 실천하며 터득해 희망적인 미래를 만들어낼 창조적 프로젝트를 수립하는 것'을 목표로 하자. 이를 위해 본문에서 50가지 진화워크를 소개할 것이다. 제2장 〈변이〉에서는 수많은 아이디어를 내는 방법을, 제3장 〈선택〉에서는 관찰에 의한 필연성을 이해하는 방법을 익힐 수 있다. 진화워크에는 진화사고의 본질이 농축돼 있는 만큼 가능하다면 잠시 멈춰 직접 해보기를 바란다.

진화워크 01 — 진화의 대상 'x'를 정한다 [10분]

이 책은 당신이 창조하려는 대상을 진화시키기 위한 책이다. 그러니 책장을 넘기기 전에 진화시키고 싶은 창조 대상 'x'를 정해야 한다.

x는 구체적인 것을 고른다. 애정이나 교육, '나' 같은 추상적인 개념은 탐구할 가치는 매우 높지만 처음 시도하기에는 까다로우므로 진화사고에 익숙해질 때까지는 피하는 편이 좋다. 추상적인 대상을 진화시키고 싶다면 먼저 그 개념 속에서 구체적인 요소를 찾아내보자. 예를 들어 '교육'을 진화시키려 한다면 '교과서', '커리큘럼', '학교' 등을 선택해보자.

진화워크 02 — 키플링 태그를 준비한다 [10분]

사회의 관계성 속에서 수많은 사람이나 사물, 아이디어가 몰아친다. 관계성의 요소를 발상에 활용하기 위해서는 이를 공통 규칙에 따라 정리해두면 좋다. 이때 키플링 태그 메모법을 써보길 추천한다. 먼저 여섯 가지 색상의 메모지를 준비해 각각의 색깔마다 다음과 같이 이름을 적어두자. 색깔별로 나누어두면 이전 진화워크에서 떠올린 사고를 재활용하기 쉽다.

사물, 부품, 물질, 구조

사람, 생물 등의 타자

장소나 시간 등의 상황

긍정적인 이유

부정적인 이유

산출한 아이디어

그림 1-10 키플링 태그

변량變量

극단적인 양을
상상하자

의태擬態

원하는 상황을
모방하자

소실消失

기본 요소를
줄여보자

증식增殖

비상식적으로
늘려보자

이동移動

새로운 공간으로
이동하자

교환交換

틀과 판을
바꾸자

분리分離

마지막까지
나누어보자

역전逆轉

반대 상황을
생각하자

융합融合

의외의 물건과
조합하자

Chapter
« II »

제 2 장

변이

HOW

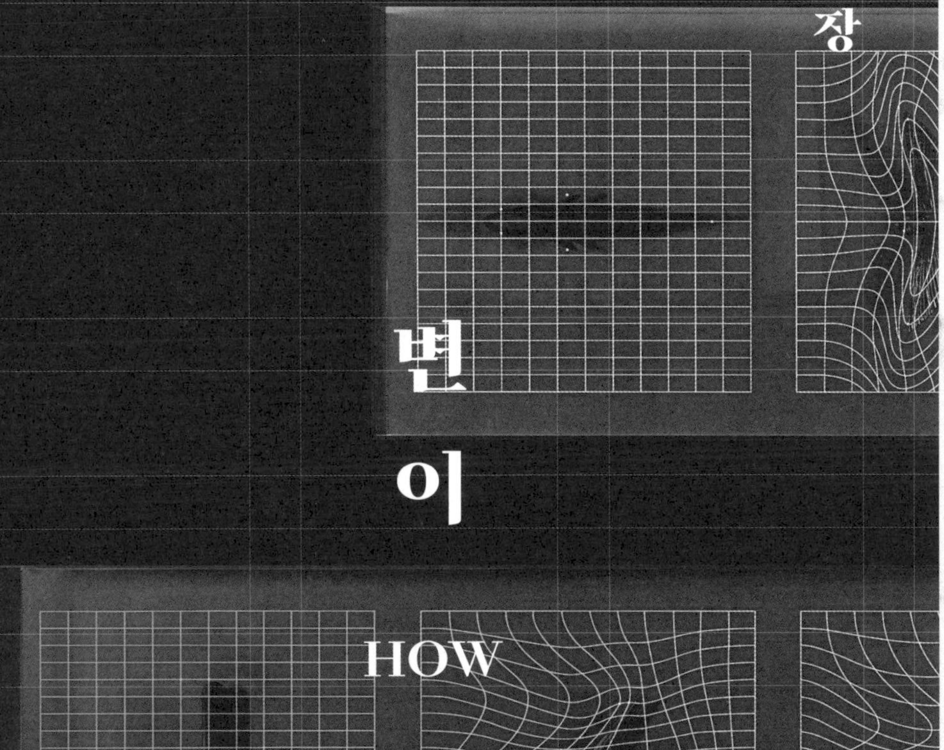

비행기와 물고기의 변량 비교(TRANSFORMATION):
ggg 기획전 〈NOSIGNER Reason behind forms〉

창조의 본질은 변화이자 전진이다

비밥(Bebop)의 본질은 변화이자 전진이다. 가만히 멈춘 채 안전하게 있어서는 안 된다. 계속 창조하려는 인간에게는 변화만이 있을 뿐이다.
— 마일스 데이비스[17)]

재즈 역사상 최고의 이노베이터로 불리는 제왕 마일스 데이비스는 변화만이 창조의 원천임을 강조했다. 그는 절대적인 호평을 받으면서도 그 평가에 얽매이지 않고 몇 번이나 새로운 음악 스타일을 구축했다. 그래서 때로는 비판받기도 했으나 어느새 새로운 물결이 되어 현대 재즈의 장을 열었다.

우리는 주변에 있는 사물을 당연하게 받아들인다. 수도꼭지를 틀면 물이 나오고 가스레인지를 켜면 불이 나오며 플러그를 끼우면 전기를 쓸 수 있다. 세상 만물이 모두 완성형처럼 보인다. 수많은 물건에는 이미 이름이 붙어 있으며 사용법도 정해져 있다. 태어날 때부터 수많은 도구에 둘러싸여 살아왔기 때문에 이 모두를 마치 공기처럼 생존하는 데 필수적인 요소로 받아들인다. 그래서 우리는 어느 날 갑자기 그 전제가 바뀔 수도 있다는 사실을 받아들이지 못한다.

그러나 내가 느끼기에는 당연한 사실을 의심하고 현재의 상식에 연연하지 않은 채 변화의 가능성을 상상하는 일은 곧 사고의 자유를 얻는 것이나 마찬가지다. 지금 존재하는 상식적인 물건만 정답이 아니다. 애초에 정답 같은 것은 존재하지 않으며 모든 것이 실패작이라면 어떨까? 인류의 역사가 시작된 이래 완벽한 도구는 사실상 단 한 번도 발명된 적 없다. 이는 지구 역사상 완벽한 생물은 존재하지 않았다는 사실과 완전히 일치한다. 만물은 계속해서 변화하고 있으며, 아직 발견하지 못한 다른 방법들은 얼마든지 있다. 그러니 지금보다 조금이라도 더 나은 방법을 찾아내 상식을 바꿔보면 어떨까?

내가 사는 요코하마를 통해 수많은 물건이 일본에 처음 들어왔다. 사무실 가까이 있는 비석에 따르면 1869년 일본 최초로 도쿄-요코하마 사이에 전신이 개설되었다. 요코하마에 가스등이 처음 켜진 해는 1872년이다. 150년도 더 오래 전 일이지만, 20만 년 전 호모 사피엔스가 출현한 이후부터 따지면 인류사의 0.1%도 안 되는 짧은 기간 동안 우리 생활에서 빼놓을 수 없는 기본 인프라가 격변했음을 알 수 있다.

증조할머니가 태어났을 무렵에는 거리에 자동차가 다니기는커녕 전기도 들어오지 않아 밤에는 온통 암흑이었다고 한다. 100년 전 일상은 그러했다. 반대로 앞으로 100년 뒤에는 틀림없이 새로운 인프라가 등장해 지금의 상식을 바꿔놓을 것이다. 더 이상 가스나 전기를 사용하지 않을지도 모른다. 지금 우리가 활용하는 도구가 100년 뒤에는 존재하지 않을 수도 있다. 상식은 언젠가 변할 수도 있다고 아무도 알려주지 않지만, 100년 전을 되돌아보면 알 수 있듯 틀림없이 변화할 것이다.

실패의 쓸모

> 나는 실패한 적이 없다. 단지 작동하지 않는 1만 가지 방법을 발견했을 뿐이다. — 토머스 에디슨

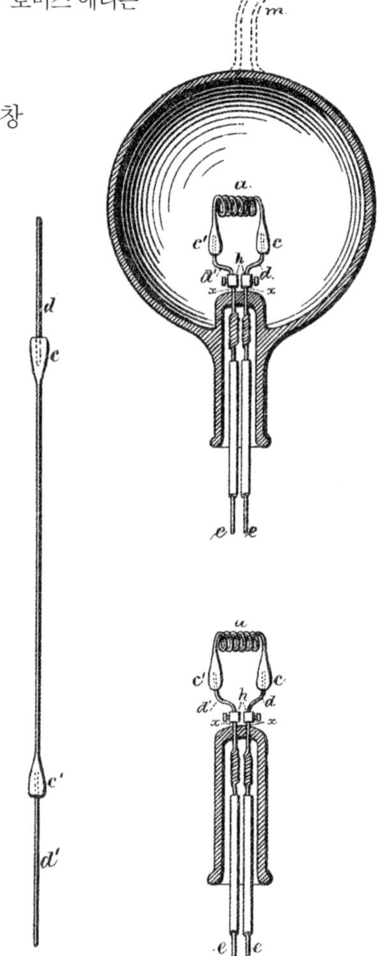

창조성에 대한 흔한 오해 중 하나는 창조적인 사람은 그렇지 않은 이보다 머리가 좋고 실수가 적다는 고정관념이다. 하지만 실제 창조의 역사를 들여다보면 무수한 실패담의 연속임을 알 수 있다. 위에 소개한 에디슨의 발언은 결코 비유가 아니다. 에디슨은 오랫동안 밝게 사용할 수 있는 전구를 만들기 위해 필라멘트 성능을 향상시키려고 6000여 종의 소재를 시험했는데, 대부분 실패로 돌아갔다. 그런데도 포기하지 않고 계속 짧은 금속 선을 바꿔보다가 마침내 교토산 대나

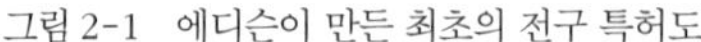
그림 2-1 에디슨이 만든 최초의 전구 특허도

무 섬유가 필라멘트에 적합하다는 사실을 발견했다. 그가 만든 전구라는 새로운 빛은 인류의 삶을 뿌리부터 바꿔놓았다. 그렇다면 그의 발명품은 완벽했을까? 그렇지 않다. 에디슨이 발견한 필라멘트 소재는 변화의 중간 지점에 해당할 뿐이다. 이미 알고 있듯, 교토 대나무를 필라멘트로 사용한 전구는 골동품이 되었으며 현재는 필라멘트조차 없는 LED를 활용한 저전력 전구가 세계를 석권했다.

에디슨이 발명한 전구 자체도 결코 유에서 무를 창조해낸 것은 아니다. 에디슨의 전구 이전에 가스등이 있었고, 그 곁에는 전신이 흐르고 있었다. 가스등을 만드는 유리 성형 기술과 전기가 결합하면서 전구의 발명으로 이어지는 길이 나타났다. 에디슨 이전부터 전구가 출현할 징조가 이미 있었던 것이다. 그는 실패를 두려워하지 않고 존재하는 물건을 조합한 뒤 약간의 변화를 줬을 뿐이다.

만물은 변화한다. 모든 상식적인 관습은 언젠가 뒤집힌다. 기능부터 이름, 용도까지 모든 창조물은 주위의 영향을 받으며 끊임없이 변한다. 세계는 우리가 생각하는 것보다 훨씬 빠르게 바뀌며 새로운 창조는 매일같이 세상을 변화시킨다. 우리 두 손으로 비상식적인 변화를 만들어낼 여지는 세상 곳곳에 남아 있으며, 새로운 가능성 역시 매일매일 등장하고 있다.

> 인공 세계에 나타난 새로운 물건은 모두 기존 사물에 기초해 만들어진다.
> — 조지 바살라[18)]

바살라에 의하면 최근 200년 사이에 미국에서만 500만 건의 특허가 등록됐다. 생물은 38억 년 동안 진화를 거치며 수천만에서 수억 종에 달하는 다양성을 이룩해왔는데, 인공물의 다양성 또한 그에 지지 않을 만큼 경이적이다. 창조를 통해 인공물의 다양성이 증가하는 속도는 생물이 분화해 진화하는 속도보다 빠르다. 창조하기 위해서 창조자는 성공이나 실패에 상관없이 멈추지 않고 변화를 향한 도전에 나선다.

지금까지 수많은 이들에게 창조성을 가르치다보니 누구나 방법만 알려주면 창조적인 발상을 할 수 있다는 사실을 알게 됐다. 그러나 많은 경우, 최초의 아이디어에 집착하며 그것을 버리지 못했다. 현재의 아이디어가 최고의 아이디어라는 착각은 발상의 폭을 좁혀 가능성을 닫아버린다. 자기 아이디어가 좋아 보일 수밖에 없지만, 거기에 자신을 지나치게 투영해서 그 아이디어를 곧 자신이라고 여기면 아이디어를 지키려는 생각이 굳어져 변화할 수 없게 된다. 마치 나 자신이 부정당하는 것 같은 두려움 때문에 그 대상의 진화와 마주하지 못하는 것이다. 기억해두길 바란다. 아이디어는 당신에게서 태어났으나 당신 자신이 아니다.

진정 창조적인 사람은 더 좋은 방법이 있으면 자기 아이디어를 바로 포기하고 타인의 아이디어라도 주저 없이 받아들인다. 창조적 성장은 필연성에 근거한 선택이자 객관성에서 비롯된 판단 기준을 지니고 있는지 혹은 변이적인 우연을 살려 대안을 낼 수 있는지에 달려 있다. 애초에 실패나 변이적인 에러가 없다면 성공 혹은 자연선택된 진화도 없을 것이다.

그러나 우리는 실패를 나쁘다고 여기며 도전을 망설이도록 배웠다. 이러한 편견이 생긴 배경에는 실패를 회피하게 만드는 교육 구조의 문제가 있다. 지금까지의 교육은 우리가 상식을 바꿀 수 있다는 사실을 알려주지 않았다. 실패하고 오류를 범하며 우연히 배울 방법을 알려주지도 않았다. 규범에 따르는 수재가 칭찬받는 교육 시스템에서 예측 불가능한 변화를 일으키는 사람은 좋은 평가를 받지 못한다. 창조성의 본질 측면에서 보면 커다란 손해일 수밖에 없다. 변화를 일으키는 사람을 키워야 그 안에서 새로운 가치를 창출할 수 있다. 변화를 억제하는 교육만 계속된다면 동료의 아이디어를 비난하고 대안을 내세우지 못하는 꼴불견 상사 같은 비창조적인 사람만 늘어날 뿐이다.

변화의 재능을 지닌 사람이더라도 변화가 허용되지 않는 환경에서는 사회적 약자로 취급받을 수밖에 없다. 게다가 창조성 교육에서 변화를 일으킬 실천적인 커리큘럼이 매우 부족한 실정이다. 바보가 되는데도 연습이 필요하다. 학교에서 수많은 실패를 경험하고 그 경험에서 답을 찾아 나가는 힘을 키워야만 한다. 오류를 자유자재로 활용해내는 사람이 창조적인 사람이라면, 바보가 되는 연습을 해야 하지 않을까?

진화사고에서는 변이와 선택 양쪽의 사고력을 모두 키운다. 이는 곧 바보가 되는 변이의 가치를 배우면서 관찰하려는 호기심과 필연성에 근거해 선택하는 힘을 키우는 과정이다. 이 과정이 교육에 포함되었을 때, 학교는 창조적 사고로 가득 찬 장소가 될 것이다.

어차피 완벽한 것은 없다

세상에 완벽한 발명이나 디자인은 없다. 모두 어딘가 부족하다. 이는 생물도 마찬가지다. 완벽한 생물은 존재하지 않는다. 진화라는 단어는 이전보다 나아지는 진보적 현상이라고 오해받고 있다. 그러나 진화는 진보처럼 미리 방향성을 정해놓은 현상이 아니며 무작위적인 변화를 통해 일어난다. 대부분의 에러는 자손에게도 결함으로 나타나는 등 도움이 되지 않는다. 하지만 간혹 자연에 적응해 우연히 나타난 변화가 유리하게 여겨지면 여러 세대에 걸쳐 그 방향으로 변화한다. 완성된 것처럼 보여도 완벽한 생물은 없으며, 이유 없는 변이 역시 수없이 많다. 에러와 선택이 반복되면서 진화는 나아간다.

진화사고에서는 창조를 의도적인 목표가 이끄는 진보적 현상이라 여기지 않는다. 오히려 절반 정도는 우연이라는 의외의 힘을 빌려 변이가 발생하는 현상으로 본다. 진화의 구조는 창조에 있어서 두 가지 용기를 준다. 먼저 진화는 장대한 결과론이다. 따라서 '이유는 나중에 붙는다.' 우연성에 맡겨 여러 가지 아이디어를 낸 뒤 그중 이유에 부합하는 안을 선택할 수 있다면 발상은 확실히 틀림없이 진화한다. 애초에 '발상은 어쩌다 한 번 들어맞는다'라는 사실을 받아들이면 좋은 아이디어가 나오지 않는다고 조급해하지 않게 된다. 적응하는 변이는 어쩌다 한 번밖에 나오지 않는다고 생각하자. 그러면 고정관념을 깨트리고 변이적인 발상을 끊임없이 해야 하는 이유가 보일 것이다.

디자인에도 문법이 있다

잠시 옛날 이야기를 해보려 한다. 진화사고에 대해 연구하기 시작한 것은 2005년으로 거슬러 올라간다. 당시 대학원을 휴학하고 있던 나는 언제까지고 빈둥거릴 수는 없으니 석사논문을 쓰고 졸업하고자 대학원으로 돌아갔다. 하지만 흥미 없는 연구는 할 마음이 들지 않아서 디자인이라는 현상에 관해 연구하기로 했다. 마침 같은 시기, 도쿠시마현에서 인생 최초로 강연할 기회가 생겼다. 강의 대상은 도쿠시마의 목공장인 할아버지들로, 디자인이란 무엇인지 설명하는 강의였다. 외래어로 가득한 내용을 설명해도 분명 제대로 전해지지 않을 것 같았다. 그래서 만담을 예로 들어 디자인을 설명하기로 했다.

"디자인은 언어와 닮아서 만담의 보케와 쏫코미('보케'는 바보 역할, '쏫코미'는 보케를 지적하는 역할을 가리킨다 - 역주) 같은 구조가 있습니다. 보케 같은 의외성에 애정 어린 쏫코미를 더해서 디자인을 키워봅시다."

대략 이런 이야기를 했더니 '디자인이 무엇인지 처음으로 이해했다!'라는 감탄이 터져 나오며 호평 속에 강연을 마쳤다. 지금 진화사고 측면에서 생각해보면 보케는 우연한 변이, 씃코미는 적응적인 선택이라고 할 수 있다. 이 강연의 경험에서 힌트를 얻어 디자인과 언어의 유사성을 주제로 석사논문을 쓰게 됐다.

당시 생각할 수 있는 최선의 지혜를 짜내 디자인과 언어가 어떤 면에서 닮았는지에 관한 내용을 기초로 창조성의 법칙을 논문에 담았다. 지도교수였던 구마 겐고 선생님은 건축 전공으로 졸업하지 않겠다는 나의 선언에도 "다치카와 군, 결론을 단정 짓지 말게나" 하고 어른다운 함축적인 충고와 함께 이 연구를 시원하게 승인해주었다.

새로운 마음으로 연구해보니 새삼 디자인과 언어는 정말 많이 닮아 있었다. 디자인에도 예시와 과장, 억양 같은 언어적 성질이 있으며 언어로 전달하기 쉬운 아이디어를 명쾌한 콘셉트로 이해시켰다. 언어와 디자인이라는 두 현상의 유사성에 파고들면서 노암 촘스키의 생성문법이나 찰스 샌더스 퍼스의 기호론을 기초로 한 독자적인 분석과 발상법을 완성했다. 논문에서는 객관성을 더하기 위해 뉴욕현대미술관(MoMA)에 소장된 시대를 대표하는 작품들 속에 공통으로 담겨 있는 성질을 언어학적으로 분류했다. 이렇게 해서 '디자인의 언어적 인지'라는 제목을 붙인 논문을 완성했다.

논문 지도교수였던 구마 교수님과 세지마 가즈요 교수님은 이 신통치 못한 졸고를 그해 최우수 논문으로 뽑아주셨다. 나는 이 논문 외에

한 편의 논문을 더 쓰고 대학원을 졸업했다. 신기하게도 논문을 쓰면서 나의 발상력은 비약적으로 발달했다. 논문을 쓰자마자 보이지 않는 관계성을 중심으로 한 디자인 활동을 펼치는 조직 노자이너(NOSIGNER)를 설립했다. 논문을 계기로 평생을 바쳐 창조의 신비를 탐구하기로 결심한 것이다.

모든 디자인과 발명에는 언어적인 패턴이 존재한다. 그 성질을 응용하면 새로운 발상을 만들어낼 수 있다. 논문을 쓰면서 발견한 '디자인의 문법'은 실제로도 잘 작동했다. 나 자신도 처음에는 발상에 자신이 없었다. 그러나 발상의 패턴을 발견한 뒤엔 평생 아이디어가 부족하지 않을 것이라고 단언할 정도로 자신감이 붙었고, 그 이후 여러 해 동안 디자인 업계에서 세계 제일이라고 꼽히는 상도 몇 번인가 받았다. 디자인 활동과 함께 창조성 교육도 시작했는데 지금은 소니, NEC 같은 대기업은 물론 게이오대학교, 도쿄대학교 i.school 등의 교육기관에서 디자인 문법을 가르치고 있다.

그러나 디자인과 언어의 관계성을 계속 연구하면서 그것만으로는 설명할 수 없는 다양한 의문이 생기는 한편, 서서히 다른 각도에서 본질적인 사고의 윤곽이 보이기 시작했다. 바로 생물의 진화였다.

생물학자들은 진화를 탐구하는 다양한 연구 끝에 마침내 변이가 일어나는 시스템의 정체를 발견했다. 그 정체는 DNA의 우발적인 복제 오류였다. 나는 진화와 창조는 무척 닮았다고 생각한다. 그렇다면 창조성에도 복제자(유전자처럼 성질을 나타내는 것)가 있을까? 리처드 도킨스은 그것을 밈(meme, 문화적 유전자)이라는 단어로 규정했다. 100년쯤 전에도 에왈드 헤링이 므네메(mneme)라는 단어로 이 문화적 유전자를 표현한 바 있다. 그렇다면 창조에서 DNA 역할을 하는 복제자란 도대체 무엇일까?

나는 복제자라 할 수 있는 것은 인류의 언어밖에 없다고 생각했다. 언어는 창조와 닮았다. 그리고 창조는 진화와 닮았다. 여기에서 당연한 의문이 떠올랐다. 과연 언어와 진화의 원천은 비슷할까? 탐구를 계속해 나가기 위해 언어와 진화라는 두 가지 현상에는 어떤 유사성이 숨겨져 있는지 다시 한번 살펴보기로 했다.

창조를 직조하는 언어

인류는 폭발적인 속도로 도구를 발명하며 발전해왔다. 그러나 20만 년에 달하는 인류 역사 속에서 석기 같은 극히 원시적인 도구만 사용하던 시기가 약 5만 년 전까지 이어졌던 것 또한 사실이다. 즉, 인류 탄생부터 약 15만 년 동안 인류가 개발한 도구는 매우 적었다. 바꿔 말하면 인류 역사 중 대부분의 시간 동안 인간은 창조성을 발휘하지 않았다. 그런데 지금 우리는 하늘의 별만큼이나 많은 발명과 도구에 둘러싸여 살고 있다. 최근 수만 년 동안 우리의 창조성에는 도대체 무슨 기적이 벌어진 것일까?

> 태초에 말씀이 있었다. 그 말씀은 하나님과 함께 있었는데, 말씀은 곧 하나님이었다.
>
> — 요한복음[19)]

창조라는 인류 역사상 가장 큰 수수께끼의 힌트가 바로 언어의 등장이다. 언어가 발명된 것은 약 5만 년 전으로 알려져 있다. 그리고 언어가 발명된 이후 5만 년은 인류가 도구와 기술을 진화시켜온 역사와 정확히 일치한다. 진화와 마찬가지로 언어도 변이와 선택을 반복하면서 분화해갔다. 기원전 3500년경 수메르인이 문자를 개발하는 등 다양한 언어가 진화한 결과, 인류는 6000종이 넘는 언어를 사용하고 있다. 프로그래밍 언어나 음표 등 문화적인 언어를 포함하면 그 수는 더 많아지며

그림 2-2 아슐리안 주먹도끼(좌), 약 30만 년 전의 석기(우)

그림 2-3 로제타스톤. 고대 이집트의 신성문자(히에로글리프), 민중문자(데모틱), 그리스문자 등 세 가지 문자로 쓰여 있다

현재도 계속해서 늘어나고 있다. 수많은 언어의 등장은 인류가 도구를 창조하는 속도를 가속화시켰다.

언어는 잘못 말하거나 잘못 듣는 등 변이가 자연발생할 가능성이 있다. 환경과의 상호작용에 의한 선택이나 유전처럼 세대를 초월해 미래에 창조를 계승하는 진화적인 성질도 있다. 지구에 등장한 생물 중 인간만이 압도적인 창조성을 발휘한 데는 언어의 획득이 크게 기여하지 않았을까? 디자인과 언어의 유사성을 탐구하던 나에게 언어야말로 창조라는 특수 능력의 원천이라는 가설이 점점 또렷한 형태로 드러나기 시작했다. 언어는 DNA와 무척이나 닮았다. 그 유사성을 지적한 이는 나뿐만이 아니다.

> DNA는 컴퓨터 프로그램과 닮았지만, 지금까지 만들어진 어떤 소프트웨어보다 훨씬 발전했다. — 빌 게이츠

빌 게이츠도 지적했다시피, DNA와 언어, 프로그래밍 등 문화적 언어는 굉장히 비슷하다. 이 유사성은 나에게 창조와 진화를 잇는 매우 중요한 열쇠로 여겨졌다. DNA는 생명이 기록한 문장 같은 분자다. 아데닌(A)과 구아닌(G), 시토신(C)과 티민(T)이라는 네 종류의 염기(뉴클레오타이드)를 문자로 삼아 쓰였으며, 30억 개의 글자가 이어져야만 비로소 인간의 게놈(유전 정보 1세트)이 된다. 만약 DNA가 문장이라면 염기는 문자, 그들 3개가 한 짝으로 묶인 코돈(codon, 염기 암호)은 단어라고 할

TGACGTCGCGGACAACCCAGAATTGTCTTGAGCGATGGTAAGATCTAACCTCA
GGGGCTTTACTGATGTCATACCGTCTTGCACGGGGATAGAATGACGGTGCCCG
TTTCTGAAAGTTACAGACTTCGATTAAAAAGATCGGACTGCGCGTGGGCCCGG
TTTCGACGTGTCAAGGACTCAAGGGAATAGTTTGGCGGGAGCGTTACAGCTTC
ATAAAATTCAACTACTGGTTTCGGCCTAATAGGTCACGTTTTATGTGAAATAG
CTGGGTGTTCTATGATAAGTCCTGCTTTATAACACGGGGCGGTTAGGTTAAAT
CCAAGCGCCCGCTAATTCTGTTCTGTTAATGTTCATACCAATACTCACATCAC
CCCAGTCGCAAGGGTCTGCTGCTGTTGTCGACGCCTCATGTTACTCCTGGAAT
TTAAGGCGTGTGATCGACGATGCAGGTATACATCGGCTCGGACCTACAGTGGT
GCGGTTCGGCGCGTAGTTGAGTGCGATAACCCAACCGGTGGCAAGTAGCAAGA
ACAACCTAACTAATAGTCTCTAACGGGGAATTACCTTTACCAGTCTCATGCCT
ATGATATCGCCCACAGAAAGTAGGGTCTCAGGTATCGCATACGCCGCGCCCGG
CAGTAGAGAGCTATTGTGTAATTCAGGCTCAGCATTCATCGACCTTTCCTGTT
TCGTCCGTAACGATCTGGGGGGCAAAACCGAATATCCGTATTCTCGTCCTACG
CGCGTGATCGTCAGTTAAGTTAAATTAATTCAGGCTACGGTAAACTTGTAGTG
GGGTTCGCTACAGATGAACTGAATTTATACACGGACAACTCATCGCCCATTTG
AGTGGCAGATTAGGAGTGCTTGATCAGGTTAGCAGGTGGACTGTATCCAACAG
AAAGCGTTGTAGTGGTCTAAGCACCCCTGAACAGTGGCGCCCATCGTTAGCGT
GTGCGACATGGGGCCAGTTAGCCTGCCCTATATCCCTTGCACACGTTCAATAA
TTTAAATTAGGATGCCGACCCCATCATTGGTAACTGTATGTTCATAGATATTT
CTGACACGCAAGGGTCAACAATAATTTCTACTATCACCCCGCTGAACGACTGT
TAGATTCGCGTCCTAACGTAGTGAGGGCCGAGTCATATCATAGATCAGGCATG
CACGAGTTGTAAACAACTTGATTGCTATACTGTAGCTACCGCAAGGATCTCCT
CTGGATCCGAGTCAGAAATACGAGTTAATGCAAATTTACGTAGACCGGTGAAA
ACCGTAGTCAGAAGTGTGGCGCGCTATTCGTACCGAACCGGTGGAGTATACAG
GAGCTCGGTCCCCAATGCACGCCAAAAAAGGAATAAAGTATTCAAACTGCGCA
ATTATCCATCCGAACGTTGAACCTACTTCCTCGGCTTATGCTGTCCTCAACAG
GCTGTGGATCTTAACGGCCACATTCTTAATTCCGACCGATCACCGATCGCCTT
TAAGTTATCCAGATCAAGGTTTGAACGGACTCGTATGACATGTGTGACTGAAC
GTTTCAAGGCCTCTGCTTTGGTATCACTCAATATATTCAGACCAGACAAGTGG
AGGTATTCACGCAACCGTCGTAACATGCACTAAGGATAACTAGCGCCAGGGGG
AGACTACCCTATGGATTCCTTGGAGCGGGGACAATGCAGACCGGTTACGACAC
TATTATTAGCAAGACAATAAAGGACATTGCACAGAGACTTATTAGAATTCAAC
GTTGGGTCGGGCAAGTCCCCGAAGCTCGGCCAAAAGATTCGCCATGGAACCGT
CTGCTCCTGTTCCGGGTACCATAGATAGACTGAGATTGCGTCAAAAAATTGCG
TAGAAATACCAGACTGGGGAATTTAAGCGCTTTCCACTATCTGAGCGACTAAA
AATCCGCAGTAGGCAATTACAACCTGGTTCAGATCACTGGTTAATCAGGGATG
CCGACGCGACAGCTCTTCAAGGGGCCGATTTTTGGACTTCAGATACGCTAGAA
CTGCGGCCTGCAGGGACCCCTAGAACTTGCCGCCTACTTGTCTCAGTCTAATA

그림 2-4 바이러스의 게놈 DNA에서 뽑아낸 염기서열. DNA는 네 가지 문자로 쓰인 문장이다

수 있다. 그리고 전혀 다르게 보이는 다양한 생물들도 게놈의 기본 염기 배열은 무척 닮았다. 나아가 다른 종이더라도 DNA의 기록 규칙은 같아서 다른 생물종과의 사이에서도 편집이나 교환을 할 수 있다. 마치 생명을 만들기 위한 'DNA의 문법'이 존재하는 듯하다.

DNA의 변이 에러는 복제 시 발생한다. DNA 사슬이 두 가닥으로 나뉘고 각각의 가닥을 주형으로 삼아 주변 염기가 모여 또 하나의 사슬을 구성한 뒤 두 가닥의 사슬은 분열한다. 이때 잘못 복제되는 부분이 발생한다. 인간의 게놈에서는 이러한 에러가 30억 개에 달하는 염기 중 무작위로 발생하는데, 변이는 대부분 유리하지도 불리하지도 않은 중립적인 형태로 발생하며 결국 다양성을 낳는다. 기무라 모토(1968년 중립진화이론을 발표해 유전자 연구의 지평을 연 생물학자 – 편집자주)는 여기에 중립진화설이라는 이름을 붙였다. 그의 이론에 따르면, 마치 언어의 말실수나 잘못 듣는 것 같은 복제 에러야말로 변이가 나타나는 시스템의 정체이며, 이로 인해 생물은 수많은 에러를 품은 채 진화한다. 완벽하게 디자인된 생물이 없다고 단언할 수 있는 이유가 여기에 있다. 그렇다면 언어는 어떨까? 언어의 에러도 역시 DNA 복제 에러와 많이 닮았다. 이를 도식화하면 다음과 같다.

창조에서의 언어 ≒ 진화에서의 DNA

인류가 진화와 비슷한 창조라는 특수능력을 급속하게 발휘하기 시작한 이유가 언어와 유전자의 유사성 때문이 아닐까? 인류 문화사 속에서는 새로운 언어가 탄생할 때마다 새로운 창조가 나타났다. 악보를 만드니 음악이 발전했고, 모스 신호가 전보를 태어나게 했으며, 프로그래밍 언어가 사회를 발전시켰다. 그 과정에서 언어는 항상 전달 오류나 오해를 일으켰다. 말로 상대방의 생각을 100% 이해할 수 없기에 우리는 항상 오해하고 에러를 허용하며 살아간다. 언어에서 오해가 빚어지는 과정은 마치 무언가 잘못됐기에 벌어진 일처럼 보이지만, 실제로는 창조에서 빼놓을 수 없는 과정이다. 이는 DNA 복제 에러와 같이 변이를 발생시키는 원천이자, 창조의 원천이다.

이러한 관점에서 보면 진화와 창조의 유사성 중 많은 부분을 설명할 수 있다. 즉, 인간에 의해 창조라는 초현실적인 지적 현상이 자연발생한 이유는 언어라는 DNA의 대역을 획득했기 때문이라는 것이 나의 가설이다. 만약 그렇다면, 우연히 발생하는 언어 에러를 뜻대로 일으킬 방법을 알아낸다면 창조성의 발생률을 높일 수 있을 것이다.

실제로 언어의 변이는 우리 누구나 말실수하고, 잘못 듣는 과정에서 끊임없이 발생한다. 애리조나대학교와 텍사스대학교의 합동 연구[20]에 따르면 하루에 사용하는 단어는 남성의 경우 평균 1만 5669단어, 여성의 경우 평균 1만 6215단어라고 한다. 사람 한 명이 매일 평균 1만 6000단어를 말하는 것이니 80억 명에 이르는 인류 전체로 계산하면 1년간 약 4경 720조 단어의 변이 가능성이 자연발생한다. 생각해보면 우리의 언어나 디자인은 전혀 완벽하지 않으며, 유리하지도 불리하지도 않게 중립적으로 존재한다. 일견 완성된 것처럼 보이는 도구들도 자세히 관찰하면 좋지도 나쁘지도 않은, 형편에 따라 만들어진 것이 대부분이다. 즉, 무수한 언어적 에러가 연속되면서 전진하는 과정인 만큼 생물에도 창조에도 중립적인 에러가 남게 되고, 완벽한 디자인은 존재하지 않는 것이다.

인간은 왜 '창조하는 생물'인가? 이 책의 서두에서 이런 질문을 던졌다. 현재 지구상에서 인간 이외에 언어를 이 정도로 훌륭히 쓰는 생물이 확인되지 않았다는 측면에서 보면 인류만이 창조라는 기적을 일으킨다는 것도 일견 이해된다. 개체보다는 언어 그 자체에 우연을 낳는 창조성의 원천이 깃들어 있는 것 같다. 다른 생물도 언어를 발명한다면 비로소 창조성을 발휘하기 시작할지 모른다. 새의 울음소리가 언어성을 지녔는지 연구한 학자가 있다. 뉴칼레도니아의 까마귀는 식물로 원시적인 도구를 만들어내는데 환경에 따라 그 형태가 변이되는 양상을 보인다고 한다. 여기에 공통하는 문법을 가진 언어가 출현하고 그것을 기록하는 방법까지 손에 넣는다면 조류 역시 문명을 구축할지 모른다.

창조의 패턴

창조성에는 패턴이 있다. 나는 이러한 패턴이 몇 종류나 되는지 철저하게 세어보기로 했다. 언어의 에러에도 역시 고유한 패턴이 있다. 말하기를 깜박하거나 몇 번이고 같은 말을 반복하거나 과장하거나 단어를 잘못 말하기도 한다. 아무리 봐도 내가 헤아려본 패턴은 이러한 언어적인 에러 패턴과 일치하는 것처럼 보였다.

다음 페이지의 '우발적 변이의 패턴'을 살펴보자. 내가 발견한 것은 겨우 아홉 가지 정도다. 변이의 패턴 자체가 바보가 되기 위한 규칙, 즉 발상의 형태가 된다. 이것이 모든 패턴을 망라했다고 하기는 어렵지만, 이 정도만으로도 대부분의 발상을 설명할 수 있다. 이러한 패턴은 기존 발상법과도 닮은 부분이 있다. 예를 들어, 오스본의 체크리스트(SCAMPER 기법이라고도 한다)나 TRIZ 등 역사적인 발상법에는 이러한 패턴과 유사한 사고 방법이 담겨 있다. 지금까지 발상에 어째서 이러한 패턴이 발생하는지 논의된 바는 없지만, 나는 그 이유가 언어적 성질에 있다는 가설을 세웠다.

신기하게도 이 패턴들은 생물 진화에서 획득한 표현형(눈에 보이는 형질)이나 기형에서도 공통으로 나타났다. 생물의 기형 발생 패턴을 연구한 윌리엄 베이트슨은 1894년에 출판한《변이 연구》[21]에 수많은 생물의 기형 사례를 총망라해놓았다. 그중에는 촉각이 다리로 '이동'한 벌이나 난관 개수가 필요 이상으로 '증식'한 가재, 날개 무늬가 '소실'된 나비 등이 있다. 자연계와 창조에 공통적인 패턴이 있다니 무척 흥미롭게 느껴진다.

언어와 똑 닮은 구조를 지닌 DNA가 일으키는 진화에서의 변이도 결국 언어에서 일어나는 창조적 변이나 공통적인 말실수, 잘못 듣기 같

우연한 변이의 패턴

변량變量 극단적인 양을 상상하자	의태擬態 원하는 상황을 모방하자	소실消失  기본 요소를 줄여보자
증식增殖 비상식적으로 늘려보자	이동移動 새로운 공간으로 이동하자	교환交換  틀과 판을 바꾸자
분리分離 마지막까지 나누어보자	역전逆轉 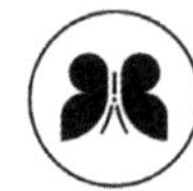 반대 상황을 생각하자	융합融合  의외의 물건과 조합하자

그림 2-5　진화와 창조에서 공통으로 관찰되는 우발적인 변이의 패턴

은 패턴이 나타나는 것은 아닐까? 나는 이러한 가정을 세우고 언어의 구조 때문에 발생하는 에러에 의한 변이가 창조와 진화의 본질에 공통하는 패턴을 형성한다는 가설에 다다랐다.

또한, 진화도 창조도 환경과의 상호작용을 무시할 수 없다. DNA와 언어에는 공통적인 변이 패턴뿐 아니라 환경과의 상호작용을 바탕으로 한 전형적인 표현이 등장하기도 한다. 언어에서 발생하는 에러와 함께 환경에도 패턴이 발생하는 원인이 있다. 주위를 모방하는 '의태'는 이에 해당하는 좋은 사례다. 이러한 이유로 진화사고의 변이 패턴은 DNA와 언어에 공통하는 변이뿐 아니라, 환경과의 상호작용에서 나타나기 쉬운 변이 패턴까지 포함하여 창조성에 응용할 수 있는 전체 패턴을 나타낸다.

한 가지 사례로, 자동차 산업의 변이 패턴을 살펴보자. 칼 벤츠가 발명한 세계 최초의 자동차는 척 보기에도 말이 '소실'되거나 말이 엔진으로 '교환'된 마차 혹은 내연기관과 짐수레가 '융합'한 마차처럼 보인다. 어떤 의미에서는 엔진이 말을 '의태'했다고 볼 수도 있다. 지금도 엔진 성능을 나타내는 단위를 말 한 마리의 힘, 즉 마력이라고 표현한 데서 엔진을 말에 비유했다는 증거를 찾아볼 수 있다. 이런 증거는 또 있다. 마차를 타던 시대부터 영국의 좌 차선과 프랑스의 우 차선으로 나뉘어 있었기 때문에 지금도 좌핸들과 우핸들이라는 '역전'된 자동차가 만들어지고 있다.

자동차의 보급으로 인간의 생활은 도시 밖으로 '이동'했으며, 자동

직조기 등 다른 물건을 만들던 토요타 같은 기업은 그들의 기술을 '이동'시켜 새로운 시장에 뛰어들었다. 자동차 산업은 산업 전체에 엄청난 영향력을 미쳤던 만큼 바퀴나 시트같이 다양한 전문 업체로 '분리'되며 각자의 길을 추구했다. 엔진 성능도 점차 향상되어 처음에는 2기통이었던 것이 12기통으로 '증식'했다. 또한 수많은 자동차가 '증식'하면서 결과적으로 주차장이나 렌터카 같은 새로운 비즈니스가 등장했다. 군대에서 사용하는 차는 국방 무늬를 사용하도록 '의태'했다. 자동차는 용도에 따라 물리적인 '변량'을 통해 다양한 형태를 띠며 버스, 리무진처럼 거대해지기도 하고 반대로 경차같이 소형화되기도 했다. 나아가 기술의 진화로 초 저연비, 초고속 같은 질적인 '변량'을 낳기도 했다. 현재는 자율주행 기술로 운전이라는 행위 자체가 '소실'되려는 참이다. 이러한 자동차의 진화는 끊이지 않고 연쇄적으로 이어져 다양한 종으로 분화했다. 창조의 변이 패턴이 자동차의 다양한 가능성을 열었고, 약 130년이라는 짧은 시간 만에 현재의 자동차 사회가 이루어졌다. 자동차 산업에서 알 수 있듯 수많은 창조 속에서 언어의 변이 패턴을 발견할 수 있다.

새로운 아이디어는 항상 보편적인 상상에서 벗어나는 법이다. 진화사고의 변이를 탐구할 때는 생물 돌연변이나 발명적인 창조에서 볼 수 있는 공통 패턴을 응용해 상식의 편견을 넘어서는 바보 같은 발상을 연습해야 한다. 창조의 변이 패턴을 습득하고 나면 발상은 절대 어렵지 않다. 규격에서 벗어난 바보 같은 아이디어를 연이어 떠올리는 변이적 발상은 사실 무척이나 즐거운 과정이다.

지금 앉아 있는 의자를 의자로만 여기는 사람에게 의자는 언제까지나 변화하지 않은 채 남아 있을 뿐이다. 예를 들어, 의자를 악기라고 생각하는 사람만이 새로운 발명을 해낸다. 19세기 아프리카에서 중남미로 건너간 흑인들은 짐 상자 위에 앉아 있다가 상자를 드럼처럼 두드리는 번뜩임을 보였다. 여기에서 의자와 악기를 '융합'한 상자 모양의 악기, 카혼이 탄생했다. 카혼은 우연히 생겨났다. 이렇듯 창조로 이어지는 변화는 생물의 변이처럼 대부분 우발적으로 일어난다.

달걀이 먼저인가, 닭이 먼저인가. 창조가 나타나고 이유는 나중에 우연히 붙는 것일까 아니면 먼저 논리가 쌓이고 창조가 등장하는 것일까. 나는 우연한 변이와 필연적인 선택이 왕복한다고 생각한다. 우연한 에러가 이끌어온 과정이니만큼, 하려고 마음먹었다고 할 수 있는 건 아니라는 사실도 당연하다. 수많은 역사적인 발명이나 법칙의 발견은 실험 중 우연한 오류나 계산식 속 에러의 발견을 계기로 이뤄졌다. 우연한 에러 그 자체가 창조적인 사건이며, 그 에러가 선택압력에서 헤어나와 상황에 적응했을 때 비로소 창조는 결실을 맺는다.

> 1년 동안 1000가지 아이디어가 떠오른다고 할 때, 그중에 훌륭한 아이디어가 단 하나만 있어도 나는 만족한다.
>
> — 알프레드 노벨[22)]

창조적인 성공은 제안한 시안의 건수에 비례한다.

— 알렉스 오스본[23)]

노벨이나 오스본이 말했듯 중요한 것은 개별적인 성패가 아니라 에러를 향한 도전의 양이다. 우연이 발생할 확률이 높아지면 결과적으로 창조성의 가능성 또한 커진다. 변이의 사고는 바보가 되어 새로운 도전을 향한 가능성을 되도록 많이 만들어내는 기술이다. 생물의 진화에서도 알의 숫자가 늘어나면 살아남는 개체 수가 많아지듯이 숫자는 중요하다.

이번 장에서는 우연한 발상을 하는 데 도움이 되도록 극단적인 형질의 생물 변이와 발명 사례를 소개할 것이다. 지금부터 소개할 아홉 가지 변이 사고 패턴은 새로운 발상을 우연히 떠올리는 데 필요한 실천적인 발상법이다.

변이의 사고를 터득해 고정관념을 깨부수는 상상력을 익히자. 상식에서 벗어난 바보 같은 도전을 새로운 이름으로 찬미하며 고정관념을 던져버리자. 아이디어의 질은 중요하지 않다. 우스운 아이디어도 대환영이다. 아이디어를 일으키는 우연한 발상을 억누르지 말고 예상 밖의 가능성에 마음을 열자.

우연한 변이 1

변량變量

극단적인 양을 상상하자

"3500킬로그램의 우량한 베이비네요!"

베이비(baby)라기보다 헤비(heavy)하다고 해야 할 것 같다. 말실수로 이런 상상을 뛰어넘는 아기가 탄생하듯 에러는 상식을 넘어선 상상을 낳는다. 언어에서도 생물의 형태에서도 이러한 변량은 쉽게 발생하는데, 때로는 적절한 양을 넘어선 변이가 나타나기도 한다.

인간은 과장된 표현이 가능한 언어의 성질을 적극적으로 활용한다. 인상에 남은 사건을 열심히 설명할 때 저도 모르게 과장해서 말하고는 한다. 대단히 크다거나 냄새가 고약하거나 돈이 넘쳐난다거나 혹은 엄청 잘생겼다고 이야기하는 식이다. 충분히 이해한다. 과장된 단어가 인상에 남는 만큼 우리는 앞으로도 과장하는 것을 멈추지 않을 것이다.

"혹시 내 몸무게가 1톤이 넘어도 좋아할 거야?"

"만약 지구상에 우리 둘만 남으면 어떻게 할래?"

어느 쪽이든 쉽게 일어날 만한 일은 아니다. 우리는 이렇게 극단적인 상황을 설정해 안정감을 느끼려 한다. 언어 전달에는 과장하는 에러가 따라붙는다. 이러한 독특한 양적 변이는 효과적인 우연을 낳는다.

생물의 진화에서 찾아본 변량

변이적 발상은 과격한 상황을 상상하는 데 도움이 된다. 이러한 과격화는 생물의 진화에서도 자주 나타난다. 다르시 톰슨은 1917년 출간한 《생물의 형태》[24]에서 수많은 어류의 형태는 단순히 늘리거나 부풀리는 것 같은 변형이 있을 뿐, 구조는 기본적으로 동일하다는 점을 지적했다. 확실히 어류는 대부분 뼈의 형태가 비슷하고 크기나 모양만 살짝 바뀌는 단순한 변형만 이루어진 것처럼 보인다.

생물의 근접종들은 공통적인 골격 구조를 갖고 있다. 그래서 겉보기에 큰 차이가 있어 보이지만 기본 구조는 변하지 않은 채 일부 부위만 과장된 형태로 변이한 경우가 많다.

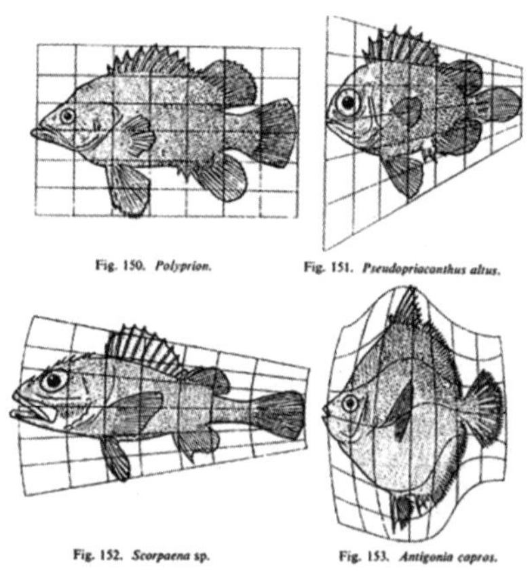

그림 3-1 어류는 공통적인 기본 구조가 변형된 것처럼 보인다

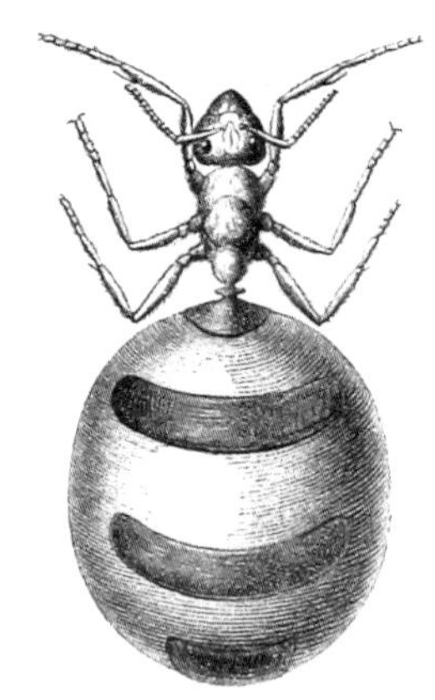

그림 3-2 꿀단지개미는 신체를 팽팽하게 부풀려 꿀을 모은다

대표적으로 박쥐의 골격은 생물의 진화에서 일어난 전형적인 과장 표현이다. 박쥐는 포유류로 진화계통수상 개나 말에 가깝다. 아무리 봐도 개처럼 보이지 않지만, 박쥐의 골격을 자세히 관찰하면 날개를 구성하는 뼈는 포유류의 손가락을 늘린 형태다. 커다란 날개는 사실 매우 거대한 손인 셈이다. 뼈의 개수를 늘려 전체 구성을 바꾸는 것보다 적은 변이로 진화를 일으키는 게 쉬웠으리라는 점에서 각 뼈의 크기나 길이가 수정된 것으로 보인다.

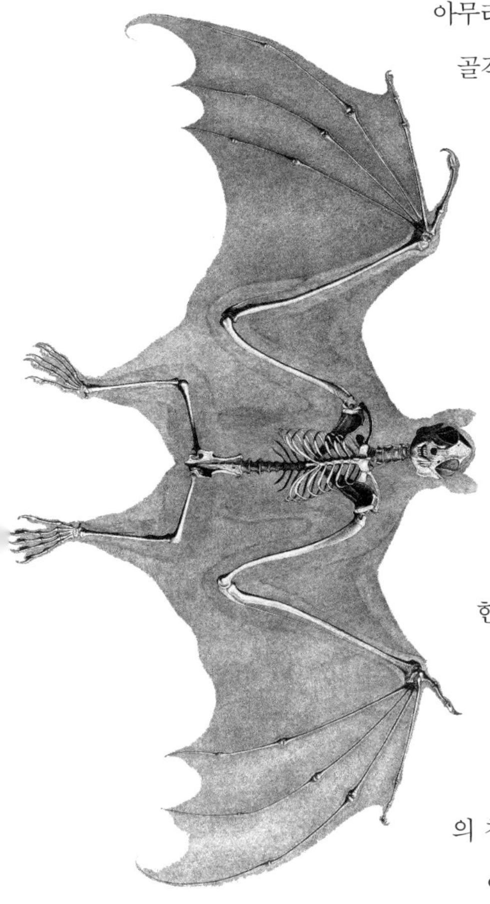

그림 3-3 박쥐의 날개 뼈를 보면 새로 추가되었다기보다는 손이 변량한 것처럼 보인다

날다람쥐나 하늘다람쥐도 본래의 피부를 늘려 비행 능력을 획득한 경우다. 일개미 중 꿀단지개미는 터질 것같이 몸을 부풀려 항아리 같은 형태로 만드는데, 자기 무게보다 많은 양의 꿀을 몸속에 축적해 개미집의 창고 역할을 자처한다. 기린의 목이 길어지고 펠리컨의 부리가 커진 것처럼 양적 변이에 의한 진화는 자연계에 수없이 존재한다.

생물의 신체가 발생할 때 세포 분열에 의해 하나의 세포가 2개가 되고 나아가 4개, 8개로 분열하며 지수함수 같은 양상으로 늘어난다. 즉, 단순 계산하면 하나의 세포가 인간의 신체를 구성하기까지는 45회 정도의 분열이면 충분하다.

세포 분열을 통해 생물이 성장할 때는 적당한 시점에 분열이 멈춰 그 이상 커지지 않게 되어 있다. 분열 횟수를 조절하는 것은 굉장히 흥미로운 현상이다. 양적 변이가 나타날 때는 분열 횟수에 따라 분열 후 세포 크기에 변화가 발생한다. 이러한 시스템에 덕분에 양적 변이가 발생하기 쉬워진다. 물론 신체의 크기만 이 사례에 해당하는 것은 아니다. 무게나 색의 채도, 명도 같은 변수가 크게 변화한 사례도 무수히 많다. 이 역시 진화에서 나타나는 전형적인 변이 패턴 중 하나다.

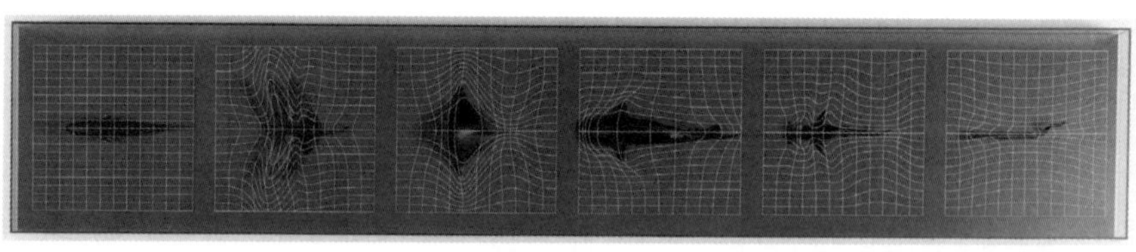

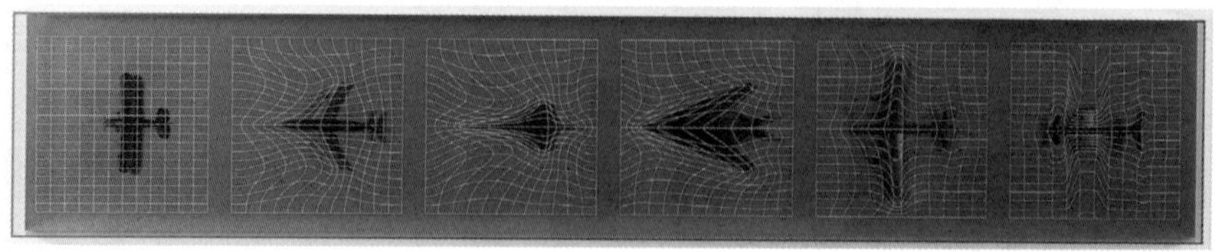

그림 3-4 ggg 기획전. 비행기와 물고기의 형태 변화를 모형 위에 선으로 이어 표현한 아트 워크

창조에서 찾아본 변량

양을 과장한 변이는 물론 생물의 진화뿐 아니라 발명이나 디자인, 나아가 예술에서도 끊임없이 발견할 수 있다. 아니, 창조적 발상의 영역에서 가장 전형적인 패턴 중 하나라고 할 수 있다. 상식을 파괴하는 발상을 하려면 양을 변화시켜 압도하는 방식이 가장 쉬운 방법이기 때문이다.

의자를 예로 들어보자. 의자의 폭을 옆으로 늘리면 벤치가 되고 위아래로 늘리면 안전요원이 앉는 의자가 된다. 낮게 만들면 라운지체어, 높게 하면 바체어다. 면적을 크게 하면 침대가 되고, 작게 하면 자전거 안장이 된다. 부드럽게 만들면 오래 머물고 싶은 소파가 되고, 딱딱하게 만들면 손님의 회전율을 높이려는 패스트푸드 매장의 의자가 된다. 작게 만들어 아이나 인형을 앉힐 수도 있고, 크게 만들면 좌판을 지붕 삼아 그 아래에서 살 수 있을지도 모른다. 이처럼 물건에 내재된 양의 파라미터를 변화시키는 것만으로 역할이나 기능이 달라진다. 이렇듯 매개 변수를 과장해서 바꾸는 사고에 익숙해지면 수많은 미지의 가능성을 순간적으로 떠올리게 되면서 고정관념에서 벗어날 수 있다.

변량적인 발상법은 간단하다. 상상하고 싶은 대상을 x라고 했을 때, x 그 자체와 내용물에 대해서 '매우 ○○한 x'를 제한 없이 상상해보자. 매개 변수를 바꾸기만 하면 다양한 변형이 가능하다. 이렇게 매개 변수를 조정하는 것만으로 발명된 도구는 셀 수 없이 많다. 변량적인 창조와 진화의 사례를 일부 소개한다.

변량 1 매우 크다

- 몸이 거대한 '코끼리'
- 총길이가 2미터에 달하는 '대왕고래'
- 가게를 크게 확장한 '슈퍼마켓'
- 자동차를 키워 승객을 늘린 '버스'
- 아이폰을 크게 만든 '아이패드'
- 매우 거대한 인형 '커다란 불상'
- 매우 거대한 풍차 '풍력발전기'

변량 2 매우 작다

- 가장 작은 포유류 '사비왜소땃쥐'

그림 3-5 매우 큰 포유류

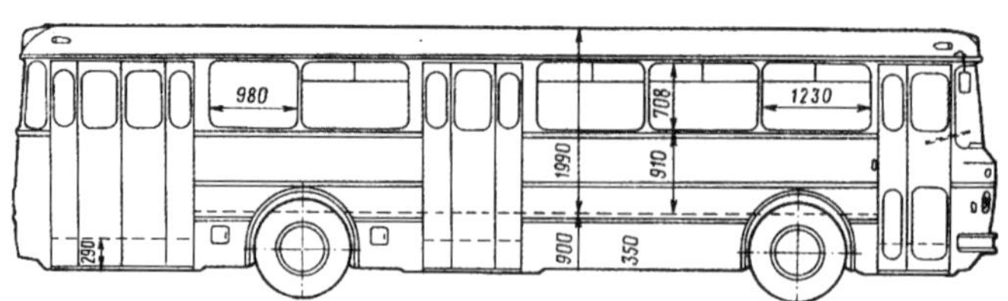

그림 3-6 매우 큰 자동차

- 약 1센티미터 크기의 '코퀴청개구리'
- 라디오를 매우 작게 만든 '워크맨'
- 스피커를 작게 만든 '헤드폰'
- 초소형 '스파이캠'
- 지구를 작게 축소한 '지구본'

그림 3-7 매우 작은 포유류

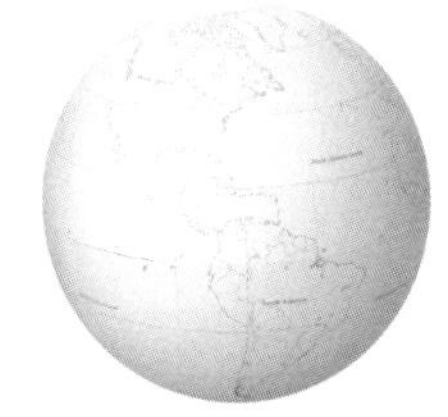

그림 3-8 매우 작은 지구

변량 3 매우 얇다

- 얇은 덕에 쉽게 숨는 '가자미'
- 나무를 매우 얇게 만든 '종이'
- 두께가 경쟁력인 '0.01밀리미터 콘돔'
- 고온에서 구워 얇고 가볍게 만든 '야요이식 토기'
- 서류봉투에 들어가는 '맥북 에어'

그림 3-9 매우 얇은 나무 껍데기

그림 3-10 매우 얇은 컴퓨터

변량 4 매우 두껍다

- 갈비뼈로 등껍질을 만든 '거북이'
- 단어를 모두 모은 '사전'
- 젊은 여성들에게 인기가 많은 '통굽부츠'

그림 3-11 매우 두꺼운 책

변량 5 매우 높다

- 높은 곳에 달린 잎을 먹게 해주는 '기린 목'
- 엘리베이터 덕분에 만들 수 있게 된 '초고층 빌딩'
- 사다리가 달린 '소방차'

그림 3-12 매우 두꺼운 등딱지

변량 6 매우 길다

- 길이가 최대 10미터에 달하는 '그물무늬비단뱀'
- 거의 50센티미터에 이르는 '호주펠리컨 부리'
- 무척이나 가늘고 긴 '대벌레 다리'
- 식도를 지나가기 위해 가늘고 길어진 '위내시경'

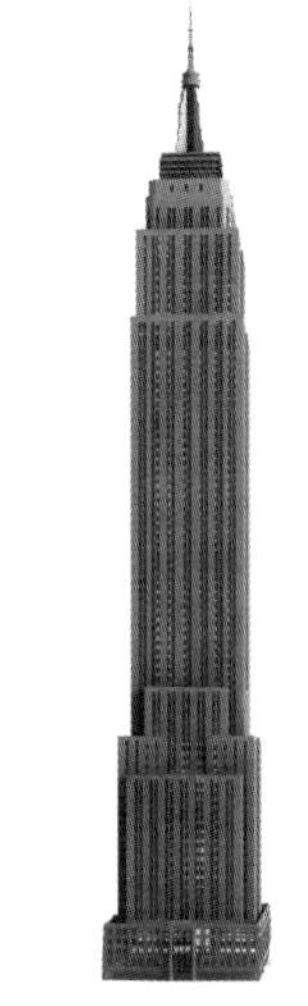

그림 3-13 매우 높은 건물

변량 7 매우 가볍다

- 가벼워지도록 내부가 비어 있는 '조류의 뼈'
- AI를 통해 최적의 가벼움을 찾는 '제너레이티브 디자인'
- 손가락 하나로 들 수 있는 의자 '슈퍼 레게라'

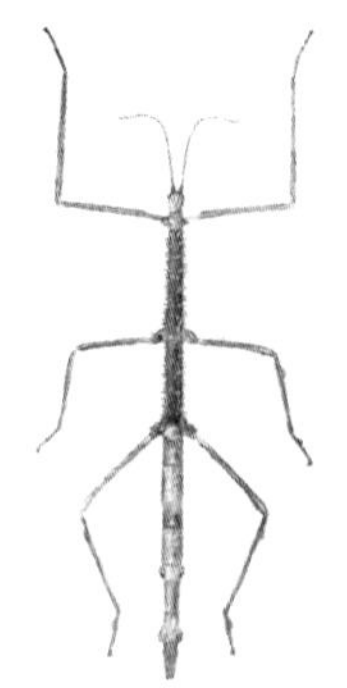

그림 3-14 매우 긴 다리

그림 3-15 매우 가벼운 뼈

변량 8 매우 빠르다

- 시속 110킬로미터로 헤엄치는 '돛새치'
- 속도를 겨루는 데 집중한 'F1 경주차'
- 1초에 80번 날갯짓하는 '벌새'

변량 9 매우 느리다

- 느리게 재생되는 '슬로모션'
- 1초에 3센티미터밖에 못 움직이는 '나무늘보'
- 1초에 1.3밀리미터밖에 못 가는 '달팽이'

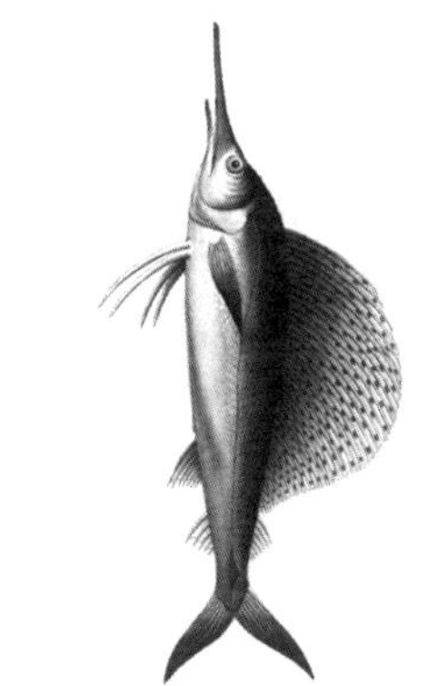
그림 3-16 매우 빠른 물고기

변량 10 매우 부드럽다

- 화학 반응으로 더욱 부드러워진 '고무'

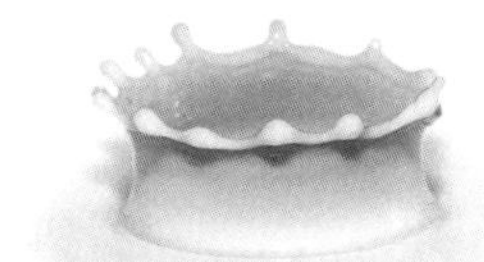
그림 3-17 매우 느린 영상

이상 살펴보았듯 변량은 생물의 진화뿐 아니라 여러 발명품이 만들어지는 데도 기여했다. 물건이 지닌 매개 변수의 양을 다각도로 활용한다는 단순한 발상만으로 새로운 아이디어를 수없이 만들 수 있다. 인간은 어쩌서인지 극단적인 변량에 도전해왔다. 세계에서 가장 빠른, 가장 얇은, 가장 가벼운

그림 3-18 매우 느린 동물

등 쉽지 않은 목표에 도전하고 마침내 성공하는 모습은 변이를 향한 인류의 도전 본능을 보여주는 것 같아 흥미롭다. 극단적인 양을 상상하면 상식을 흔드는 변이가 되어 창조성을 자극한다. 비상식적인 양이 때로는 우연의 일치나 새로운 수단의 창출로 이어지는 것이다.

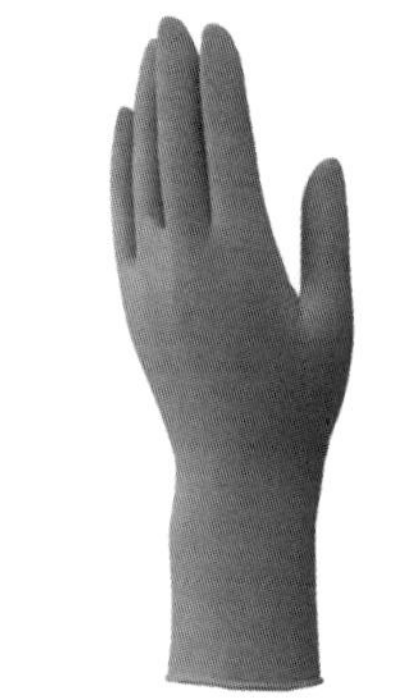

그림 3-19 매우 부드러운 고무

우주에서는 국경선이 보이지 않는다

변량을 활용하는 발상은 나 역시 디자인에 자주 활용한다. 그중 세 가지 사례를 들어보고자 한다.

그림 3-20 SPACE SPACE. 우주에서 일본 열도와 아시아의 야경을 내려다보는 듯한 느낌을 준다

2014년, 요코하마가 동아시아 문화도시로 선정되면서 일본, 한국, 중국의 문화 교류 전시가 열렸다. 요코하마 트리엔날레의 일환으로 3개국을 연결하는 작품을 요청받았다. 당시는 영토 문제나 반일 운동 등으로 3개국의 관계에 긴장감이 서리기 시작한 시기이기도 했다.

우주비행사 모리 마모루는 "우주에서는 국경선이 보이지 않는다"라고 말했다. 우주에서 지구를 내려다보면 국가 간의 갈등은 하찮게 생각될 것이다. 이런 생각을 바탕으로 아시아를 200만 분의 1 크기로 축소해 3000미터 상공에서 야경을 내려다보는 것 같은 〈스페이스 스페이스(SPACE SPACE)〉라는 작품을 만들었다. 각국에서 찾아온 방문객들은 눈부신 빛으로 이어진 하나의 아시아를 보면서 문화로 분단이 해소되는 듯한 희망을 느꼈다고 했다.

또한 〈판다이드(PANDAID)〉라는 이름의 코로나19 대책 프로젝트를 진행하면서 그 활동의 하나로 사회적 거리두기를 즐겁게 실천하는 〈소

그림 3-21 SOCIAL HARMONY. 소리가 나는 20미터 크기의 악보

셜 하모니(SOCIAL HARMONY)〉라는 작품도 만들었다. 바닥에 그려놓은 20미터 크기의 거대한 악보 위에 서면 소리가 나는 형태다. 음표를 밟으면 반응하기 때문에 그 순간에만 들을 수 있는 음악이 공간을 채웠다. 이 작품은 세계 각국의 미디어에 소개되면서 독일 정부의 디자인협회에서 수여하는 건축상인 ICONIC 최우수상을 받았다.

세계 최대 유리 제조사인 AGC는 소재의 가능성을 시험하기 위해 우리 회사와 협력해 밀라노 디자인 위크에 참가했다. 이를 위해 유리로 만든 세계에서 가장 큰 분자 구조 모형을 디자인했다. 유리 분자 구조를 10억 배 확대한 형태를 약 5200장의 유리를 연결해 재현한 작품이다. 〈아모포스(Amorphous)〉라고 이름 붙인 이 설치물에 담긴 자연의 구

그림 3-22 Amorphous / AGC. 유리 5200장으로 제작한 10억 배 확대한 유리의 분자 구조

조는 사진이나 영상 기록물로는 담을 수 없을 정도로 아름답다. 이 작품은 관람객들에게 커다란 감동을 전달하며 네덜란드 디자인 잡지《프레임》에 그해 밀라노 디자인 위크의 베스트 워크로 소개됐다. 이 사례 역시 되돌아보면 변량 측면에서 발상한 디자인인 만큼 참고가 될 듯하다.

극단적인 상황을 상상하다 보면 기억이나 인지의 한계를 뛰어넘는 발상이 펼쳐지기도 한다. 양적인 파괴 속에서 발상이 나타나는 것이다.

변량이 변화시킨 세상

변량의 변이는 때로는 세상을 극적으로 바꾸기도 한다. 카메라의 셔터 속도가 극단적으로 짧아지면 어떨까? 아흐메드 즈웨일은 레이저를 사용해 펨토초(0.000000000000001초)의 셔터 속도를 가진 카메라를 만들었다. 이것을 어디에 쓸까? 이 초고속 카메라는 순간적인 화학 반응을 기록할 수 있어서 과학 영역에 폭 넓은 도움을 주었다. 이 발명으로 즈웨일은 1999년 노벨화학상을 받았다.

인쇄를 작게 할수록 인정받는 분야도 있다. 바로 컴퓨터 기판이다. 전기의 속도에 한계가 있는 만큼 반도체 처리 속도는 프로세서가 작을수록 빨라진다. 그뿐 아니라 작게 인쇄할수록 같은 면적에 더 많은 반도체를 넣을 수 있다. 단순하게 말하면 반도체의 인쇄 정밀도가 높아질

수록 컴퓨터는 더욱 빨라진다. 최초의 컴퓨터와 이 책이 출간된 시점의 슈퍼컴퓨터를 비교하면 처리 속도가 26억 배나 빨라지는 등 비교가 안 될 정도로 발전했다.

변량적 발명은 항상 계획대로 일어나는 것은 아니다. 도쿄통신공업(지금의 소니)에서 트랜지스터를 만들던 에사키 레오나는 인을 과다하게 투입한 불량 트랜지스터로 이론상에서만 존재했던 '터널 효과'를 증명해 완전히 새로운 반도체 기술을 개발했다.

고분자 합성을 연구해온 시라카와 히데키는 어느 날 대학원생에게 실험 장비가 멈춰 움직이지 않는다는 보고를 들었다. 조사해보니 액체 표면에 무언가 달라붙어 있었다. 그것은 지금까지 어떤 수를 써도 합성할 수 없었던 폴리아세틸렌 필름이었다. 전후 사정을 살펴보니 실험을 맡긴 대학원생이 깜박하고 지시받은 양보다 1000배 이상 많은 촉매를 사용했음이 드러났다. 이 실수를 계기로 전도성 고분자 연구가 발전했다. 에사키와 시라카와는 이런 우연 덕분에 노벨상을 받았다.

변량 변이는 모든 발상 속에서 유효하다. 매개 변수를 바꿔 생각하는 연습을 하면 고정관념에서 벗어날 수 있다. 머릿속에 끝없이 나타나는 다양한 형태를 바라보면서 그 안에 숨겨진 색다른 생존 전략이나 변량으로 발생하는 우연한 변화를 놓치지 않을 관찰력을 키운다면 세계를 바꾸는 발견을 할 수도 있다.

진화워크 03 — 매우 ○○한 x 15분

진화시키려는 대상 x의 고정관념에서 벗어나기 위해 그 대상이 지닌 다양한 양에 주목해보자. 양의 단위를 철저히 분석해 이를 극단적으로 바꿔보자. '매우 ○○한 x', 예를 들어 '무척 커다란 x', '초경량 x' 등 크기, 길이, 무게, 형태, 양을 극단적으로 바꾼 상황을 상상하며 되도록 많이 적어보자.

우연한 변이 2

의태擬態

원하는 상황을 모방하자

1982년부터 2014년까지 방영된 일본의 장수 예능 프로그램 〈와랏테이이토모!〉의 MC로 유명한 다모리는 개그맨으로 데뷔할 당시 성대모사가 장기였다. 특히 전혀 모르는 외국어인데도 마치 그 외국어로 말하는 것처럼 연기하는 '가짜 외국어'로 유명했다. 억양과 목소리 톤만으로 특정 외국어를 유창하게 말하는 것같이 흉내 내는 무대는 포복절도할 정도로 재미있었다.

일본어로 성대모사는 '모노마네(物真似, 사물 따라하기)'라고 하는데, 사람에 한정되지 않고 다양한 대상을 따라한다. 일본의 흉내 내기 역사는 무척 길다. 에도 시대 때 만담가는 1명이 목소리 바꿔가며 여러 사람을 연기하던 기술도 그렇지만, 8세기 초 쓰인 《일본서기》에는 일본의 신 호스세리노미코토가 물에 빠진 흉내를 내는 장면이 담겨 있다. 더 거슬러 올라가면 국가나 집단을 만들기 전인 수만 년 전부터 인류는 동물 울음소리를 따라 했다고 한다. 참고로 일본어의 '마나비(学び, 배움)'의 어원은 '마네(まね, 흉내내다)'로, 이 두 현상이 불가분한 관계임을 시사한다. 배움이란 곧 따라 하는 일이다.

배우기 위해 따라 하는 것은 인간만이 아니다. 1950년대 케임브리지 대학교의 윌리엄 소프는 흥미로운 실험을 했다.[25] 그는 울음소리가 아름다운 푸른머리되새가 태어나서 단 한 번도 어른 새의 울음소리를 듣지 못한다면 과연 어떻게 자랄지 궁금했다. 실험 결과, 어른 새의 울음소리를 듣고 자란 새는 정상적으로 울음소리를 터득했지만 그렇지 못한 새끼 새는 단조로운 울음소리밖에 내지 못했다. 즉, 울음소리는 유전이 아니라 자식이 부모를 흉내 내며 배우는 것이다. 푸른머리되새뿐만 아니라 다양한 생물이 부모 따라 하기를 통해 행동을 배운다. 따라 하기는 언어적 현상일 뿐 아니라 생물이 무언가를 배울 때 활용하는 본능과도 연결되어 있다.

흉내라는 현상을 생각해보자. 흉내는 특징을 추출해 재현하는 일이다. 우리는 언어 전달에서도 이를 빈번하게 사용한다. 비슷한 사례를 들어 현상을 설명하는 경우를 떠올려보자. 체험하기 어렵거나 설명하기 복잡할 때도 비슷한 구조를 가진 다른 사례를 끌어와 설명함으로써 우리는 원활하게 소통한다. 비유할 때 우리는 어떤 사건의 특징을 뽑아내 비슷한 일이라며 상대방의 이해를 구한다. 복잡다단한 내용도 다른 사건에 빗대어 설명해 이해하기 쉽게 만드는 방법을 우리는 무의식중에 사용한다. 언어학에서 메타포(비유)라고 부르는 소통 방식이 없었다면 대화는 훨씬 장황해졌을 것이다. 즉, 흉내 내기같이 유사성을 발견해 재현하는 행위는 배움이나 상호이해에 필요한 본질적인 기술이다.

생물의 진화에서 찾아본 의태

흉내 내기나 비유는 다른 생물에게서도 빈번하게 관측된다. 이를 의태라고 부른다. 생김새를 속여 존재를 숨기거나 다른 것으로 오인하게 만드는 방식이다. 상대방의 눈을 속이는 의태는 생물의 주요 생존 전략이기도 하다. 의도적으로 따라 한다고밖에는 보이지 않는 뛰어난 의태는 현대 과학 수준에서 보더라도 불가사의하고 흥미롭다. 의태는 생물학적으로는 DNA나 표현형 변이로는 분류되지 않으며, 환경에 적응한 진화의 결과일 뿐이지만 여기에서는 전형적인 변이 패턴으로 창조성에 응용하려 한다.

주변에 녹아드는 의태 생물은 주변 사물을 따라 하며 모습을 감춰 자신이 어디에 있는지 전혀 알 수 없게 만든다. 숨기 위해 의태하는 것을 카모플라주(camouflage)라고 한다. 예를 들어 가랑잎나비, 잎벌레, 남아메리카두꺼비, 사탄잎꼬리도마뱀붙이 등은 나뭇잎으로 변장하기의 달인들이다. 자세히 보면 표피 위에 나뭇잎 엽맥의 형태까지 정교하게 재현해놓았다. 나뭇가지 위를 걷는 대벌레는 정말 나뭇가지처럼 보인다. 나무에 사는 부엉이, 올빼

그림 4-1 여기 나비가 두 마리 있다

미, 유로플라투스 도마뱀붙이는 나무 색이나 모양과 똑같이 생긴 표피가 온몸이 덮고 있다. 나뭇잎해룡은 서식지에 사는 해초와 똑 닮았다. 돌가자미는 모래에 동화해 먹이가 다가오기를 가만히 기다린다. 카멜레온이나 해마는 배경색에 맞춰서 표피색을 자유자재로 바꾸며 다양한 환경에 의태한다. 포식자에게 발각되고 싶지 않은 피포식자는 현명하게 주위에 의태해 몸을 숨기는데 진화 과정에서 그 변장을 간파하려는 포식자의 기술 역시 발달한다.

주변에 있는 다른 대상의 형태를 따라 하며 눈에 띔으로써 자신을 지키려는 생물도 있다. 이러한 방식의 의태를 미미크리(mimicry)라고 한다. 미미크리 중에는 자기보다도 강한 종을 모방해 생명을 지키려는 의태도 여럿 있다. 트리니다드섬 등에 서식하는 다리우스나비 번데기는 맹독을 지닌 가봉북살모사라는 뱀의 얼굴과 똑같이 생겼다. 멤논올

그림 4-2 올빼미를 흉내 낸 듯한 나비

빼미나비는 이름 그대로 날개 위에 눈을 뜬 올빼미를 빼닮은 무늬가 그려져 있다. 하늘소의 일종인 호랑하늘소는 강력한 쌍살벌과 무척이나 닮은 외모를 지니고 있다. 이처럼 자기 천적이 싫어하는 대상의 형태를 모방해 강한 척하는 의태를 베이츠 의태(Batesian mimicry)라고 불린다.

창조에서 찾아본 의태

의태 이야기를 하면 나비가 자주 거론된다. 지금까지 나비는 1만 7000종 이상 발견되었는데, 특히 날개 패턴과 형태의 차이가 눈길을 끈다. 나비는 색채나 패턴의 다양성으로 자신을 보호하는 달인이자 자연계의 그래픽 디자이너다. 디자인이나 엔지니어링과 마찬가지로 진화에서도 골격이나 구조를 바꾸는 방식보다는 겉모습 같은 표면적인 디자인을 변경하는 편이 쉬운 것 아닐까?

넓은 의미에서 보면 그래픽 디자인은 다양한 사물의 표면 패턴을 다루는 분야다. 건축이나 프로덕트 같은 구조적인 디자인과 비교해 비용이 적게 들고 시장의 반응이 빠르며 자유도가 높다. 이런 다채로운 변주를 만드는 도구에는 수많은 색채와 질감의 종이가 있다.

언젠가 사무실에 있는 수만 장의 종이 견본을 보다가 문득 어쩌면 종이에도 나비의 날개 종류만큼 다양한 질감이 있지 않을까 하는 생각이 떠올랐다. 그 즉시 나비 표본을 사 모아서 그와 비슷한 질감의 종이가 존재하는지 비교 대조해보기로 했다. 역시나 나비의 날개는 황홀할 정도로 아름다웠다. 모포나비가 띠는 구조색에 이르러서는 그만큼 아름다운 종이를 발견할 수 없었지만, 그래도 상당히 비슷한 종이는 찾을 수 있었다. 이 실험적인 아트 워크를 만들면서 흥미로운 사실을 발견했다. 우연인지 필연인지 티파니, 에르메스, 나이키 같은 유명 브랜드와 유사한 배색의 나비 표본을 차례차례 발견한 것이다. 색채 패턴의 감수성이나 그 이해 방식은 인간 이외의 생물들 간에 공유하고 있는 보편적인 감각인지도 모르겠다.

의태적 사고 과정에 따라 만든 발명이나 디자인은 수없이 많다. 대표적으로 인간형 로봇, 노트형 컴퓨터, 국방 무늬(이파리 모양의 무늬) 등 '○○형 △△'라고 불리는 것들은 대부분 의태적 사고에 의한 발상의 결과물이다. 의태적 형태를 이어받은 것을 보면 인간을 포함

그림 4-3 나비와 종이를 비교해 색과 질감이 비슷한 종이를 꼼꼼하게 골랐다

한 생물의 인지는 쉽게 속는다. 플라스틱 케이스에 센서와 서보 기구(servomechanism, 물체의 기계적 변위를 제어량으로 읽어 목표값에 따르도록 제어하는 시스템-편집자주)를 밀어 넣은 집합체에 지나지 않는 대형 로봇을 귀여운 대상으로 인식하는 것처럼 말이다. 또, 하얀 방에 놓인 백색 가전이나 어스 컬러(earth color, 자연의 대지를 연상시키는 색-편집자주)를 띤 아웃도어 제품 등 생물의 의태처럼 환경에 녹아드는 디자인은 수없이 존재한다. 이렇게 말하는 나 역시 에어컨 표면에 건물 벽과 같은 질감을 인쇄한 디자인을 제조사에 제안한 적이 있다.

의태의 사고는 단순히 보이는 형질만 따라하는 데 그치지 않고 때로 그 구조까지 계승한다. 오토 릴리엔탈은 어릴 때부터 새처럼 자유롭게 하늘을 날고 싶다는 꿈을 품었다. 그는 새가 비행하는 원리를 연구해 고정형 날개를 가진 글라이더를 여럿 발명했다. 열정이 가득 담긴 릴

리엔탈의 아름다운 스케치를 함께 살펴보자(그림 4-4). 새 날개의 단면을 관찰한 그림이다. 이 그림에서도 알 수 있듯이 그는 일관적으로 새를 흉내 내려 했다. 릴리엔탈은 1896년 시험 비행 중 강풍에 휩쓸려 안타깝게도 불귀의 객이 되고 말았다. 그러나 릴리엔탈의 도전을 동경하던 라이트 형제가 그의 유지를 이어받아 글라이더에 내연기관을 더해 1903년 세계 최초의 비행기를 완성했다. 릴리엔탈이 사람도 새를 따라 할 수 있다고 생각하지 않았다면 라이트 형제 또한 하늘을 꿈꾸며 비행기를 완성하지 못했을 것이다.

다른 사례로 벨크로, 즉 찍찍이의 발명 역시 의태적 발상에서 비롯됐다. 조르주 드 메스트랄은 1941년 자기 옷에 달라붙은 우엉 열매의 성질에 흥미가 생겼다. 우엉 열매는 옷에 잘 달라붙을 뿐만 아니라 떼어내더라도 열매에 달린 가시가 깨지거나 망가지지 않은 채 몇 번이고

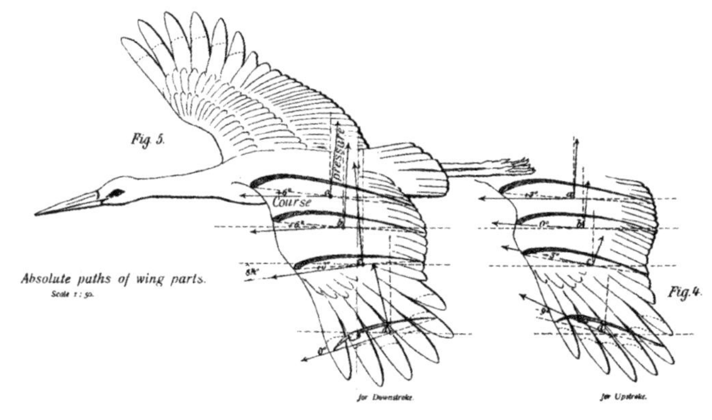

그림 4-4 릴리엔탈의 스케치. 그가 만든 글라이더는 여러 가지 면에서 새와 유사하다

다시 붙일 수 있다. 메스트랄은 그 가시를 자세히 관찰해 가시 끝의 휘어진 구조를 발견했다. 그는 이를 흉내 내 수없이 붙였다 뗄 수 있는 벨크로를 발명했다. 벨크로는 운동화부터 우주복까지 광범위하게 활용되었고 지금도 전 세계적으로 수많은 생활용품에 활용되고 있다.

의태적 사고는 현대 예술에서도 발견된다. 살아 있는 아티스트의 작품 중 가장 높은 가격으로 낙찰된 작품은 무엇일까? 바로 조각가 제프 쿤스의 〈래빗(Rabbit)〉으로 2019년 무려 9107만 달러(당시 환율로 약 1,079억 원)에 낙찰됐다.[26)] 스테인리스 소재로 만들어진 이 조각품의 모티브는 풍선으로 만든 토끼다. 쿤스는 이 작품에 미국 백인 사회의 키치성을 투영했다.

전혀 새로운 대상을 이해시킬 때는 비유처럼 무언가에 빗대어 설명하면 좋다. 우리가 매일같이 보내는 이메일 역시 디지털 신호를 편지에 의태한 것으로, 주소와 편지를 각각 이메일 주소와 이메일로 정의

그림 4-5 새가 되고 싶어 한 릴리엔탈. 그러나 시험 비행 중 강풍에 휩쓸려 유명을 달리했다

한 측면에서 의태적인 발상이라 할 수 있다. 인터넷의 전신인 아파넷(ARPAnet)을 개발한 레이 톰린슨은 1971년 다른 OS끼리 전자메일을 주고받을 수 있는 시스템을 개발했다. 2016년 현재 전 세계적으로 하루에 2153억 통이라는 경이적인 숫자의 이메일이 발송되고 있으며, 그 숫자는 하루하루 늘어나고 있다. 기술 자체도 훌륭하지만, 톰린슨은 이 시스템을 편지와 우체국에 빗댐으로써 미지의 개념을 대중에게 쉽게 이해시키며 디지털상에서 문장을 주고받는 과정을 단번에 받아들여지게 했다.

이용자에게 미지의 개념을 이해시키는 데는 의태적 발상이 무척이나 효과적이다. 최초의 스마트폰인 아이폰은 반드시 '폰(Phone, 전화)'이어야만 했다. 만약 아이폰이 전화 기능 없는 월정액 전자수첩이었다면 소비자에게 외면받았을 것이다. 완전히 새로운 인터넷 디바이스를 사

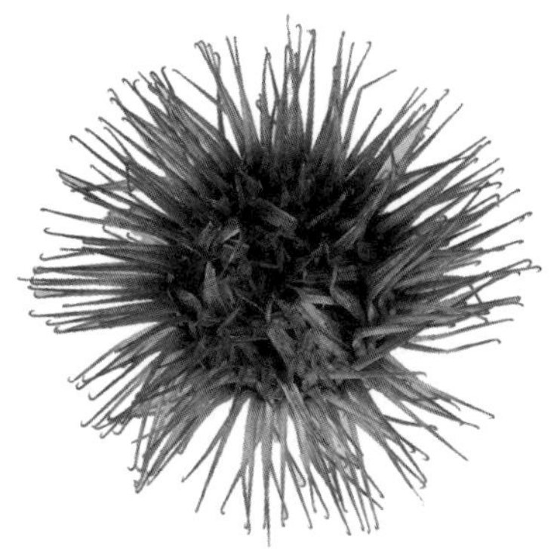

그림 4-6 벨크로는 옷에 달라붙는 우엉 열매에서 힌트를 얻었다

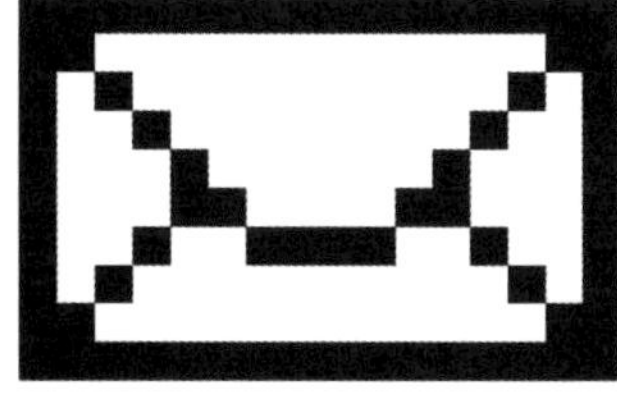

그림 4-7 편지를 의태해 새로운 문화를 위화감 없이 보급했다

용자에게 이해시키는 데는 그들이 이미 사용하는 휴대전화에 의태하는 방식이 가장 빠른 길이었다. 사용자들은 새로운 디바이스를 지금까지 사용해온 전화 대용으로 계약하기만 하면 됐다. 스마트폰은 지금도 전화라고 불리지만 이제는 전화보다는 인터넷 디바이스로 사용되는 비율이 훨씬 높다.

의태적인 발상은 때로 의도를 뛰어넘어 다양한 메타포로 우연히 발생하기도 한다. 어느 날, 대학교 식당에서 누군가가 접시를 돌리며 놀고 있었다. 접시가 빙글빙글 움직이는 모양을 바라보던 물리학자 리처드 파인먼은 그 움직임을 방정식으로 만드는 데 생각이 이르렀다. 파인먼은 이 방정식으로 전기역학과 양자역학을 융합했다. 이렇듯 우연은 때로 강렬한 창조성을 낳는다.

다른 형태에서 배우고 응용해 또 다른 창조로 나아가는 일은 형태의 배경에 숨겨진 이유 그 자체를 밝혀내는 것과 연결되며, 그 과정에서 새로운 창조가 이뤄지기도 한다.

달은 조명, 나무는 의자, 돌은 휴식

2011년 내가 디자인한 〈더 문(THE MOON)〉은 달을 철저하게 흉내 낸 작품이다. 일본의 인공위성 '가구야'가 관측한 달의 3D 데이터를 바탕으로 보름달을 정교하게 3D 프린터로 재현했다. 지구의 역사 속에서

깜깜한 밤을 비추어온 가장 밝은 빛은 오직 달뿐이었다. 즉, 모든 조명은 달을 의태했다고 할 수 있다. 이러한 아이디어를 바탕으로 조명 디자인을 고안했다. 여러 매체를 통해 해당 디자인의 영상이 전 세계로 끝없이 전파된 결과, 수백 종류에 달하는 카피 상품이 만들어졌다. 전부 합치면 수천만 개는 만들어졌을, 하나의 상품 장르가 되어버렸다. 지식재산권을 지키지 못한 부주의한 사례이기는 하지만, 의태적 발상이 낳은 디자인의 좋은 사례다.

학생 시절, 가구 디자인에 처음 손을 댔을 때도 의태적 발상을 활용했다. 나무의 성장 패턴을 나타내는 프랙털 기하학을 적용해 야외용 테이블 〈아보리즘(Arborism)〉을 설계했다. 이 테이블은 야외 정원에 두었을 때 주변에 자리한 나무나 풀에 녹아들 수 있게 디자인했다. 자연물

그림 4-8 THE MOON. 지구 역사상 가장 오래된 조명인 '달'을 본연의 형태 그대로 3D 프린트하여 만든 조명

과 인공물이 하나가 되어 유기적인 풍경을 만들어내도록 의도한 것이다. 오래된 가구 브랜드인 고토부키의 플래그십 모델로 판매되고 있고 하네다 공항에 지금도 100개 정도 놓여 있다.

한 가지 더 소개해보겠다. 우리는 업무 중 커피 한 잔이나 담배 한 대로 기분을 전환하면서 다시 집중하기 위한 활기와 기력을 회복한다. 이러한 '커피 한 잔'이나 '담배 한 대'는 인간의 행동 양식에서 빼놓을 수 없는 습관이기도 하다. 이런 상황에서 사용할 만한 제품을 구상하는 프로젝트를 의뢰받았다. 최신 기술을 활용해 현대인을 위한 휴식 시간을 새롭게 할 수는 없을까? 이러한 과제를 해결하는 스타트업을 세우는 데 협력하게 된 나는 '심호흡 업데이트 = 브리더(BREATHER)'를 제

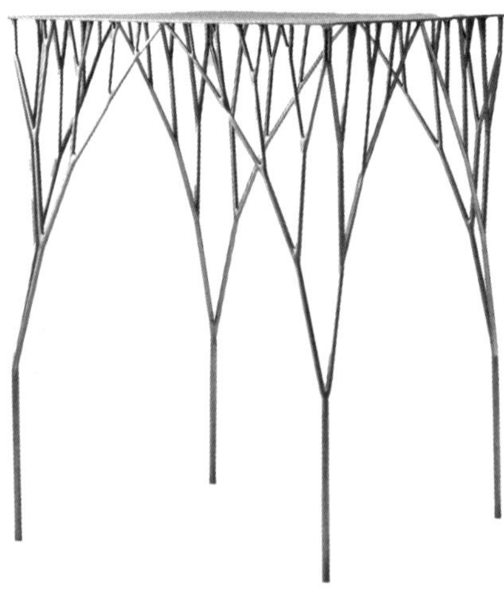

그림 4-9 Arborism. 나뭇가지 같은 다리가 달린 테이블

품 콘셉트로 삼아 휴식할 때 도움을 주는 전혀 새로운 흡입 디바이스, 〈스톤(ston)〉을 디자인했다. 〈스톤〉은 증기에 녹아든 카페인이나 가바(GABA)를 흡입해 맛과 향을 즐기는 디바이스다. 사람은 숲이나 고원, 강가 등 자연환경 속에서 가장 차분해진다는 가설을 바탕으로 돌멩이에 한없이 가까운 형태를 담았다. 인터넷 한정으로 판매하기 시작한 〈스톤〉은 발매 몇 시간 만에 품절될 정도로 커다란 반향을 일으키며 아마존의 건강 가전 및 홈·키친 카테고리에서 판매 1위를 기록했다.

의태적 사고는 '비유'나 '메타포'같이 수천 년의 인류 역사 속에서 다양한 문화 영역에서 발상 수단으로 사용되었다. 의태적 발상을 창조에 활용하면 단시간에 수많은 발상과 마주할 수 있다. 다른 사물의 형태에서 배우고 그 성질을 반영하는 일은 시각에 영향받기 쉬운 우리 관념의 틀을 깨고 새로운 발상을 낳을 때 강력한 도구가 된다. 눈앞에 당연하다는 듯 놓여 있는 물건의 형태를 항상 의심하며 다른 형태로 대체해보는 의태적인 발상을 통해 새로운 가능성을 발견해보길 바란다.

그림 4-10 ston. 돌처럼 보이는 휴식 디바이스. 충전기도 돌 모양이다

진화워크 04 — 의태 I (○○형 x) 60분

x가 따라 할 수 있는 대상을 찾아보자. 아이디어는 우연히 발생한다. 의태적 발상을 찾을 때는 시각을 최대한으로 활용해야 한다. 상점이나 거리, 자연 속을 걸으며 눈에 들어오는 사물이 혹시 x라면 어떨지 상상해보자. 즉 전화기를 대상 x로 생각한다면 시야에 있는 모든 사물을 전화기라고 생각하면 된다. 머릿속에 떠오른 것을 차례로 적어보자. 한 시간 정도 하면 의태적 발상이 100가지 이상 떠오를 것이다.

진화워크 05 — 의태 II (따라 하는 대상 이해하기) 60분

따라 할 후보를 떠올렸으면 이번에는 그 대상(y라고 하자)을 관찰하자. 예를 들어 고양이 형태의 로봇을 생각했다면, 고양이를 유심히 관찰해야만 로봇을 제대로 작동시킬 수 있다. y 주위나 내부에는 어떤 연결성이 있는지, x의 진화로 이어질 만한 인자가 y에 있는지 필연성에 근거한 '선택'의 관점에서 확인해보자.

우연한 변이 3 소실消失

기본 요소를 줄여보자

"우리는 언제나 더 높은 곳을 지양해야 한다."

그래, 높은 곳은 위험할 수도 있다. 하지만 현실에 안주하는 모습은 안타깝다. 위의 인용문은 '양'이라는 글자 위에 'ㅗ'가 빠져 내용이 완전히 바뀌어버렸지만, 나름의 의미를 담고 있다. 이처럼 언어는 글자마다 완결성이 있어서 일부가 빠지더라도 의미가 통하기도 한다. 이처럼 언어는 빠트리기 쉽다는 성질이 있다. 여기에 사람은 쉽게 잊는 존재이기도 하다. 말하기를 까먹고 기억하기를 깜박한다. 전달하는 것을 깜박했다는 사실마저 잊곤 한다. '얼빠짐'이라는 말처럼 무언가를 빠트리는 실수는 일상다반사다. 참 난처한 일이지만 애초에 우리 뇌는 잊어버리도록 만들어져 있다. 이런 뇌의 특성 때문에 우리는 회의록이나 녹음 등 다양한 방법으로 기록을 남긴다. 우리의 실수 속에는 '소실'이 따라붙기 마련이다.

그렇다고 소실이 나쁜 것만은 아니다. 소실 덕분에 우연히 등장한 창조 역시 무수히 많다. 아티스트나 발명가는 소실을 발상에 의도적으로 사용하기도 한다. 자연에도 창조에도 공통적으로 나타나는 '소실'이라는 변이 패턴을 배워서 발상의 서랍 속에 간직해두기 바란다.

생물의 진화에서 찾아본 소실

우리가 말하기를 깜박하듯이 생물의 변이 과정에서도 소실이 일어나는데, 이것이 시간이 지나면서 정상 상태가 되기도 한다. 코알라와 웜뱃은 근접종이지만 코알라에게는 꼬리가 없다. 도마뱀과 가까운 종인 뱀에게는 다리가 없다. 형태에 국한되지 않고 색깔이 소실되기도 한다. 많은 생물에게서 일정한 확률로 색소가 없는 개체인 알비노가 태어난다. 인간 중에서도 2만 분의 1 확률로 알비노가 태어난다. 원래 무늬가 있어야 할 재규어나 새 같은 동물에게서 무늬가 없는 개체가 태어나기도 한다. 이렇게 특정 성질을 잃어버린 패턴의 표현형 변이는 진화에서 어렵지 않게 찾을 수 있다.

소실된 개체가 오히려 생존에 유리하다면 몇 세대 지난 뒤에는 새로운 종으로 분화하기도 한다. 언어적으로

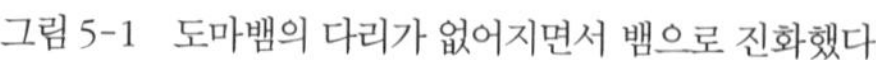
그림 5-1 도마뱀의 다리가 없어지면서 뱀으로 진화했다

는 말을 깜박했더니 오히려 잘 풀린 상황이라고 할 수 있겠다. 우연히 일어난 소실적 변이를 농업에 활용하기도 한다. 교배육종을 통한 품종 개량으로 씨 없는 귤이 개발된 것처럼 말이다.

창조에서 찾아본 소실

오래된 도면을 하나 보자(그림 5-2). 마차일까? 그런데 이 마차에는 말이 등장하지 않는다. 왜냐하면 칼 벤츠가 발명한 세계 최초의 자동차 도면이기 때문이다. 벤츠는 그때까지 발전해온 마차의 기술을 철저하게 응용했다. 새로운 운송 수단을 조립한 장소는 마차 공장이었고 겉

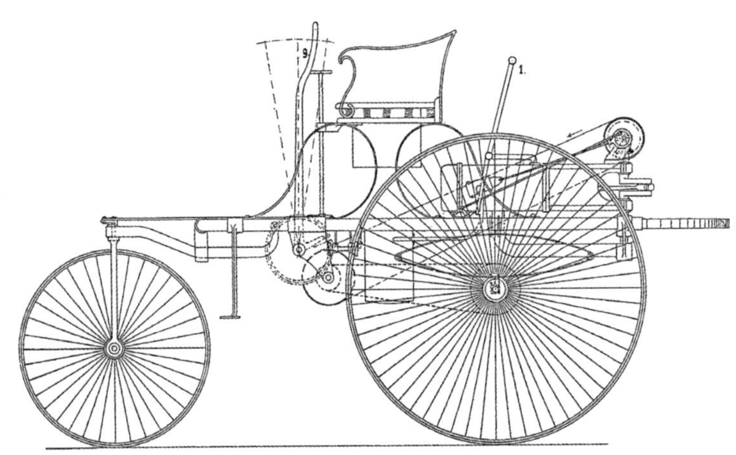

그림 5-2 말이 사라진 마차 '벤츠 페이턴트 모터바겐'의 특허도

모습도 마차와 거의 비슷하다. 단지 자그마한 엔진을 탑재해 말 하나만 없앴을 뿐이다.

이렇듯 창조에서는 일부러 없애는 패턴의 변이를 자주 볼 수 있다. 옛날 이야기에도 눈코입 없는 달걀귀신이나 다리 없는 괴물, 그림자 없는 유령이 등장하고 노래나 소설, 방송의 제목에는 '이름 없는 색', '출구 없는 바다', '제목 없는 음악회' 같이 없어서는 안 될 무언가를 없앤 발상이 무수히 시도된다.

그림 5-3 야마하의 사일런트 첼로 'SVC110S'

다이슨은 날개 없는 선풍기를 판매하고 있으며 야마하는 공명동(파동음을 울리는 빈 공간) 없는 사일런트 기타와 바이올린, 첼로를 출시했다. 이 외에도 캐시리스, 페이퍼리스, 키리스, 섹스리스 등 손으로 꼽을 수 없을 만큼 많은 '○○리스'들이 있다. 이러한 발상은 기본적으로 모두 소실 패턴에 속한다.

그림 5-4 다이슨의 날개 없는 선풍기 Air Multiplier

소실적 사고는 일상생활에서 무언가를 개선할 때도 도움이 된다. 우리는 무언가를 개선하고자 할 때 크게 두 가지 패턴을 가정한다. 도움이 될 만한 새로운 개념을 더하거나 혹은 기존 물건에서 불합리한 부분을 제거하는 방식이다. 소실적 사고는 어렵지 않다. 물건을 해부하다 보면 불합리함은 자연스레 보이기 마련이다. 불합리를 제거하는 과정에서 소실적 발상이 나타난다.

존재하지 않는 개념을 가정해 과학과 사회가 단숨에 발전한 사례도 있다. 숫자 0이 대표적이다. 0은 기원전 630년경 인도에서 처음 쓰이기 시작했다고 알려져 있는데, 1202년 피보나치에 의해 인도 수학의 개념에 있던 0이 재발견되면서 수학이 비약적으로 발전했다.

눈앞에 있는 공기마저 존재하지 않는 상황을 상상한 사람도 있다. 1662년 로버트 보일은 처음으로 공기가 없는 진공 상태를 만들어 불꽃이 유지되려면 산소가 필요하고 소리가 전달되려면 공기가 있어야 한다는 사실을 증명했다.

세균을 발견한 사례도 비슷하다. 1862년 루이 파스퇴르와 클로드 베르나르는 가열 살균 방식을 발명했는데, 이를 통해 식품이 상하는 이유는 눈에 보이지 않는 세균 활동 때문이며 완벽히 통제된 환경에서 생물이 자연발생하는 일은 없다는 사실을 증명해냈다.

전선 같은 물리적 수단이 없으면 정보를 전달할 수 없다는 생각도 잘못된 것이었다. 1896년 니콜라 테슬라가 무선 통신을 발명한 덕분에 TV부터 휴대전화, 각종 가전제품까지 배선이 불필요해지면서 세계는 극적으로 바뀌었다.

당연하게 자행되는 차별 역시 존재할 필요가 없다. 차별자에게 차별은 원래부터 있는 상식적인 환경이며 그것이 차별이라는 인식조차 없다. 과거의 상식이 점차 몰상식으로 바뀌면서 차별을 없애겠다고 주장하는 것 역시 창조의 일종이다. 역사적으로 볼 때 마하트마 간디나 마틴 루서 킹 목사가 차별 철폐 수단으로 내세운 '비폭력 운동' 또한 대표적인 소실적 변이다. 차별을 없애려 할 때 폭력은 효과적인 수단이 아니다. 서로가 동등한 존재라면 오히려 폭력을 배제하고 대화를 통해 이해해 나가는 편이 훨씬 효과적이다.

루서 킹 목사가 일으킨 비폭력 운동은 미국의 선거권과 관련된 중요한 법률을 개정하게 했다. 이후 남아프리카공화국의 넬슨 만델라가 자신의 뜻에 따라 꿋꿋하게 활동을 이어 나가는 데도 영향을 주어 1991년 인종차별·격리 정책인 아파르트헤이트(Apartheid)가 철폐되는 데 이르렀다. 21세기에 들어서도 블랙 라이브스 매터(Black Lives Matter)라는

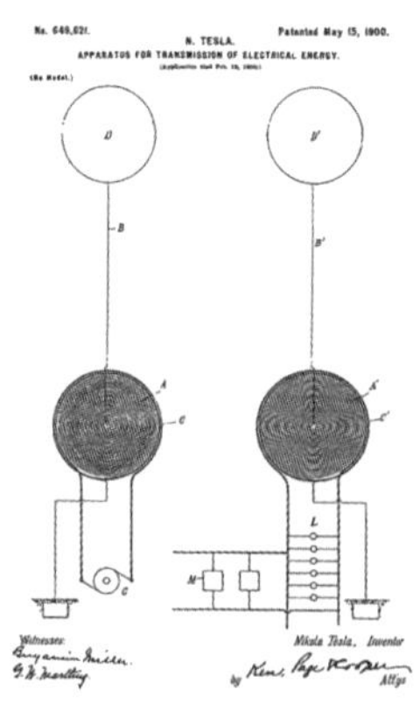

그림 5-5 테슬라가 개발한 무선 전력 송신기의 특허도

그림 5-6 실험 중 책을 읽는 테슬라의 모습

흑인 비차별 운동이나 성폭력·성차별에 목소리를 내는 #미투(#Me Too) 운동이 활발히 진행되고 있다. 편견과 차별을 당연시하지 말고, 없애야 하는 대상으로 바라보자.

'○○ 없는 x'라는 소실적 아이디어로 생겨난 발명은 세계 곳곳에 존재하지만, 그중에서도 20세기를 크게 변화시킨 사례를 꼽는다면 내연기관과 모터의 등장에 의한 '무인' 또는 '자동'이라는 콘셉트를 빼놓을 수 없다. 20세기는 무인화를 향해 나아간 시대였다. 막대한 노동력을 투입하던 작업이 여러 기술로 자동화됐다. 증기기관은 노동력을 대체했고, 자동 직조기는 장인들이 막대한 시간을 들여 짜던 천을 순식간에 만들어냈으며, 로봇은 조립에서 도장까지 전 과정을 전자동으로 처리했다. 공장의 생산 현장부터 농업, 생활 서비스까지 모든 산업은 무인

그림 5-7 비폭력으로 흑인 시민권 운동을 수행한 마틴 루서 킹 목사

화를 목표로 했다.

이렇듯 우리는 전자동을 내세우며 발명된 수많은 창조물에 둘러싸여 살아가고 있다. 일상생활도 무인화라는 콘셉트 덕분에 극적으로 변화했다. 부재중 전화, 자동 개찰구, 로봇청소기, 전자동 세탁기, 보일러, 자동문, 자율주행, 무인비행기 등 그야말로 일일이 셀 수도 없다.

없어도 괜찮다

고정관념을 버리면 제거할 수 있는 것들이 눈에 들어온다. 없어도 괜찮다! 되도록 없애려는 사고는 최적화와 연결된다. 지금부터 소실적 변이의 사고를 디자인에 응용한 사례를 소개해보겠다. 소실적 사고를 활용

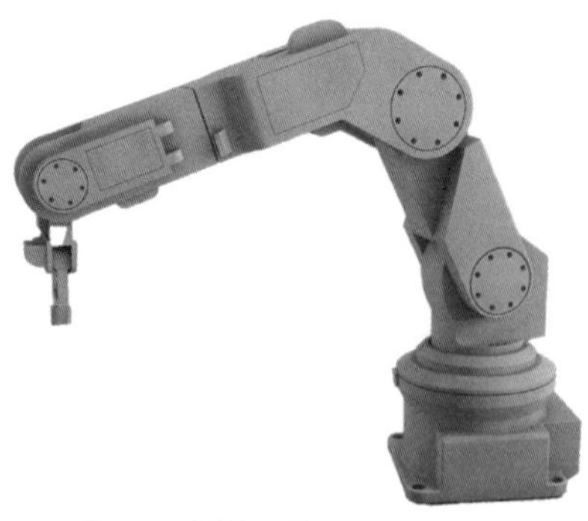

그림 5-8 산업용 로봇

그림 5-9 로봇청소기 '룸바'

하면 폐기물을 최소화할 수도 있다.

나는 상품 패키지 디자인 의뢰를 맡는 경우가 종종 있는데 포장의 필요성을 놓고 항상 고민하게 된다. 패키지는 매장에 진열된 상품을 매력적으로 보이게 하지만 일단 포장을 뜯고 나면 바로 쓸모없어진다. 쓰레기가 생기지 않도록 포장 자체를 없애버리면 좋겠지만 경쟁이 치열하기에 결코 쉽지 않은 일이다.

어느 날, 소실적 변이에 기초한 패키지 디자인을 실현할 기회가 왔다. 구두를 오래 신을 수 있게 해주는 종이 형태의 일회용 깔창 제조·판매사인 아시토의 신상품 디자인을 맡아 브랜드의 콘셉트부터 패키지까지 담당하게 된 것이다.

우선 브랜드 포지션을 '발 냄새가 나는 사람이 쓰는 제품'에서 '맨발

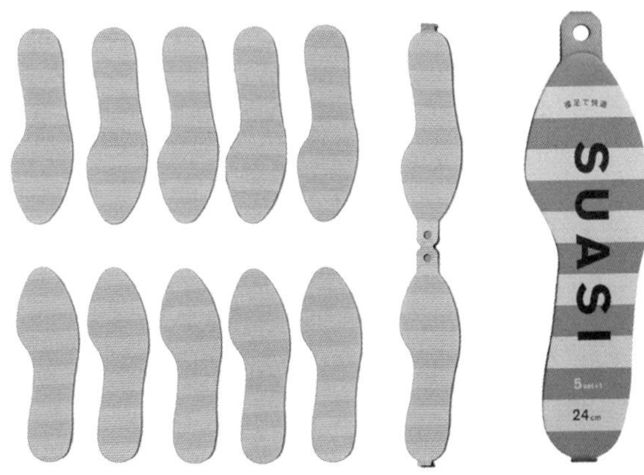

그림 5-10 SUASI. 포장을 없애 쓰레기의 92%를 줄였다

로 구두를 신고 싶은 사람을 위한 제품'으로 전환해 '수아시(SUASI, 일본어로 맨발을 의미함 – 역주)'라고 이름 붙였다.

수아시의 깔창은 기본적으로 편면 골판지와 닮은 구조다. 여기에 착안해 상품 그 자체를 포장재로 쓰기로 했다. 기존 상품은 상자에 넣어서 판매했지만, 상품의 형태와 소재를 그대로 포장에 적용한 것이다. 패키지의 겉면과 내면도 실제 상품으로 쓸 수 있으므로 '5+1족' 세트로 판매했다. 그 결과, 무게 기준으로 쓰레기를 92% 줄이는 데 성공했다. 디자인하는 대상이 종이로 만들어졌다는 점이 크게 작용했지만, 다양한 영역에서 패키지 재활용 혹은 절감을 위해 노력한다면 폐기물 문제를 극적으로 개선할 수 있을 것이다.

최근 악화된 생태계 상황을 개선하기 위해 이전까지 개발해왔던 댐을 부수어 생태계를 복구하거나 운송 수단의 진화를 바탕으로 차도에 깔린 아스팔트를 없애고 공원을 만드는 등 '역개발'이라고 부를 만한 현상이 곳곳에서 일어나고 있다. 퓰리처상 수상 작가이자 생물학자인 에드워드 윌슨은 '하프 어스(Half-earth)'라는 개념을 제창했다. 그에 의하면 지구 표면의 75%가 인공물로 덮여 있는데 생물 다양성을 유지하기 위해서는 지표의 반을 자연 상태로 남겨둘 필요가 있다고 한다. 인간의 과잉 개발이 도를 넘어서 이어지는 현재, 지금까지 개발해온 것들을 어떤 방법으로 포기하고 자연으로 되돌릴 수 있을까? 이런 발상은 앞으로 더더욱 중요해질 것이다.

'없어도 괜찮다'라는 관점을 탐구하는 일은 궁극적으로 디자인 사상이나 살아가는 방식에 대한 철학과도 이어진다. 선(禪) 사상에서는 희사(喜捨, 기꺼이 내어주기), 지족(知足, 만족하며 더 바라지 않기) 등 필요하다고 믿는 물건을 향한 집착을 흘려 보내는 수행을 실천한다. 자연계에서도 불필요한 형태는 진화 과정에서 점차 사라져 자취를 감춘다. 진화 프로세스에는 최적화를 위한 선택압력이 있기에 최선의 형태를 갖추어간다. 넘치지도 부족하지도 않고 꼭 필요한 것만 남은 자연의 모습은 무척이나 아름답다.

꼭 필요하다고 굳게 믿고 있는 물건이 없는 상황을 상상해보자. '소실'의 사고를 활용해 여러 요소를 관찰해보면 없어서는 안 된다고 생각했던 요소를 제거할 방법이 있음을 깨닫게 될 것이다.

진화워크 06 — 소실(○○ 없는 x) 15분

당연하다고 여기던 물건이나 프로세스를 없애는 경우를 상상해보자. '말이 없는 마차=자동차' 같이 기술이나 시대의 변화 속에서 '○○ 없는 x'는 역사를 바꿔왔다. 지금은 당연하게 여기는 물건도 10년 뒤에는 자연스레 없어질지 모른다. '○○ 없는 x', 'x리스', '자동 x', '비 x' 같은 단어로 연상할 수 있는 것들을 가능한 한 많이 적어보자.

우연한 변이 4 증식增殖

비상식적으로 늘려보자

전 프로 복서 가쓰 이시마쓰가 세계 타이틀 매치에 도전할 때 이런 말을 했다.

"이야, 두려움 반, 무서움 반이네요."

100% 겁이 난다는 말 아닌가? 이 말을 남긴 뒤 세계 챔피언이 되면서 이때의 한마디는 일본에서 전설이 되었다.

되풀이되는 오류를 만나면 우리는 그저 웃어버린다. 재미있는 단어는 반복되는 경우가 많다. 까불까불. 따르릉따르릉. 팔랑팔랑. 어떤 단어라도 되풀이해서 말하면 즐겁다. 진짜진짜진짜 그렇다. 진짜로……. 만담에는 같은 소재를 몇 번이고 활용해 웃음을 끌어오는 '덴돈(튀김덮밥-역주)'이라는 기술이 있다. 몇 번이고 같은 패턴을 반복하면 '이제 그만해!' 하고 자르는 만담이다. 뚜껑을 열면 똑같은 새우튀김(소재)이 늘어서 있다는 점에 착안해 '덴돈'이라고 부르는 듯하다. '덴돈'은 예나 지금이나 예능인 사이에서 널리 쓰이고 있다.

증식하는 성질은 수많은 단어를 만들어냈다. 차례차례, 삐걱삐걱, 웅성웅성 등 그 수는 헤아릴 수 없다. 이 성질은 상품명을 지을 때도 자주 활용된다. 곰곰, 뱅뱅, 베리베리 스트로베리, 뿌셔뿌셔 등 실제 상품이나 기업명으로 널리 쓰이고 있다.

생물의 진화에서 찾아본 증식

반복에 의한 말실수나 개그 패턴 혹은 이름 짓기 등 언어는 특성상 증식하는 에러가 발생하기 쉽다. DNA에도 이와 유사한 중복 에러가 발생한다.

태어날 때 손가락이나 발가락이 많은 경우를 다지증이라고 하는데 손가락 다지증은 400분의 1 확률로 발생하는 선천적인 기형이다. 소문에 의하면 도요토미 히데요시도 다지증으로 손가락이 6개였다고 한다. 발생생물학 연구에서는 손가락 발생 제3단계에서 쓰이는 혹스 유전자에 돌연변이가 생기면 손가락 개수가 변한다고 한다. 이외에도 신체 부위의 숫자가 늘거나 줄어드는 변이가 있다. 예를 들어, 보통 5개여야 할 허리뼈가 6개인 사람은 무려 5~10명 중 1명이라고 한다. 별다른 불편함이 없어서 깨닫지 못하는 경우가 대부분이다. 이는 증식하거나 중복되는 변이가 진화에서 발생하기 쉽다는 사실을 보여준다.

생물의 장기가 중복되는 대표적인 사례로 소의 위는 4개나 된다. 각각 양, 벌집, 천엽, 막창이라고 불리며 식당에서 개별적인 메뉴로 팔고 있다. 반추동물이라고 불리는 소, 양, 산양 등은 4개의 위를 지니고 있

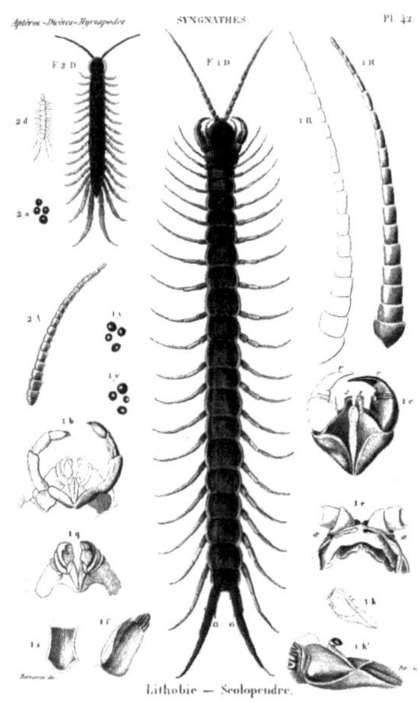

그림 6-1 절지동물은 다리가 증식하는 종류의 변이가 많이 나타난다

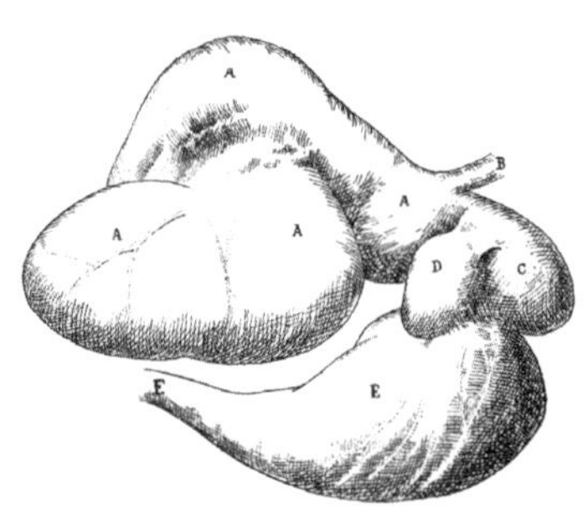

그림 6-2 소의 위는 4개의 주머니로 이루어져 있다

다. 소화가 잘 되지 않는 풀을 먹는 만큼 첫 번째 위에 들어간 음식을 두 번째 위를 활용해 다시 입으로 되돌려 몇 번이고 되새김질해 먹는다. 그리고 충분히 되새김질한 음식을 세 번째, 네 번째 위에서 영양분으로 바꾼다. 4개의 위 중 3개는 식도가 변형된 것 같지만 그 형태를 보면 위가 증식한 것처럼 보인다. 즉, 소는 위 기능을 하는 부위를 늘려서 다른 생물이 쳐다보지도 않는 잡초를 먹을 수 있도록 적응 진화해 왔다.

단순하게 숫자를 늘리는 진화 전략이라면 지네 다리가 바로 떠오른다. 일반적으로 디스탈리스 유전자라고 불리는 공통 유전자의 증감이 동물의 다리나 날개 숫자에 영향을 미친다. 호주에서 서식하는 노래기의 일종인 유밀리페스 페르세포네는 다리가 무려 1300개로, 2022년

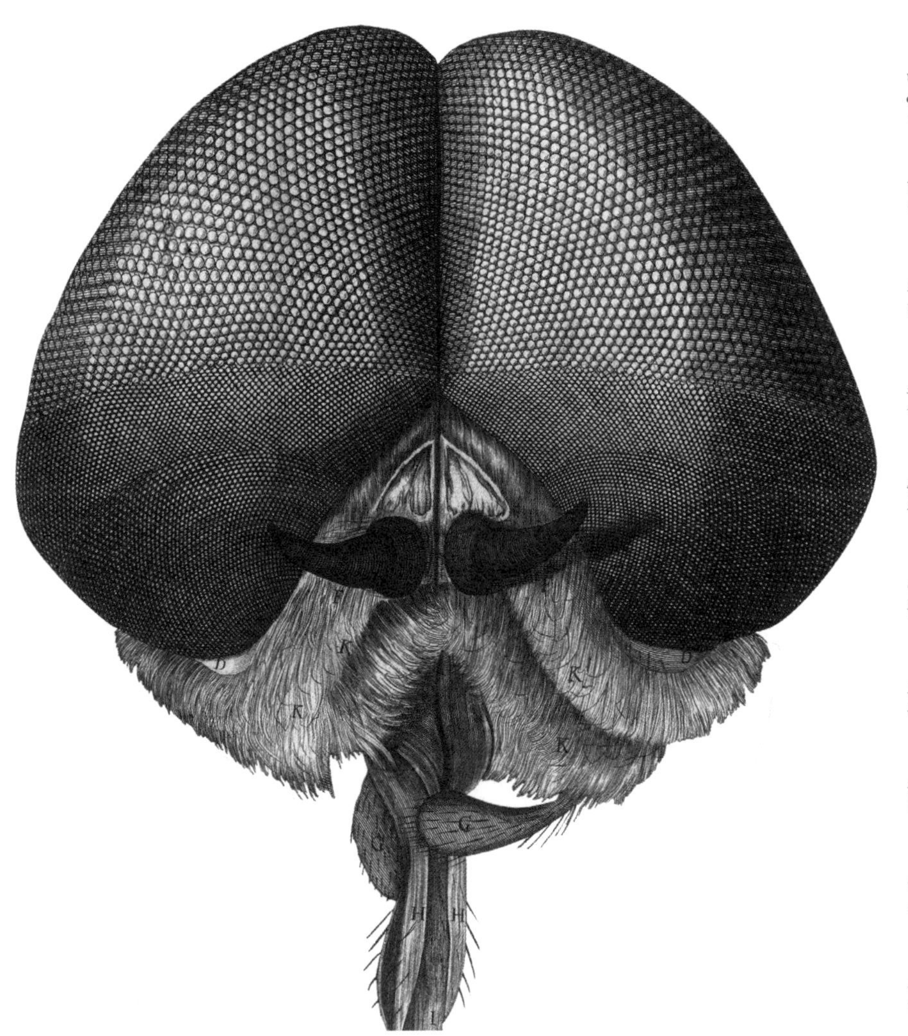

그림 6-3　로버트 훅의《마이크로그라피아》에서. 파리의 머리와 눈. 무수히 많은 겹눈이 보인다

까지 발견된 생물 중 가장 다리가 많다. 다리 개수는 개체에 따라서도 크게 차이 나는데 수컷은 평균 550개 정도의 다리가 있다고 한다. 지네나 노래기 등 다지류 생물 중에는 다리 개수가 확실히 정해지지 않은 종이 꽤 있다. 그들에게는 다리가 몇 개라도 상관없는 듯하다.

참고로 이빨이 가장 많은 생물은 의외로 달팽이다. 그 숫자가 무려 2만 개에 달한다. 다른 동물과는 비교가 안 되는 수치다. 한 줄당 80여 개의 이빨이 수백 줄 있어서 그 이빨로 먹이를 가리지 않고 강판처럼 갉아 먹는데 콘크리트까지 먹을 수 있다고 한다.

눈이 많은 생물이라고 하면 곤충이나 갑각류 중 겹눈을 가진 종을 들 수 있다. 이들도 종에 따라 개수는 차이가 난다. 잠자리는 약 2만 개, 벌은 3000~5000개, 집파리는 2000개, 남극크릴새우는 약 1000개로 천차만별이다.

같은 척추동물이라도 등뼈의 개수는 종에 따라 전혀 다르다. 개구리의 등뼈는 10개 정도이지만 뱀은 300개가 넘기도 하는 등 종에 따라 제각각이다.

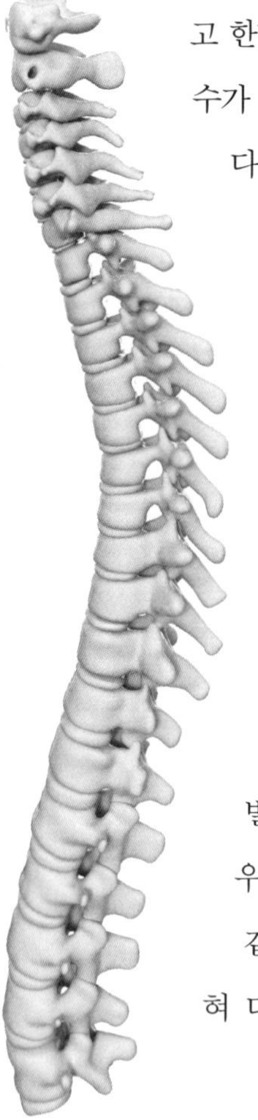

그림 6-4 인간의 척추 모형
동일한 유닛이 연속돼 있다

생물의 진화 역시 발명과 마찬가지로 최

초에 개발(획득)하기까지는 어렵지만, 한 번 개발된 요소를 반복하기는 쉬워 보인다.

무리 짓기

생물은 세포 분열의 원리를 이용해 셀 수 없이 많은 씨앗과 알을 만들기도 한다. 개복치는 무려 수억 개라는 천문학적인 숫자의 알을 낳는다. 일각에서는 3억 개라고 하는데 너무 많아 실제로 세어본 사람은 없다. 개복치는 극단적인 예시이지만 자기 DNA를 물려받은 개체를 많이 만드는 전략을 취하는 사례는 꽤 많다. 그중에는 무리를 만드는 사례도 있다. 생물의 진화 속에서는 무리에 의한 공생 관계를 생존 전략에 유효하게 활용하는 종이 있는데, 때로 무리가 하나의 생명체같이 조화를 이루며 움직이기도 한다.

정어리나 고등어는 수만 마리의 동료들과 함께 '베이트 볼(Bait ball)'이라는 군집을 만든다. 요코하마 수족관에서는 7만 마리의 정어리가 만드는 베이

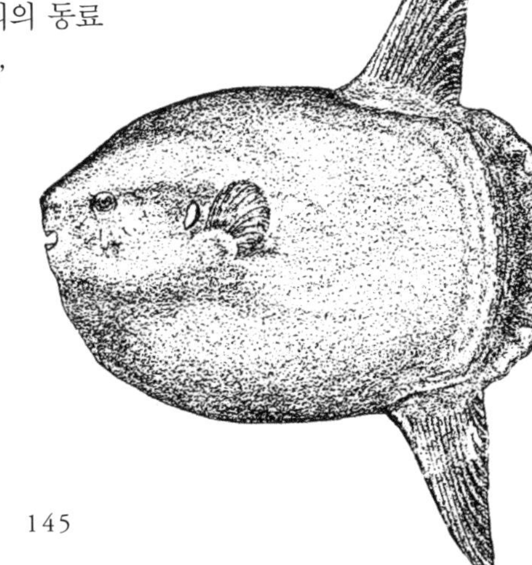

그림 6-5 개복치 알은 3억 개에 달한다

트 볼을 볼 수 있는데, 그 조화로운 움직임과 형태는 언제까지고 바라보고 싶을 만큼 아름답다. 찌르레기 무리 역시 하늘에 아름다운 대형을 그린다. 이러한 습성이 진화한 것은 천적으로부터 목숨을 지키기 좋으며 번식하는 데도 도움이 되는 등 적응적 이유가 있기 때문이다.

무리 안의 개체 하나하나가 전체를 인식할 리 없는데, 전체가 하나의 생명체처럼 조화롭게 움직일 수 있는 이유는 무엇일까? 각 개체는 바로 옆의 상황만 보면서 주변 개체와의 거리를 일정하게 유지하려 할 뿐인데, 이는 전체가 한 몸처럼 기능하게 한다. 즉, 공통 성질에 근거해 자율적으로 움직이는 개체끼리 상호작용하면 집단 단위의 특성이 나타난다.

무리가 항상 유리하다고 할 수는 없으나, 무리 지음으로써 생존 가

그림 6-6 찌르레기 무리는 하나의 생명체 같은 일체감을 보여준다

능성이 높아지는 사례는 곳곳에서 쉽게 발견할 수 있다. 집단이 유리한 상황이라면 진화하면서 서서히 무리 짓는 습성이 획득된다. 예를 들어 집단으로 월동하는 곤충들은 추위를 견디기 위해 무리로 지내는 것이 유리하다. 사자나 이리는 무리를 이루어 사냥 성공률을 높였다. 벌은 공동으로 먹이를 모으거나 유충을 키운다. 무리 짓는 습성을 획득하는 것 역시 어떤 종에게는 생존에 필수적인 변이였던 것이다.

창조에서 찾아본 증식

늘려서 적응하는 생물의 성질은 인간의 조직이나 창조를 생각할 때도 유의미하다. 생물이 진화 과정에서 요소를 증식하거나 무리를 짓듯이 디자인이나 예술, 발명에서도 내부 요소를 늘리는 형태의 창조가 나타난다. 몇 가지 사례를 살펴보자.

미묘하게 다른 듯 비슷한 것들을 모은(분류해 조합한) 트럼프 카드, 색연필, 매니큐어. 똑같은 것을 하나의 포장에 여럿 넣은 감자칩 같은 식품, 향신료, 클립, 고무줄, 약. 렌즈의 숫자를 늘려 새로운 기능을 추가한 망원경이나 현미경. 겹쳐서 쌓아 올릴 수 있게 만든 의자나 수납함. 발판 개수를 늘린 사다리. 똑같은 고리를 수없이 연결한 쇠사슬. 단어의 뜻을 모아놓은 사전. 수많은 책을 소장한 도서관. 작은 가게들이 모여 만들어진 쇼핑몰. 건물 하나에 비슷하게 생긴 집이 모여 있는 공동 주택. 같은 종류의 패킷을 되풀이하여 만든 디지털 데이터. 트랜지스터가 결합된 집적회로. 이렇게 요소의 개수를 바꾸는 형태의 창조를 '증식적 창조'라고 정의한다면 우리는 일상생활 속에서 증식적 창조로 만든 무수히 많은 발명품에 둘러싸여 있다.

책도 증식적 창조에 속한다. 석판에서 시작해 고대 이집트에서 파피루스가 발명되고 수천 년에 걸쳐 수많은 종이 제작법이 발명되어왔다. 그 장대한 발명사와 함께 여러 장의 종이를 겹쳐서 활용하는 방법이 필요해졌는데, 약 2000년 전 코덱스 바인딩 같은 제본 기술이 탄생하면서 책의 역사[27)]가 시작되었다. 그리고 현대에 이르기까지 실 제본, 무선 제본같이 제본 방법이 계속해서 발명되고 있다.

한 가닥으로는 기능성이 떨어지는 실을 무수히 연결해 천을 만든 것도 증식적 창조다. 누가 언제 최초로 천을 발명했는지는 알려지지 않았으나, 3만 4000년 전 그루지아(현재의 조지아)에서는 이미 원단을 사용했으며, 6000년 전에는 천으로 옷을 만들었던 것으로 보인다. 2200년 전 중국에서는 천을 효율적으로 만들기 위해 원시적인 형태의 직조기를 사용했다. 손으로 천을 짜는 일은 무척이나 힘들어서 천 한 장을 만드는 데 여러 해가 걸리기도 했다. 그 후로 2000년 동안 직조기가 꾸준히 진화하면서 직물은 생활 속 깊숙이 스며들었다. 직조 속력은 rpm(분속)으로 나타낸다. 초기에 손으로 짜는 속력은 대략 5rpm 정도였는데, 셔틀 자동 직조기가 나오면서 약 100rmp까지 상승했고, 최신 셔틀리스 직조기를 사용하면서 2000rmp 이상의 맹렬한 빠르기로 원단을 짤 수 있게 되었다. 이러한 과정을 거치면서 천은 사치품의 위치에서 벗어나 지금은 여러 분야에서 널리 사용하고 있다.

이 책을 만드는 데 쓰인 종이나 우리가 입고 있는 옷을 만든 원단 등 우리 주위에는 특정 대상을 증식시키는 발상으로 탄생한 사물이 수없이 많다. e북으로 책을 읽는 독자가 보는 디지털 화면도 예외는 아니다. 소자 하나가 몇천만 개로 증식해 화면이 구성된다. 도대체 무엇이 증식한 것일까? 이런 눈으로 세상을 바라보면 모듈을 증폭시키는 단순한 발상을 통해 다양한 창조가 이루어지고 있음을 깨닫게 된다. 하나로는 제대로 작동하지 않더라도 여럿이 모이면 전혀 다른 기능을 발휘하기도 한다. 지금부터 증식적인 발상을 좀 더 세밀하게 살펴보자.

증식 1 부위를 늘린다

부품 일부가 증식하는 형태의 창조를 통해 다양한 도구를 만들 수 있다. 피아노, 타자기, 키보드 같은 물건은 부품 하나하나가 독립된 버튼이지만 전체가 모이지 않으면 의미가 없다. LED 하나는 빛을 내는 기능밖에 없지만, 많은 숫자를 모아 제어할 수 있게 하면 영상이 재생되는 화면이 된다. 벽돌이나 전철, 선로 등도 이러한 증식적 성질을 전제로 한 발명 사례다.

증식적 창조는 언제나 공통 규칙의 설정, 즉 규격화가 중요하다. 규격화의 대표적인 예로 건전지가 있다. 건전지는 교환이 용이하고 여러 개를 한번에 사용할 수 있다는 면에서 증식적 창조에도 해당한다. 이렇듯 교환과 증식은 특성상 필연적으로 밀접하게 연관되어 있다.

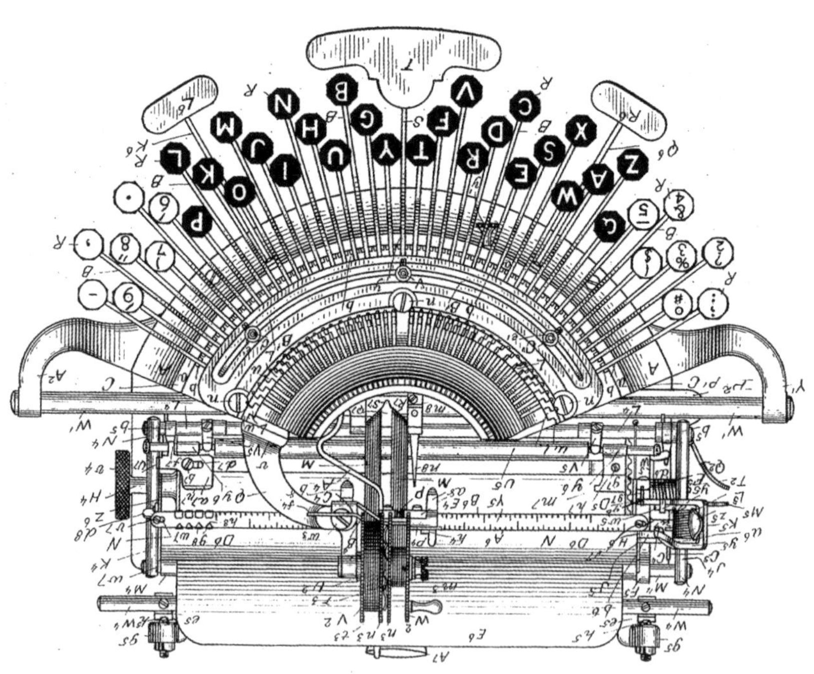

그림 6-7　타자기 특허도. 한눈에 보기에도 증식적 발명임을 알 수 있다

증식 2 무리나 둥지를 만든다

어떤 사물이 증식하면 그것을 보관하기 위해 별도의 인프라를 구축할 필요가 있다.

자동차가 늘어나면서 주차장이 필요해졌고, 컨테이너 물류가 늘어나면서 컨테이너선이 발명되고 컨테이너 선적장이 마련되었다. 데이터 송수신이 늘어나면서 서버나 데이터 센터가 필요해졌고, 폐기물이 늘어나면서 폐기물 처리장이 필요해졌다. 이렇듯 무엇인가가 늘어나면 그에 따라 인프라 또한 늘어나야 한다. 드미트리 멘델레예프가 만든 원소 주기율표도 원소가 많이 발견된 결과 만들어진 표라는 면에서는 증

Reihen	Gruppo I. — R^2O	Gruppo II. — RO	Gruppo III. — R^2O^3	Gruppo IV. RH^4 RO^2	Gruppo V. RH^3 R^2O^5	Gruppo VI. RH^2 RO^3	Gruppo VII. RH R^2O^7	Gruppo VIII. — RO^4
1	H=1							
2	Li=7	Be=9,4	B=11	C=12	N=14	O=16	F=19	
3	Na=23	Mg=24	Al=27,3	Si=28	P=31	S=32	Cl=35,5	
4	K=39	Ca=40	—=44	Ti=48	V=51	Cr=52	Mn=55	Fe=56, Co=59, Ni=59, Cu=63.
5	(Cu=63)	Zn=65	—=68	—=72	As=75	Se=78	Br=80	
6	Rb=85	Sr=87	?Yt=88	Zr=90	Nb=94	Mo=96	—=100	Ru=104, Rh=104, Pd=106, Ag=108.
7	(Ag=108)	Cd=112	In=113	Sn=118	Sb=122	Te=125	J=127	
8	Cs=133	Ba=137	?Di=138	?Ce=140	—	—	—	— — — —
9	(—)	—	—	—	—	—	—	
10	—	—	?Er=178	?La=180	Ta=182	W=184	—	Os=195, Ir=197, Pt=198, Au=199.
11	(Au=199)	Hg=200	Tl=204	Pb=207	Bi=208	—	—	
12	—	—	—	Th=231	—	U=240	—	— — — —

그림 6-8 1871년판 멘델레예프 주기율표.
앞으로 발견될 것으로 예상되는 원소에는 대시(-)가 붙어 있다

식적 창조라고 할 수 있다. 하나였던 것이 여럿 모이면 마치 둥지가 만들어지는 것처럼 증식적 창조가 발생한다.

증식적 창조의 공통점은 요소들이 자율적인 성질을 공유한다는 점이다. 공통된 성질 없이는 아무리 늘어나도 오합지졸일 뿐이다. 공통성이 마련됨으로써 물고기가 무리를 만드는 것같이 전체가 통합된 기능을 이룬다. 여러 개의 블록을 끼웠다 뺄 수 있게 만든 레고처럼 말이다. 자율적인 공통성이 있어서 비로소 전체가 하나로 정리된다.

무리, 둥지와 외부를 구분하는 것은 분리적 변이와도 밀접하게 관련되어 있다. 인간 사회의 조직과 마찬가지로 각자 움직이더라도 공통된 성질 아래 묶여 있다면 하나로 느껴지지만, 다른 성질을 바탕으로 제각

그림 6-9 주차장은 사회에 차가 증식하면서 나타난 둥지다

각 움직인다면 하나로 통합될 수 없다.

암세포는 그 전형적인 예시다. 일반 세포는 일정한 성질에 따라 증식하거나 억제되지만, 암세포는 공통성을 무시한 채 제멋대로 증식해 버린다. 그 결과, 생물이라는 시스템 전체가 죽기도 한다. 증식적 변이

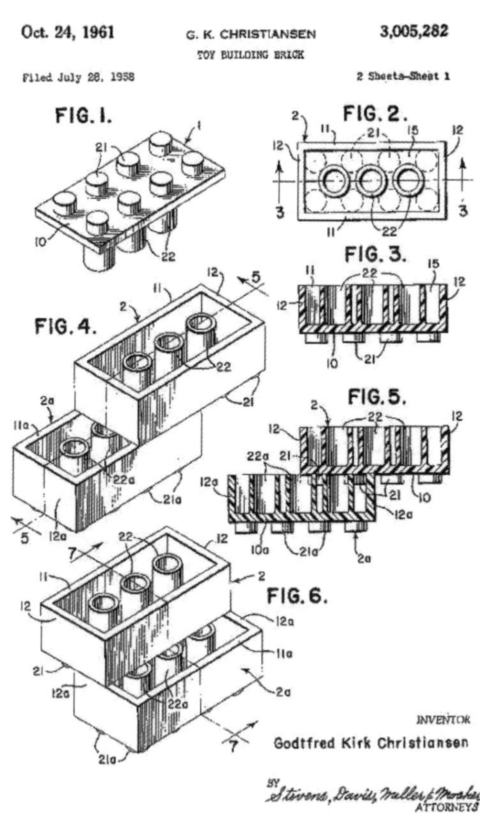

그림 6-10 레고 특허도. 레고는 모여야만 의미를 갖는다

를 생각할 때는 이러한 증식이나 그룹의 성질을 머리 한편에 기억해두길 바란다.

늘어난 상태를 상상하는 습관을 들이자. 내부 부품은 어떨까? 늘렸을 때 흥미로운 부품은 무엇일까? 반대로 외부로 퍼져 나가는 조직 시스템이나 사람 수를 늘려보면 어떨까? 그룹으로 만들어보면 어떨까? 상식적이라고 생각하는 숫자는 언제든 변할 수 있음을 기억하자. 숫자에 대한 고정관념에서 벗어나 필요한 만큼 늘리는 관점을 가진다면 거기에서부터 새로운 발상이 떠오를 것이다.

진화워크 07 — 증식(○○를 늘린 x) 15분

하나로는 시시한 것도 늘려보면 의외로 잘 작동할지 모른다. '○○를 늘린 x'를 생각나는 대로 적어보자. 대상 x 자체를 늘리는 데 그치지 말고 그 내용물까지 늘려보자. x를 분해하면 내부에 다양한 요소가 있을 것이다. 그 내용물을 마음껏 늘려보자. 늘려봤자 쓸모없는 때도 있지만 신경 쓰지 말자. 늘린다는 단순한 사고를 통해 새로운 발상과 마주치기도 한다.

진화워크 08 — 그룹화(x의 무리) 15분

x를 늘려 연동시키면 지금과 다른 무엇인가가 나타나지 않을까? x를 모으기 위해 필요한 장소가 있는가? 발상 대상이나 내부 부품에 관한 요소를 모으기 위해 필요한 둥지나 무리의 성질을 떠올려보자. 자동차의 주차장, 집적회로의 기판같이 특정 대상을 모으기 위한 발명품이 등장하기도 한다. x의 둥지가 새로운 가능성을 열 수도 있다.

우연한 변이 5 이동移動

새로운 공간으로 이동하자

호주 퀸즐랜드주 남서쪽에는 원주민 언어로 '열풍이 부는 평원'이라는 뜻의 마을이 있다. 바로 에로망가 분지의 에로망가 마을이다(일본어로 '에로 만화'와 발음이 같다－역주). 이 이름 때문에 이 마을은 일본에서 유명한 곳이 됐다. 일본인으로서 미안할 따름이다. 네덜란드 헤이그의 휴양지로 유명한 스헤베닝언(일본어로 '밝히는 사람'과 발음이 비슷하다－역주) 역시 일본에서 유명한 지명이다. 스헤베닝언에는 누드 비치가 있는데 겨울에는 비키니 차림으로 바다에 뛰어드는 이벤트가 열리기도 한다. 데이트 명소로도 인기 있는 아름다운 곳이다.

이뿐만이 아니다. 미국 애리조나에는 아호(일본어로 '바보'라는 단어와 발음이 비슷하다－역주)라는 동네가 있으며 체코 동부에는 흘루친(일본어로 '남자의 알몸'이라는 단어와 발음이 비슷하다－역주)이라는 도시가 있다. 인도네시아 발리에는 킨타마니(일본어로 '불알'이라는 단어와 발음이 비슷하다－역주)라는 마을이 있다. 아마도 이곳 사람들은 일본인들이 이 마을을 두고 웃음을 참는다는 사실을 꿈에도 모를 것이다. 아무튼 이들은 '진기한 지명'이라는 하나의 장르를 구축하며 일본인들 사이에서 마니아를 양성하고 있다. 반대로 일본에도 외국인이 들으면 눈을 동그랗게 뜰 만한 지명이 있을 것이다. 발음이 같더라도 장소를 이동하면 의미가 전혀 달라지기도 하는데, 이는 실제 이동해보기 전까지는 알 수 없다. 이러한 우연한 이동이 변이적 발상을 낳기도 한다.

생물의 진화에서 찾아본 이동

장소를 이동하는 형태의 변이는 생물의 진화나 창조 과정에서 흔히 볼 수 있다. 철새, 씨를 퍼트리는 식물, 열대 초원에 사는 동물의 대이동 등 이동 전략은 셀 수 없이 많다.

때때로 이동은 대참사를 불러오기도 한다. 옥덩굴이라는 이름의 해초가 있다. 관상용 수조에서 널리 사용하는 예쁜 해초다. 1980년대 초반 모나코 해양 박물관에서 수조에 전시하기 위해 동남아시아에서 옥덩굴을 가져왔다. 어느 날 이 옥덩굴이 하수구를 타고 지중해로 유출되었다. 그 후 외래종 옥덩굴은 급속하게 늘어났다. 그런데 이 옥덩굴은 수조 안의 가혹한 환경 때문에 돌연변이가 나타났는지 독을 지니고 있었다. 결과적으로 단 몇 년 만에 재래종 해초를 사멸시켜 지중해 생태계에 파괴적인 영향을 끼치고 말았다. 변이형 옥덩굴에 붙은 별명은 '킬러 알게(algae, 해초)'다. 지중해에서 크게 번식한 뒤 현재는 호주와 미국 서부 해안 등 온 세계에 퍼져 나가고 있다. 이 무시무시한 이야기는 어째서 우리가 생태계에 외래종이 확산되는 데 주의해야만 하는지 가르쳐준다.

옥덩굴은 특별히 예외적인 사례이지만, 이동은 다양한 종에게 중요한 생존 전략이다. 태고의 어류가 육지로 올라와 팔다리를 가진 동물이 되고 반대로 포유류가 바다로 들어가 고래가 되었듯이 생물의 진화에서는 몇 번이고 생물의 형태와 대사에 커다란 변화를 수반한 역동적인 이동이 이루어져왔다.

민들레 같은 식물이 멀리까지 씨앗을 퍼트릴 방법을 터득하거나 꽃이 수분에 유리한 형태로 진화한 것 역시 이동 전략의 일종이다. 철새와 왕나비는 하늘을 날아 이동하는 습성을 기른 생물의 대표적인 예다. 북아메리카 대륙의 왕나비는 무려 4세대에 걸쳐 5000킬로미터에 달하는 거리를 이동하며 멕시코와 캐나다를 왕복한다.

그림 7-1 민들레 씨앗. 생물은 이동하기 쉽도록 진화한다

다른 종이 절대로 가지 않을 만한 장소를 일부러 선택하는 생존 전략도 있다. 예를 들어 대만어리코벌이라는 벌은 섭씨 50도 이상의 뜨거운 모래밭에 집을 만든다. 벌집이라고 하면 거대한 콜로니(colony)를 생각하기 쉬운데, 작열하는 모래밭에 만든 대만어리코벌의 집은 매우 작다. 한 마리의 새끼를 키우기 위해 하나의 집이 만들어지기 때문이다. 벌의 유충에게 위협을 가하는 개미도 이렇게 뜨거운 곳까지는 올 수 없다. 벌들은 일부러 위험한 장소로 벌집을 옮겨 소중한 새끼들을 외부의 적으로부터 지키는 전략을 취한 것이다. 안전하고 풍요로운 장소가 있을 때 생물은 진화를 통해 이동하는 습성을 서서히 획득해 나간다.

창조에서 찾아본 이동

생물과 마찬가지로 수많은 도구에도 이동 전략이 숨어 있다. 창조 영역에서는 각 영역 사이에 지식의 수평 전용이 자주 발생한다. 다윈의 진화론 역시 이동적 발상의 영향을 받았는데, 맬서스의 인구론이나 해튼의 지질학 같은 다른 학문 분야에서 큰 영향을 받았다고 알려져 있다. 지식은 우연히 이동한다. 다윈의 진화론 같은 대발견의 배경을 살펴보면, 전문 분야에 얽매이지 않고 지식의 이동을 적극적으로 지향하는 것이 무엇보다 중요하다는 사실을 알 수 있다. 이동적 변이로 만들어진 창조는 세상에 무수히 많다. '○○에 있는 △△'나 '○○를 위한 △△'라고 설명할 수 있는 것은 이동에 의한 창조일 가능성이 크다.

다음 사례들이 이에 해당한다.

입안에 넣는 브러시---칫솔 손목에 있는 시계---손목시계

여성을 위한 정장---샤넬 정장 어린이 직업 체험---키자니아

이러한 이동적 발상은 주변에서 얼마든지 발견할 수 있다. 이동적 창조를 세 가지 패턴으로 나누어보았다. 물건의 이동, 사람의 이동, 장소의 이동이다. 저마다 특징이 다른 만큼 하나씩 자세히 살펴보자.

이동 1 물건의 이동

이 인쇄기는 새로운 별같이 무지의 어둠을 걷어줄 것이다.

— 요하네스 구텐베르크[28)]

오늘날 우리가 책을 읽을 수 있는 것은 구텐베르크가 활판 인쇄기를 발명한 덕분이다. 구텐베르크의 인쇄기는 와인을 제조할 때 사용하는 포도 짜는 기계를 응용해 만들어졌다. 인쇄기를 만들기 전부터 포도 압착기는 날염 등 원단을 염색하는 데도 사용되었다. 구텐베르크는 여기에서 힌트를 얻어 최초의 활판 인쇄기를 만들었다. 구텐베르크가 나고 자

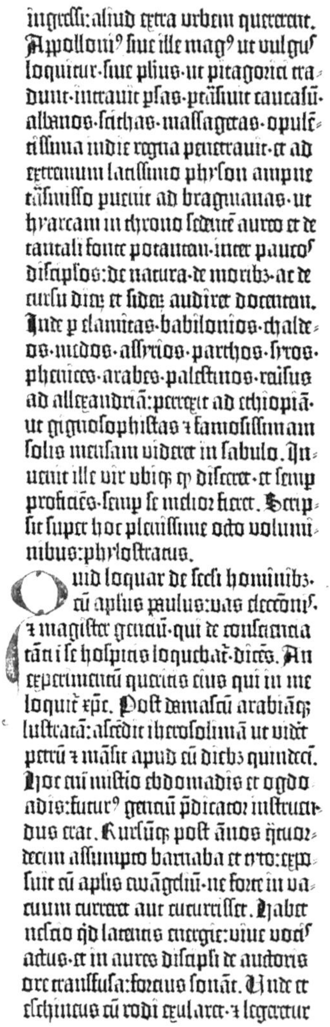

란 마인츠의 박물관에는 포도 압착기를 개조해서 만든 활판 인쇄기가 전시되어 있다. 이렇게 인쇄기 덕에 책을 출간하게 된 나로서는 포도 압착기에 감사하는 마음마저 생긴다. 와인이라도 마셔야겠다.

이동 측면에서 석유는 지극히 흥미로운 변천 과정을 밟고 있다. 석유는 기원전부터 사용되어왔지만, 당시 석유의 용도는 지금과 전혀 달랐다. 메소포타미아나 페르시아에서는 석유가 미라 보존에 쓰였다는 설이 있다. 1300년경에는 신비의 영약으로 팔렸다고 하는데, 지금의 관점에서 보면 석유를 몸에 바르거나 마시고 싶은 생각은 전혀 들지 않는다. 신비의 물질이었던 석유에도 전환점이 찾아온다. 1846년 에이브러햄 게스너에 의해 등유를 만드는 정제 기술이 확립되었다. 그 뒤로 등유 이외에 다양한 용도로 사용할 수 있도록 정제하는 기술

그림 7-2 구텐베르크가 인쇄한 성경의 일부

이 발달했다. 현재는 모두가 잘 알고 있듯이 수많은 동력의 연료부터 플라스틱이나 섬유, 계면활성제 같은 수많은 소재를 만드는 데 석유가 사용되고 있다. 몸에 바르는 보습제로 사용하는 바셀린도 석유를 정제해서 얻는다. 신비의 영약에서 거대한 산업으로, 석유는 위대하다고까지 할 수 있을 정도로 훌륭하게 수평 이동에 성공했다.

기술의 수평 이동은 우연히 이루어지기도 한다. 1945년 퍼시 스펜서는 레이더 장치를 개발하던 중 주머니에 들어 있던 초콜릿이 녹은 것을 발견한다. 그는 마이크로파에 의해 온도가 올라간다는 사실을 밝혀내며 전자레인지를 발명했다. 군용 레이더 장치의 일부가 모든 가정에 자리 잡았다고 생각하면 무척 이상한 기분이 든다.

일본에도 이러한 사례가 있다. 제과 회사인 롯데의 연구팀은 산소흡수제를 연구하면서 철분이 산화하는 과정에서 열이 발생한다는 사실을 발견했다. 과자에는 쓸 수 없는 발견이지만 이를 응용해 최초의 일회용 핫팩인 호카론을 개발했다. 산소흡수제 만들기는 실패했지만, 발명은 대성공한 셈이다. 우연은 창조와 진화의 친구이고, 의도를 넘어선 뛰어난 결과가 탄생하기도 한다. 수평 이동은 우연의 반복을 통해 수많은 창조를 이끌어왔다.

오랜 역사와 전통을 지닌 산업이 수평 이동해 새로운 산업이 태어나기도 한다. 교세라는 도자기 기술을 파인세라믹으로 수평 이동하면서 세워졌다.

일본 서예용 붓 생산량의 80%를 생산하는 히로시마현의 구마노후 데는 관련 산업이 급격하게 위축되면서 메이크업 브러시로 수평이동하며 위기를 극복하고 지금은 세계적인 메이크업 브러시 브랜드가 되었다. 이외에도 오르골의 구조가 컴퓨터에 영향을 주거나 유리 기술에서 탄생한 유리섬유가 광케이블이 되어 전 세계 인터넷을 고속화하는 등 기술사에서는 본래 다른 용도로 개발된 기술이 이동하여 더 큰 가치를 발휘하는 사례를 어렵지 않게 발견할 수 있다.

전혀 의도하지 않았던 대상에서 출발한 이동이 창조로 이어진 예도 있다. 1928년 어느 여름날, 알렉산더 플레밍은 더러운 연구실에서 세균을 배양하다가 실수로 샬레에 곰팡이를 피우고 말았다. 뼈아픈 실수라고 생각했지만, 자세히 들여다보니 곰팡이 주변에는 세균이

그림 7-3 모질라의 팩토리 스페이스. 물류용 플라스틱 컨테이너를 활용한 자동 급수 플랜터

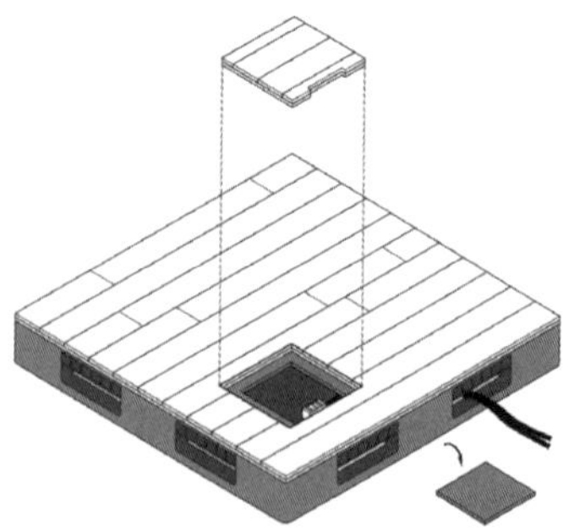

그림 7-4 물류 팰릿을 사용한 OA플로어

없었다. 플레밍은 이 우연한 사건을 통해 페니실린을 발견했다. 우연한 이동적 에러에서 발견된 항생물질이 그 뒤 무수히 많은 사람의 생명을 살린 것이다.

물건의 이동은 디자인에도 응용할 수 있다. 내가 인터넷 브라우저 파이어폭스로 유명한 모질라(Mozilla)의 세계 최대 오픈소스 커뮤니티 오피스를 설계할 때의 일이다. 오픈소스 커뮤니티인 만큼 오피스 인테리어 역시 오픈소스로 해보자고 제안해 저작권을 포기하고 누구나 도면을 내려받을 수 있도록 해서 사무실을 설계했다. 누구나 조달할 수 있는 재료로 설계했기 때문에 본래 다른 용도로 사용하는 물류용 팰릿이나 플라스틱 컨테이너를 활용했다. 이 프로젝트는 전 세계에서 주목받으며 이를 모방한 사무실이 세계 곳곳에 만들어졌다.

이동 2 사람의 이동

물건의 이동뿐 아니라 인간의 거주지나 역할을 이동시키는 변이 패턴도 있다. 예를 들어, 의대생들은 병원에서 일정 기간 인턴으로 근무한다. 인턴 제도는 1893년 윌리엄 오슬러에 의해 만들어진 제도에서 시작되었다. 의료 현장은 언제나 인력이 부족하다. 그리고 의대생은 실제로 현장을 겪어보지 않으면 제대로 배울 수 없다. 의료 현장의 인턴 제도는 이동의 발상으로 두 가지 니즈를 해결한 훌륭한 사례다. 의료 교육 과정으로서 뛰어난 교육 프로그램일 뿐 아니라 의료 현장의 인적 부담을 낮추는 장점까지 있다.

우연의 일치인지 같은 해인 1893년, 뉴질랜드에서는 세계 최초로 여성 참정권이 인정되었다. 그전까지는 남성만의 영역이었던 정치에 여성을 이동시킨 것이다. 이동적 발상을 통해 차별을 뛰어넘는 발상이 이루어지기도 한다. 장애인이 참가하는 올림픽인 패럴림픽의 탄생도 이동적 발상의 한 예다.

무하마드 유누스가 세운 방글라데시의 그라민 은행은 그전까지 은

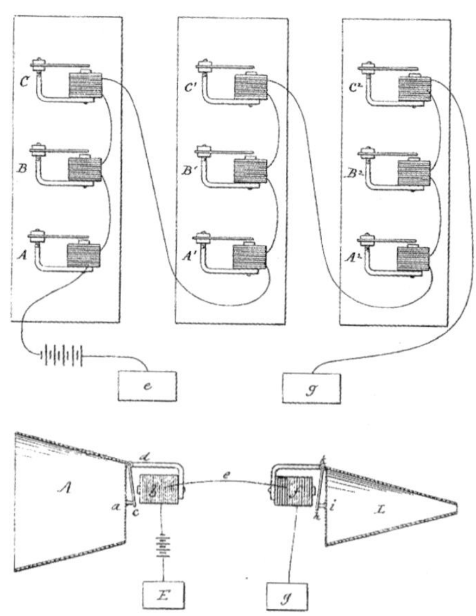

그림 7-5 그레이엄 벨의 전화 특허도

행이 상대하지 않던 빈곤층을 대상으로 돈을 빌려주었다. 변제 가능성 측면에서 사회적 신용이 없는 이에게 돈을 빌려주는 것은 위험한 일이다. 그라민 은행은 이 문제를 어떻게 해결했을까? 신용을 바라보는 관점을 바꿔서 많은 지인이 자진해서 보증해주는 인물은 성실하게 신용을 지키려고 노력할 것이라 봤다. 그래서 상호 연대 보증인이 되어주는 5인조 '그룹 대출' 방법으로 돈을 빌려주었는데, 이것이 바로 마이크로파이낸스의 탄생이다(지금은 훨씬 더 보완된 시스템으로 운영 중이다). 기존 연대보증인 제도를 본떠 빈곤층도 돈을 빌릴 수 있는 사회를 만들고 일할 의욕과 생산성을 부여한 것이다. 한정된 조건의 사람만이 무엇인가를 행할 권리가 있다는 생각은 과거 사회가 퍼트린 환상일지도 모른다. 차별을 뛰어넘어 평등을 획득해 나가는 데 이동적 발상이 효과적인 경우가 있다.

옛날에는 봉화나 편지로 소식을 전했다. 이를 근본적으로 바꾸어놓은 발명이 알렉산더 그레이엄 벨이 발명한 전화(telephone)와 필로 판즈워스가 개발한 전자식 텔레비전(television)이다. 이름에 'tele(원격)'가 붙어 있는 것처럼 사람의 존재 일부를 멀리까지 이동시키는 데 성공했다. 이후 이들 기술이 융합해 등장한 화상 통신이나 코로나19가 대유행하며 급속하게 보급된 인터넷을 통한 화상회의 시스템 등 사람의 신체를 멀리까지 이동시키는 발상은 인간의 행동을 제약하는 요인을 크게 해소하면서 사회의 진화를 가속하고 있다.

이동 3 장소의 이동

외래종이 다른 장소에서 급속도로 번식하듯이, 창조에서도 지금까지와는 전혀 다른 장소에 응용함으로써 급속하게 확산되는 사례가 있다. 지상에서 달리는 전철을 지하로 이동시킨 지하철, 다리를 배 안으로 옮긴 카페리 등도 장소를 이동하는 발상에서 등장한 변이다. 최초의 발상이 의도적이었든 우연이었든 이는 중요하지 않다. 다른 장소에 이동시켜 봤더니 의외로 잘 통하더라는 발상은 수없이 많다.

기존 판매 시장을 다른 콘텐츠를 위해 이동시킨다는 사고방식도 있다. 비디오 게임으로 전 세계를 석권한 닌텐도는 화투를 만드는 회사로 시작해 일본 최초로 트럼프 카드를 제작하던 기업이다. 이후 닌텐도는 오락용 기기를 개발하면서 TV 게임 산업의 문을 열었다. TV 게임에 문외한이었던 그들은 아날로그 게임에서 키운 기존 유통망을 최대한 활용하여 완전히 새로운 비디오 게임을 일본 시장에 신속하게 안착시켰다.

1990년대 초반만 해도 온라인 마케팅은 존재하지 않았지만, 새로운 시장을 재빨리 포착한 제프 베이조스는 1995년 아마존을 창업했다. 이와 유사한 형태의 디지털 마켓 플레이스가 사회를 점령하면서 우리의 소비는 순식간에 오프라인에서 온라인으로 이동했다. 아마존의 성공과 함께 베이조스는 2020년 2000억 달러에 달하는 자산을 지닌 세계 최고의 부호가 되었다. 이 역시 디지털이라는 확대 및 미지의 신천지를

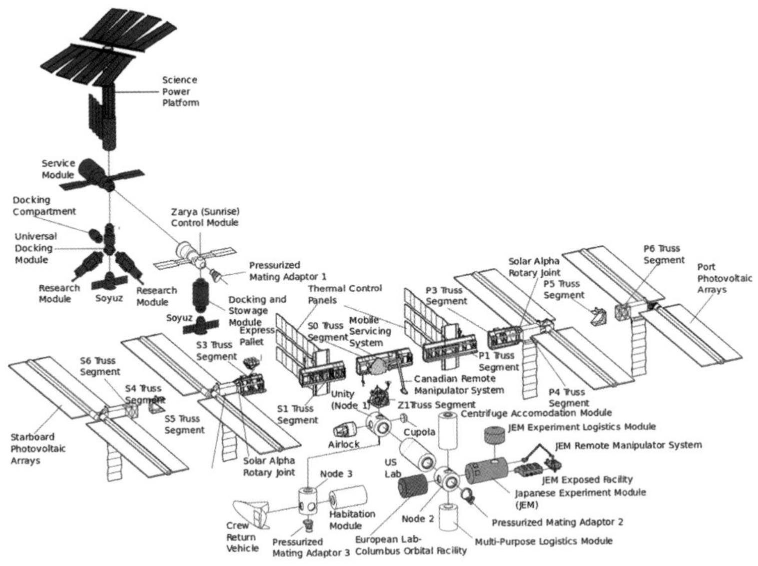

그림 7-6 ISS국제우주정거장의 구조

향한 기존 서비스의 장대한 이동에 의한 결과다.

문명을 이동시킬 새로운 장소로 최근 우주를 활발히 개발하고 있다. 우주에 로켓용 역을 만드는 우주정거장이라는 개념 역시 이동적 발상이다. 이를 위해 지상의 것을 우주로 이동시키는 기술이 요구되는 등 인류 역사상 가장 대규모 이동을 향한 도전이 이어지고 있다.

민간 우주 개발 역시 활발하게 이루어지고 있다. 지금까지 미사일을 개발하기 위해 여러 나라가 로켓에 투자해왔는데, 이때 로켓은 한 번 쏘아 올리면 당연히 폐기하는 것으로 여겨졌다. 그러나 스페이스X의 창업자 일론 머스크가 로봇 제어를 통해 발사대로 돌아오는 로켓을 개발하면서 비용을 압도적으로 줄였고, 이를 계기로 민간 투자자가 모이기 시작했다. 우주에서의 비즈니스는 아직 개척 단계며 우주여행이나 우주에서 생활하기 위한 기본 인프라를 구축할 기술은 현재도 개발 중이다. 언젠가 이러한 창조의 끝에 우주에서 태어나 우주 공간에 적응한 인류가 등장할지도 모른다. 마치 건담에 등장하는 스페이스노이드(우주에서 태어나 거주하는 인류－역주) 이야기 같다. 과연 우주를 향한 인류의 거대한 이동 끝에는 무엇이 기다리고 있을까? 지금 우리 신체는 우주 공간이나 다른 행성에 적응할 수 있는 상태가 아닌지만 앞으로의 창조는 이를 가능하게 해줄까?

다른 장소로 이동하거나 전혀 새로운 영역에 응용하는 일은 언제나 용기가 필요하다. 실패도 많을 것이다. 그러나 우리가 의도하든 의도하지 않든 세상에 태어난 창조는 다른 장소로 이동한다. 마치 생태적 지위, 즉 니치(niche)가 함락되듯이, 에러가 빈발하는 가운데 미지의 세계는 차례차례 개척되어간다. 지금 있는 장소에 머물러 있기만 해서는 만날 수 없는 창조가 있다. 굳게 마음먹

그림 7-7　우주 공간으로 거대한 이동을 하려는 도전이 계속되고 있다

고 다른 장소로 이동할 용기를 가진 인간만이 새로운 창조와 마주할 행운을 얻을 수 있다.

진화워크 09 — 이동(○○에 있는 x, ○○를 위한 x) 15분

꽃이 피지 않는다면 다른 장소에서 피워내는 방법이 있다. 사람도 물건도 지금까지와는 다른 영역으로 이동하는 것만으로 전혀 새로운 가치를 발휘하기도 한다. 이러한 이동형 변이를 사고에 적용해보자.

기술의 이동: 그 기술을 다른 영역에 응용할 수 있을까?
사람의 이동: 관련된 사람을 바꾸거나 배치를 바꿀 수 있을까?
장소의 이동: 여기에는 없는 장소로 대상을 옮겨보면 어떨까?

'○○에 있는 x', '○○를 위한 x' 같은 단어에서 연상되는 예상 밖의 답변은 무엇이 있을까? 완전히 새로운 장소나 사람 곁으로 그 대상이 이동한 재미있는 장면을 상상해보자. 그런 키워드를 생각나는 만큼 적어보자. 이러한 이동을 떠오르게 하는 단어를 만들어보자. '파란 하늘 교실(파란 하늘 아래로 이동한 교실)'같이 이동한 장소의 고유성을 담은 이름을 떠올리면 구체적인 이미지가 금세 떠오를 것이다.

우연한 변이 6 교환交換

틀과 판을 바꾸자

"상대 팀을 잡으며 3연패(連敗)의 위업을 달성하다!"

'연패(連霸)'라는 단어의 한자 하나를 잘못 쓰는 바람에 3번의 우승이 3번의 패배로 바뀌었다. 같은 언어라도 잘못 전환되면 의미가 바뀌는 것처럼 교환 과정에서 언어적 에러가 발생한다.

단어가 연속으로 이어져 문장이 완성된다. 단어나 문장에서는 같은 양의 정보를 지닌 부분끼리 서로 교환할 수 있다. 단어라는 것 자체가 실물을 대체하도록 만들어진 만큼 언어는 당연히 교환 가능성을 전제로 한다. 이러한 교환 가능성 때문에 잘못 말하거나 잘못 듣거나 하는 언어 특유의 오류가 발생한다. 언어 교환의 에러는 때로 지금까지 없었던 단어 조합을 만들어내기도 한다.

생물의 생태나 발생에서도 교환 가능성은 진화를 가속한다. 변이의 원천인 DNA는 언어적 구조 덕분에 교환 가능성을 갖추고 있는데 이로인해 교환적 변이가 발생한다. 교환적 성질 덕분에 우리는 유전자 조작 기술을 활용할 수 있게 됐다. 또, 진화 측면에서 생물의 표현계나 생태에서 교환적 방법을 활용해 적응한 생물종을 수없이 발견할 수 있다.

다른 것이 특정 역할을 대체할 수 있다면, 결과적으로 생물은 교환하는 습성을 획득하게 된다.

생물의 진화에서 찾아본 교환

생물의 진화 과정에서 획득해온 교환적 성질을 살펴보자. 널리 알려진 사례로 소라게의 등에 올라간 고둥을 들 수 있다. 소라게는 새우와 게의 친척 같은 동물로 탈피하면서 성장한다. 그러나 소라게는 새우나 게처럼 딱지를 발달시키기보다는 다른 개체가 남긴 고둥을 등에 이고 살면서 자기 몸을 지키는 생존 전략을 취했다. 이 방법이라면 강력한 갑옷을 생산할 부담을 질 필요가 없지만, 탈피할 때마다 몸이 커져서 고둥의 크기가 맞지 않아 정기적으로 교환할 필요가 생긴다. 신체 크기에 비례해 큰 고둥이 필요해지는 만큼, 소라게는 작을 때부터 점점 커질 때까지 순서에 맞춰 그룹을 이뤄 각자의 고둥을 하나씩 큰 고둥으로 교환하며 동시에 이사한다.

물새도 체내에서 교묘하게 교환 기능을 쓴다. 빙점보다 낮은 차가운 호수에 떠 있는 물새는 어째서 동상에 걸리지 않는 걸까? 혈액은 대부분 물로 되어 있어 온도가 빙점 아래로 떨어지면 당연히 언다. 우리가 영하의 호수에 계속 발을 담그고 있다면 동상에 걸릴 것이다. 그런데 물새의 체내에는 발부터 올라오는 차가운 혈관과 다리로 내려가는 따뜻한 혈관이 평행하게 흐르며 서로 열을 교환한다. 이를 통해 차가운 정맥의 혈액이 따뜻한 동맥의 혈액으로 데워지면서 온도를 보존한다. 쉽게 말해, 정맥과 동맥의 융합이라고 할 수 있다. 물새의 열 교환 구조에는 '원더넷(wonder net)'이라는 멋진 이름이 붙어 있다.

뻐꾸기의 탁란(託卵)도 교환에 의해 적응해온 진화 사례다. 탁란조에는 뻐꾸기뿐 아니라 두견새, 벙어리뻐꾸기, 아프리카의 천인조 무리, 북아메리카의 갈색머리흑조 등이 있다. 전 세계적으로 80여 종, 전체 조류의 약 1%가 이에 해당한다. 탁란은 다른 새의 둥지에 알을 낳아 키우는, 속임수와 기생의 습성이다. 속임 당하는 조류라면 자기 자식의 생존을 위해 이를 반드시 알아차려야 한다. 속이는 쪽과 속는 쪽 간에는 수백만 년에 걸쳐 진화에서의 군비 경쟁이 펼쳐져왔다. 이러한 상호진화 덕분에 탁란조의 알은 속임 당하는 새가 낳는 알의 색이나 형태를 비슷하게 의태하며, 종에 따라서는 새끼 새의 생김새마저 닮게 변했다. 동시에 탁란 당하는 쪽의 감지능력도 점차 높아지고 있다.

뻐꾸기는 둥지에 있는 알을 하나 떨어트린 뒤 자기 알을 낳는다. 그 알은 신기하게도 이미 둥지에 있던 알과 비슷하게 변화해 본래 둥지 주인의 눈을 속인다. 지금부터가 하이라이트다. 뻐꾸기 새끼는 다른 알보다 먼저 부화해 아직 눈이 보이지 않는데도 다른 알을 모두 둥지에서 떨어트린다. 그러고 나서 어미 새가 가져오는 먹이를 독점하며 어미 새보다도 커지는데, 어미 새는 그런 상태가 된 뒤에도 가짜 자식에게 계속 먹이를 물어다 준다. 참으로 막장 드라마 같다. 이러한 교환이 성립하는 이유는 가짜가 진짜를 쏙 빼닮았기 때문이다. 생태계에서 교환적 사고를 배울 때 교환하려는 대상에 의태하는 것은 매우 중요한 의미를 지닌다. 특정 종의 공통 성질을 모방해야만 비로소 교환 가능성이 발생하기 때문이다.

창조에서 찾아본 교환

생물뿐만 아니라 인공물의 디자인이나 발명에서도 교환적 발상을 찾아볼 수 있다. 규격화된 제품은 모두 교환 가능성을 전제한다. 교환적 발상은 사회에 무척이나 다양하게 존재하는데 간단하게 세 가지 유형, 즉 물리적 교환, 의미적 교환, 개념적 교환으로 나누어 설명해보고자 한다.

그림 8-1 펜의 리필심. 교환 가능성을 담은 설계다

교환 1 물리적 교환

비슷한 크기와 성질을 지닌 것은 물리적으로 교환할 수 있다. 건전지나 볼펜 심을 떠올려보자. 하드디스크, 공기청정기 필터, 쓰레기봉투, 필름, 바지, 인쇄용지, CD, 페트병, 일본 전통 가옥의 미닫이문, 다다미 등 물리적인 교환은 창조 패턴의 한 자리를 차지하고 있다. 이런 물건들이 교환 가능성을 갖추기 위해서는 규격화가 필수적이다.

규격화된 물건에는 쉽게 교환할 수 있도록 도와주는 디자인이 입혀져 있다. 규격화가 잘 이루어지면 기술의 진화도 가속된다. 규격화된 소켓이 있었던 덕분에 백열전구에서 LED 전구로 교환이 원활하게 이루어졌다.

교환하기 위해서는 크기나 물성 등 물리적인 특성을 맞출 필요가 있다. 과자 봉지에 들어가는 가스 충전도 그 사례 중 하나다. 처음에는 감자칩을 포장할 때 공기를 넣었지만, 질소로 바꿈으로써 산화를 막을 수 있게 되었다. 편의점에서 파는 삼각김밥 재료를 겔 형태로 만들어 채우거나 비슷한 크기의 장난감을 캡슐에

그림 8-2 전구와 소켓은 교환을 전제로 설계되었다

담아 뽑기 기계에 넣는 등 물리적인 교환에서는 교환하는 대상의 물성을 맞추는 일이 필수적이다. 우발적인 발상력을 높이려면 유사한 크기의 물건을 바꿔보는 시도에 익숙해져야 한다. 삼각김밥 속에 잼을 넣으면 의외로 인기 있을지도 모른다.

교환 2 의미적 교환

물리적으로는 닮지 않았지만, 같은 의미나 목적을 추구하는 대상과 교환해 혁신이 일어나는 경우도 있다. 예를 들어, 어떤 대상을 분해해 그 속의 요소를 동일한 목적을 가진 다른 기술과 교환하면 창조가 급격하게 진화한다.

말 대신 엔진을 탑재하고 한발 더 나아가 엔진을 모터로 바꾸는 발상을 보면, 형태는 전혀 다르지만 동력이라는 공통적인 목적이 있다. 더 적은 에너지로 더 편리하게 밝은 빛을 얻기 위해 양초에서 가스등, 백열전구, 나아가 LED로 밤의 불빛이 교환되었다. 마찬가지로 컴퓨터 기억장치가 펀치 카드에서 플로피디스크, 하드디스크, 더 나아가 SSD(Solid State Drive)로 교환되는 진화 역시 공통적인 목적 아래 다른 물건으로 교환된 사례라고 할 수 있다.

이렇듯 같은 목적을 지닌 물건으로 교환되는 경우를 의미적인 교환이라고 한다. 의미적 교환이 이루어지려면 교환하는 대상끼리 같은 목적을 추구해야만 한다.

창조란 곧 적응한 사물의 탄생으로, 변이가 아니라 선택의 사고를 탐구해야만 알 수 있다. 수단이 없으면 목적을 달성할 수 없지만, 목적은 수단보다 항상 우선된다.

선택의 향방은 목적에 근거하며, 변이는 수단의 발생이라고 할 수 있다. 이 두 가지의 왕복이 창조성을 발생시킨다. 수단은 수명이 짧은데 반해 목적은 수만 년이 지나도 변하지 않는다. 이런 이유로 같은 목적을 지닌 다른 수단으로 교환하는 현상이 기술사에서는 필연적으로 일어나는 것이다.

그림 8-3 기록 매체는 용량이 한정적이므로 규격화해 교환할 수 있게 설계한 사례가 많다

교환 3 개념적 교환

화폐 그 자체는 금속이나 종이일 뿐 아무런 기능이 없지만, 사회적 신용에 의해 가치를 지녀 교환할 수 있게 된다. 이러한 대체품이 있으면 쌀이나 채소 같은 진짜 물건들끼리 교환할 필요가 없어서 편리하다. 우표를 사서 물건을 배달해달라고 하거나 입장권을 사서 극장에 입장하거나 차표를 사서 전철을 타거나 카드로 포인트를 쌓거나 주식을 사서 생산 시스템을 손에 넣거나 보험에 가입해 장래의 안전을 사거나 계약서를 주고받으며 약속을 사거나 암구호를 말해 동료를 확인하는 등 가치의 대체품을 설정해 교환하기 쉽게 하는 교환적 발상이 있다.

교환의 대체품은 다양하다. 이들은 반드시 물리적 실체를 갖는 것은 아니며, 사회적 신용과 연결되면서 교환을 약속으로 성립시킨다. 궁극적으로는 언어 역시 본래 서로 교환할 수 없는 생각을 개념적으로 교환하려고 만든 도구라고 할 수 있다.

물리적 교환, 의미적 교환, 개념적 교환에 의해 과거부터 여러 가지

그림 8-4 기원전 6세기에 만들어진 가장 오래된 동전인 '엘렉트럼'(실물 크기)

그림 8-5 세계 최초의 우표 '페니 블랙'(실물 크기)

발명이 이루어져왔다. 반대로 말하면, 교환적 사고를 터득하면 창조를 위한 보편적인 발상법을 일부 손에 넣을 수 있다. 교환 가능성을 따져보며 발상해보자.

진화워크 10 — 교환 I (○○을 △△로 바꾼 x) 15분

백열전구를 LED 전구로, LP를 CD로 바꾸었듯이 기존 물건을 훨씬 효율적인 것으로 교환할 수 있을까?
'○○을 △△로 바꾼 x'라는 문구와 관련, 연상할 수 있는 것들을 많이 떠올려보자. 만약 떠오르지 않는다면 먼저 x를 해부해보라. 내용물의 요소를 해부해보고 각각의 요소를 유사한 성질의 다른 사물과 교환할 수 없을지 상상해보고 생각나는 대로 적어보자.

진화워크 11 — 교환 II (x 대신에) 15분

돈처럼 개념적인 의미에서의 교환을 담당하는 시스템은 여러 가지가 있다. 이와 비슷하게 x를 대신할 수 있는 것을 발행해 유동성을 높이는 시스템은 무엇이 있을지 상상해보자. 물리적인 교환은 유동성이 문제가 될 수 있지만, 개념적인 교환은 유통되는 속도를 높일 수 있다(예시: 화폐). 단, 개념적 교환에는 해킹의 우려가 상존한다. 해당 시스템에서 위조나 복제를 방지하려면 어떤 조치나 노력이 필요할지 고민해보자.

우연한 변이 7 분리分離

마지막까지 나누어보자

[언어는 분리할 수 있게 만들어졌다]

[언어 는 분리 할 수 있게 만들어 졌다]

[언 어 는 분 리 할 수 있 게 만 들 어 졌 다]

위의 문장 그대로 언어에는 분리할 수 있는 성질이 있다. 절이 있고 단어가 있으며 글자가 있고 자음과 모음이 있어 각각을 끼워 맞춰 사용하기 때문에 언어는 구조 자체가 분리할 수 있는 시스템으로 층층이 짜여 있다. 제3장 〈해부〉에서 자세히 이야기하겠지만, 모든 사물은 언어처럼 여러 겹으로 된 개념의 막에 싸여 있으며, 내부를 하나씩 분리할 수 있다. 언어뿐만 아니라 물건과 생물도 분리 가능한 구조를 지닌다. 분리해서 교환할 수 있게 하거나 다른 기능을 추구하거나 다른 장소에 이동하기 좋게 만들 수도 있다. 그뿐 아니라 분리 가능성은 수많은 인공물에도 하나의 패턴으로 빈번하게 활용된다.

생물의 진화에서 찾아본 분리

DNA도 마찬가지로 분리되는 성질을 가지고 있다. 이 성질 덕분에 생물도 부품의 집합처럼 부위별로 발달하고, 이들이 연결되어 기능한다. 즉, 생물의 신체는 부위마다 분리되는 구조가 발생하기 쉽다.

우리 내장 역시 분리 구조의 한 사례다. 동양 의학에서는 내장을 오장육부(심장, 간, 신장, 폐, 비장/위, 대장, 소장, 방광, 쓸개, 삼초)라고 부르는데, 각각의 내장이 주머니처럼 구분된 막에 싸여 있다. 각각의 내장이 독립된 기능을 하도록 진화 과정에서 주머니 형태의 분리벽을 발달시킨 듯하다. 진화의 역사 속에서 새로운 기관이 생길 때마다 몸속에는 새로운 주머니가 만들어지며 생리적 기능을 분리했다. 막으로 감싸면 막 내부는 다른 기관으로 취급받아 안팎의 간섭을 피할 수 있다. 또한 막이 생겨야 비로소 분리 가능한 성질을 얻는다.

막은 어떤 기능도 없는 것처럼 보이지만 실제로는 중요한 존재다. 막은 세포라는 아주 작은 단위에서부터 가장 바깥쪽 피부까지 몇 겹이나 겹쳐 있으며, 막으로 분리되면서 생물은 생리 기능을 획득해왔다. 이렇게 보면 모든 생물의 피부는 외부와 신체 내부를 분리하기 위해 발달한 기관임을 알 수 있다. 피부는 외부를 느끼는 센서인 신경, 외부의 영향을 완충해주는 지방, 나아가 외부의 충격을 흘려넘기는 유연한 탄력이 있어 내부 구조를 보호한다. 아르마딜로나 거북이, 딱정벌레나 게처럼 단단한 외피를 두르고 내부를 지키려는 듯 진화한 종도 있다.

분리 능력을 흥미로운 방식으로 생존 전략에 활용하는 생물도 있다. 가장 유명한 사례가 도마뱀이다. 잘 알려진 대로 도마뱀은 위급하면 자기 꼬리를 잘라 미끼로 삼고 그 틈에 도망치는 자절(autonomy) 습성을 지니고 있다. 도마뱀 꼬리에는 탈리절이라는 부위가 있으며 피부에도 베인 듯한 자국이 있어서 꼬리를 쉽게 잘라낼 수 있다. 이 역시 몸속의 분리 구조를 발달시킨 변이다. 심지어 잘린 꼬리가 한동안 생명을 지닌 것처럼 움직여 미끼 역할을 할 뿐 아니라 잘린 자리에서 꼬리가 다시 자라나기까지 한다.

신체 내부 요소 사이에서도, 외부 환경과 신체 내부를 나누는 피부에서도 분리하는 생존 전략은 수많은 생물의 형질로 자연발생하고 있다.

그림 9-1 도마뱀 꼬리는 분리 가능하다

창조에서 찾아본 분리

생물의 분리적 진화와 마찬가지로 도구의 창조에서도 분리적 발상을 활용할 수 있다. 애초에 물건은 적절하게 분리하기만 해도 가치가 높아진다. 감자칩 봉지 속에 머리카락이나 벌레가 들어가 있으면 가치가 떨어지듯이, 특정 성분을 분리할 수 있어야 의미가 있다. 이는 폐기물을 재활용할 때도 마찬가지다. 소재별로 나누어져 있어야 자원으로서의 가치가 높다. 석유나 의약품도 불순물 없이 분리할 수 있는지가 중요하다. 즉, 여러 가지가 섞여 있는 원재료에서 특정 성분을 분리하면 가치가 생긴다.

분리하려면 '분리벽'이 있어야 한다. 인류는 계속 분리벽을 발명해왔다. 생활 속에서도 분리하기 위한 막 같은 도구를 수없이 사용하고 있다. 캡슐, 외장, 플라스틱 용기, 컵, 캔, 병, 냄비, 도시락, 서랍, 신발, 주머니, 붕대나 옷 같은 천, 커튼, 콘돔, 상수도와 하수도, 벽, 천장, 방 등 하나하나 열거하면 끝이 없다. 이러한 생활용품들은 모두 일종의 막이라고 할 수 있다. 우리는 수많은 소재로 만든 분리벽으로 여러 겹 싸여 있는 것이나 마찬가지다. 이 외에도 무료 회원과 유료 회원을 나누거나 재활용품 분리수거, 팀 대항전 같은 개념적인 분리도 쉽게 찾아볼 수 있다.

분리벽을 구성하는 소재나 구조를 발명하는 것뿐 아니라 부분적으로 막의 내외부를 연결하는 통로를 발명한 사례도 재미있다. 단추, 코르크, 병뚜껑, 신발 끈, 지퍼, 패킹, 열쇠, 문, 커튼 레일, 역침투막, 개찰구 등은 내부와 외부를 왕래할 수 있게 하는 통로라고 할 수 있다. 물리적인 막의 통로뿐 아니라 전기 스위치나 스팸메일 필터도 통로의 발명에 속한다. 판 초콜릿의 구분선, 보안용 설비 등 불가역성을 설계한 통로 디자인도 있다. 거름망, 침투막, 신장 투석기, 채반 같은 여과 장치 혹은 원심분리기처럼 특정 대상에서 일부를 거르듯 나누는 발명도 다수 있다. 넓은 의미에서 더러움을 분리하는 비누와 소독제 등도 분리적 변이에 해당한다. 지금까지 살펴본 분리 패턴은 창조에서 볼 수 있는 전형적인 변이의 하나다. 분리적 발상은 막과 통로라는 두 관점에서 생각해보면 떠올리기 쉬울 것이다.

지금부터 분리적 발명의 역사적인 사례를 몇 가지 소개하려 한다. 18세기 말, 나폴레옹 보나파르트는 군인들에게 식량을 보급하는 데 곤란을 겪고 있었다. 이에 상금을 걸어 시민들로부터 식품의 보존성을 높

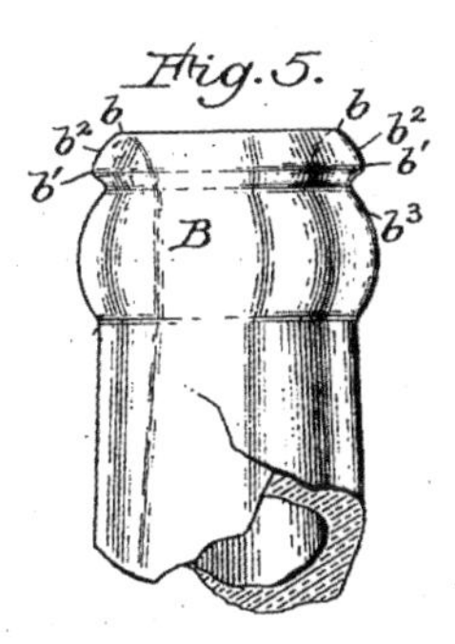

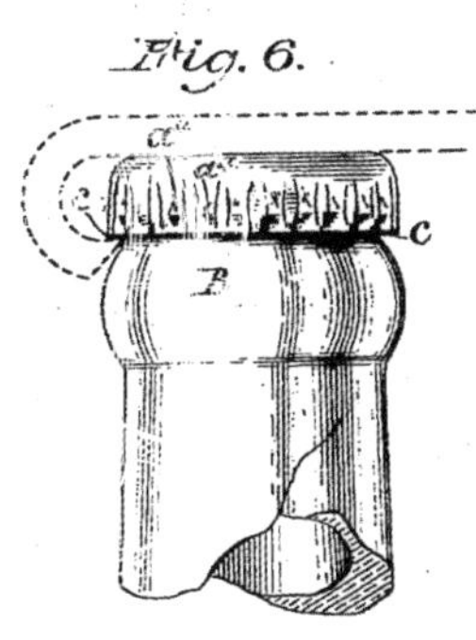

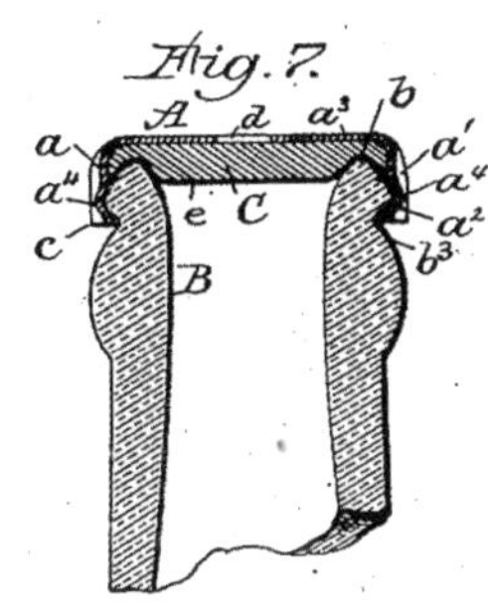

그림 9-2 병뚜껑 특허도

이는 방법을 공모받았다.

1804년, 제과 장인 니콜라 아페르가 여기에 지원해 가열 후 병조림으로 만드는 보존 방법을 제시했다. 이 역시 막의 발명에 해당한다. 1810년 영국에서 피터 듀란트는 아페르의 병조림을 개량해 금속 통조림을 발명했다. 병마개로 사용되던 코르크가 썩거나 기밀성이 낮아지는 문제를 해결하기 위해 1892년 윌리엄 페인터는 우리에게 익숙한 왕관 모양 병뚜껑을 발명했다. 영역은 다르지만, 이 또한 '막의 통로'를 개발한 사례다. 1968년 일본에서 세계 최초의 레토르트 식품인 본카레가 등장했다. 인류에게 병원균은 가장 큰 위협으로, 세균 때문에 음식이 상하지 않게 막는 일은 생명에 직결되는 과제였다. 식품을 장기 보존할 수 있게 해주는 기술은 식량을 최대한 활용하는 데도 도움이 된다. 식품 보존과 관련된 이러한 발명 역시 모두 막의 발명에 속한다.

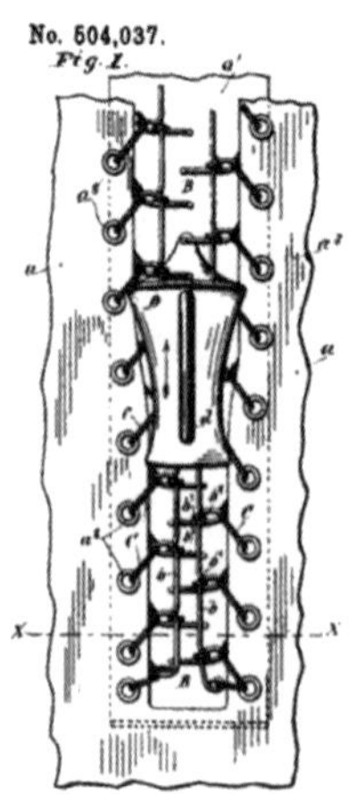

그림 9-3 지퍼 특허도

병뚜껑이 발명된 것과 거의 비슷한 시기에 휘트콤 저드슨은 한 가지 아이디어를 떠올렸다. 그는 신발 끈을 잘 묶지 못했는데, 온 세계 사람들이 이런 귀찮은 일에 매일같이 시간을 빼앗긴다는 사실이 우습게 느껴졌다. 간단하게 신발 끈을 묶을 수는 없을지 고민하던 저드슨은 수많은 시행착오 끝에 1893년 지퍼를 발명했다. 지퍼는 이후 신발뿐 아니라 다양한 의류에서 텐트, 잡화까지 다양한 산업으로 전파되어 인류의 생활을 바꿔놓았다. 지퍼 또한 막을 만들기 위한 통로의 발명이다.

분리막을 차용한 파우치

역사적 발명이라고 하면 너무 어렵게 느껴진다. 그러나 누구나 떠올릴 수 있는 일상 도구에도 분리적인 변이가 활용되고 있다.

캐니스터나 페인트통 같은 다양한 용기는 물론 지갑, 연필꽂이, 수납장 등도 분리하기 위한 막의 발명이 활용된 것이며, 떼어낼 수 있게 만

그림 9-4 서랍, 수납장, 상자, 구두, 옷 등을 분리하는 벽이 몇 겹이나 있다

든 가방이나 손잡이 탈착식 프라이팬, 원터치 카메라 거치대, 자석으로 붙이는 커넥터 등도 분리적 성질을 응용한 창조의 일종이다.

내 디자인도 하나 소개한다. 우리 회사는 창조적인 인간을 돕기 위한 아날로그 툴을 만드는 문구 브랜드 플로터(PLOTTER)의 통합 프로듀서를 맡고 있는데, 어느 날 사용하기 편한 메시 파우치를 디자인하기로 했다. 기존 파우치는 입구가 지퍼로 되어 있어 여닫기 귀찮은 면이 있었다. 여기에 착안해 휴대용 재떨이에 사용하는 바네 프레임을 활용해 손쉽게 여닫을 수 있는 메시 파우치를 고안했다. 지퍼형 파우치는 열어서 물건을 꺼내는데 5초 정도 걸리지만, 우리가 디자인한 파우치는 내부의 물건을 1초면 꺼낼 수 있었다. 한쪽 면만 메시 소재로 만들고 내

그림 9-5 플로터.
입구를 개량해 사용하기 쉬워진 플로터의 메시 파우치. 내부도 둘로 분리되어 있다

부를 이중으로 구성해 보여주고 싶은 물건과 아닌 물건을 나누어 수납할 수 있도록 설계했다. 이 두 가지 아이디어도 막과 통로 디자인이다. 발명이라고 할 만한 수준은 아니지만, 통로의 수정은 새로운 발상으로 연결되기 마련이다.

불가능을 분리하다

'정말 더 이상 나눌 수 없을까?' 하는 질문은 새로운 발견을 이끌어왔다. '빛을 더 이상 나눌 수 없을까?'를 생각한 사람도 있다. 새하얀 빛을 프리즘에 통과시키면 무지개가 발생한다는 사실은 모두 알 것이다. 이 현상은 고대부터 알려져 있었는데, 사람들은 하얀 빛에 색이 입혀져 무지갯색이 발생한다고 생각해왔다.

그러나 아이작 뉴턴은 전혀 다른 관점에서 이 현상을 마주했다. 뉴턴은 애초에 하얀 빛 속에 여러 가지 색이 포함되어 있으며 프리즘으로 빛이 분리되면서 무지갯빛이 보이는 것이라는 가설을 세웠다. 코페르니쿠스적 전환이란 바로 이런 발상을 가리킨다. 뉴턴은 프리즘으로 흰 빛을 무지갯빛으로 분리한 뒤 렌즈로 빛을 모아 하얀 빛으로 되돌리고 다시 한번 흰 빛에서 무지개를 만들어내는 우아한 실험을 통해 흰 빛 속에는 무수히 많은 색채의 빛이 녹아 있으며 수많은 색채의 빛을 모으면 하얘진다는 사실을 증명했다. 뉴턴의 발견으로 광학은 크게 발전했다.

물질을 어디까지 작게 나눌 수 있는지 고민한 이도 있다. 고대 그리스의 레우키포스와 데모크리토스는 물질을 더 이상 나눌 수 없을 만큼 작은 단위로 쪼개면 가장 마지막에 남는 것은 무엇일지 상상하다가 눈에 보이지 않을 정도로 작은, 더 이상 나눌 수 없는 입자가 될 것이라고 결론지었다. 더 이상 쪼갤 수 없을 정도로 작은 입자. 그리스어로 불가능은 '아(a)', 자르다는 '토모스(tomos)'라고 하는데, 이를 합쳐 '아톰(atom)', 즉 '원자'라는 개념을 제창했다. 이 선견지명은 일견 옳았다.

그러나 2300년 뒤, 우라늄의 성질을 연구하던 마리 퀴리와 피에르 퀴리 부부는 우라늄 원자에서 방사선이 방출된다는 가설에 이르며 원자마저도 더 작은 단위로 나눌 수 있을 것으로 추측했다. 분리 가능성을 향한 도전으로 과학은 거대한 진전을 이루어왔다.

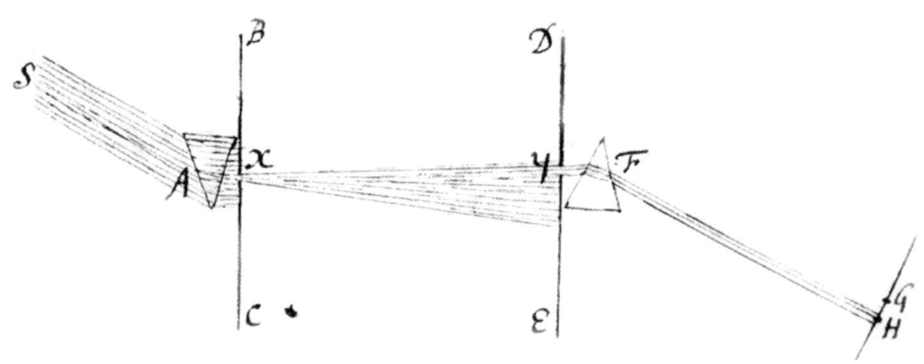

그림 9-6 뉴턴이 직접 그린 광학 실험 일러스트레이션.
뉴턴은 빛까지도 나눌 수 있다고 생각했다

그림 9-7 라듐선의 그림자.
라듐에서 라돈으로 붕괴하며 생긴 알파 입자가 그려낸 그림자. 예술작품 같다

뉴턴이나 데모크리토스, 퀴리 부부의 공통점은 다른 사람은 불가능하다고 생각한 대상마저 쪼갤 수 있다고 믿는, 상식에 연연하지 않는 마음가짐을 가졌다는 점이다. 선입견을 넘어서 할 수 있다고 믿는 사람만이 공기도 빛도 물질도 분리할 수 있다. 분리 가능성은 순도를 높이는 방법과 연결되며 대사를 촉진하는 데도 영향을 미쳤다. 이러한 탐구 역시 상식을 깨는 또 하나의 방법이다.

진화워크 12 — 분리(x를 ○○로 나눈다) 15분

분리한 모습을 상상해보자. 최대한 많이 나누어 생각해보면 x에 대한 이해도가 높아지고 다루기 쉬워진다. 'x는 나눌 수 없다'라는 선입견을 가지고 있지는 않은가? 어떻게 하면 더 분리할 수 있을까?
먼저 철저하게 해부해 내부를 살펴보자. 더 이상 분리할 수 없다고 생각되는 지점까지 분해했다면 다시 한번 나눌 방법이 없을지 고민해보자. 혹은 지금까지 분리할 때 사용한 방법을 더 효율적으로 바꿀 수 없을지 생각해보자.

1. 막의 분리
여태껏 나누어지지 않은 대상을 나누기 위해 어떤 막 속에 넣어보면 좋을까? 사용하던 용기에 문제가 있다면 이를 어떻게 해결할 수 있을까?

2. 통로의 분리
막 내부와 외부를 자주 오가야 한다면 그 통로는 어떤 구조로 만들어야 할까? 지금까지와 다른 방법으로 통로를 만들 수 있을까?

우연한 변이 8 역전逆轉

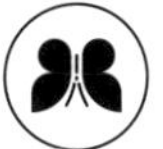

반대 상황을 생각하자

소프트뱅크의 창업자 손정의는 그의 탈모를 두고 놀리는 이에게 "머리카락이 후퇴하는 것이 아니라 내가 전진하고 있는 것이다"라는 명언을 남겼다.[29] 이 말은 엄청난 공감을 불러 일으켰다. 누구에게도 상처 주지 않으면서 역전적인 발상으로 비방을 감동으로 바꾸다니, 역시 대단하다.

언어에는 역전이나 부정의 성질이 있어 정반대 의미로 이해하게 할 수 있다. 일상적인 대화 속에서도 상대방의 인식을 부정하며 고치려 하거나 변명하거나 반어적 표현을 강조하기도 한다. 이렇듯 부정과 역전의 표현은 언어 속에서 비교적 중요한 위치를 차지하며 의사소통을 다채롭게 한다. 플러스마이너스, 상하, 좌우, 남녀, 흑백, 빈부, 행복과 불행 등 수많은 단어에는 반대 의미를 가진 단어가 존재하며, 그 중간은 모호하다. 실제로는 둘 사이에 애매한 회색 지대가 있을지라도 인간은 언어적 성질에 끌려가기 마련이라 흑인지 백인지 분명히 구분해 세계를 둘로 나누고 만물을 단순화한다. 모호함을 배제하면 편중된 관점을 갖기 쉬워지는데 이는 여러 가지 사회 문제를 일으키기도 한다. 언어는 만능이 아닌 만큼 변이의 사고를 갈고닦으며 중용을 추구하는 유연함으로 만물을 바라봐야 한다.

생물의 진화에서 찾아본 역전

생물의 진화에서도 역전은 빈번하게 일어난다. 변이를 담당하는 DNA도 언어와 마찬가지로 반의어 표현이 가능해 역전적인 에러를 발생시키는 기폭제가 있다. 예를 들어, 6명 중 1명은 왼손잡이로 좌우가 역전되고, 13명 중 1명은 LGBT(성적 소수자)로 성인지가 역전되며,[30] 2만2000명 중 1명은 좌우바뀜증, 즉 몸 안의 모든 장기가 거울에 비치듯 좌우 반전된 상태로 태어난다.[31] 이러한 반전은 특별한 일이라기보다는 그저 일정한 확률로 나타나는 현상일 뿐이며, 진화를 풍부하게 하는 다양성의 일부이기도 하다. 역전하는 성질 역시 인간의 DNA 자체에 이미 내포돼 있다고 할 수 있다.

진화상의 생존 전략에서도 역전적 발상을 통해 성공적으로 적응한 생물이 여럿 있다. 널리 알려진 사례로는 위아래를 역전시켜 거꾸로 매달려 사는 박쥐와 나무늘보 같은 종을 들 수 있다. 이들은 언제부터인가 우리와는 정반대 방향으로 중력에 적응했다. 계속 매달려 있으면 머리로 피가 쏠리지는 않는지 신기하지만, 이는 우리가 고정관념에 얽매여 있어서 드는 생각일 뿐이다. 이들의 혈관에는 역류를 방지하는 밸브가 있어 거꾸로 생활하는 것이 무척 자연스러운 일이다. 박쥐나 나무늘보는 반대로 '저 녀석들, 불안정하게 두 다리로 잘도 서 있네' 하고 생각할지도 모른다.

역전적 변이 사례 중에는 조금 특이한 경우도 있다. 이름만 들어도 깊은 사연이 있는 듯한 패러독스 개구리라는 이름의 개구리를 보자. 패러독스 개구리는 올챙이 시절에는 크기가 무척이나 큰데, 성체 개구리가 되는 순간 올챙이 때보다 작아져버린다. 새끼보다 어른이 크다고 단정 지을 수 없는 것이다.

해마 중에는 한번에 2000마리 정도 새끼를 낳는 종도 있다. 엄청난 숫자 자체도 흥미롭지만, 여기에서 더욱 흥미진진한 부분은 암컷이 아닌 수컷이 출산한다는 점이다. 수컷 해마의 몸에는 육아 주머니라는 부위가 있는데, 암컷은 여기에 알을 낳는다. 몇 주 지나면 수컷 해마가 몸

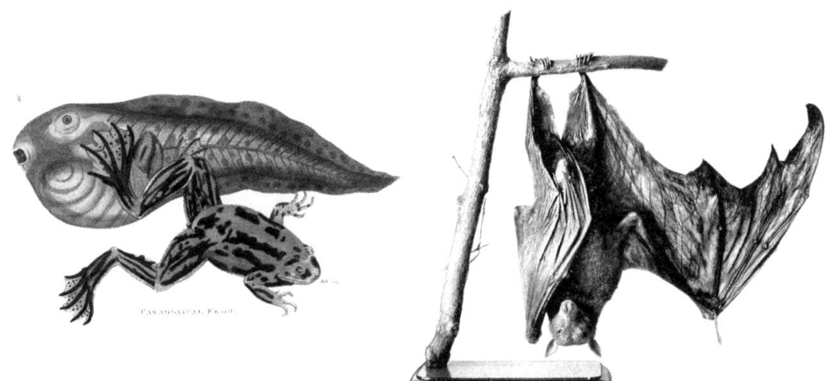

그림 10-1 부모와 자식의 크기가 역전된 패러독스 개구리

그림 10-2 거꾸로 매달려 지내는 큰박쥐

속에서 새끼를 키워 낳기에 이른다. 즉, 해마에게는 출산도 육아도 수컷이 할 일이다. 무척 훌륭한 '육아남'이라고 할 수 있다.

또 한 가지 재미있는 사례가 있다. 2017년 이그노벨상 수상에 빛나는 일본의 연구로, 네오트로글라라는 곤충의 생태를 탐구한 것이다. 다듬이벌레의 일종인 네오트로글라는 암컷에게 돌기가 붙어 있는데 이를 수컷의 생식기에 삽입해 수정한다. 공동 연구자인 요시자와 가즈노리는 "'여자에게 고추가 달려 있다'라는, 어린이도 쉽게 이해할 수 있는 놀라움이 담긴 솔직하고 재미있는 연구다. 성에 대한 우리의 인식을 환기하고 진화나 성의 선택이라는 연구에서도 중요한 의미가 있다"라고 설명했다. 세상은 정말 넓다. 위아래가 뒤집히거나 좌우가 바뀌거나 요철이 거꾸로 되거나 색이 반전되는 등 역전적 변이를 이룬 생물은 수없이 많다.

한편, 어디까지나 우리 인간의 시점일 뿐이지만 반대로 진화한 것처럼 보이는 종도 있다. '○○가 아닌 x', '○○로 돌아간 x', '○○가 반대로 된 x'라고 표현할 수 있는, 상황이 역전된 것처럼 보이는 종의 이야기다. 몇 가지 사례를 살펴보자.

말이나 고양이와 가까운 포유류이지만 땅 위에 서지 않고 나뭇가지나 천장에 거꾸로 매달려 있는 박쥐는 '땅에 살지 않는, 거꾸로 매달려 있는 고양이(박쥐는 새, 쥐보다 개, 고양이, 말 등에 더 가까운 종이다)'로 흐름을 거스른 종이라고 할 수 있다. 하마의 친구로부터 파생되었으나 바다를 헤엄치는 고래는 과거 물고기가 육지로 올라온 진화를 이어받았지만 다시 바다로 돌아갔다는 의미에서 '바다로 돌아간 하마'라고 할 수 있다. 고대인들은 고래는 물고기, 박쥐는 새라고 생각했다. 참고로 고래가 포유류라는 사실을 지적한 사람은 아리스토텔레스다. 역시 아리스토텔레스다. 고래를 물고기와 분리해 이해하고 그 생태의 본질을 꿰뚫어 보는 것은 고정관념에 붙들려 있다면 쉽지 않은 일이다. '혹시 반대는 아닐까?' 하고 편견에서 벗어나려는 습관이 우발적 발견을 일으킨다.

창조에서 찾아본 역전

'역전의 발상'은 창조적인 아이디어를 만드는 기본적인 방법 중 하나다. 역전은 말 그대로 상식을 뒤집는 데서 시작한다. 지금까지와는 정반대 방향에서 사물을 보는 관점은 도구를 발전시켜왔다. 역전적 발상을 습관화하려면 물리적 역전, 의미적 역전, 관계적 역전 등으로 나누어 생각해보면 좋다.

역전 1 물리적 역전

상하, 좌우, 전후, 안팎, 요철, 보색, 이동 방향 등 물리적인 역전에서 비

변이 ▼
변량
의태
소실
증식
이동
교환
분리
역전
융합

릇된 발상은 셀 수 없이 많다. 가위, 기타 등 왼손잡이 전용 도구는 거울처럼 좌우 반전을 활용한다. 박쥐같이 와인 잔이나 프라이팬을 거꾸로 보관할 수 있는 수납장도 있다. 누구나 옷장 속에 겉과 속을 뒤집어 입을 수 있는 리버서블 의류가 하나쯤 있을 것이다.

이러한 단순한 발상은 사회에 커다란 영향을 주기도 한다. 카메라 뷰파인더는 촬영하는 사람 앞에 있는 피사체를 찍기 위해 붙어 있는데 스마트폰 등에 부착된 카메라는 그 관계를 역전시켜 촬영자를 피사체로 하여 화면에서 볼 수 있게 만들었다. 이런 발상의 전환은 의사소통 방식을 극적으로 바꾸었다. 바로 셀카와 화상전화의 등장이다. 이러한 역전적 발상 덕분에 우리는 화상전화로 세계 곳곳의 사람과 얼굴을 마주하고 대화할 수 있게 됐다.

인간이 아닌 건물 일부를 움직이게 한 엘리베이터나 에스컬레이터는 건물 안에서 이동하는 방식부터 거리의 풍경까지 바꿔 놓았다. 엘리샤 오티스는 1852년 최초로 안전하게 탈 수 있는 엘리베이터를 개발했다. 그가

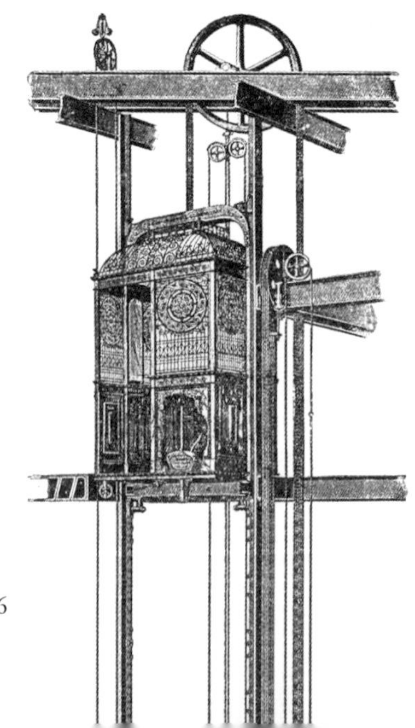

그림 10-3 오티스의 엘리베이터 기능을 설명한 일러스트

창업한 오티스(OTIS)는 세계 최대 엘리베이터 회사가 되었다. 엘리베이터가 발명되면서 건축물은 수직으로 높아졌다. 큰 건물을 만들려면 수평으로 넓어질 수밖에 없다는 고정관념에서 우리를 해방시켰다. 고층 빌딩이 늘어서면서 도시의 풍경은 확 바뀌었다. 엘리베이터의 출현 덕분에 탄생한 초고층 빌딩 역시 어떤 의미에서는 도시의 모습을 수평에서 수직으로 역전시킨 발상의 결과물이다.

시간을 역전하는 종류의 창조도 있다. 곧바로 떠오르는 것이 비디오의 되감기 기능이다. 미래가 기대되는 기술도 하나 소개하겠다. 유리는 한번 깨지면 원래대로 되돌릴 수 없는데 너무 쉽게 깨져 매년 막대한 양의 유리 폐기물이 배출된다. 만약 깨진 유리가 다시 붙는다면 어떨까? 이런 꿈 같은 유리를 개발한 이들이 있다. 도쿄대학교 아이다 다쿠조 교수팀은 2017년 스스로 치유하는 유리 소재를 개발했다. '폴리에테르 티오 요소'로 만든 유리는 깨진 뒤 1시간에서 6시간 정도 눌러두면 저절로 복구되어 이전 같은 강도로 돌아간다. 피부의 상처가 재생되는 것과 유사하다. 스스로 복구되는 소재가 상용화된다면 건물이나 도구의 사용 연수를 비약적으로 늘릴 수 있을 것이다.

역전 2 의미적 역전

대부분의 언어에는 반의어가 있으며, 반대 의미에서 새로운 발상이 나타나기도 한다. 이미 온 세계에 퍼져 있는 개념을 역전시켜보면 발상의 대조가 두드러진다. 예를 들어보자.

수많은 학교에서 푸른색 칠판을 사용해왔는데, 칠판의 불편함을 해소하기 위해 색을 반전시킨 '화이트보드'가 발명됐다. 조명 기술이 발달하면서 '블랙 라이트'라는 밝지 않은 빛이 등장했다. 자외선을 방출하는 블랙라이트는 형광염료와 조합해 노래방 인테리어에 사용하거나 바이러스 살균, UV 경화 수지 접착에 사용되는 등 여러 방면에서 활용되고 있다.

물속에 잠긴 배 '잠수함'은 전쟁 전략과 안보의 패러다임을 바꿨다. '패스트푸드'가 전 세계를 휩쓴 거대 산업으로 자리 잡으면서 이에 대한 반동으로 '슬로푸드'라는 개념이 나타났다. 읽을 수 없는 문자인 '암호'가 확립되면서 적에게 들키지 않고 같은 편에게 정보를 전달할 수 있게 되었을 뿐 아니라 인터넷 보안이나 암호화폐 기술에도 응용되는 등 정보화 사회를 지지하는 중요한 인프라로 발전했다. 무수히 많은 역

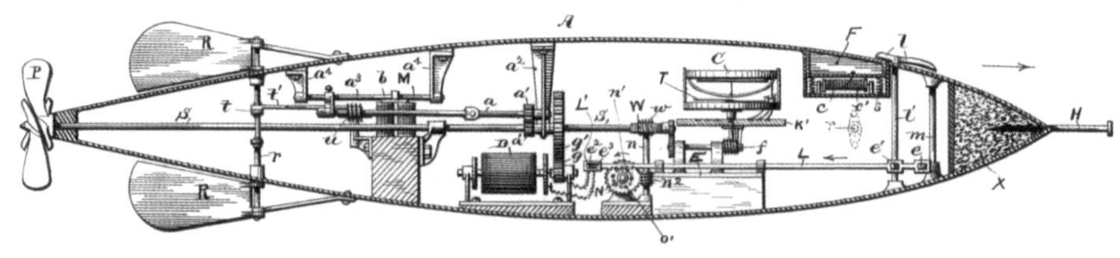

그림 10-4 최초의 잠수함 특허도. 이미 물속에 잠긴 배라는 역전의 발상이 돋보인다

전의 발상이 몇 번이고 세계를 변화시켰다. 물론 이렇게 거창한 발명을 예로 들지 않더라도 역전의 발상은 어디에서나 유용하다.

나는 '처음부터 찢긴 포스터'를 디자인한 적이 있다. 가면을 쓴 모습이 담긴 첫 번째 장을 일부러 찢어서 두 번째 장의 얼굴이 드러나게 한 단순한 구조다. 이 디자인은 미야기 사토시가 이끄는 SPAC가 중심이 되어 시즈오카에서 꾸준히 열고 있는 〈후지노쿠니⇄세계연극제〉의 브랜딩에 사용되었는데, 연극의 본질은 가면 뒷면의 인간성이라는 뜻을 표현하려는 의도였다. 찢어낸 종이는 버리지 않고 깃발처럼 만들어 연극제 회장을 꾸몄다. 포스터는 좋은 평가를 받아 세계적인 로고 디자인 콘테스트 'WOLDA'의 아이덴티티 부문 그랑프리에 선정됐다.

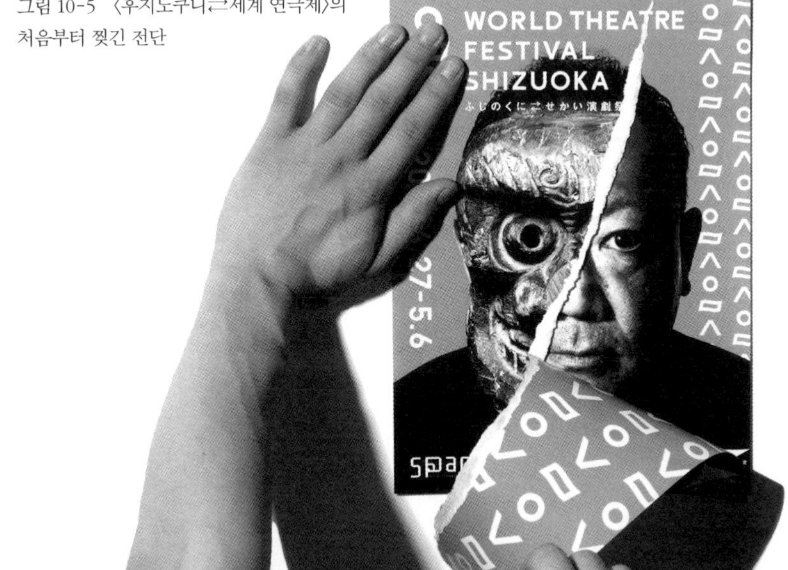

그림 10-5 〈후지노쿠니⇄세계 연극제〉의 처음부터 찢긴 전단

역전 3 관계적 역전

일이 잘 진행되지 않더라도 포기하기엔 이르다. 잘 풀리지 않았다는 사실 또한 역전의 발상을 활용해 풀어 나갈 수 있다. 어느 날, 게오르크 헤베시는 저명한 과학자인 어니스트 러더포드로부터 방사성 물질 라듐이 포함된 것으로 추측되는 납덩이를 건네받으며 그 안의 라듐D를 분리해달라는 부탁을 받았다. 그러나 어떤 방법을 써도 라듐D를 분리할 수 없었다. 그도 그럴 것이 사실 이 물질은 현재 납의 동위원소 210Pb로 알려진 방사성 물질이었다. "이래서야 원, 쉽지 않구먼." 여기에서 헤베시는 역전의 발상을 떠올렸다. 납과 라듐D를 분리할 수 없다면, 반대로 일반적인 납에 라듐D로 표식을 남길 수 있지 않을까? 이는 곧 방사성 동위원소를 추적의 표지로 활용하는 방법으로 발전해 과학을 크게 진전시켰다.

알베르트 아인슈타인은 아무리 해도 계산이 맞지 않는 공식에서 작은 모순을 발견해 공간과 시간이 절대적이라는 고정관념을 깨고, 빛의 속도만 절대적일 뿐 공간이나 시간은 상대적이라는 사실을 밝혀냈다. 이러한 역전의 발상으로 그는 특수상대성 이론을 정립했다.

우리가 믿는 것은 절대적일까? 반대로 생각해볼 수도 있지 않을까? 헤베시와 아인슈타인은 역전의 발상으로 과학의 진보에 기여했다. 입장이 역전되고 시간 축이 역전되는 등 관계성의 역전을 통해 발견된 수많은 사실은 여러 사례에서 알 수 있듯 역사에 또렷이 새겨져 있다.

역전 4 환경 위험의 역전

생태계 붕괴에 직면한 인류가 현재 역전적 발상을 가장 집중해야 할 분야는 바로 자원이다. 생태계에 가해지는 부담을 최소화하도록 폭넓은 영역에서 창조성을 발휘해야 한다. 우리가 매일 버리는 쓰레기에는 아무런 가치가 없을까? 쓰레기를 자원화하는 업사이클링이나 물건을 고쳐서 쓰는 등 역전적 발상으로 쓰레기에 가치를 부여해 다시 활용하는 시스템을 구축하기 위해서는 많은 고민이 필요해 보인다.

여러 소재의 업사이클링 중 특히 버려진 전자기기나 가전제품 전자 폐기물은 '도시 광산'이라고도 불리는데, 여기에 금이나 희귀 금속이 다수 포함되어 있어서 이런 이름이 붙은 듯하다. 이들 희귀 금속을 모두 회수한다면 무척이나 유용할 테지만 물건을 만들 때 여러 재료가 복합적으로 사용되는 만큼 '전자 쓰레기 더미'에서 가치 있는 물질을 추출하기란 쉽지 않다. 이런 이유로 아직 본격화되지는 않았지만 앞으로 크게 기대되는 분야임에는 틀림없다.

도시 광산이라는 역전적 개념을 처음 제시한 이는 전설적인 만화가 데즈카 오사무다. 그가 〈우주소년 아톰〉의 속편으로 1976년 그린 〈아톰 현재와 과거〉[32)]에 도시 광산 콘셉트의 초안이 담겨 있다. 당시 그의 만화를 좋아했던 아이들이 어른이 되어 이러한 사업을 실현하고 있다고 생각하니 가슴이 뜨거워진다. 발상은 누군가에게 영감을 주고 시대를 뛰어넘으며 계승되어 언젠가 사회를 반전시키기에 이른다. 이미 한계를 돌파한 것으로 보이는 생태계의 위기 상황을 마주하며 우리가 역전의 신화를 그려낼 수는 없을까?

방사성폐기물 처리장을 설득하라

내가 참여한 역전적 발상 사례를 하나 소개한다. 상당히 무겁고 어려운 과제였다. 진화사고를 바탕으로 일본에 방사성폐기물 최종처리장을 짓기 위해 주민들의 동의를 받기 위한 콘셉트 안을 마련해달라는 의뢰였다.

원자력발전소에서 나오는 방사성폐기물은 매우 위험하지만 마땅히 보관할 곳이 없어 세계 각국에서 심각한 문제가 되고 있다. 쉽게 말해, '화장실 없는 아파트'에 비유할 수 있다. 일본의 경우, 방사성폐기물 최종처리장을 건립하기 위해 전기요금의 일부를 적립해 만든 자금이 이미 1조 엔(약 10조 원)을 넘어섰다. 그러나 문제는 간단하지 않다. 최종처리장을 건립하려면 지역 주민의 동의가 필요한데, 이런 지역을 찾기 어려웠다. 2011년 후쿠시마 원전 사고로 인해 원자력 정책에 대한 국민의 신뢰가 무너져 설명회에 수많은 반대파가 방문하기도 했다. 당장 원자력발전을 모두 중단하더라도 언젠가는 반드시 방사성폐기물을 최종 처리해야 한다. 더군다나 방사성폐기물은 수만 년 넘는 시간 동안 안전하게 격리해야만 한다. 내가 이런 어려운 문제에 관여하게 되리라고는 전혀 생각해보지 않았지만, 머리를 짜내 제안서를 완성했다.

방사성폐기물 최종처리장의 디자인 전략을 요약하면 아래와 같다.

1. 방사성폐기물 관리 정책을 원자력발전 정책에서 분리한다(변이/분리)

일본 원자력발전환경정비기구(NUMO)와 원자력환경정비촉진·자금관리센터(RWMFRC)의 명칭에 사용하는 '원자력발전환경정비'를 '방사성폐기물안전관리'로 바꿔 원자력 추진이라는 개념을 역전시키고 정책적으로도 분리한다. 일본에 전기가 들어온 지 200년도 되지 않았는데 이런 큰 변화를 맞은 것처럼 수만 년 뒤 인류가 지금처럼 원자력발전에 기대고 있지 않을 수도 있으니 정책적으로 분리할 필요가 있다.

2. 후쿠시마 사고에 대해 반성하고 배운다(선택/계통)

후쿠시마 원전 사고의 원인 및 진상을 있는 그대로 공개하고 실패에서 배워야 한다. 안전 신화가 붕괴된 만큼 실패를 반성하고 앞으로의 안전에 대해 배우는 일은 합의를 형성하는 데 있어 매우 중요하다.

3. 최종처리장 건설로 지금보다도 훨씬 안전해질 수 있음을 전달한다(선택/생태)

최종처리장이 완성되면 핵폐기물의 위험성이 지금보다 낮아진다. 일본 각지의 원전에는 이미 해발 0미터까지 가득 찬 사용후핵연료 저장시설이 있으며, 여기에 엄청난 양의 사용후핵연료가 쌓여 있다. 후쿠시마 원전 사고로 증명됐듯 현재 상황에 머무르는 것은 위험하기 그지없다. 최종처리장 지하 300미터, 땅속 깊은 지층에 방사성폐기물을 묻으면 국가의 안전성이 훨씬 높아질 것이라는 사실에 집중한다.

4. 희망의 언덕을 조성한다(변이/역전)

방사성폐기물 최종처리장을 재생가능에너지 정책에서 가장 중요한 투자 거점으로 '역전'시킨다. 다시 말해, 인류에게 '희망의 언덕'으로 여겨지게 한다. 원자력 정책을 추진하기보다 재생가능에너지에 집중하자는 반대 의견이 당연히 나올 것이다. 후쿠시마의 아픔을 겪은 일본이 급성장한 재생가능에너지 산업으로 전환하지 못한 채 뒤처지고 있는 상황은 무척 안타깝지만, 수조 엔의 예산이 들어가는 방사성폐기물 최종처리장 정책을 제대로 추진한다면 지구의 미래는 보다 희망적일 것이다.

5. 세계 최대의 방사선 측정기(변이/변량·의태)

방사성폐기물 최종처리장의 굴에서 파낸 수많은 흙 주머니로 1제곱킬로미터 단위의 초대형 태양광발전소로 조성하고(변이/이동) 세계 최대의 발광하는 방사선 측정기 하이퍼 가이거(HYPER GEIGER)를 만든다. 이를 안전성을 알리는 성지로 만들어 수 킬로미터 밖에서 관광할 수 있

그림 10-6 HYPER GEIGER
1제곱킬로미터 단위의 대규모 태양광발전소 겸 방사선 측정기. 바람의 흐름을 시각화했다

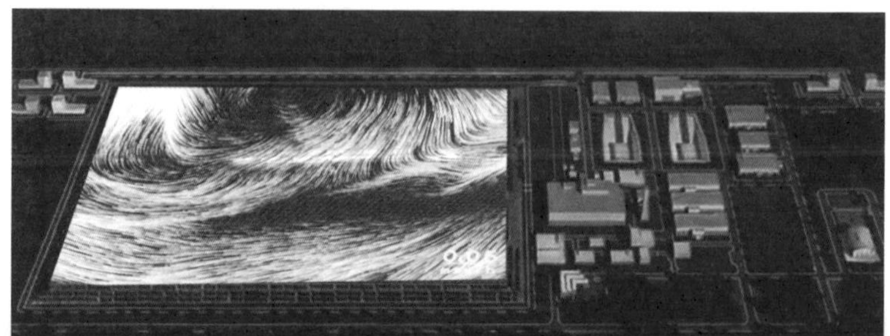

는 시설을 마련하고 과학 커뮤니케이션을 진행한다. 해당 시설의 운영이 종료될 때까지 전 세계적인 관심을 끌어낼 수 있을 것이다.

6. 수만 년 후 미래를 진지하게 고민하는 환경

수만 년 뒤 지구를 지배하는 생명체는 지금과 전혀 다른 지적 생명체일 수도 있고, 지금의 언어가 더이상 통하지 않을지도 모른다. 이러한 전제하에 어떤 상황에서도 미래 지적 생명체의 안전을 확보할 수 있는 방법을 미래학적으로 논의·검토할 환경을 만든다.

여러 기관과 협력한 끝에 이러한 내용을 담은 제안서를 완성했다. 원자력 정책과 재생가능에너지 정책이 대척점에 있다고 생각하는 이들에게 이러한 발상이 새로운 희망이 되리라 기대한다. 여러 이해관계가 얽혀 있는 만큼 이대로 진행될지는 모르겠지만, 일본 혹은 세계 어딘가에서 추진되어 방사성폐기물의 안전관리를 실현하고 막대한 자금이 지속가능한 사회 변화를 가속하는 계기로 쓰이는 데 일조하길 바란다.

진화워크 13 — 역전(○○가 아닌 x) 15분

당연하게 여기던 대상을 의심하며 정반대 상황을 연상해보자. 상하, 좌우, 안팎 등 물리적으로 역전시켜보거나 명암, 아군과 적군 등 정반대 의미로 만들면 어떤 결과가 나타날까? 과격한 발상도 대환영이다. 되도록 많이 떠올려보자. '○○가 아닌 x', '역x' 등의 단어를 사용해 역전적으로 발상해보자.

우연한 변이 9 융합融合

의외의 물건과 조합하자

말실수 중에는 저도 모르게 사족을 붙이게 되는 패턴이 있다. 여자 친구의 생일을 맞아 큰마음 먹고 불가리(BVLGARI) 액세서리를 선물하면서 "네가 좋아하는 불가리스야" 하고 말하면 생일 선물로 요구르트를 주는 남자친구가 되어버린다. 롯폰기 미드타운에 가자며 "롯폰기 미드나이트 타운에 가자!" 하고 무심코 말하면 선글라스를 쓴 수상한 남자 셋이 어둠을 가르며 아스팔트 위를 질주하는 모습이 머릿속에 떠오른다.

이렇듯 더하는 형태의 에러는 역설적으로 여러 가지 물건에 이름을 붙일 때 응용되기도 한다. 우리가 일상생활에서 익숙하게 사용하는 카레+우동, 그림+책, 화장+대, 비닐+봉지, 웹(WEB)+카메라, 인터넷+쇼핑 같은 단어는 언어에 내재된 더하기 성질을 통해 만들어졌다. 언어뿐만 아니라 수학이나 음악, 프로그래밍에 이르기까지 모든 언어에는 융합적 성질이 있다. 이 성질에 따라 우발적인 개념을 융합해보자. 이런 방식으로 지금도 계속해서 완전히 새로운 콘셉트가 만들어지고 있다.

생물의 진화에서 찾아본 융합

생물도 더하기 진화를 반복적으로 일으키고 있다. 특히 원시 생물의 진화는 더하기 현상과 깊이 연관되어 있다. 인간을 포함한 모든 진핵생물의 세포 속에는 미토콘드리아라는 기관이 있다. 인간에게는 37조 개에 달하는 세포가 있는데, 이 세포 하나하나에 300~400개의 미토콘드리아가 들어있다. 미토콘드리아는 세포가 에너지를 만드는 데 중요한 역할을 한다. 그런데 미토콘드리아는 우리와 구분되는 고세균이었다. 미토콘드리아는 산소와 영양분에서 ATP라고 불리는 에너지원을 효율적으로 만드는 능력을 지니고 있는데, 20억 년보다 훨씬 이전에 진핵생물이 탄생하는 과정에 이 기능이 공생 관계에 의해 그대로 세포 속으로 들어왔다고 여겨진다. 그 증거로 미토콘드리아에는 우리와 전혀 다른 DNA가 들어 있다. 어떻게 보면 무척 섬뜩한 이야기이지만, 우리 몸 속

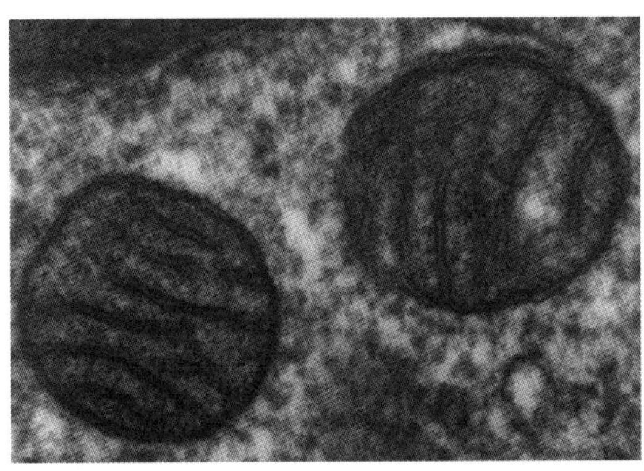

그림 11-1 진핵생물의 세포에는 고대 생물인 미토콘드리아가 대량 살고 있다

에는 1경 마리의 고대 생물이 살고 있는 셈이다.

우리 몸과 공생하고 있는 것은 미토콘드리아만이 아니다. 우리 몸 속 내장이나 피부에 사는 세균총도 그중 하나다. 우리 장에는 약 1000 종류, 100조 개 정도의 장내 세균이 살고 있다. 우리는 이런 세균 덕분에 음식을 소화할 수 있다. 또한 미생물과의 공생 덕분에 우리는 외부의 적으로부터 몸을 지킬 수 있다. 이외에도 구강 세포, 피부 상재균, 기생충 등 인간은 도대체 몇 경 마리의 생물이 합쳐져 이루어진 것일까. 이렇듯 진화 과정에서는 생물끼리 어우러지는 현상을 어렵지 않게 찾을 수 있다. 산호가 딱 여기에 해당한다. 산호는 체내에 자그마한 해초를 받아들여 그 해초를 보호하며 키운다. 이 과정에서 산호는 해초로부터 영양분과 산소를 전달받는다. 산호에게 해초는 자기 자신과 불가분의 존재로 융합되어 있는 것이다.

융합은 DNA 내에서도 일어난다. 1940년대 미생물이 유전자의 수평 전파에 의해 교환되고 있다는 사실이 발견됐다. 처음에는 이러한 융합적 변이가 드물게 발생한다고 생각했으나 1990년대 DNA 분석 기술이 발전하면서 미생물 간의 DNA 교환이 빈번하게 이뤄진다는 사실이 확인됐다. 그 결과, 복수의 생물 유래 형질을 동시에 지닌 개체가 태어나기도 했다.

생물이 지닌 수많은 융합적인 성질을 통해 발전한 기술 중에 접붙이기가 있다. 어떤 식물을 절단해 그 단면을 다른 식물에 붙이면 두 식물이 점차 융합해 하나의 식물 개체가 된다. 예를 들어, 신품종 과일나무

등을 늘리려 할 때, 생식에만 기대면 유전자가 고정되지 않고 계속 변화하기 때문에 융합적인 성질을 이용한 접붙이기가 행해진다.

창조에서 찾아본 융합

창조에서도 융합적 변이가 자주 나타난다. 생물의 진화보다 창조에서 융합하는 것이 훨씬 쉽다. 역사상 모든 창조는 융합형 사고와 연관되어 있다고 해도 과언이 아니다.

진화와 창조를 둘러싼 융합적 성질의 차이를 '개 인간'을 예로 들어 살펴보자. 생물학적으로는 인간을 개와 교배하더라도 개 인간은 태어나지 않는다. 유전적 거리가 멀면 교배 성공률이 떨어지기 때문이다. 그러나 창조에서는 마치 늑대인간처럼 개 인간을 상상할 수 있다. 창조에는 융합의 제약이 존재하지 않기 때문이다.

우리는 무의식적으로 여러 대상을 더한다. 이런 상상은 새로운 창조로 이어진다. 우리 주변에는 융합적 사고로 발명된 도구가 셀 수 없이 있다. 카레우동, 활과 화살, 페트병, 수륙양용차, 맥가이버 칼, 카메라가 달린 휴대전화, 일회용 카메라, 슈크림, 전기담요, 사다리차, 휠체어, 전기자전거, 합금, 블렌디드 위스키 등 하나하나 떠올리다 보면 책 한 권을 다 채울 만큼 예술, 발명, 전통 등 폭넓은 창조의 영역에서 융합적 사고의 콘셉트를 끝없이 찾아볼 수 있다.

초석 6, 목탄 5, 유황 5. 이것만 있으면 천둥과 번개를 만들 수 있다.

— 로저 베이컨[33)]

베이컨은 1242년 화약의 합성 방법을 위와 같이 설명했다. 우리는 눈에 보이는 도구 자체의 결합뿐 아니라 재료의 융합을 통한 다양한 발명으로도 세상을 바꿔왔다. 새로운 소재가 발견·발명되면 자연적으로 그와 연관된 무수한 융합적 변이가 나타난다. 노벨이 발명한 다이너마이트는 남동생이 나이트로글리세린 폭발로 명을 달리한 사건에 슬퍼하며 안전한 폭발물을 연구하다가 나이트로글리세린과 규조토를 융합해 만들어낸 것이다. 아이러니하게도 이 융합적 발명은 군사 용도로 사용돼 전쟁에서 수많은 이의 목숨을 빼앗았다. 뜻밖에 엄청난 부를 쌓았지만 '죽음의 상인'이라는 오명으로 가슴앓이를 했던 노벨의 유언으로 노벨상이 제정된다.

이렇듯 융합적 발명은 소재와 시스템 등 기본적인 요소가 발명되면 도미노가 쓰러지듯 연쇄적으로 발생한다. 노벨의 다이너마이트도 그렇지만 모터, 바퀴, 배터리, 엔진, 디스플레이 같은 범용성 상품이 개발되면 이를 내재화한 발명들이 눈 깜짝할 사이에 쏟아지는 등 융합적 발명의 사례는 역사 속에서 수없이 찾아볼 수 있다.

1885년 고틀리프 다임러와 빌헬름 마이바흐는 가솔린 엔진의 전신격인 되는 물건의 특허를 냈다. 그뿐만 아니라 이 엔진을 이륜차와 역마차는 물론 소형 선박에까지 적용해 한순간에 모든 운송 수단을 바꾼 개척자가 되었다. 당시 다임러와 마이바흐는 무작정 닥치는 대로 여기저기에 엔진을 더해봤다. 1926년 칼 벤츠의 회사와 합병한 뒤, 그들이 만들어낸 기술이 사회에 얼마나 큰 영향을 주었는지는 도로를 보면 알 수 있다. 현재는 엔진 대신 배터리나 모터, CPU와의 융합이 폭넓은 영역에서 급속도로 이루어지고 있다.

융합을 향한 도전은 새로운 학문 영역을 개척하기도 한다. 1929년 독일의 젊은 의사인 베르너 포르스만은 혈관에 가는 관을 넣어 심장에 접근하는 방법을 떠올렸다. 물론 이런 위험한 인체 실험은 누구에게도 허락되지 않았다. 할 수 없이 그는 직접 자기 팔을 절개해 혈관에 카테터를 넣어 심장에 도달한 상태를 엑스레이 사진으로 찍어 발표했다. 목숨을 건 위험한 융합이었다. 수많은 사람의 목숨을 구해낸 용감한 도전

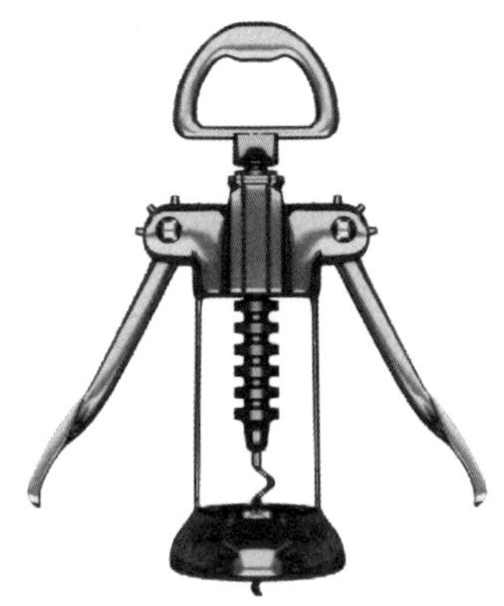

그림 11-2 와인 오프너+병따개

그림 11-3 카레+우동

이었지만 그는 위험인물로 간주되어 대학에서 해임됐다. 이 위험한 도전은 10년이 넘는 시간이 흐른 뒤 재평가되어 포르스만은 1956년 노벨 생리의학상을 수상했다.

DNA의 구조를 발견한 제임스 왓슨과 프란시스 크릭의 경우, 이들의 공동 연구 방식 자체가 융합적이다. 왓슨은 생물학자, 크릭은 생리학자로 각자의 위치를 지키면서 서로의 영역을 융합하며 진리를 탐구한 결과, 오늘날 우리가 알고 있는 생명의 코드를 풀어냈다. 이처럼 학제 간 융합은 연구를 가속시키기도 한다.

학문이나 기술의 융합을 향한 도전은 때로 세계를 바꾸기도 한다. 조지프 슘페터는 이러한 콘셉트를 가리켜 '새로운 결합'이라고 부르며 경제 발전에서 빠질 수 없는 현상이라고 단정했다. 이후 그는 이 현상을 '이노베이션'이라고 명명하며 이노베이션의 아버지가 되었다.

그림 11-4 Xiaomi Corporation 모터+킥보드

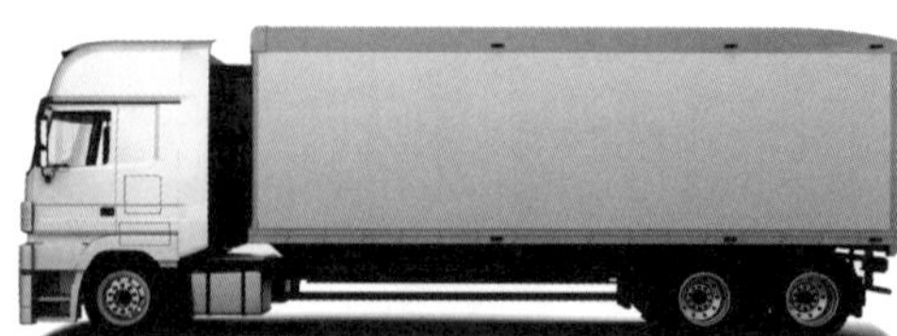

그림 11-5 자동차+창고

이노베이션은 애초에 융합적 발상이라는 개념을 설명하기 위해 만들어진 단어다. 그 정도로 융합은 창조와 떼려야 뗄 수 없는 근본적인 현상이다. 수많은 발명이 융합에 의한 발상으로 만들어진 데서 이를 알 수 있다.

융합은 조화가 중요하다

스마트폰에 추가된 발명품은 과연 몇 종류나 될까? 전화, 계산기, 음악 디바이스는 물론 사전, 게임, 카메라, 항공권, 지갑, 컴퍼스, 지구본 등 별의별 물건이 스마트폰에 융합되어 있다. 이러한 물건들을 모아서 ggg에서 개인전을 열었다. 스마트폰에 융합된 물건을 늘어놓아보니 그 광경이 압권이었다. 막대한 양의 발명품이 디지털 공간에 담겨 우리의 손 안에 올라가 있었다.

디지털화가 사회에 미친 충격은 휴대전화만 봐도 잘 알 수 있다. 이전까지의 발명에서는 무엇인가를 융합하면 쓸데없는 형태가 추가되는 게 상식이었다. 그러나 질량이 없는 디지털 세상에서는 물리적 제한 없이 기능을 더할 수 있다. 디지털은 융합을 가속했고 생활에 필요한 다채로운 도구를 대체하게 되었다. 앞으로 스마트폰에는 도대체 무엇이 융합될까? 이러한 고민에 이르렀다면 이미 새로운 휴대전화를 발명하는 첫걸음을 떼었다고 할 수 있다.

물론 융합이 잘 이루어지지 않을 때도 있다. 새로운 휴대전화를 고안할 때 융합할 대상으로 적합하지 않은 것도 분명 있다. 예를 들어, 휴대전화에 페트병을 테이프로 둘둘 감싸 고정하면 물병 기능을 지닌 휴대전화가 된다. 그러나 이 새로운 휴대전화는 웃음거리가 될 뿐, 사려는 사람이 아무도 없을 것이다. 이노베이션을 제창한 슘페터 역시 "우편마차를 연이어 연결하더라도 결코 철도가 되지 않는다"라고 말했다. 즉, 융합을 발상할 때 어떤 것을 추가하더라도 단순한 상태를 그대로 유지하는 디자인이 필수적임을 기억해야 한다.

의미와 형태는 한 몸이라서 의미를 덧붙이려고 하면 형태까지 더해진다. 융합을 성공시키기 위해서는 단순히 더하는 데 그치지 말고 그 형태가 음악의 화음처럼 아름답게 융합되어 조화를 이루도록 해야 한다. 잘 어울리지 않는 음이 동시에 울리면 불협화음이 된다. 그러나 훌륭한 조합을 발견하면 그것은 화음처럼 더하기를 넘어 곱하기의 가치를 낸다.

지구상에 도구가 계속해서 늘어나는 만큼 아직 발견되지 않은 새로운 융합이 나타날 가능성은 무궁무진하다. 자유롭게 융합을 시도하면서 아름다운 융화를 목표로 새로운 가능성을 찾아가자. 이것이 이노베이션의 출발점이다.

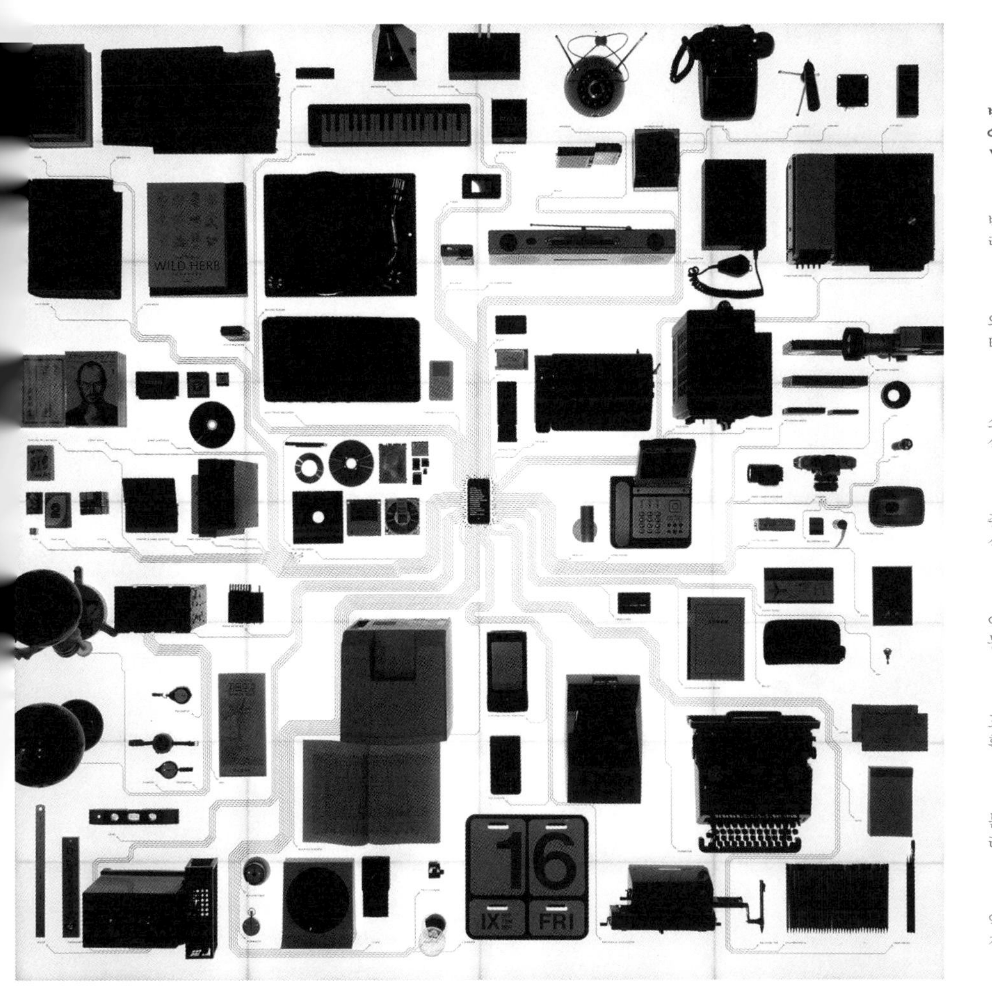

그림 11-6 ggg 기획전.
스마트폰에 융합된 아날로그·디지털 도구 중 일부를 모아봤다. 디지털의 혁신적인 위력이 한눈에 들어온다

진화워크 14 — 융합(○○+x) 15분

융합 가능성이 있는 것을 모조리 적어보자. 융합적 아이디어를 끊임없이 생각해내는 비결은 우발성을 활용하는 것이다. 지금 우리가 바라보는 풍경 속에도 융합할 수 있는 요소가 잔뜩 쌓여 있다. 주위를 둘러보며 눈에 들어오는 대상을 조금씩 융합해보자. 소파, 화이트보드, 텔레비전, 책상, 의자……. 상상 속에서 융합을 반복하다 보면 100개 중 하나 정도는 진화를 이뤄낼 수 있을지도 모른다.

변이 정리

변이의 발상을 터득하는 데 도움이 될, 가장 기본적인 사상을 한 줄로 정리해보았다.

변이의 숫자를 늘려 우발성을 높이자. 그리고 날카롭게 뚫고 나가자.

지금까지 진화와 창조의 아홉 가지 변이 패턴을 소개했다. 예술이나 디자인 같은 창조 영역에서는 남다른 신선함을 갖춰야 한다는 것이 암묵적인 규칙이다. 창조 영역에서 모방은 일종의 범죄다. 또한 콘셉트는 명쾌하고 극도의 변이적 특성을 갖추어야 한다. 즉, 새로우면서도 명쾌하고 날카로운 콘셉트가 있어야 비로소 창조성이 빛을 발한다. 참신하고 극단적인 변이임에도 상황에 적응한 선택, 사회가 필요로 하는 것이어야 한다.

변이 패턴은 앞서 소개한 아홉 가지 말고도 더 있을지도 모르고, 두세 가지가 겹쳐 나타나는 경우도 있을 것이다. 중요한 것은 발상에 패턴이 존재한다는 것이다. 변이의 사고는 고정관념을 깨부수고 생각에 우연한 에러를 발생시키는 과정이다.

진화는 우연에서 시작된다. 진화는 무수한 우연적인 변이가 이뤄낸 장대한 결과론이다. 변이 패턴은 창조적 우연이 발생하기 쉬운 패턴 그 자체이기도 하다.

일단 해보자. 변해보자.

이유는 나중에 생각해도 된다.

포기하지 않고 우발성을 높여 나간다면 언젠가 무수한 에러 중 상황에 적응한 결과물이 나타날 것이다. 진화라는 현상은 이러한 결과를 얻기 위해서는 전례 없는 방향으로 계속 도전하는 것이 중요하다는 것을 알려준다.

우발적 변이가 진화를 이끈 이유 또한 여기에 있다. 미래에 무엇이 자연선택될지는 그 상황이 되어보기 전까지는 알 수 없다. 그래서 우연을 향한 도전은 더더욱 가치 있다. 유전자에 변이 에러를 일으키는 성질이 있듯이, 우리의 생각이나 행동에 에러를 적극적으로 일으키는 성질을 불어넣자. 창조는 우연에서 시작된다. 우연한 에러에 이끌린 창조적 발상은 때로 세계를 변화시키기도 한다. 이것이 변이 사고의 핵심이다.

극단적인 변이는 약이 되기도 하지만 독이 되기도 한다. 너무 적으면 효과가 없고, 과녁에서 아예 벗어나면 의미가 없다. 게다가 대부분 잘 통하지 않고, 엄청난 비용이 소요되기도 할 것이다. 그러나 상식을 탈피한 도전만이 변화를 불러왔음을 기억하라. 두려워하지 말고 미지를 마주하자. 상식에서 벗어난 도전으로 진화의 실마리를 잡아내자. 세상에는 반드시 그렇게 해야만 하는 방법 따위는 없다. 상식은 언젠가 바뀌고 새로운 방법은 항상 나타나기 마련이다. 지금과 다른 미래가 열릴 가능성은 우리 일상에 무한히 존재한다. 누군가 그것을 알아봐주기만을 기다리고 있을 뿐이다. 변화를 선도하는 것은 상식에서 벗어난 방법을 생각해내는 사람들이다. 바보가 되자. 에러는 많을수록 좋다. 아이디어의 질은 나중에 생각하면 된다. 변화를 즐기자. 역사적인 발명들은 설마 하는 우연에서 태어났다.

나비 날개와 비슷한 질감을 지닌 종이의 비교(TEXTURE):
ggg 기획전 〈NOSIGNER Reason behind forms〉

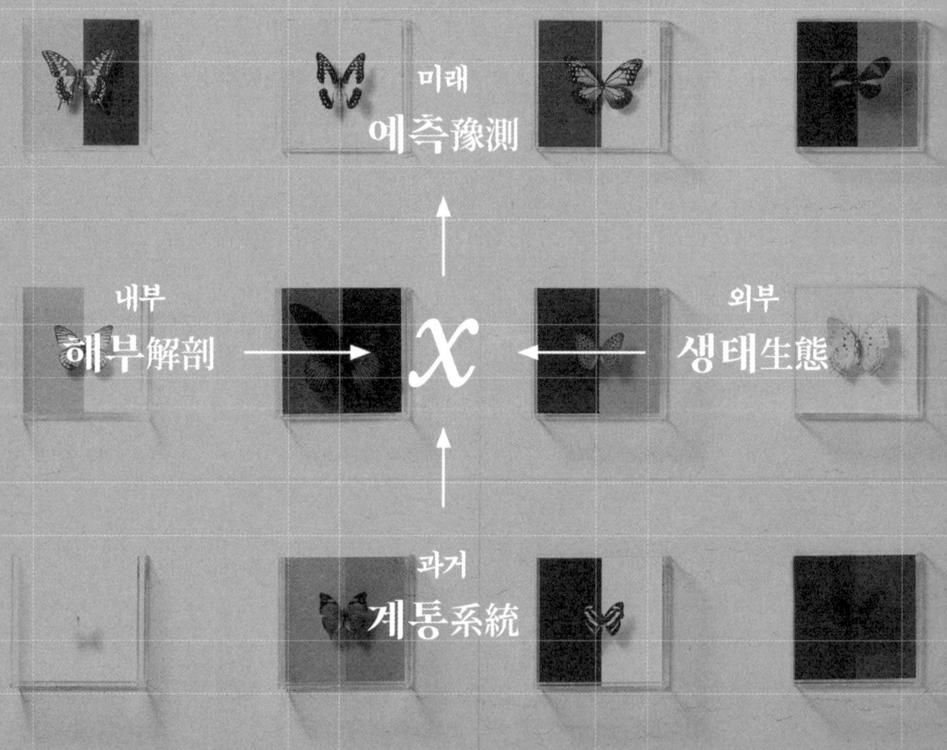

Chapter « III »

제 3 장

선택

WHY

감과 질감을 바꿔, 환경에 적응하다

lapting to the environment by altering color and texture

무엇이 세련된 콘셉트를 만드는가

실패는 배움의 과정일 뿐이다

에디슨은 스물한 살 때 아르바이트로 번 돈을 쏟아부어 최초의 발명품인 '전기식 투표 기록기'를 만들었다. 높은 보수를 받는 정치인들이 의회에서 느릿느릿 투표하는 모습을 보고 버튼만 누르면 투표 결과를 바로 알려줘 의회에서 시간 낭비 없이 더욱 성실하게 일할 수 있게 해주는 제품이었다. 에디슨은 대단한 발명을 했다고 생각했다. 시민들에게 박수갈채를 받으리라 기대하며 발명품을 팔러 갔으나 의회에서는 전혀 상대해주지 않았다. 에디슨은 투표할 때의 정당 간 관계, 도입자의 이해관계 등 그 발명품을 둘러싼 상황을 이해하지 못했던 것이다.

그는 이 실패에서 무엇을 배웠을까? 이 경험은 에디슨에게 무엇을 가져다주었을까? 이후에 남긴 어록에서 실패를 향한 에디슨의 자세를 엿볼 수 있다.

> 실패가 아니다. 잘못이라고 해서는 안 된다. 그저 배웠다고 말해야 한다. — 토머스 에디슨

상당히 당찬 모습이다. 그는 계속된 실패에도 창조를 포기하지 않았다. 에디슨에게 실패는 배우는 과정이었을 뿐이다. 오히려 에디슨은 실패 경험을 바탕으로 전구나 영상 장치처럼 세상을 극적으로 바꾼 수많은 발명을 해냈다.

누구나 에디슨처럼 굳센 창조성을 지니고 있다면 좋겠지만, 쉽지 않다. 모처럼 돈과 시간을 들이고 무수한 노력 끝에 만들어낸 발명품이 묻혀버린다면 발상 단계에서 부정당하는 것보다 감당해내는 게 훨씬 힘들 것이다. 이를 극복하려면 어떤 자세로 창조와 마주해야 할까?

보통 사람들은 자신의 발상이 부정당하는 상황을 본능적으로 피하려 한다. 자신이 제안한 아이디어가 타인에게 거부당하면 마치 자기 자신을 부정당한 것 같은 고통을 느낀다. 누군가에게 거부당할 것이라면

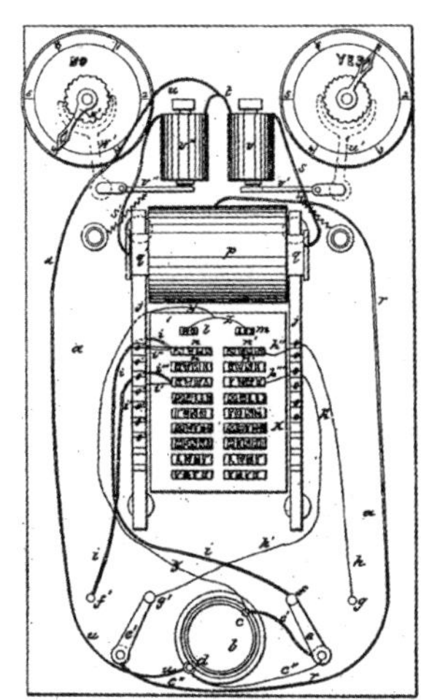

그림 12-1 에디슨의 전기식 투표 기록기 특허도. 어딘지 모르게 나중에 발명된 전화기와 구조가 비슷해 보인다

차라리 하지 않는 편이 낫다고 생각하는 회피 본능으로 자신을 지키려 한다. 그러나 이는 자연스러운 행동이라고 할 수 없다. 자연스러운 선택압력이 고통이라는 개인의 주관으로 비대해지면서 현실과 괴리되어 버린 것이다. 이렇듯 우리의 주관은 곧잘 잘못된 방향으로 기울어진다. 중요하지 않은 것에 무게를 두거나 소중한 것을 간과해버린다.

나 역시 몇 번이고 실패를 경험했다. 당신도 겪어봤을 것이다. 현실을 직시하고 받아들이려면 지적당하거나 압박받기 전에 스스로 관찰해 그 필연성을 마음 깊이 받아들일 필요가 있다. 아집을 버리고, 관찰을 바탕으로 본래 선택되었어야 할 필연성을 찾아내야 한다. 이를 위해서는 세상의 연결성을 이해하는 관찰력을 키워야 한다. 그것이 바로 선택의 사고다. 무엇이 창조를 세련되게 만들까? 창조 역시 생물과 마찬가지로 상황에 적응해야 가치를 발휘하며 살아남을 수 있다. 물건을 만드는 이는 계속 에러를 일으킴으로써 창조에 도전하는데, 거기에 결함이 있거나 수요가 없다면 언젠가 도태될 수밖에 없다.

창조에도 자연계를 닮은 생태계가 생겨나며, 사물에도 자연선택의 압력이 작용한다. 창조를 갈고닦는 것은 바로 이용자와 시장, 자연환경의 생태계에서 볼 수 있는 자연선택이다. 선택압력은 눈에 보이지 않지만, 창조를 이끌어간다. 자연처럼 생각하는 것은 쉽지 않다. 도태되기까지 기다릴 시간도, 자원의 여유도 없는 우리에게는 용의주도한 관찰력이 필요하다. 이를 키우는 선택의 사고는 자연계에 존재하는 선택압력과 생물의 적응을 확인하는 관찰 방법에서 배울 수 있다.

필연적인 선택의 반복이 창조의 수준을 높인다. 상황에 어울리는 선택을 통해 창조는 필연에 가까워진다. 적응으로 향하는 선택압력의 관계성과 흐름은 시간에서 공간까지 온 세상에 널리 퍼져 있다. 상황을 관찰하는 데서부터 그 솔직한 방향성을 인도하는 힘은 우리의 창조성을 위해서도 꼭 필요한 능력이다.

시공간 맵: 해부, 계통, 생태, 예측

> 인간은 보통 자신이 원하는 대로 믿기 급급하다.
>
> — 율리우스 카이사르[34)]

누구나 경험을 쌓다 보면 고정관념이 견고해지기 마련이다. 카이사르가 말했듯 인간은 자기중심적으로 사물을 판단하는 경향이 있다. 판단 대상이 어떻게 구성되어 있는지는 관심 없고, 주변과의 연결성을 고려하지 않거나, 과거로부터 물려받은 유산을 생각하지 못하는 때도 있다. 편견이 생기는 것이다. 나와 다른 견해를 밝히는 사람을 보면 틀렸다고 생각한다. 인터넷상에 올라오는 익명의 비판은 대부분 이런 유에 속한다. 그러나 이는 실제로 단순히 자기 밖의 세상에 무지하고, 알고 있는 범위 안에서만 판단한 결과일 뿐이다.

눈앞에 놓인 사물조차 제대로 이해하지 못한다면 새로운 사물을 창조하는 일은 불가능하다. 창조적으로 살아가려면 세상을 둘러싼 보이지 않는 본질을 이해하고 자신만의 편견에서 벗어날 방법을 터득해야 한다. 결코 쉬운 일은 아니지만, 지금까지 정립된 학문 속에는 힌트로 쓸 만한 관측 수단이 수없이 많이 존재한다. 그렇다면 상황에 적절한 아이디어를 골라내기 위해서 관계성을 종합적으로 관찰하려면 어떻게 해야 할까?

생물의 행동을 여러 측면에서 이해하기 위해 관계의 관찰 수단을 정리한 인물이 있다. 동물행동학(ethology)을 확립한 니콜라스 틴베르헌은 생물의 적응적인 관계성을 관찰하는 사고법으로 네 가지 질문을 만들었다.

1. 내부 구조는 왜, 어떻게 기능하는가?—해부생리학
2. 어떤 과정으로 만들어지는가?—발생학
3. 어떤 역사적 경위를 거쳐 진화해왔는가?—계통학
4. 생태계 속에서 어떤 적응적 관계를 맺어왔는가?—행동생태학

틴베르헌은 네 가지 질문을 통해 생물의 행동을 통합적으로 연구하는 학술 분야를 정립했다. 네 가지 질문은 과거부터 현재의 시간축에 집중해 생물의 생태를 이해하는 통합적인 방법으로, 창조성을 설명하기에는 한 가지 부족한 점이 있다. 인간은 미래를 지향하는 동물로 창조성이나 앞으로의 세계를 관찰하려면 미래를 예측하는 관점이 필요하다.

실제로 미래를 예측적으로 다루는 기상예보 같은 포캐스트(forecast), 멸종위기종을 보호할 때 쓰이는 백캐스트(backcast)는 자연과학에서도 널리 활용되고 있다.

진화사고에서는 틴베르헌의 방법보다 한 발짝 나아가 해부생리학과 발생학을 '해부'로 통합하고 미래를 고찰하는 '예측'의 수단을 더해 해부, 계통, 생태, 예측 네 가지 분석 방법을 활용해 선택압력을 살펴보려 한다. 이 네 가지 방법으로 세계를 바라보는 관점을 합쳐서 '시공간 학습(Space-Time Adaptation Learning)'이라고 한다.

지나치게 대범한 시각일 수도 있지만, 나는 모든 관찰 수단이 이 네 가지 중 하나에 속한다고 본다. 우리는 공간과 시간밖에 관찰할 수 없기 때문이다. 자연과학이 따라온 이러한 분석법은 각각 마이크로(해부)에서 매크로(생태계)라는 공간, 과거(계통수)에서 미래(예측)에 이르는 시간에 대응되며 시간과 공간을 총망라하는 프레임워크가 된다. 대부분의 연구는 이 중 어딘가에 속해 있다. 또, 이들 네 가지 관점이 모여야 비로소 통합적으로 이해할 수 있다. 네 가지 방법은 인류사가 길러낸 강력한 사고법이자 자연과학에서는 일반적인 관찰 수단이지만, 창조를 위한 기법으로도 적용할 수 있다.

이 네 가지 관찰은 세상 속의 다양한 관계성을 파악하기 위해 인류가 다듬어온 매우 강력한 사고 도구다. 하나만으로도 강력하지만 네 가지를 조합하면 한층 더 놀라운 힘을 발휘한다. 창조 대상을 x라고 하면, x는 반드시 과거에서 미래로 이어지는 시간적 관계에 영향을 받으며,

내부에서 외부까지 이어지는 공간적인 관계에도 영향을 받는다. 네 가지 방법론으로 선택을 분석하면 시간적·공간적으로 빠짐없이 관계성을 관찰할 수 있으므로 아이디어가 선택되는 기준이나 그 배경에 자리한 관계적 필연성을 이해할 수 있으며 창조의 수준이 높아진다. 이러한 객관적인 기준을 갖추는 일은 곧 강력한 창조성을 기르는 토양이 된다.

관찰 방법에는 떠올리기 쉬운 순서가 있다. 무언가를 관찰할 때는 먼저 해부학 관점에서 시작하자. 눈에 보이는 관찰 대상은 이해하기 쉽다. 그다음으로 분류·계통적으로 관찰하자. 이미 존재하는 역사적 사실에서 배우기는 쉽다. 그리고 생태적 관찰로 나아가자. 복잡한 상황을 파악하기란 간단하지 않은데, 그 상태에 이르기까지의 계통적인 탐구가 도움이 된다. 마지막 단계로 앞선 세 가지 관찰법이 미래를 바라보는 해상도를 높여준다.

이러한 순서는 신기하게도 각각의 과학적인 관찰법이 보여주는 역사적 발달 순서와 거의 비슷하다. 학문뿐 아니라 무언가를 습득하고 목표를 달성하게 하는 학습의 순서와도 일치하는 것처럼 보인다. 시스템(해부)을 이해하고 전례(계통)를 파악하며 사회(생태)에서 목표와 예측(미래)을 향해 나아가는 발전은 수많은 탐구에서도 볼 수 있는 자연스러운 발달 순서다. 앞으로 이러한 탐구 순서, 즉 해부, 계통, 생태, 예측에 근거하여 각각의 관찰법을 소개하겠다.

시공간 학습의 네 가지 관찰법은 창조성을 단련시킬 뿐 아니라 상황을 적절하게 이해하는 메타인지를 키우는 데도 도움이 된다. 이러한 관

시공간 맵: 시공간 학습의 네 가지 관점

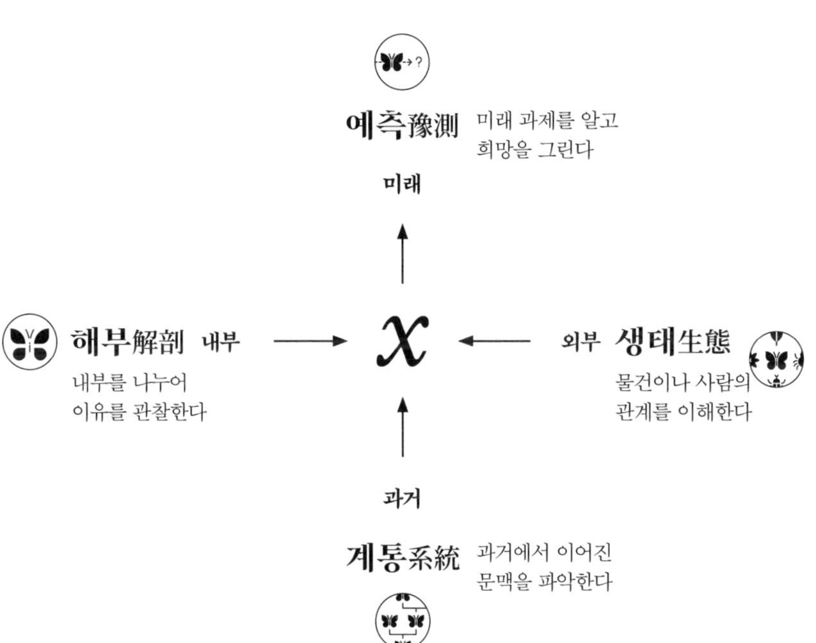

그림 12-2 시공간 맵

점을 평소 사고 습관으로 익혀두면 반드시 확인해야 할 본질적인 질문이 분명해지고, 불필요한 사고가 줄어든다. 고정관념에 휘둘리지 않으면서 관계를 이해하고 판단할 수 있어 창조적인 성과를 내기가 훨씬 쉬워진다. 실제로 이러한 방법에 익숙해지면서 나 자신도 이전보다 명확하게 창조성과 마주할 수 있게 되었다.

사업에서도 마찬가지로 기존 조사 수단에 구조적인 공통점이 있다. 시공간 학습에는 창조성과 관련된 수많은 리서치 방법을 통합할 수 있다. 사례를 들어보면 아래와 같다.

해부—리버스 엔지니어링, 부품표(BOM), 조리법, 설명서

계통—역사, 예술의 큐레이션, 프로그래밍에서의 포크

생태—마케팅, 밸류체인, 에스노그라피, 대화의 장

예측—포캐스팅, 시나리오 플래닝, 비전, SF

마케팅, 엔지니어링 분야에서는 하루가 멀다 하고 새로운 분석 방법이 쏟아진다. 이 모두를 습득해야만 할까? 모든 방법에는 공통된 기원이 있다. 기법 간의 관계나 전체적인 구조가 체계화되지 않았을 뿐이다. 시공간 학습은 그 전체상을 보여주는 지도가 될 것이다.

시공간 학습은 비즈니스의 균형을 잡는 데도 도움이 된다. 기존 기술이 개발된 방법과 시공간 학습의 네 가지 관점을 비교하면 부족한 점을 찾아낼 수 있다. 20세기부터 현재까지의 이노베이션이나 연구·개발

(R&D)을 위한 리서치 기법에는 해부와 계통을 중심으로 한 접근법이 많으며, 생태와 예측 관점으로 분석하는 방법은 경시되는 경향이 있었다. 매출이나 주가에 영향을 미치지 않는 요소는 제쳐둔 채 미래를 향한 관점이 결여된 경제 발전은 어느새 생태계를 파괴하고 있다. 기울어져버린 균형을 하루빨리 바로잡아야만 한다. 대상을 개선하는 해부, 과거의 분류에서 이어진 계통이 20세기적인 분석 방법이라면, 앞으로는 사람이나 자연과의 연결성을 되돌리는 생태 철학, 미래를 위해 창조하는 예측 철학을 바탕으로 한 창조성의 제약을 풀어낼 수 있는 관점이 필수적이다.

호기심은 시간과 공간을 관찰하고 탐구하는 것 그 자체다. 세계를 바라보는 방법을 알려주는 시공간 학습의 네 가지 관점은 수천 년에 걸쳐 과학계가 다듬은, 호기심을 최대한으로 발휘시키려는 '사고 지도'라고 할 수 있다. 자연과학에 이렇듯 훌륭한 관찰 체계가 있는데, 지금의 학교 교육에서는 다양한 사물을 이해시킬 관찰법을 알려주고 있을까? 네 가지 본질적인 관찰법을 염두에 두면, 일반적인 학습 커리큘럼은 관찰로부터 세계를 이해하는 방법과 떼려야 뗄 수 없게 된다. 시험 범위에서 정답을 찾아내라는 평가 기준으로 아이들이 미지의 세계를 살아가는데 필요한, 정답 없는 문제에 대응할 지혜를 습득하게 할 수 있을지 무척 의문이다. 어린 시절부터 적절한 선택을 도출할 관찰력을 키우는 데는 이 네 가지 자연과학적 관찰법이 유용할 것이다.

그뿐만 아니라 네 가지 관점은 기존 교과에도 응용할 수 있다. 커리큘럼 그 자체를 관찰하는 과정을 추가하면, 그 수업이 중요한 이유나 자신과 어떻게 연관되는지를 포함해 다양한 문제를 이해하는 게 훨씬 쉬워질 것이다. 교과목끼리의 관계도 보이기 시작한다. '생물'의 생태계는 '사회'의 정치 경제와 밀접하게 관련되어 있다. 세계사는 과학기술사나 미술사와 깊이 연관되어 있다. 생물의 해부와 가정 과목에서 요리 재료를 나열하는 사고 과정은 매우 유사하다.

일본 최대의 교육 기업인 베넷세 코퍼레이션의 베넷세 교육통합연구소에서는 창조적인 미래 교육을 구상하는 위원회가 있다. 나는 2022년도 '고등교육의 미래를 생각하는 위원회'의 의장을 맡아 〈학생이여, 야망을 품어라: 야망 있는 학생을 키우는 고등교육 미래 비전〉이라는 제언서를 통해 자연과학적인 관찰에 의한 자기 결정의 중요성을 제안했다.

내 목표 중 하나는 시공간 학습의 네 가지 관점으로 대표되는 자연과학이 어린이들의 기초교육에 체계화한 관찰 학습을 보급해 새로운 과제와 만났을 때 관찰을 통해 그 사상을 이해하고 창조적으로 결정할 수 있는 사람을 늘리는 것이다.

진화워크 15 — 시공간 맵 15분

시간적·공간적 관점에서 선택을 전체적으로 관찰하는 시공간 학습 과정을 시공간 맵이라는 도구를 활용해 가볍게 체험해보자. 내부-외부, 과거-미래로 펼쳐지는 연결성을 다시 한번 확인하면서 다양한 깨달음을 얻을 수 있을 것이다.

1 종이를 준비해 다음 페이지의 〈그림 12-3〉같이 접어보자.

2 진화 대상 x를 이 그림의 중심에 적는다.

3 해부적 관찰: 대상 내부에 있는 필수적인 요소를 적는다.

4 계통적 관찰: 대상과 공통 분류에 속하는 예를 적는다.

5 생태적 관찰: 대상이 놓인 상황에 관련된 물건이나 사람을 적는다.

6 예측적 관찰: 대상의 미래와 관련된 변화의 징조를 적는다.

시공간 맵에는 정답이 따로 없다. 생각나는 대로 메모하면 충분하다. 만약 대상 x 혹은 테마를 정하기 힘들다면, '자기 자신'을 중심에 두고 내부-외부, 과거-미래의 소중한 관계성을 적어봐도 좋다. 이번 진화워크는 앞으로 탐구해 나갈 해부, 계통, 생태, 예측의 진화워크를 위한 준비라고 할 수 있다.

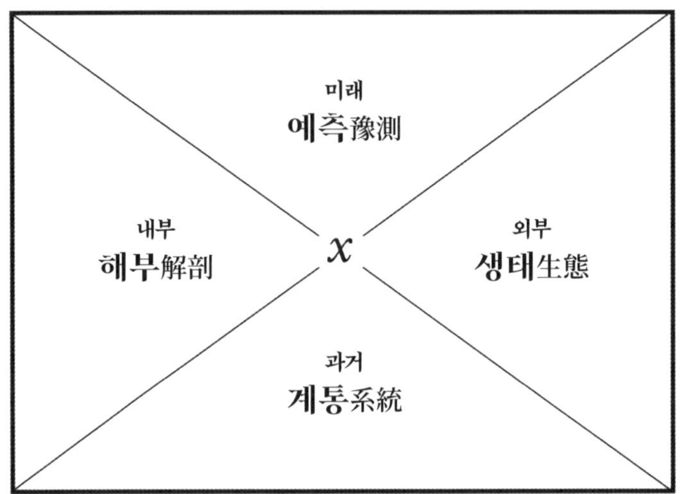

그림 12-3 종이나 슬라이드 프로그램 등을 활용해 위와 같이 시공간 맵을 만들어보자

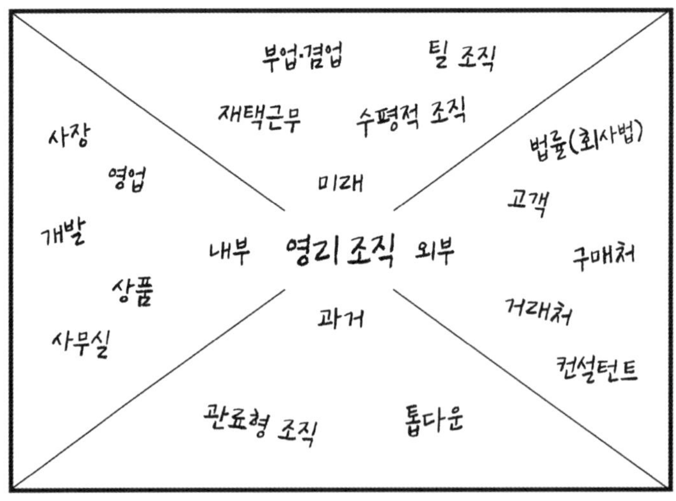

그림 12-4 '영리 조직'을 대상 x로 설정한 시공간 맵 예시(가무라 겐슈가 작성한 사례)

필연적 선택 1 해부解剖

내부 구조와 의미를 파악하자

세상은 불가사의로 가득하다. 우리는 태어나면서부터 자연환경에 둘러싸여 살아간다. 또한 일상생활 속에는 컴퓨터 같은 다양한 창조물이 존재한다. 그러나 이들이 어떤 시스템으로 어떻게 작동하는지 우리는 궁금해하지 않는다. 하지만 조금만 눈을 돌려보면 우리 주변은 제대로 알지 못하는 신기한 것들로 가득하다.

인류는 미지의 대상을 마주하면 그것을 잘게 분해해서 관찰해왔다. 아무리 복잡한 시스템이라도 요소를 세세하게 분해해 관찰하면 매우 단순한 구조의 연쇄로 구성되어 있음을 알 수 있다. 우리는 해부를 통해 각 부품의 연쇄가 어떻게 기능하는지 이해해왔다.

가장 가까이에 있으면서 가장 신비로운 대상은 바로 우리 몸이다. 기원전 2630년 무렵, 고대 이집트의 신관인 임호테프가 남긴 서적은 기록으로 남아 있는 가장 오래된 의학 지식이다. 그는 해부 기술로 알아낸 인체 구조, 질병에 걸리거나 상처 입었을 때의 대처법 등을 널리 전파했다.

임호테프는 남겨진 기록상 가장 오래된 의사이자 해부를 시행한 인물이다. 그뿐 아니라 가장 오래된 피라미드를 설계한 건축가로도 알려져 있다. 그의 위대한 업적은 널리 칭송받아 사후 '지혜, 의술과 마법의 신'으로 추앙받았다.

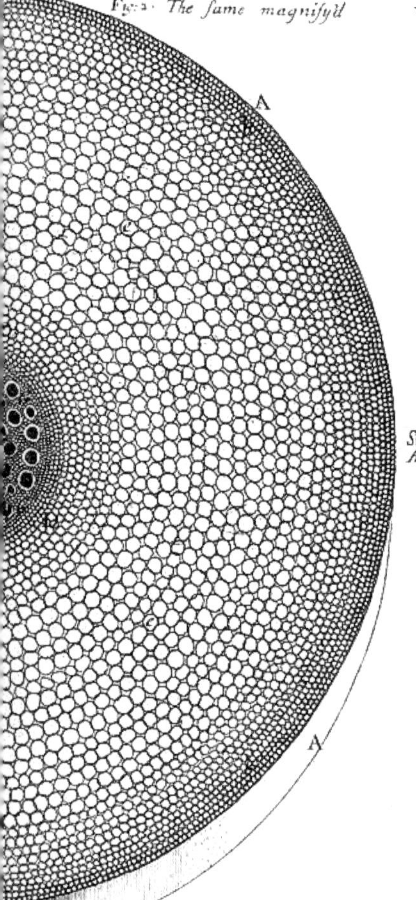

그림 13-1 네헤미아 그루가 그린 세계 최초의 식물 해부도

임호테프가 남긴 기록을 보면 인류는 최소한 4600년 전부터 이미 자연 속의 관계성을 이해하고 창조성을 폭넓게 발휘하기 위해 해부를 활용했다. 그 이전의 기록을 찾아내기는 어렵지만, 임호테프 이전에 해부가 일반적으로 이루어졌다면 수천 년도 더 전부터 탐구 수단으로서 해부가 존재했을 수 있다. 해부는 역사 속에서 언제나 인류가 세상을 이해하는 근원적인 방법이었다.

의학뿐 아니라 생물학 역시 그 시작부터 해부를 활용해왔다. 기원전 350년경 활약한 아리스토텔레스도 해부를 통해 세계를 이해하려고 한 탐구자다. 철학의 개념을 확립한 지혜의 거장 아리스토텔레스가 과학 영역에서 공적을 남긴 분야는 자연학, 동물학과 관련된 발생학이었다. 아리스토텔레스는 수많은 동물을 해부하고 그 내용을 기록함으로써 자연의 구조를 이해하려 했다.

그로부터 약 2000년이 지난 1670년대, 근대 생물학의 중요 분야 역시 해부로 시작됐다. 의사인 네헤미아 그루는 의학에서 활용하던 해부를 식물에 응용해보려 했다. 그전까지 알려지지 않았던 식물의 구조를 뿌리, 줄기, 잎, 꽃, 열매, 씨앗 등 부위별로 나눠 각 부위를 더욱 정밀하게 해부하면서 그 복잡한 구조를 밝혀내려 했다. 의학적 해부 기술이 공유되면서 다른 연구자들도 동일한 방법으로 식물에 숨겨진 수수께끼를 탐구할 수 있게 되었다. 그루를 시작으로 연구자들의 열성적인 연구 덕분에 근대 식물 해부학이 확립됐다. 고대부터 현대에 이르기까지 생물학은 해부를 연구의 근간으로 삼아 발전해왔다.

창조의 역사 속에서도 해부는 반복적으로 등장한다. 왜냐하면 해부 그 자체가 창조성의 본질 중 하나를 담당하기 때문이다. 르네상스 시대를 대표하는 천재 레오나르도 다빈치 역시 해부의 마력에 매혹당한 사람이다. 다빈치는 화가이자 발명가로 현대에도 최고의 평가를 받는 인물인데, 그가 말년에 남긴 책은 의외로 의학 해부서였다.

그는 1489년부터 20년에 걸쳐 서른 구에 달하는 사체를 해부하고 700장이 넘는 방대한 양의 스케치를 남겼다. 안타깝게도 다빈치는 이 책을 출간하기 전에 사망해 19세기에 이르러서야 초고가 발견되었다. 안드레아 베살리우스가 세계 최초의 근대 인체 해부서인《파브리카》를

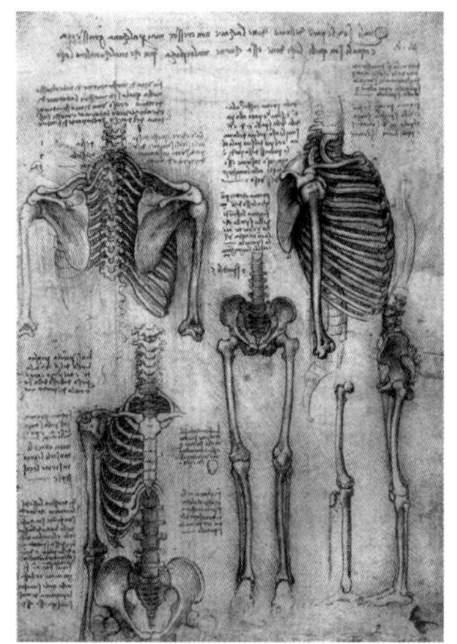

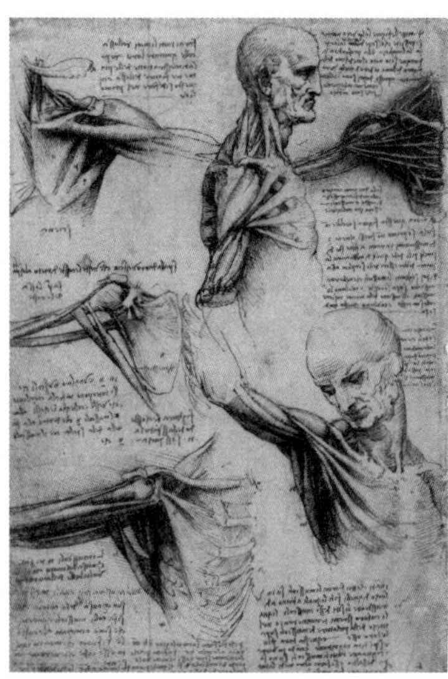

그림 13-2 다빈치가 그린 해부도. 인체를 구석구석 관찰했음을 알 수 있다

출간한 게 1543년이니 만약 다빈치가 생전에 해부학 책을 완성했더라면 의학은 50년 정도 빨리 진보했을지도 모른다.

어찌 되었든 현재까지 발견된 다빈치의 8000장에 달하는 스케치 면면에서 그의 해부적 사고의 조각을 엿볼 수 있다. 헬리콥터, 전차, 엔진, 태양에너지, 계산기 등 실현되지 못한 막대한 아이디어 스케치는 부품 간의 관계를 잘 알아볼 수 있으며, 모형을 제작할 수 있을 정도로 정밀해 해부도를 방불케 한다. 발명에서 아이디어, 예술, 의학에 이르는 통합적인 창조성을 발휘하려면 임호테프나 다빈치같이 해부의 관점에서 만물을 이해하는 능력이 필수인지도 모르겠다.

이렇듯 해부와 창조성에는 밀접한 관계가 있다. 근대에 이르러서도 마찬가지다. 20세기 역사를 바꾼 수많은 발명 중 많은 것들이 해부적 발상에서 태어났다. 20세기 초반 기관차 공장에서 책임자로 일하던 월터 크라이슬러는 '피어스 애로'라는 차를 사서 분해했다. 그는 당시 매우 비싼 가격이었던 자동차를 하나하나 분해하면서 연구했다. 해부 과정에서 크라이슬러는 기존 자동차가 지닌 여러 단점을 발견했다. 뷰익의 사장을 역임한 뒤 크라이슬러를 창업한 데는 이때의 경험이 크게 작용했다. 사륜에 탑재된 브레이크, 승차감이 좋은 큰 타이어 등 지금은 당연하게 여겨지는 기능은 크라이슬러가 자동차를 해부하며 찾아낸 개선점 중 일부를 반영한 결과물이다. 이러한 세세한 개선을 바탕으로 탄생한 크라이슬러의 자동차는 승차감이 뛰어나 어마어마한 인기를 구가했다.

일본에도 자동차 해부를 통해 성공한 인물이 있다. 1933년 직조기

그림 13-3 크라이슬러가 해부한 피어스 애로의 광고 일러스트

회사를 운영하던 도요타 기이치로는 미국 자동차 산업의 폭발적인 성장세를 보고 이 분야에 도전해보기로 결심했다. 그는 공장 한편에서 쉐보레 차 한 대를 해체하며 일본의 기술로 자동차를 재현해보려 했다. 이후 그는 토요타자동차를 창업했다. 해부와 모방으로 시작한 토요타는 지금은 세계적인 자동차 제조사가 됐다.

타사 제품을 분해해 그 기능이나 구성을 배우는 기법을 리버스 엔지니어링(reverse engineering)이라고 하는데, 이는 가장 일반적인 기술 분석 방법 중 하나다. 현재까지도 많은 기업과 연구자들이 제품 개발에 해부 지식을 응용하고 있다. 20세기 수많은 산업은 해부적 발상에서 시작되었다 해도 과언이 아니다.

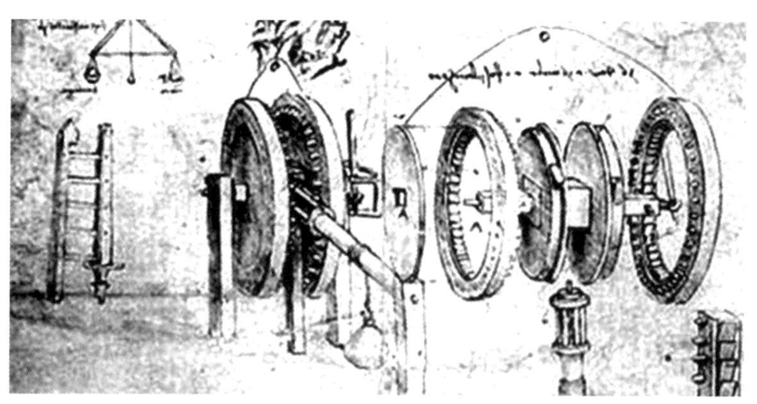

그림 13-4 다빈치가 그린 세계 최초의 거중기 설계도

안다는 것은 분해하고 해부하는 것

우리는 눈앞에 놓인 수많은 사물을 잘 안다고 착각한다. 어떤 물건을 한 번 사용하면 다 파악했다고 생각하는 것이다. 그러나 그 물건이 어떤 방식으로 움직이는지, 어떻게 제조되었는지 등 내부 구조나 작동 기전을 알지 못한다면 이해했다고 말하기 어렵다. 내부 구조와 제작법을 이해해야 비로소 지금까지 이루어진 창조의 과정을 자신의 창조에 활용할 수 있기 때문이다.

일본어의 '알다(分かる)'는 '분해하다, 해부하다'가 어원이다. 무엇인가 세세하게 분해하면서 얻을 수 있는 지식의 수준은 가늠하기 어렵다. 아무리 복잡한 것이라도 간단한 시스템들의 집합으로 구성되기 마련이다. 이는 내게 커다란 깨달음이었다. 고등학생 때 헌책방을 돌아다니다가 어떤 그림책에서 운명적인 구절을 만났다. '어려운 문제에 마주쳤을 때는 그 문제를 계단이라고 생각하고 한 칸 한 칸 나누어 올라가면 된다. 이해하기 어려운 문제는 중간에 계단을 한 칸 빼먹었기 때문이다.' 세상에 진정 어려운 문제는 없으며, 아무리 어려운 문제도 실제로는 간단한 문제가 모여 이루어진 것이라는 생각이 나의 머릿속에 묘하게 깊이 박혔다. 그때부터 어려운 문제를 마주할 때마다 작은 단위가 될 때까지 분해해서 생각해보게 되었다. 고민스러운 문제가 있다면 작은 단위로 분해해보기 바란다. 어려운 문제는 대부분 실제로 간단한 문제가 모여 이루어져 있다.

이미 알고 있던 것을 정밀하게 해부하다 보면 새로운 미지와 만나게 된다. 해부적 탐구의 역사는 내부 관찰을 통해 미지와 만나는 과정의 연속이다. 선조들이 확립한 해부적 관찰 수단은 자연을 통찰할 뿐 아니라 실제로 수많은 창조 영역에 기여하는 기술로서 폭넓은 영역에 영향을 미쳤다. 이는 다양한 기술을 개발하는 데 도움이 되는 발상 수단의 하나로서 기술사에 보이지 않는 강력한 영향을 주기도 했다. 매년 새로운 분석 기법이 등장하는 현 시점에야말로 해부같이 역사적 근원에 자리한 방법의 본질을 되돌아봐야 할 때다.

그렇다면 생물학에서는 어떤 방식으로 해부하는지 구체적으로 알아보자. 생물학에서의 해부는 크게 세 가지로 나누어진다.

1. 내부에 있는 요소를 분류해 형태를 관찰한다.
   — 생태학적 해부(WHAT)
2. 각 요소가 어떤 목적을 위해 존재하는지 이해한다.
   — 생리학적 해부(WHY)
3. 각 요소가 발생하는 과정을 이해한다.
   — 발생학적 해부(HOW)

진화사고에서도 이 세 가지 해부를 활용해 대상을 충실히 이해하고 내부에 숨겨진 필연적인 관계를 확인한다. 세 가지 해부를 실천하면 '형태를 분해'하고, '형태의 의미를 이해'하고, '창조 가능'한 단계까지의 방법론을 이해할 수 있다. 이미 알고 있다고 생각하는 물건이라도 직접 해부해보면 그 안에 숨겨진 구조와 목적을 재확인할 수 있으며, 지금까지보다 훨씬 깊이 이해할 수 있게 될 것이다.

형태 해부—요소를 분해한다

우리는 모르는 사이에 형태에 속아 넘어간다. 특정 대상을 인식할 때 시각적인 인지가 가장 먼저 이루어지는 만큼 우리는 형태를 지나치게 의식하는 경향이 있다. 이전에 본 적 있는 물건은 이미 알고 있는 대상이라 생각하고, 잘 알고 있는 물건이라도 형태가 조금만 바뀌면 고개를 갸웃거린다. 일상생활에서는 크게 상관없을지 모르지만, 새로운 것을 만들고 싶다면 형태를 항상 의심하는 자세가 중요하다.

물건에는 형태가 있으며, 모든 물건의 내부에는 여러 겹의 형태가 담겨 있기 마련이다. 그

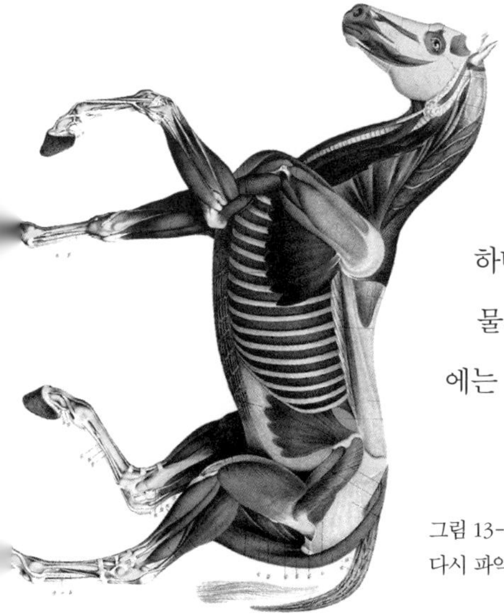

그림 13-5 전체를 부위의 집합으로 다시 파악하면 관찰력이 깊어진다

형태에 낭비가 있다면 구조나 제조 과정에도 낭비가 있을 수밖에 없다. 형태를 마주하는 통찰력, 즉 형태를 성실하게 파악해 전체 구조를 이해하는 능력을 기르자.

생물이든 무생물이든 해부해보면 그 내부는 수많은 부분의 집합으로 이루어져 있다. 전체든 부분이든 모든 형태에는 조금이나마 이유가 있다. 우선 내부의 구성 요소를 이해하고 각각의 형태를 주의 깊게 관찰하며 숨겨진 이유를 고민해보자.

마트료시카 구조를 상상한다

생물을 해부해보면 뼈처럼 단단한 부위가 있는가 하면 주머니처럼 부드러운 부위도 있다. 나아가 각각의 내부에는 또 다른 요소가 담겨 있는 등 신체 부위는 각각 몇 겹에 달하는 막으로 감싸여 있다.

인간의 머리를 수직으로 자른 모습을 관찰해보자. 가장 바깥쪽의 머리카락부터 순서대로 두피, 건막, 골막, 두개골, 경막, 거미막, 연막, 뇌세포막, 핵막 등 적어도 아홉 겹 이상의 막이 겹겹이 자리하고 있으며, 각각의 막이 형태를 구성하고 있다. 인형 속에 또 인형이 있는 마트료시카 같은 구조라고 할 수 있다. 여기서 각각의 막은 곧 각 부위의 형태를 정의한다.

이런 마트료시카 구조는 생물뿐 아니라 수많은 인공물에서도 찾아볼 수 있다. 컴퓨터를 해부해보자. 데스크톱 본체를 위에서부터 반으로 갈라보면 케이스, 메인보드, CPU 쿨링팬, 윤활유층, CPU 겉면, CPU 코어, 연산장치, 회로의 도선과 CPU 안에 흐르는 전자에 이르기까지 여러 층으로 겹겹이 이루어져 있다. 해부해보면 마치 컴퓨터 파일 시스템의 디렉터리 구조처럼 여러 겹의 막이 보이며, 이에 따라 내부를 단계적으로 분류할 수 있다. 해부할 때는 이러한 다층 구조를 항상 염두해야 한다.

생물이든 무생물이든 막으로 구분된 요소가 부품 형태로 구성돼 있는 덕분에 장기 이식이나 컴퓨터의 메모리 교체처럼 요소를 교환할 수 있다. 생각해보면 다른 사람의 장기를 이식받은 뒤 신체가 움직인다는 사실이 무척 신기하다. 우리 신체는 수많은 공통 부위에 의해 구성되어 있다. 복잡한 구조가 움직이려면 내부와 외부를 나누는 막이 여러 겹 겹쳐진 마트료시카 구조로 되어 있어서 부위마

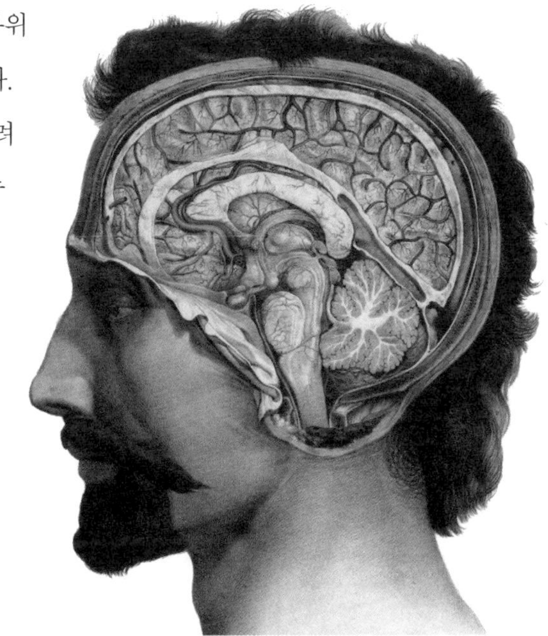

그림 13-6 뇌의 단면을 보면 수많은 막이 있다

다 다른 임무를 수행하는 동시에 연대해야 한다.

해부할 때는 마트료시카 구조를 이해해두면 전체를 떠올리기 쉽다. 마트료시카 구조를 전제로 구성 요소를 철저하게 적어 내려가면 생물과 무생물 모두를 분류하는 데 필요한 계층이 자연스레 드러난다. 각 요소 속에는 더욱 세세한 요소가 포함되어 있으므로 이 과정을 반복해 순서대로 기술하면 최종적으로는 수형도 같은 해부 맵을 그릴 수 있다. 내부 구조가 이해되면 대상 속에 숨겨진 형태를 주의 깊게 관찰해보자. 형태의 연결성을 통해 전체가 제대로 기능하도록 만들어져 있을 것이다. 내부 요소를 일단 따로따로 분해해서 그 전체 구조를 연구해보자.

진화워크 16 — 창조의 해부 맵 20분

진화시키고 싶은 대상의 내부를 해부하듯 분해해보자. 실제로 따로따로 나눌 수 있다면 이상적이지만 메모지에 적으며 머릿속에서 분해해봐도 좋다.

1. 내부에 있는 부품의 이름을 빠짐없이 적어본다.
2. 각 부품의 형태를 관찰해 어떤 이유로 그런 형태가 되었는지 생각해본다.
3. 마트료시카 구조를 관찰해 분류하고 해부 맵을 그려본다.

이렇게 해부해보면 잘 알고 있다고 생각했던 대상이더라도 전체 이미지를 더 자세히 이해할 수 있을 것이다. 오른쪽의 의자 해부 맵 참조.

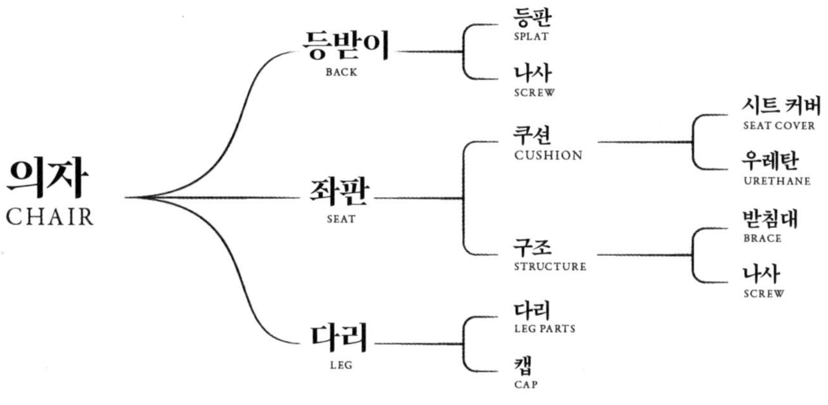

그림 13-7 해부 맵. 내부에 담긴 대상의 종류와 형태를 탐구한다.

생리 해부—요소의 의미와 관계를 생각한다

사물은 어떤 방식으로 기능할까? 각 부위는 다른 부위에 어떤 의미가 있을까? 이런 관점으로 사물을 보기 시작했다면, 이미 해부의 다음 단계에 올라선 것이다.

해부해서 관찰하면 어떤 식으로 구조가 연결되어 있는지 이해할 수 있다. 사물에는 협동하는 시스템, 곧 연결성이 담겨 있다. 각각의 사물은 다른 사물을 위해 특정한 역할을 한다. 이러한 요소끼리의 관계를 관찰해 특정 부위의 의미를 이해하는 학문을 '해부생리학'이라고 부른다.

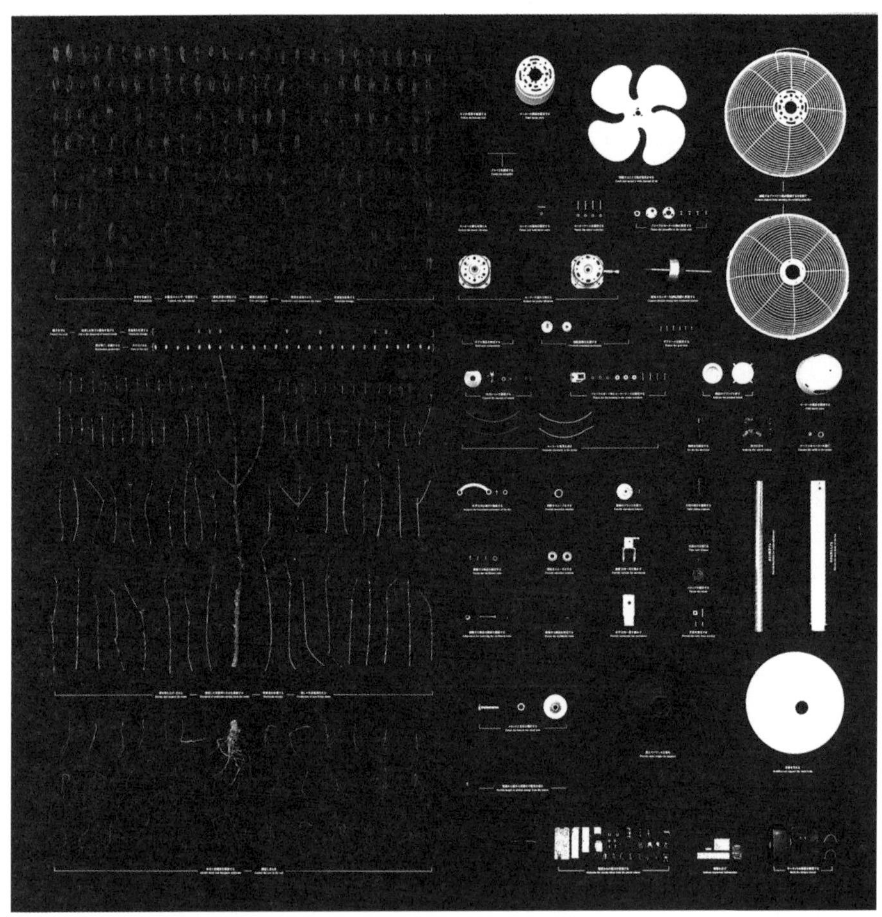

그림 13-8 왼쪽은 올리브 나무 해부도. 오른쪽은 선풍기 해부도. 생물의 구성 요소는 인공물보다 기능이 잘 통합된 것처럼 보인다

이미 알고 있던 것이라도 분해해서 요소 간의 관계를 고찰하면 훨씬 짧은 시간에 그 본질을 이해할 수 있다. 한 가지 사례를 살펴보자. 왼쪽은 올리브 나무와 선풍기의 구성 요소를 늘어놓은 모형 작품이다. 나는 해부의 사고방식을 보여주기 위해 올리브 나무와 선풍기를 분해해 각각의 구성 요소를 하나하나 늘어놓아보았다. 분해하면서 부품별 기능이나 의미를 적어보니 세부에 깃든 협동 시스템의 자초지종을 큰 흐름으로 더듬어볼 수 있었다.

어떤 시스템과 마주할 때 우리는 특정 조작에 대한 시스템의 반응밖에 보지 못하기 때문에 내부에서 벌어지는 연쇄 반응을 알아채기 어렵다. 스위치를 켜면 전기가 들어오고 아이콘을 클릭하면 프로그램이 열리지만, 결과에 이르기까지의 과정은 생각하지 않는다. 그러나 시스템의 본질은 보이지 않는 내부에 숨겨져 있다. 따라서 창조할 때는 그 배경에 있는 관계성을 이해할 필요가 있다. 관련된 요소를 해부생리학적으로 해체해 관계성의 연결을 하나하나 열거하다 보면 그 대상을 더욱 진화시킬 단서를 얻을 수 있다.

물건이 지닌 저마다의 목적(왜 존재하는가?)은 다른 물건이나 상황에 영향 받는다. 부품 하나하나의 목적에는 벡터 같은 연결의 방향성이 있다. 테이블 상판이 지닌 의미는 '물건을 놓기 위한 평평한 판'이지만, 이는 '위에 놓을 물건'이 있으므로 생겨난다. 따라서 아무것도 놓지 않는다면 상판 하나로는 아무 의미도 갖지 못한다. 즉, 테이블과 식사는 목적의 벡터로 연결되어 있다. 목적의 벡터, 즉 물건이나 사람의 관계는 창조의 배경에 자리한 보이지 않는 연결성의 정체다.

약간 추상적인 이야기이지만 목적에도 마트료시카 구조가 있다. 테이블 상판의 목적이 '물건을 놓기 위한 평평한 판'이라고 했을 때, 그 뒤로 이어지는 의미를 파고들어보자. '물건을 놓기 위한 평평한 판'이 무슨 의미인지 다시 한번 고민해보는 것이다. 그러면 '그릇을 올려놓을 수 있어 식사하기 편리하다' 같은 상위 목적이 드러난다. 다시 '그릇을 놓을 수 있어 식사할 때 편리한 평평한 판'이 왜 도움이 되는지 생각해보자. '가족과 화목하게 맛있는 식사를 한다'라는 한층 상위의 목적이 떠오른다. 이를 반복해 나가면 단순한 테이블에서 '공동 커뮤니티 내 신뢰의 구축'이라는 인류의 장대한 목표가 보이기 시작한다.

여기까지 생각하면 테이블을 살 때 단순히 평평한 판을 사는 것이 아니라는 사실을 깨닫게 된다. 사물의 본질적인 목적을 돌아보면 무언가를 만든다는 행위가 얼마나 위대한 것인지 확인할 수 있다. '커뮤니티가 신뢰 관계를 형성할 장을 만든다'라는 본질적인 관점에서 테이블을 설계하면 디자인 결과물은 전혀 달라질 것이다. 물건에 숨겨진 목적은 마트료시카 구조의 내부에서 외부로 퍼져 나간다. 이 점을 인식하면 외부로 퍼져 나가는 본질적인 의도는 인류 역사의 보편적인 관점과 연결되며, 내부는 외부와의 생태적인 관계나 과거로부터의 계통적 관계와 이어짐을 알게 된다.

테이블은 어디까지나 하나의 예시일 뿐이다. 일상에 존재하는 수많은 도구의 등장 배경에는 이러한 목적의 마트료시카 구조가 있으며, 이는 문화와 연결된다. 특정 대상의 본질적인 목적에 가까워질수록 중요한 의미가 보이기 시작한다. 모든 것은 역사나 사회와 밀접하게 연결되어 있다. 창조 과정에서도 상위 의도에서 하위 의도까지의 흐름을 의식해야 한다는 사실을 명심하자. 반대로 어떤 영역이 정체되어 원활하게 창조가 이루어지지 않다 보면 어느새 본질적인 목적에서 괴리되어 사회나 이용자와의 연결성이 부족해지는 경우도 있다.

모든 창조에서는 생리학적 관찰을 통한 목적과 의미의 탐구가 필수적이다. 내부를 해부하고 그 생리를 관찰해 사물이 본래 지닌 의미와 목적, 기능을 파악해 나가자. 상위의 이유를 향해 반복적으로 자문자답해 나가다 보면 사물 본래의 존재 이유와 자연선택의 방향성이 분명하게 드러날 것이다.

진화워크 17 — 창조의 해부생리학 20분

대상 속에 포함된 각 요소에는 어떠한 의미가 담겨 있을까? 해부 맵에서 찾아낸 요소의 의미를 확인하고 각 부품의 존재 의의를 고민해보자. 내부의 탐구를 통해 특정 대상이 지닌 보이지 않는 이유를 파헤칠 수 있게 된다. 그 과정에서 창조할 대상의 의미를 더욱 고도화할 수 있다.

1. 해부 맵에 분류된 각 요소의 목적(WHY)을 적어보자.
2. 목적(WHY)은 반드시 무언가를 위해 존재하는 만큼 작동하려는 방향성이 있다. 요소 간에 서로 보완하는 적응 관계를 화살표로 연결해보자.

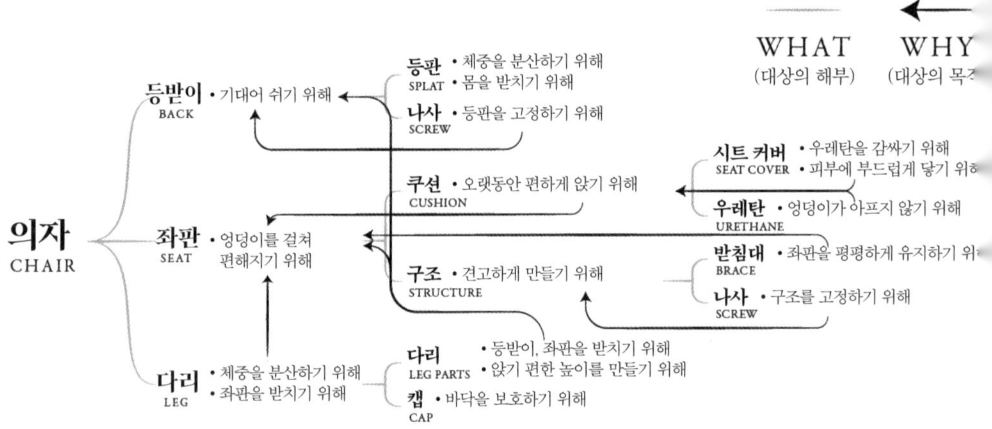

그림 13-9 해부생리학 맵. 물건을 구성하는 부품의 의미를 파악하자.

발생 해부—창조 순서를 생각한다

생물은 어떻게 발생했을까? 이러한 의문은 옛날부터 여러 사람의 호기심을 불러일으켰다. 그 탐구의 기원은 매우 오래되어 기원전 350년경 아리스토텔레스가 쓴 《동물발생학》[35]이라는 책 혹은 그 이전까지 거슬러 올라간다. 아리스토텔레스는 달걀을 생육 기간에 따라 단계적으로 해부해 기관이 생성되는 과정을 살펴봤다. 이렇듯 생물이 태어나는 메커니즘을 연구하는 분야를 '발생학'이라고 한다.

생물의 형태는 종마다 다르다. 그렇지만 발생학적으로 관찰하면 서로 다른 종이라도 수정에서 시작되는 발생 과정은 지극히 닮았다. 난자와 정자가 수정돼 수정란이 되고, 수정란이 세포분열을 반복하면서 신체를 구성해 나간다. 그리고 어릴 때의 모습은 어류나 파충류, 포유류 모두 닮았다. 그러다가 성장이 이루어지면서 점점 각각의 종다운 모습에 이른다. 생물 발생 과정은 38억 년 역사를 단 몇 개월 만에 이뤄내는 것 같은 신비를 담고 있다.

그렇다면 인공물은 어떻게 창조되는가? 생물과 인공물은 발생 과정이 정반대다. 생물이 하나의 세포에서 거대한 개체로 성장해 나가는 데 비해 인공물을 만들어내는 과정은 소재마다 차이가 크다. 인공물에는 인공물만의 생산 방법이 있다. 인공물을 생산하는 과정에는 음식 조리법처럼 인공물을 구성하는 부품과 재료, 그리고 순서에 따라 조립하는 단계가 존재한다.

인공물을 해부하다 보면 금속, 나무, 돌, 플라스틱, 유리 등 다채로운 소재가 모여 만들어졌음을 알 수 있다. 그리고 이러한 소재마다 각기 다른 생산 과정이 존재한다. 콘크리트 타설, 목재 가공, 플라스틱 성형 등 소재에 따라 생산 과정이 체계화되어 있다. 또 각 소재에는 대표 가공법이 존재해 소재가 같다면 용도가 다르더라도 만들어지는 방법이 거의 비슷하다. 소재별 생산 과정을 알고 나면 한번 슥 보는 것만으로도 제작 순서를 파악하게 된다.

인공물을 만드는 과정을 이해하는 일은 창조에서 헤아릴 수 없는 가치가 있다. 애초에 제작법을 모르면 새로운 발상도 실현할 수 없다. 생산 과정을 알면 실제로 만들 수 있을 뿐 아니라 제작 과정 그 자체를 개

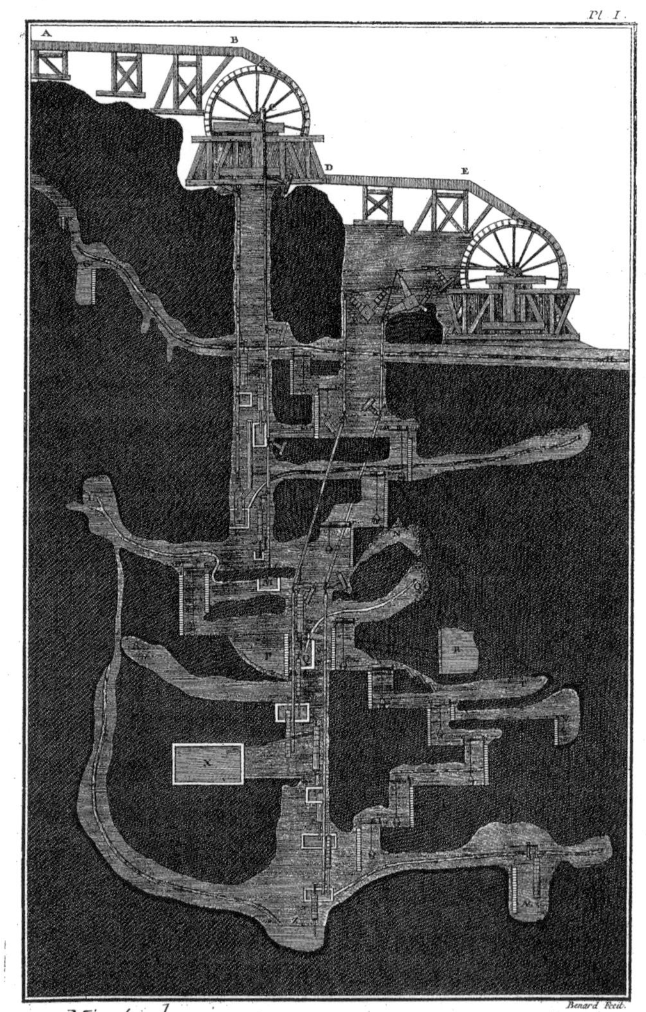

Minéralogie, Disposition des Machines servant aux Epuisements.

그림 13-10　광산에서 쓰는 굴진기의 구조

선할 방법까지 구상할 수 있다. 생산 과정이 변화하면 여태껏 불가능했던 물건을 만들어낼 계기가 나타나기도 한다.

생산 과정을 익히는 가장 좋은 방법은 실제 생산 현장을 방문해 이야기를 들어보는 것이다. 눈앞에 보이는 현장은 발상의 보고다. 나 역시 학생 시절에 공장을 돌면서 물건을 만드는 작업을 직접 체험해보고 싶다고 요청하고는 했다. 금속, 플라스틱, 목공, 인쇄 등 소재별로 공장 목록을 만들어 저렴하게 만들 수 있을 듯한 물건은 디자인을 가져가 시험 제작을 부탁해보기도 했다. 이렇게 생산 현장에서 물건을 실제로 만들어보는 경험을 통해 학교에서 얻기 어려운 지식을 익힐 수 있었다.

공장에 직접 방문하기 어렵다면 생산 과정을 설명해놓은 책을 보며 지식을 익혀도 좋다. 일상생활에서 쓰는 물건이라도 한번 만들어보려면 그 방법을 알기 어렵다. 제조 과정을 이해하면 그 물건이 탄생하는 데 얽힌 본래의 특성이 보이기 시작한다.

지금까지 생물학의 형태학, 생리학, 발생학 등 해부적인 관점을 익혔다. 이제 뛰어난 창조성을 발휘하는 데 필요한, 해부의 사고를 활용해 형태가 만들어지는 과정을 살펴보며 디자인의 본질을 좇아보자. 선택의 사고에서 찾아볼 수 있는 창조성을 개선시켜줄 자연선택압력에 대해서는 '자연선택'이라는 주제 아래 살펴보고자 한다.

자연선택 장력—관계와 형태가 조화로운가

지금까지 우리는 물건을 해부해서 내부 요소를 탐구하는 방법을 배웠다. 그러면 이러한 요소의 형태는 어떤 방식으로 결정될까? 즉, 디자인할 때 어떤 요인을 통해 형태를 결정하는지 살펴보자. 이때 '막'이라는 개념을 떠올리면 이해하기 쉽다. 막의 응력이 대항해서 싸우면 그 표면에 장력이 발생한다. 바로 이 장력이 모든 형태를 결정하는 열쇠다.

액체의 거품을 떠올려보자. 거품은 장력을 지닌 표면의 집합이다. 각각의 거품 표면에는 내부로 끌어당기는 표면장력이 작용한다. 이는 면적을 최소화하려는 힘이다. 같은 부피에서 가장 표면적이 작은 형태를 추구하는 것이다. 그런 이유로 공기 중에 나타난 비눗방울은 아름다운 구형을 이룬다.

거품끼리 만나면 각 거품의 표면장력에 의해 서로를 끌어당기며 곡면의 면적이 최대한 작아지는 형태로 바뀐다. 그 결과, 거품은 아름답고 순수한 기하학 형태를 그려낸다. 3개의 거품이 연결된 면 사이의 각도는 120도를 유지하며, 거품이 4개면 109.47도를 유지한다. 내부 기체를 유지할 수 있는 최소 면적에 따라 저절로 그렇게 된다. 즉, 거품은 존재

그림 13-11 거품이 아름다운 디자인을 만들어내는 데는 물리학적인 이유가 있다

자체가 최적화된 성질을 지니고 있으며, 자연히 조형적으로 아름다운 형태를 유지한다. 19세기 물리학자 조지프 플래토가 발견한 이 기하학적 성질은 그의 이름을 따 '플래토 법칙'이라고 불린다.

다양한 기하학적 구조를 지닌 방산충(플랑크톤의 일종 – 역주) 중에 칼리미트라라는 종이 있다. 칼리미트라의 구조는 거품의 구조와 거의 비슷하다. 거품의 형태는 최소한의 재료로 구성된 만큼 상황만 맞으면 진화상으로도 유리하다. 여러 겹의 막으로 싸인 생물 역시 표면장력에 의해 자동으로 최소 면적을 유지하려는 성질을 지닌다.

거품처럼 장력의 다툼이 형태를 결정하는 사례는 인공물에서도 찾을 수 있다. 〈그림 13-14〉는 버크민스터 풀러가 만든 지오데식 돔으로 거품의 형태를 재현한 건축물이다. 가스탱크, 기름통, 물병 등 우리는 수많은 막을 도구로 사용하는데 이러한 분리벽은 모두 장력에 의한 형태 결정과 관련되어 있다.

장력으로 다듬어진 조형은 아름답다. 끈 양쪽 끝을 잡고 느슨하게 늘

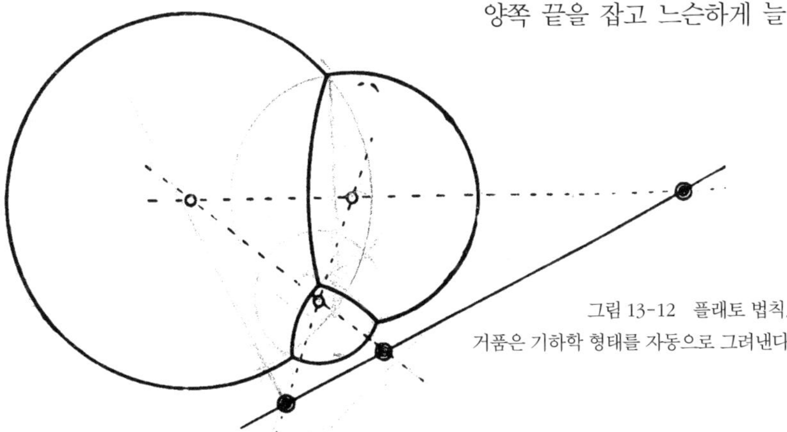

그림 13-12 플래토 법칙. 거품은 기하학 형태를 자동으로 그려낸다

어놓았을 때 장력에 따라 자연스레 만들어지는 커브 형태를 '카테나리 곡선'이라 부른다. 일설에 의하면 인간이 가장 아름답다고 느끼는 곡선이라고 한다. 끈 내부에 흐르는 응력(내부 면에 작용하는 힘)을 꾸밈없이 그대로 드러내는 조형은 역시 아름답다. 그뿐만 아니라 카테나리 곡선으로 만든 아치 구조는 응력을 가장 깔끔하게 풀어내는 최적의 아치 형태이기도 하다.

카테나리 곡선의 성질을 그대로 디자인에 적용한 인공물은 다수 존재한다. 안토니오 가우디의 대표작인 바르셀로나의 성당 '사그라다 파밀리아'는 카테나리 곡선을 바탕으로 설계됐다. 가우디는 여러 가닥의 끈을 늘어놓은 모형을 거꾸로 뒤집은 형태로 기본 조형을 구성했다. 자연에서 강한 영향을 받은 가우디는 조형의 근거 역시 자연계의 장력에

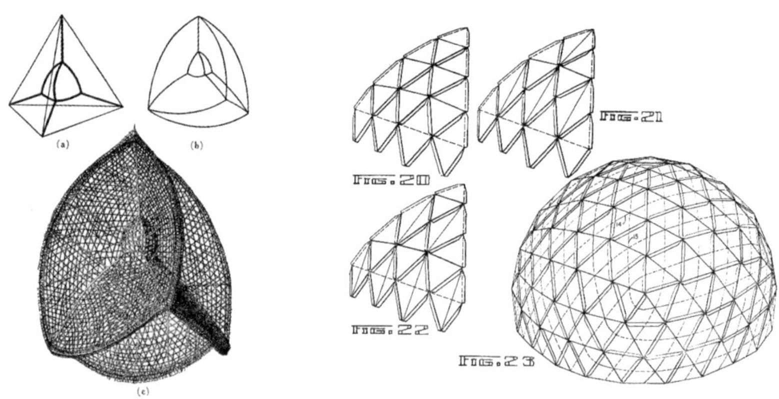

그림 13-13 철사의 겉면을 감싼 비누 거품과 방산충 칼리미트라의 골격은 형태가 비슷하다

그림 13-14 버크민스터 풀러의 지오데식 돔. 거품이나 풍선 같은 장력이 느껴진다

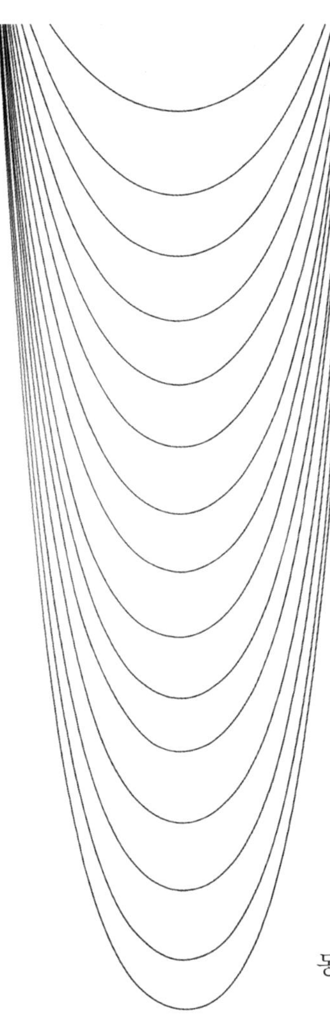

그림 13-15 ggg 기획전에서 15가닥의 밧줄로 카테나리 곡선을 가시화했다

서 찾았다. 1882년 시작된 공사는 영원히 끝나지 않을 것처럼 보였지만 2026년 완공될 예정이라고 한다.

가우디로부터 200년 전으로 거슬러 올라가면 일본에도 가우디와 비슷한 생각을 한 천재적인 기술자가 있었다. 고다마 규에몬이 설계한 야마구치현 이와구니시에 있는 긴타이 다리는 세계적으로 희귀한 거대 목조 다리다. 아름다운 리듬으로 그려진 이 다리 역시 카테나리 곡선을 바탕으로 설계됐다.

나는 디자이너마다 나름의 장력관(張力觀)이 있다고 생각한다. 이는 건축뿐 아니라 프로덕트, 그래픽, 아트 등 디자인의 어느 분야에서나 작용한다. 장력관을 교묘하게 포착해 활용하는 디자이너는 반쯤 자동적으로 형태를 결정할 것이다. 그래픽 디자이너는 문자와 문자 사이의 커닝(kerning, 자간)이나 포스터의 레이아웃을 정할 때 요소 사이에 작용하는 인력을 생각한다.

TACHIKAWA
↓
TACHIKAWA

그림 13-16 커닝은 문자 사이의 장력을 조절하는 기술이다

자동차 디자이너는 자동차 외부에 흐르는 공기의 압력과 내부 운전 공간의 압력에서 발생하는 균형을 감안한다.

형태와 관계는 끊임없이 싸우며 자연선택당한다. 장력의 대치를 이해하는 감각은 여러 조형을 세련되게 만드는 근간이 되며, 디자인을 결정하는 데 깊이 연관된다. 장력에 의해 자연스레 선택된 조형은 필연적으로 아름다워진다. 즉, 디자인 주변에 보편적으로 존재하는 자연선택압력의 장력은 그 물건을 더욱더 효율적이고 최적화된 상태로 만든다.

좋은 디자인이란 무엇일까? 정답이 없는 질문이지만 '최소의 형태로 아름다운 관계를 만들어내는 것'이라고 생각한다. 대상에 아름다운 기능을 추가하면 대부분 형태 역시 늘어나버린다. 형태를 유지한 채 기능을 추가하는 것이야말로 디자인의 기술이다.

자연선택 최적화—군더더기는 없는가

단순한 구성에 대한 탐구를 반복할수록 그 대상은 필연적으로 더 아름다워진다. 최적화의 지혜는 디자인에서 빼놓을 수 없는 관점이다. 구조

역학에서 최적화란 재료가 많지도 적지도 않은 상태로 나아가는 것을 뜻한다. 자연계의 모든 막에는 가장 작아지려는 장력이 구석구석 작용한다. 38억 년에 걸쳐 생물이 획득한 신체에는 이 막의 최적화 압력이 항상 작용해왔다. 불필요한 부위는 진화 과정에서 언젠가 사라진다. 대표적으로 인간과 원숭이의 공통 조상에게 존재했던 꼬리가 인간에게는 더 이상 없다. 강에 있는 돌이 오랜 시간을 지나 하류에 이르면 매끄러워지듯이, 생물의 진화 과정에는 끊임없이 형태를 줄이려는 압력이 작용한다. 이런 이유로 유구한 세월 동안 다듬어지면서 잃어버린 형질이 수없이 많다.

이러한 관점에서 올리브 나무와 선풍기를 비교해보면 자연물과 인공물은 최적화의 수준이 전혀 다르다는 사실을 알 수 있다(그림 13-17). 올리브 나무는 크게 열매, 잎, 가지, 뿌리, 꽃으로 이루어져 있으며, 각각을 구성하는 것은 공통 구조를 지닌 식물 세포다. 식물은 하나하나의 부품이 다양한 기능을 해서 구성 요소가 단순한데도 생식은 물론 에너지를 만들거나 물을 끌어 올리고 해충의 접근을 막는 등 폭넓은 기능을 수행한다. 그에 반해 선풍기는 100가지가 넘는 부품으로 이루어져 있으며, 부품 하나하나에 담긴 의미가 올리브 나무에 비해 적다. 각 부품의 형태에는 낭비를 줄일 여지가 있어 보인다. 올리브 나무와 비교하면 바람을 일으키는 기능 하나를 위해 상당히 비효율적으로 만들어졌다는 생각이 든다. 디자인적 관점에서 보면 어느 쪽이 뛰어난지 명백하다. 생물의 구조는 지금껏 만들어진 어떤 인공물보다 훨씬 효율적일 뿐

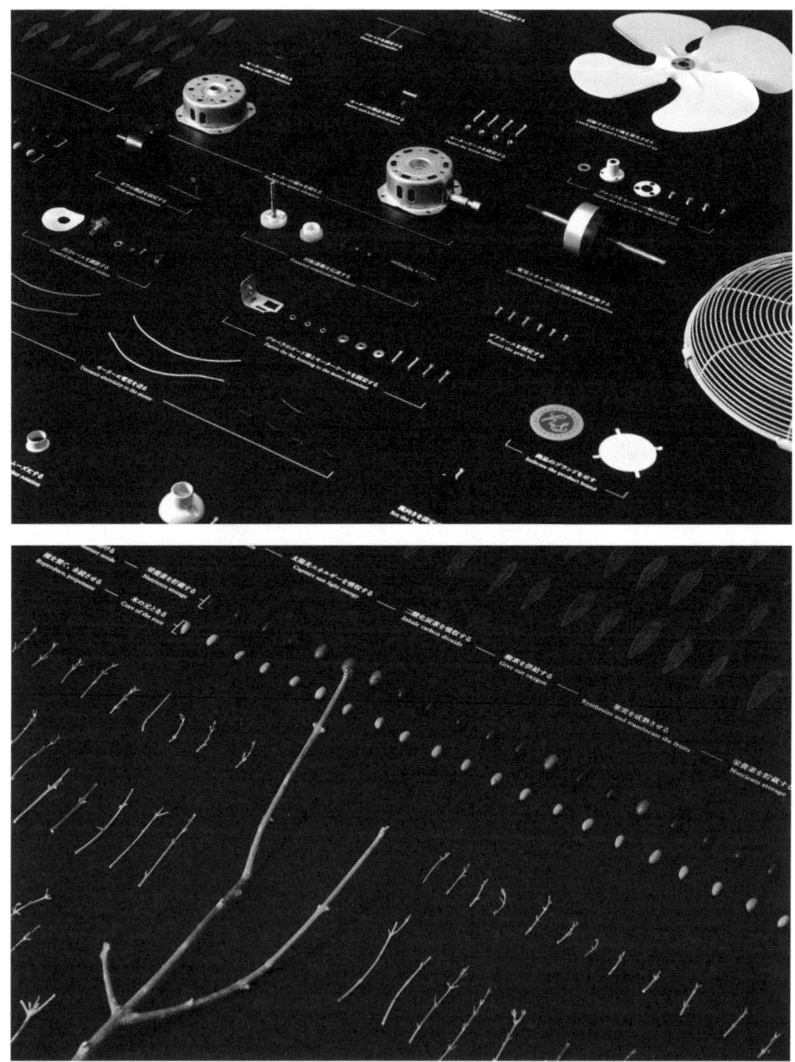

그림 13-17 선풍기와 올리브 나무를 해부해 비교했다

아니라 아름답기까지 하다.

무언가를 만들 때는 언제나 최적화를 의식해야 한다. 인공물은 세포를 바탕으로 이루어진 생물에 비해 유연성이 높지 않기 때문에 최적화를 목표로 하는 장력이 발생하더라도 주의 깊게 의식하지 않으면 그냥 지나쳐버리기 쉽다. 통합하여 줄일 수 있는 요소 혹은 질량이나 에너지가 낭비되는 부분은 없는가? 정말 최소한의 요소로 구성되어 있는가? 자연에서라면 이를 어떻게 해결할까?

이러한 압력은 생물을 효율적이면서도 아름다운 형태로 최적화하는데, 어떤 생물을 관찰하더라도 그 구조의 효율성에 놀라게 된다. 극한까지 낭비를 없애려는 최적화의 통합 현상은 생물의 부위를 넘어 세포나 분자 수준에서도 일어난다. 최적화 시스템은 재료, 공정, 에너지의 낭비를 줄이는 것으로 이어진다. 따라서 지속가능한 사회를 추구하는 우리에게 필요한 지혜가 숨어 있다고 할 수 있다.

역사상 최고의 건축가 중 한 명으로 알려진 바우하우스의 3대 교장, 미스 반 데어 로에는 디자인의 본질을 "단순한 것이 더 아름답다(Less is more)"라는 말로 표현했다. 그는 최적화 사고방식을 치밀하게 활용해 유니버설 스페이스(Universal Space, 어떤 용도로도 사용할 수 있는 공간)라는 개념을 제창했다. 이는 약 100년 전의 건축 개념이지만 수많은 오피스 빌딩의 기준으로 적용되고 있다. 반 데어 로에는 "신은 디테일에 있다"라는 말도 남겼다. 그는 건축의 모든 디테일에서 전체의 최적화를 목표로 했다.

버크민스터 풀러는 그런 반 데어 로에를 향한 경의를 담아 "단순한 것으로 많은 것을 실현한다(More with less)"라고 말했다. 그는 디자인의 최적화를 논할 때 빼놓을 수 없는 건축가이자 '우주선 지구호'라는 단어로 단 하나뿐인 지구의 소중함을 강조한 철학자이기도 하다. 최적화와 통합성을 체계화한 시너제틱스(Synergetics)라는 새로운 학문을 정립하기도 했는데, 이 이름은 우리가 자주 쓰는 '시너지'라는 단어에서 비롯됐다. 최적화를 향한 멈출 줄 모르는 탐구가 만들어낸 풀러의 발명품으로는 앞서 소개한 봉과 조인트만으로 세울 수 있는 역사상 가장 가벼운 돔인 '지오데식 돔'이 있다. 풀러는 이러한 구조를 통해 지구 환경과 문명의 공생을 목표로 했다. 이후 이 돔과 똑 닮은 축구공 형태의 모양을 지닌 탄소 동소체가 발견되었는데 그의 이름을 따서 '풀러렌'이라고 불린다.

최대한 단순한 형태를 추구한 전설적인 디자이너도 있다. 바로 디터 람스다. 그는 전기 면도기로 전 세계에서 인기를 얻고 있는 브라운의 프로덕트 디자이너를 역임했다. 람스의 단순한 디자인 철학은 현대 프

그림 13-18 판스워스 하우스. 미스 반 데어 로에의 유니버설 스페이스를 구현했다

로덕트 디자인의 원형이다. 2016년 람스가 일본에 방문했을 때 이야기를 나눌 기회가 있었는데, 프로덕트나 그래픽 같은 경계를 뛰어넘어 그의 디자인 사상이 '최소한의 디자인(As Little Design as Possible)'에 있다는 사실에 감명받았다. 그의 사상은 애플의 디자인 수석부사장이었던 조너선 아이브에게도 큰 영향을 미쳐 아이폰이나 맥북 등에 적용되었다. 사례를 들자면 끝이 없지만, 역사적인 디자이너들은 모두 최적화를 의식해왔음을 알 수 있다.

우리는 어디까지 낭비를 줄여 최적화할 수 있을까? 최적화는 형태뿐 아니라 프로세스와도 관련되어 있다. 말할 필요도 없이 프로세스는 단순한 편이 좋다. 세상에는 불필요한 프로세스가 넘쳐난다. 군더더기가 있는지는 관찰해보지 않으면 모른다. 더 적은 재료나 프로세스를 목표로 하는 최적화 사고는 사회의 유동성을 높이고 시간이나 에너지의 낭비에서 문명을 해방하기 위한 도전의 과정이다.

인공물에서는 낭비를 어렵지 않게 찾아볼 수 있다. 디자인으로 줄이려 노력하지 않으면 불필요한 부분이 끝없이 나타난다. 낭비가 발생하는 요인 중 하나는 과잉 공급이다. 이는 '부족하면 안 되니까 많이 만들자'라든지 '단가가 낮아지니 최대한 많이 만들자' 같은 생각 때문에 발생한다. 이러한 과정을 당연시하다 보면, 어느새 그 물건은 군더더기로 가득한 아름답지 않은 형태가 되어버린다. 그 결과, 우리는 생산한 식자재의 3분의 1을 버리고, 군더더기가 많은 디자인을 폐기해왔다. 과잉 공급 때문에 오염이 발생하고 생물이 멸종하거나 자원이 고갈되기도 했다. 줄일 수 있는 낭비는 가능한 한 줄이자. 이를 위해서도 다시 한번 자연에서 최적화의 지혜를 배워야만 한다.

대칭성과 주기성

작은 비눗방울이 완벽한 구체를 이루듯, 주위에 작용하는 힘이 단순할수록 대칭성이 강한 형태가 만들어진다. 많은 생물도 진화상 획득한 형태를 최적화하면서 대칭성을 보여준다. 방사충이나 바이러스같이 작고 단순한 형태를 지닌 경우에는 대개 아름다운 점대칭을 이루며, 사람처럼 복잡한 생물이라도 외관의 면대칭은 유지되는 편이다.

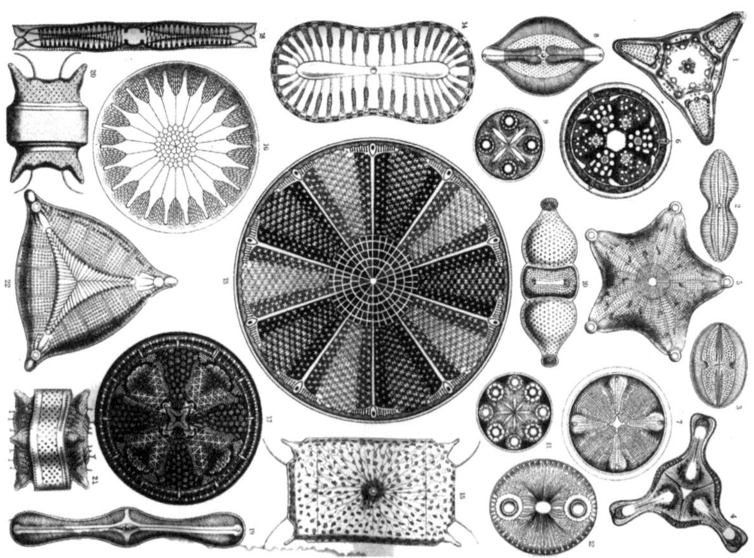

그림 13-19 에른스트 헤켈이 그린 규조 그림

대칭성이 나타나면 필연적으로 기하학적인 패턴이 등장한다. 입체적인 점대칭 형태에는 정사면체, 정육면체, 정팔면체, 정십이면체, 정이십면체 등 다섯 가지 종류가 있다. 평면적으로 점대칭인 도형에는 원이나 다각형이 있다. 방사충이나 바이러스, 결정의 구조 속에도 단순한 기하학형에 가까운 모양이 다수 존재한다. 생물은 물론 수많은 무기물의 결정에서도 아름다운 대칭성을 찾아볼 수 있다.

인간은 기하학적인 패턴을 볼 때 이를 완성된 아름다움 혹은 흔들림 없는 형태로 받아들이며 때로는 경이로움까지 느낀다. 이런 이유로 순수기하학은 대성당의 천장 같은 여러 창조물에 적용됐다. 완성된 조형은 움직이지 않는다. 그 형태가 영원히 유지되는 것이 기하학적 디자인의 특징이라고도 할 수 있다. 이집트의 피라미드나 기독교의 대성당같이 시간을 뛰어넘는 문화재와 기하학적인 조형이 비슷한 것은 결코 우연이 아니다.

한편, 시간이 흐르면서 막이 고정되고 특정한 구조로 귀결되면 이미

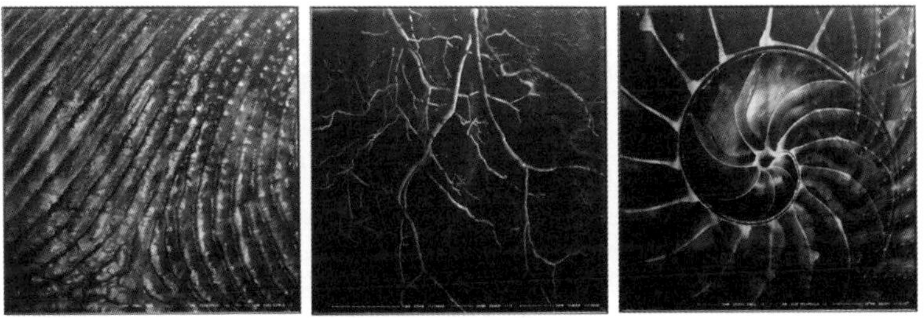

그림 13-20 왼쪽부터 튜링 패턴, 분기, 프랙털의 소용돌이

완성도가 높아졌기 때문에 형태를 변화시키기 어렵다. 고정된 뒤 변형이 일어나면 내부의 응력이 점차 높아진다. 그러다 외부에서 강력한 힘이 가해져 그 한계를 넘으면 표면이 부서지며 거센 흐름이 발생한다.

구조의 파편과 흐름

흐름이 나타나는 모습은 신기하게도 그 대상이 무생물일지라도 마치 생물 같은 역동적인 아름다움을 지닌다. 실제로 흐름이 나타나는 형태와 생물의 다양한 형태에는 공통점이 매우 많다. 〈그림 13-21〉은 내가 ggg에서 전시할 때, 모래를 천천히 흘려보내며 제작한 작품에서 모래 부분만 확대한 사진이다. 어떤 생명도 지니지 않은 무기물의 흐름이지만 그 속에 생물을 떠올리게 하는 형태가 보인다.

수많은 생물은 유체의 흐름 같은 모습을 그려낸다. 강의 흐름이 나무 형태를 띠거나 아름다운 커브를 그리며 굽이굽이 흐르는 것처럼 흐름이 만들어내는 형태 역시 생물처럼 일정한 경향을 보인다. 이러한 법칙성은 자연물의 구조에서 나타나는 본질적인 패턴 일부를 보여준다.

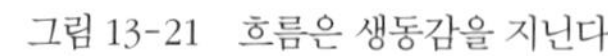

그림 13-21 흐름은 생동감을 지닌다

프랙털

흐름이 안정적으로 성장할 때, '무작위적인 액체의 흐름'과 '조화로운 대칭성'을 모두 갖춘 새로운 패턴이 출현한다. 이 패턴에서는 기본적인 규칙이 작은 상태에서 큰 상태까지 계속 반복되기 때문에 자연계의 온갖 조형에 같은 구조를 반복하는 자기유사성(fractal, 프랙털)이 발생한다. 〈그림 13-22〉에서 앵무조개는 각도를 유지하면서 성장하기 때문에 과거 자신과 계속 닮은꼴을 유지한다. 이러한 패턴은 소용돌이, 회오리, 태풍, 은하 등에서도 볼 수 있다. 2만 미터 상공에서 내려다본 강의 분기와 꼭 닮은 나뭇가지 형태의 패턴을 발밑에 떨어지는 나뭇잎의 잎맥에서도 볼 수 있다. 분기를 반복하면서 성장하는 패턴은 대부분 나뭇가지 형태의 구조를 형성해 나간다.

또한, 생물이 성장하면서 발생하는 프랙털 구조 속에서는 피보나치

그림 13-22 앵무조개 단면도

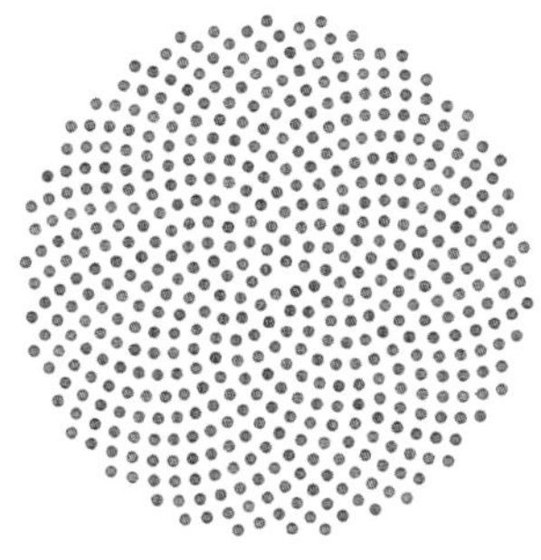

그림 13-23 해바라기 씨앗은 피보나치수열에 따라 나 있는 것처럼 보인다

수열로 대표되는 패턴을 자주 볼 수 있다. 피보나치수열은 자식이나 세포가 급격하게 증식할 때 자연적으로 발생하는 수열이다. 더욱 흥미로운 점은 이 수열을 통해 이루어지는 기하학적인 조형이 우리에게 매우 안정감을 주는 디자인을 형성한다는 것이다. 황금비 사각형은 마치 나선형으로 중심에서 바깥을 향해, 피보나치수열에 따라 성장해 나가는 형태를 띤다. 해바라기 씨앗이 나선형으로 배치된 형태도 피보나치수열과 연관되어 있다.

시각적인 표면의 형성

흐름이 만들어내는 것은 구조만이 아니다. 수학자 앨런 튜닝은 1952년 논문에서 수많은 동물의 무늬는 반응 확산 방정식으로 설명할 수 있다고 주장했다.[36] 무슨 말인가 하면, 생물의 표면에 나타나는 여러 무늬는 두 액체 사이의 대류 현상으로 설명할 수 있다는 것이다. 이 가설은 생물의 무늬 패턴 역시 흐름이 발생시킨 파동이 만들어낸다는 점을 시

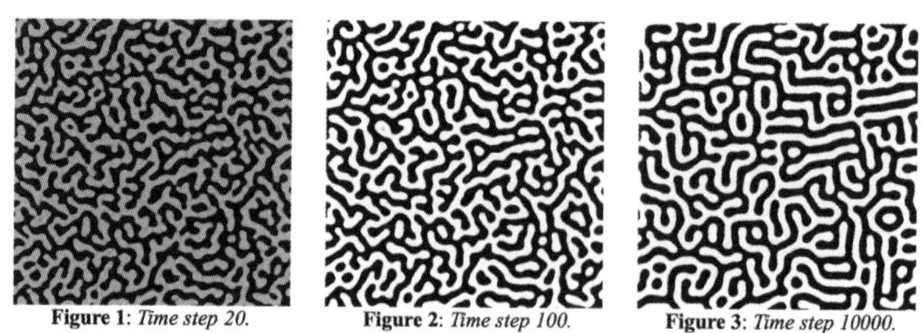

Figure 1: Time step 20.
Figure 2: Time step 100.
Figure 3: Time step 10000.

그림 13-24 튜링 패턴을 활용하면 여러 동물의 무늬를 자동으로 그릴 수 있다

사한다.

2012년 생물학자인 와타나베 마사카쓰, 곤도 시게루는 제브라피시의 특정 유전자에 다채로운 돌연변이를 인공적으로 더하면 얼룩말이나 표범 같은 야생동물의 피부에 드러나는 모양을 재현할 수 있다고 밝혀냈다. 이 연구는 생물 피부의 무늬 형성에 튜링 패턴이 큰 역할을 한다는 점을 시사한다.

수많은 생물이 이러한 원리를 통해 피부 표면의 다양성을 획득하며, 이때 나타난 다양한 무늬 중 환경에 적응한 무늬만 살아남는다. 생명체가 캄브리아기에 눈을 획득한 이래 시각은 생존의 가장 중요한 요소가 됐다고 해도 과언이 아니다. 상대방에게 어떻게 보이는지 혹은 보이지 않는지가 생사와 번식의 성공을 가르는 중요한 요인 중 하나가 되어버렸다. 생물은 의태하여 환경 속에 숨거나 신체를 매혹적으로 꾸며 이성에게 다가서는 등 시각적인 생존 전략을 진화시켜왔다. 그 결과, 색이나 무늬같이 개성 넘치는 시각적인 겉모습을 획득했다.

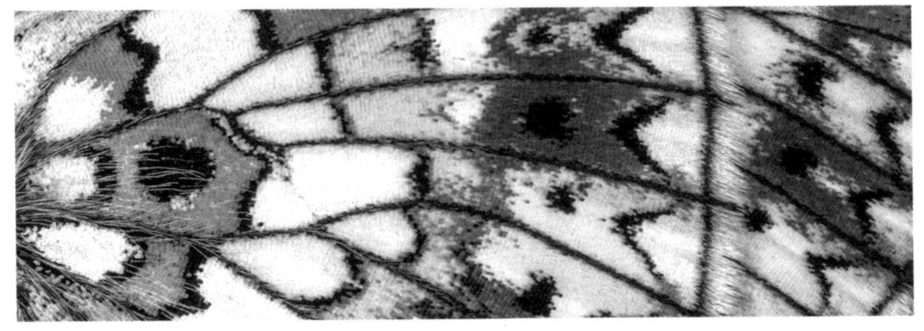

그림 13-25 생물의 패턴은 흐름을 통해 등장하며 상황에 자연선택된 결과다

인류는 어떨까? 인류는 디스플레이 등의 창조에 의해 시각을 해킹하는 단계에 이르렀다. 상품을 고를 때도 색이나 모양을 보고 좋고 나쁨을 판단한다. 벌이나 고추 같은 노란색, 빨간색 등 위험한 색을 띤 상품은 눈에 바로 들어온다. 갈색이나 녹색같이 땅이나 나무를 연상시키는 어스컬러를 띠면 차분해 보인다고 생각한다. 우리의 색채 감각이 자연계가 본래 지닌 무늬나 색채의 의미와 겹친다는 사실은 무척 흥미롭다. 이는 문명이 탄생하기 전부터 인간 DNA에 새겨진 색채와 정보에 대한 본능적인 감각이 드러난 것일지도 모른다.

막의 질감

막의 표면은 내부와 외부를 잇는 인터페이스다. 내부와 외부의 관계를 적절하게 중재하는 역할을 하는 것이다. 생물이 진화 과정에서 획득한

그림 13-26 코끼리는 피부의 요철로 열을 흘려보낸다

피부 표면도, 다양한 사물의 외부 표면(예를 들어 타이어 홈의 표면)도 내부와 외부에 적응한 것이 선택된다.

막의 표면에는 다양한 질감이 있다. 팽팽한 막의 표면은 매끈매끈하지만, 막이 오므라들면 주름이 지면서 요철이 생긴다. 거칠거칠한 표면은 마찰력이 높은데, 사람의 손가락 끝을 감싼 지문 역시 미끄러지지 않도록 요철 형태로 진화했으며, 공구 손잡이도 쉽게 미끄러지지 않도록 거친 질감을 부여한 경우가 많다. 올록볼록한 표면은 마찰계수가 높을 뿐 아니라 표면적을 늘려 열을 내뿜는 방열 효과를 발휘한다. 코끼리는 땀샘이 없기에 피부를 늘려 수많은 주름을 만들어내도록 진화했다. 주름이 방열판 같은 기능을 해서 열을 효율적으로 공기 중에 흘려보내는 것이다. 반대로 추운 지역에 서식하는 생물들은 세포 사이 틈새에 푹신푹신한 털을 기르는 전략을 써서 털 내부에 공기를 보존하는 층을 만들어 혹한에 적응했다.

디자인의 수렴

여러 제약을 극복하고 더욱 아름다운 형태를 만들어내기 위해서는 사물이 지닌 형태의 의미와 제작법을 제대로 이해해야 한다. 지금까지 살펴봤듯이 흐름과 장력은 수많은 생물과 사물의 형태를 결정한다. 생물은 상황에 의해 자연선택당하며 적응적인 형태를 획득해왔다. 또, 환경 측면에서 복잡한 선택압력의 장력과 서로 겨루면서 오랜 시간 동안 상황에 맞춰 형태를 복잡하게 바꾸어왔다.

창조도 마찬가지다. 상황에서 요구되는 성질에 따라 적절한 질감과 소재가 선택된다. 어쿠스틱 기타를 만들 때는 소리가 잘 울리는 스프루스 나무나 자카란다 나무를 사용하고, 주방에서는 얼룩을 쉽게 닦을 수 있는 스테인리스나 법랑을 활용하며, 마룻바닥은 잘 미끄러지지 않도록 적당한 마찰계수가 있는 소재를 쓴다. 매끈매끈, 거슬거슬, 사각사각, 찰싹찰싹, 폭신폭신 등 모든 질감에는 이유가 있다. 모든 표면은 내부와 외부의 관계를 중재하며 막의 성질은 내부와 외부에 적응하면서 반쯤 자동적으로 선택된다.

비슷한 환경에서 살아가는 생물들이 특정한 형태를 이루게 된 이유도 비슷하다. 유사한 생태계 압력에 노출된 생물은 내부와 외부에 발생하는 장력이 유사해서 필연적으로 닮은 형태를 갖게 된다. 예를 들어 상어, 돌고래, 펭귄은 헤엄칠 때의 모습이 거의 똑같다. 신체 내부 압력과 외부 수압의 대치에 적응한 형태가 저절로 자연선택되었기 때문이다. 전혀 다른 진화 과정을 거쳐왔을 생물종들이 동일한 환경에서 자연선택되며 유사한 형태로 적응해 나가는 현상을 수렴 진화라고 한다.

사물에서도 수렴 진화와 유사한 현상이 일어난다. 시속 300킬로미터로 달리는 스포츠카는 엔진의 위치와 크기, 운전석에서의 시야 등 내부 사양과 맹렬한 공기 저항을 받으며 흐르는 외부 압력 간 대치 때문에 공기의 흐름을 느낄 수 있는 유선형으로 디자인되는 경향이 있다. 반대로 미니밴 같은 패밀리카는 내부 공간을 최대화하기 위해 크고 직육면체 같은 상자 형태를 띠기 마련이다. 나아가 시장의 니즈와 법률 등의 선택압력이 작용해 용도가 비슷하면 자동차는 형태 역시 닮아간다. 이러한 디자인의 수렴은 거의 모든 산업에서 찾아볼 수 있다.

용도가 다르더라도 유사한 원형을 지닌 조형물은 공통적인 이유를 좇아 수렴적으로 창조된 결과물이다. 세상에는 원통형 도구가 무수히 많다. 원통형은 내부 압력을 흡수하며, 잘 쓰러지지 않고, 제조하기 쉬운 동시에, 존재감이 약하다는 장점이 있다. 관계가 유사하면 비슷한 형태의 디자인을 유발하기 때문에 창조 역시 수렴 진화한다. 해부적인 관점에서 막에 발생하는 장력의 대치 관계를 주의 깊게 관찰하면 수렴하는 디자인을 만들어낸 필연성을 수없이 찾아낼 수 있다. 이러한 압력을 의식하면 디자인은 자연스레 비슷해진다.

서장에서 던진 '아름다움이란 무엇인가?'라는 정답 없는 질문을 떠올려보자. 아름다움이란 형태에 국한된 것은 아니지만 우선은 겉모습에 초점을 두기 마련이다. 앞서 설명한 내용에 따라 이 질문에 답한다면 아름다운 형태란 '장력과 흐름이 자연선택한, 우리의 본능에 호소하는 자연스러운 형태'라고 할 수 있겠다.

힘의 대치 속에서 자연이 만들어낸 패턴을 보며 인간은 예술적인 아름다움을 느낀다. 세계에 널리 퍼진 조화의 비밀이 여기에 숨겨져 있다. 디자인을 결정할 때는 자연계에 이미 특정 상황에 어울리는 디자인을 자동으로 선택하는 시스템이 마련되어 있다는 점을 이해해두면 좋다. 이러한 흐름을 거스르면 좋은 디자인을 만들 수 없다. 디자이너가

취할 수 있는 최고의 방법은 이러한 흐름에 따라 형태를 만들어내는 것이다. 뛰어난 디자이너는 대부분 스스로 제약을 찾아 나선다. 관계의 장력을 발생시키는 필연적인 요소를 발견해낼수록, 형태가 자동으로 결정되기 때문이다.

아름다운 형태를 고르는 감각은 센스가 좋다 나쁘다 같은 안타까운 논쟁에 빠지기 쉽다. 이런 논쟁은 때로 창조성에 대한 자신감을 빼앗아 간다. 현실에서 형태의 배경에는 장력의 흐름이 소용돌이치고 있음을 이해하고 그 장력을 해부적으로 관찰하는 데 익숙해지면 아름다운 형태의 방향성이나 이유를 저절로 알 수 있다. 장력과 흐름의 역학을 바탕으로 형태는 필연적으로 자연선택된다. 어떠한 형태가 나타나는지, 내부와 외부에서 볼 수 있는 힘의 방향성에 눈을 돌려 이것이 만들어내는 흐름과 장력을 의식해보자.

자연선택 생산성—효율적으로 실현되는가

무엇인가를 창조하려면 먼저 그것을 실현할 수 있어야만 한다. '실제로 가능한가?' 하는 의문은 새로운 아이디어가 나왔을 때 반드시 따라오는 질문이다. 여기에 답하지 못한다면 아이디어는 언제까지고 그림의 떡일 뿐이다.

물건을 만들어낼 수 있을 만큼 제작 과정을 이해하고 있는가? 실현

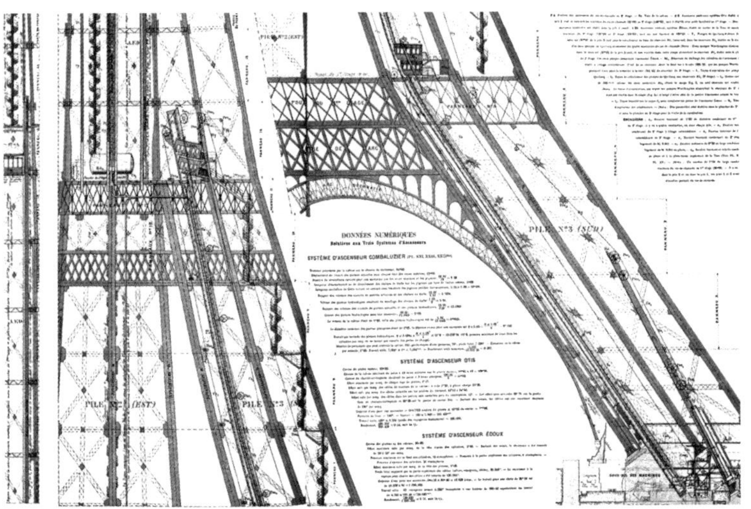

그림 13-27 에펠탑의 방대한 도면 중 일부. 생산 과정에 대한 깊은 이해가 느껴진다

하는데 필요한 지식이나 예산, 시간과 인력 등 자원은 충분한가? 혹은 이러한 자원이 없더라도 채워 넣을 방법이 있는가? 만약 여기에 답할 수 없다면, 실현할 준비가 되어 있지 않은 것이니 철저하게 준비해야 한다. 제작법을 완벽히 알지 못하면 창조의 입구에도 들어설 수 없다. 방법을 아는 데 그치지 않고, 자원과 프로세스 측면에서 효율적으로 실현할 수 있는지도 따져야 한다.

제작 프로세스 역시 되도록 간소화해야 한다. 물건의 형태뿐 아니라 제작법에도 최적화 압력이 항상 작용하기 마련이다. 같은 목적을 실현한다면 시간과 재료가 낭비되지 않을수록 좋다. 〈그림13-27〉을 보자.

에펠탑의 방대한 도면 중 일부이다. 물건을 만드는 데는 막대한 공정이 필요한데, 그 공정의 일부에 지나지 않는 이 도면에서도 아름다운 프로세스를 만들어내려는 애정이 느껴진다. 이상과 현실 사이에서 고뇌하는 것이 창조다. 대상의 발생학을 잘 이해하고 생산 프로세스를 숙지해 이를 응용하면서 아름다움을 만들어 나가자.

진화워크 18 — 창조의 발생학 30分

내부의 해부를 통해 드러난 부품은 어떻게 만들어질까? 다양한 부품을 만드는 방법과 그 조립 과정을 철저하게 조사해보자.

1. 해당 물건을 만드는 과정을 시작부터 끝까지 순서대로 설명해보자.
   조립하는 과정을 상상하며 그 순서를 적어보자.

2. 소재나 구조가 같다면 만드는 방식도 같을 수 있다.
   각 부품을 구성하는 소재별로 제작법을 조사해보자. 물건을 만드는 공정을 이해하는 것은 창조에 필요한 지식이다.

가능성의 씨앗을 향한 사랑

사물 내부의 숨겨진 구조를 관찰해서 제대로 이해하기. 사물 본래의 의미 고민하기. 그 사물을 키우는 방법 알기. 이런 것들은 바로 사물을 향한 애정의 이야기라고 할 수 있다. 해부 과정에서는 사물에 내재된 가능성의 씨앗이 보인다. 하찮다고 생각했던 대상이 본래의 힘을 발휘하면 새로운 가능성의 문이 열리기도 한다. 그런데 이런 이들은 내부에 숨겨진 가능성을 발견하는 이가 있어야 비로소 빛나기 시작한다. 이는 사물의 경우에도, 인간의 경우에도 변하지 않는 진실이다.

이미 잘 알고 있다고 생각한 사물 속에 숨겨진 관계를 다시 확인해 보자. 신중하게 해부해서 구조를 구석구석 관찰하면 개선할 부분을 발견할 수 있을 것이다. 일견 완벽해 보이더라도 아직 개척되지 않은 부분이 존재하게 마련이다. 사물의 형태나 이유, 그리고 만드는 방법을 이해하는 해부의 사고에 익숙해지면 방법이 없거나 나중에 취약해지는 방법을 제외하고, 개선할 수 있는 부분에 집중하게 된다.

사물 내부에는 가능성이 넘쳐흐른다. 해부했을 때 보이기 시작하는 모든 구성품은 이미 실현 가능성이 증명된 것들뿐이다. 그러나 그 사용법이 지금의 용도에만 국한된다고 할 수 없다. 인간은 시스템을 이해하고 나면 응용법을 고민하기 마련이다. 변이의 사고를 통해 메커니즘을 응용하면 새로운 과제를 해결할 가능성이 나타난다. 아주 조금 생각을 바꾸는 것만으로 이제껏 하찮다고 생각하던 물건이 활짝 피어날지도 모른다.

해부적 사고력은 본래 누구에게나 내재된 힘이지만 의식적으로 사용하기 위해서는 끊임없는 연습과 습관화가 필요하다. 해부를 통해 매일 신선한 눈으로 사회 속에서 새로운 가능성의 씨앗을 발굴해보라. 사물이 저마다 진가를 발휘하면 새로운 창조의 가능성이 열릴 것이다. 그 열쇠는 지금도 보이지 않는 내부에 잠들어 있다.

진화워크 19 — 내재된 가능성 20분

해부한 대상의 형태와 그 기능을 다시 한번 자세히 들여다보자. 가능성의 씨앗이 잠들어 있을지도 모른다. 더욱 효율적으로 개선할 방법이 떠오르는가? 혹은 내부에 숨겨진 시스템을 다른 분야에 응용할 수 있을까?
부품의 새로운 용도나 생산 과정의 개선, 비효율적인 상태로 방치된 시스템을 상상해보자. 숨겨진 가능성을 발견할 수도 있다. 아이의 성장을 응원하는 마음으로 대상 내부에 숨겨진 가능성의 씨앗을 지켜보면 그 대상이 잠재력을 발휘할 여지를 발견하게 될 것이다.

필연적 선택 2 계통系統

과거의 계보를 탐구하자

옛날 이야기를 조금 해보려 한다. 대학 시절, 친구와 디자인에 관해 이야기한 적이 있다. 이때 친구가 툭 던졌던 말이 지금도 머릿속에 남아 있다. "세상에는 디자이너가 수없이 많고, 디자인도 무수히 많잖아. 이제 더 이상 디자인할 수 있는 게 남아 있지 않은 것 같아."

지구상에 70억 명이나 되는 사람이 있으니 깜짝 놀랄 만한 아이디어는 이미 누군가 생각해서 실현했을 가능성이 크다. 아직 누구도 떠올리지 않았을 발상은 더 이상 없을지도 모른다. 그런데 정말 그럴까?

지금의 나라면 이렇게 단언할 수 있다. "그렇지 않아. 왜냐하면 모든 창조는 미완성이고, 계속 진화해 나가기 때문이지."

세상은 수만 가지가 넘는 도구로 가득 차 있다. 나올 수 있는 발상은 모두 다 나온 것처럼 보인다. 이미 출시된 물건들은 가혹한 경쟁에 시달리고 있다. 하지만 앞으로 100년쯤 지나면 지금 사용하는 도구가 대부분 다른 형태로 바뀌어 있을 것이다. 이렇게 단언할 수 있는 이유는 지금의 우리 역시 100년 전에 흔히 사용했던 도구를 거의 사용하지 않으며, 몇몇 도구들은 일상에서 흔적도 없이 사라졌기 때문이다.

제약을 뛰어넘으려는 새로운 방법은 어떤 시대에나 계속 등장했다. 세상에 완벽한 생물이 없듯 완벽한 도구 역시 존재하지 않는다. 상황이 변하면 도구도 이에 맞춰 언제나 바뀐다. 그 반복을 통해 세상은 새로운 디자인으로 채워져왔다. 그러나 동시에 모든 디자인은 미완성 상태로 남아 있다. 새로운 것을 디자인하는 일은 곧 계보 속에 새로운 역사를 만드는 과정이다. 그렇다면 나 역시 인류사에 아주 조금이지만 공헌할 수 있지 않을까. 이를 깨닫게 된 이후로 디자인을 대하는 내 사고방식은 크게 바뀌었다. 모든 것이 미완성이라면 누구나 주변 물건을 의심하며 새로운 가치를 찾아내 역사를 바꿀 수 있다.

과거로부터의 흐름을 이어받아 창조에 몰두하려면 어떻게 하면 좋을까?

첫 번째 단계는 개별적인 창조의 역사적 문맥을 이해하는 것이다. 만약 과거로부터 아무런 영향도 받지 않았다고 생각하는 크리에이터가 있다면, 그는 불손하고 무지한 사람일 것이다. 실제로 뛰어난 크리에이터라고 인정받은 이들의 작품을 살펴보면 역사를 향한 이해가 깊을수록 뛰어난 창조성을 보여주었다. 내 주변에 있는 창조적 인물을 살펴봐도 세계사나 예술의 역사적 문맥 등을 상당히 깊이 이해하는 경우가 많았다. 은사인 구마 겐고 선생님이나 구로카와 마사유키는 건축가이지만 역사학자가 혀를 내두를 만큼 역사에 조예가 깊다. 이들은 역사적인 배경을 알면 문맥에 숨어 있는 필연성이 부각된다고 설명했다.

모든 창조는 진화에서의 유전처럼 과거로부터 영향을 받은 변이로 인해 발생한다. 역사적인 계보 속에는 창조에 대해 배울 것이 많다. 과거의 위대한 창조에 경의를 갖고 거기에 흐르는 문맥을 탐구하는 단계는 창조성을 갈고닦기 위해 빼놓을 수 없는 과정이다. 과거에서부터 흐르는 거대한 창조의 문맥이 이어져 내려와 지금도 새로운 창조가 세상에 등장하고 있다. 시간의 흐름 속에서 살아남는 필연적인 선택압력을 탐구하는 사고를 진화사고에서는 계통의 사고라고 부른다.

생물이 진화할 때는 세포가 갑자기 물고기가 되거나 물고기가 돌연 포유류가 되는 것 같은 급격한 진화는 발생하지 않는다. 생물은 오랜 시간에 걸쳐 조금씩 변이를 쌓아가며 연속적으로 진화해왔다. 이는 곧 조상이 되는 생물이 없었다면 모든 생물이 나타나지 않았을 것이라는 의미이기도 하다.

창조 역시 마찬가지다. '천재가 무에서 유를 창조'하는 것 같은 급격한 변화는 거의 일어나지 않는다. 기존 사물에 변이적 에러가 연속으로 일어나는 과정에서 과거 창조물이나 자연의 구조로부터 강력한 영향을 받아야만 창조가 나타난다. 진정한 의미로 0에서 빅뱅 같은 창조를 일구어낸 사례는 인류사에 없다. 라이트 형제의 비행기는 릴리엔탈의 글라이더가 없었다면 실현되지 않았을 것이다. 릴리엔탈의 글라이더는 새가 없었다면 만들어지지 못했을 것이다. 칼 벤츠의 자동차는 마차가 없었다면 등장하지 않을 것이다. 에디슨의 전구도 가스등이 없었다면 탄생하지 않았을 것이다. 창조에도 역시 종의 기원이 있으며, 끊임없이 유전된다. 창조는 과거를 이어받으며 진화해 나간다. 모든 발명이나 디자인은 선조의 창조성에 영향을 받았다.

그렇다면 독창성이란 무엇일까? 우리가 어떤 것을 독창적인 발상이라고 인정하는 경우는 과거로부터의 흐름을 완전히 다른 상황에 훌륭히 연결해 적응시킨 변이적 창조성을 가리키는 경우가 많다. 즉, 독창성을 함양하기 위해선 혁신적인 변이와 적응적인 선택이 필요하다. 과거부터 쌓아온 문맥에 담긴 예지를 이어받아 역사를 조금씩 바꾸어 나간다는 자세로 창조와 마주하다 보면 역사적인 작품을 만들 날이 당신에게 찾아올지 모른다.

과거를 참조하는 계통적인 사고는 결코 고전을 답습하는 보수적인 사고가 아니다. 새로운 것을 만들려면 과거를 알아야만 하며, 역사를 바꾼 발상의 탄생 역시 계통을 통해 관찰할 수 있다. 계통에는 혁신의 노하우가 담겨 있다. 예를 들어, 대기업에서 신규 사업을 구상할 때 혼자만의 의견을 관찰시키기란 쉽지 않다. 그러나 창업자가 그 사업에 도전해보라고 지시한다면 상사는 반대 의견을 내지 못할 것이다. 왜냐하면 창업자는 상사의 상사이기 때문이다. 이러한 사례에서 볼 수 있듯이 계통을 탐구하면 창조의 방향성을 잡을 수 있으며 혁신에 보탬이 된다. 과거의 문맥 속에서 새로운 도전을 추진하는 데 도움이 될 만한 선조의 지혜를 빌려서 변화하고 전진하자.

계통의 탐구는 창조성에 직결되지만, 기술 개발 현장에서는 경시받는 것처럼 보이기도 한다. 계통적인 관점에서 창조성을 자극하는 구조를 도입한다면, 여기저기 흩어져 있는 박물관은 단순히 낡은 기록을 보존하는 장소에서 새로운 가치 창조의 무대로 다시 태어날 것이다. 자, 그러면 지금부터 깊고 광대한 창조의 진화사를 살펴보는 지혜, '계통'의 사고를 탐구해보자.

분류학—현재를 수집한다

무언가 모으는 일은 즐겁다. 돌이나 조개, 곤충 같은 자연물부터 자동차, 옷, 슈퍼의 비닐봉지까지 모든 영역에 수집가가 있다. 따로 배우지 않더라도 아이들이 무언가를 모으는 데 열중하듯이, 인간은 수집하고 분류하는 본능을 타고났다. 이러한 기질은 창조성과 밀접하게 연관되어 있다.

일반적으로 '수집'이라는 행위는 특정 영역에 속하는 물건을 모아 비교 분류하고 차이가 발생하는 원인을 파악한 뒤 꼬리표를 붙여 전체를 조감하는 과정이다. 여기에 뿌듯함을 느끼는 것까지가 한 묶음으로 이루어진 취미다. 수집에는 이루 말할 수 없을 정도의 매력이 있으며, 때로는 인생의 목표로까지 승화되기도 한다. 쓸데없으니 버리라고 가족에게 한 소리 듣더라도 버릴 수 없다. 오타쿠라고 무시당해도 상관하지 않는다. 컬렉터라면 대개 이런 기개를 품고 있다.

이런 수집벽을 생물학에서는 '분류학'이라고 부른다. 자연물을 질서 정연하게 정리하는 방법을 분류학으로 확립한 것은 스웨덴의 신학자

칼 폰 린네다. 희대의 박물학자 린네야말로 수집의 역사를 바꿨다고 할 정도로 인류 역사상 최고의 수집가였다. 그의 저서《자연의 체계》[37]에는 아름다운 그림과 함께 그의 수집품이 소개되어 있는데, 그의 지적 탐구를 살펴보면 마음이 두근거린다. 린네는 자연물을 모아 철저하게 관찰했는데 사물을 동물, 식물, 광물로 나누고 나아가 형태·종류별로 세세하게 분류했다.

린네 이전에도 자연물을 수집하는 이들이 있었지만, 그 이전에는 이름을 명명하는 방법이나 분류를 정의할 때 공통적인 규칙이 없었다. 그래서 분류된 대상 간의 관련성을 알기 어려웠고 수집품끼리 연관 짓지 못했다. 린네는 생물을 분류하는 명쾌한 규칙을 분류학으로 정의하고 라틴어 단어 두 개를 붙이는 '이명법'으로 학명을 만들어 나갔다. 이 규칙은 지금도 쓰이고 있다.

분류학의 등장으로 생물학은 비약적으로 발전했다. 분류학의 기본은 어떤 계통에 가까운지 철저하게 밝혀내 이름을 붙이고, 정의되지 않은 것에는 새로운 이름을 붙여 컬렉션을 늘리는 것이다. 분류를 반복해 나가면 카테고리별로 폴더 같은 마트료시카 구조가 나타난다. 이러한 폴더 구조를 기본으로 계속 탐구해온 결과, 현재 생물을 위에서부터 역, 계, 문, 강, 목, 과, 속, 종 8단계로 나눠 분류하고 있다.

분류학의 사고(WHAT의 계통)는 분해해서 이해하는 형태학의 사고(WHAT의 해부)와 비슷하다. 고찰 대상이 내부에 있는지 외부에 있는지만 다를 뿐, '그것은 무엇인가?(WHAT)'를 정의해 분류한다는 점에서

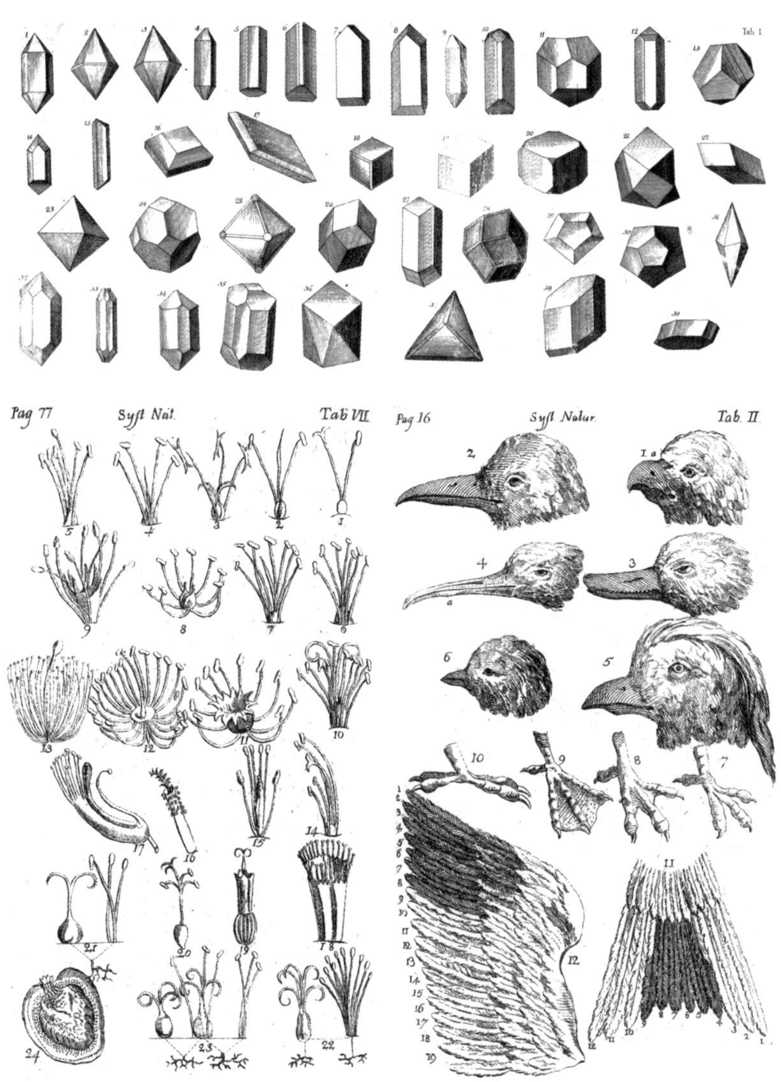

그림 14-1 칼 폰 린네의 《자연의 체계》에서 분류학이 시작되었다

탐구 방법은 동일하다. 분류학 탐구는 특정 카테고리의 전체를 하나라고 간주하고 이를 해부하는 과정을 따른다. 분류학의 방법론을 활용해 폭넓은 영역의 정보를 정리하는 방법을 익히면, 세상의 충만함을 인지하는 감수성을 기를 수 있다.

일견 쓸모없어 보이더라도 컬렉션은 창조성에 기여하는 측면이 있다. 인간은 수집을 통해 문맥을 파악하고 미묘한 차이를 비교 분류하면서 질(quality)을 이해한다. 이러한 식견을 통해 컬렉션은 창조성에 긍정적인 영향을 미친다. 뛰어난 창조성을 발휘하는 사람이 그 장르를 비교 분류하는 데 뛰어난 '문맥 오타쿠'일 가능성이 큰 이유는 바로

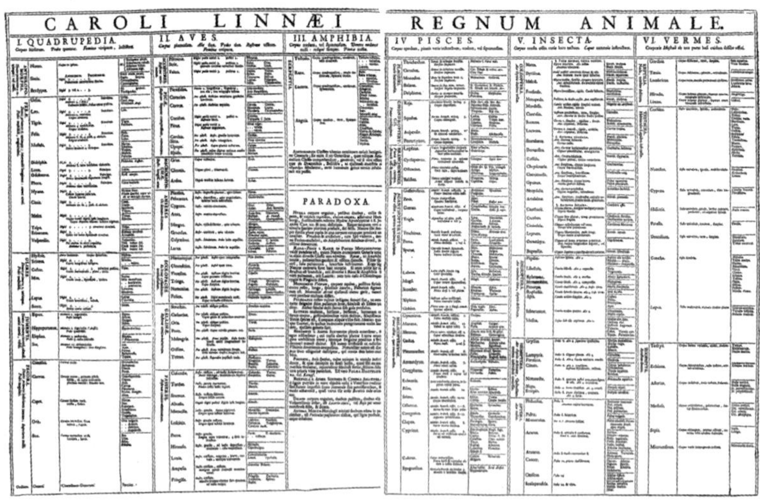

그림 14-2 린네의《자연의 체계》에는 방대한 자연물 목록이 실려 있다

이 때문이다.

그렇다면 비교 분류는 어떻게 창조성에 긍정적인 영향을 끼칠까? 인간의 인지 구조에는 미묘한 차이를 반복적으로 비교하면서 그 차이를 크게 느끼는 성질이 있다. 즉, 비교 분류를 통해 경쟁의 평가 축을 고해상도로 받아들이는 감수성을 갖추게 된다. 평가 축을 알기 위해서는 세계 최고의 물건을 평범한 물건과 비교해 둘 사이에 차이가 발생하는 원인을 나름대로 정의해보면 좋다. 이를 반복하다 보면 평가 기준으로 삼을 만한 기준을 정립할 수 있다. 나아가 평가 축만 이해한다면 반대로 그 기준을 재구축해 전례를 뛰어넘는 물건을 만들어낼 수 있다.

전례를 이해하는 과정은 그것을 뛰어넘으려는 의지를 지닌 이에게 창조성의 씨앗이 된다. 과거의 위대한 도전을 열성적으로 탐구해보자.

진화워크 20 — 분류학(WHAT의 계통) 30분

더 나은 것을 만들려면 우선 해당 영역의 기존 사례를 충실히 파악해야 한다. 이를 위해 진화시킬 대상 x와 가까운 계통의 물건을 빠짐없이 적어보자. 만약 x가 자동차라면 전철이나 오토바이 같은 이동 수단 종류 혹은 버스, 소방차 같은 자동차 종류를 철저하게 적어 내려간다. 이렇듯 가까운 영역의 물건을 연상해 나가면 서서히 대상 x의 문맥이 구체화된다. 유사 사례를 적은 뒤에는 종류별로 분류해 목록을 만들고 그 계보를 살펴보자.

계통학 — 과거를 이해한다

사물을 모아 분류하다 보면 생물도 창조도 저마다 그 탄생에 역사적 배경이 있음을 알게 된다. 위스키든 아이돌 가수든 특정 분야에 해박한 사람은 대부분 해당 대상의 역사적 경위와 문맥을 자세히 알고 있다. 정보나 물건을 수집하면서 어떻게 현재의 모습이 되었는지 탐구하다 보면 그 역사를 공부하지 않을 수 없다. 생물학에도 이와 비슷한 학문이 있다. 진화에서의 역사적 연결성을 이해하고 진화계통수를 그려내는 학문을 생물학에서는 '계통학'이라고 한다.

생물은 대략 38억 년 전에 등장해 진화 과정에서 분기와 멸종을 거치며 서서히 다양해졌다. 현기증 날 것 같은 엄청난 횟수의 분기를 반복한 결과, 세상에는 무수히 많은 생물이 번성하게 됐다. 다양한 종의 분기를 그림으로 나타내면 거대한 나무에서 가지가 갈라진 것처럼 보

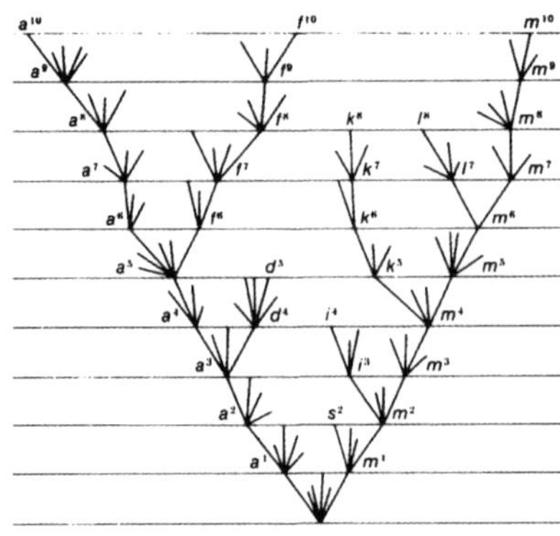

그림 14-3 다윈의 《종의 기원》에 등장하는 다이어그램

인다. 계통의 발생을 표현한 다이어그램은 다윈의 《종의 기원》에도 실려 있다. 얼핏 나무처럼 보이는 이 그림은 생물이 현재의 다양성을 획득하게 된 경위를 이해하게 해줄 뿐 아니라 수많은 이에게 영감을 주었다.

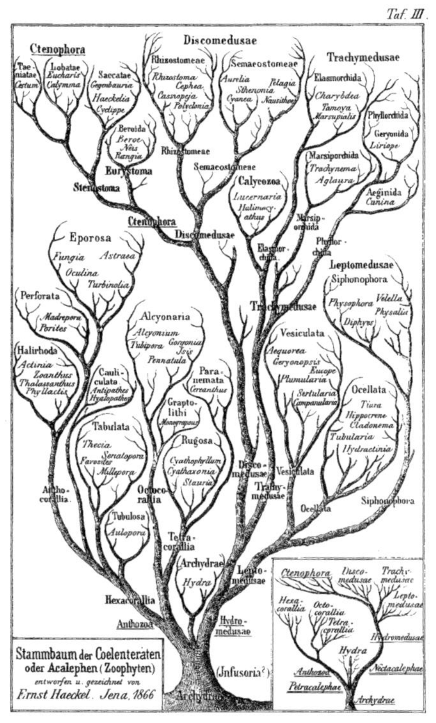

그림 14-4 에른스트 헤켈이 그린 〈생명의 나무〉

특히 화가이자 생물학자이기도 했던 에른스트 헤켈은 이 다이어그램에서 강력한 영감을 받은 뒤 유례 없는 표현력을 발휘해 〈생명의 나무〉라는 작품을 세상에 내놓았다. 헤켈 같은 여러 과학자의 공감을 바탕으로 진화의 개념은 계통수와 함께 온 세상에 퍼져 나갔다.

생물과 창조 모두 대상을 분류해 나가다 보면 반드시 뿌리가 드러난다. 분기의 기점이 각 영역의 기원이 된다. 계통수 그림에 의한 분류는 다윈이 진화론을 제창하기 전부터 가계도 등에서 활용됐다. 다윈의 진화론이 전파되면서 진화계통수는 생물학의 기초가 되었으며 폭넓은

선택▼
해부
계통
생태
예측

영역 전반에 큰 영향을 주었다.

약간 옆길로 새는 이야기이지만 이 책의 계통을 탐구하는 의미에서 진화론의 과거 계보를 한번 살펴보겠다. 창조와 진화는 이렇듯 역사를 둘러싸고 예사롭지 않은 관계를 형성하고 있다.

진화론의 역사

진화론의 역사는 곧 신의 창조와 자연의 진화를 둘러싼 논쟁의 역사다. 16세기 즈음까지 유럽 사람들은 유일신을 섬기는 종교관 속에서 모든 생물은 신이 완벽한 형태로 디자인한 결과물이라고 믿어왔다. 그러다 17세기에 들어서면서 바위 내부에서 간혹 발견되는 생물의 흔적처럼 보이는 신비한 돌, 화석에 대한 새로운 해석이 등장했다. 당시 박물학자인 존 레이는 이러한 화석은 이미 멸종된 생물의 흔적이라고 주장했다. 그런데 성경에서는 신이 모든 생명을 완벽한 형태로 창조했다고 말한다. 그렇다면 어째서 완벽해야만 하는 생물이 멸종하는 것일까? 왜 현재의 생물과 형태가 다른 것일까? 과학과 종교 사이에 놓인 이러한 의문에 당시 사람들은 명확한 결론을 내리지 못했다.

한편, 다른 각도에서도 생물에 대한 의문이 생겨났다. 18세기 전반 린네가 분류학을 만들어낸 이래 수많은 학자가 생물의 분류 방침을 공유했다. 그러자 이제껏 명확하게 정의되지 않았던 생물들 간의 전체적인 구조가 드러나면서 분류의 행간에서 생물종 사이의 연결성이 보이기 시작했다.

같은 부모에게서 태어난 자식이라도 서로 다르듯, 모든 종에 개체 차이가 있다는 점은 이미 잘 알려져 있는 사실이었다. 그러나 생물학자들이 분류한 생물종 중에는 개체 간 차이인지 종 간 차이인지 판단하기 어려운 경우도 많았다. 이런 배경 속에서 자연스레 개체 차이가 크게 벌어지면 종의 차이가 된다고 생각하는 학자들이 나타났다. 개체 차이와 종의 차이 사이에 연속성이 있다면 생물은 이미 완성된 창조물이 아니라 계속 변화하고 있다는 말이 된다. 이러한 가설을 세운 학자들, 즉 진화론자들이 서서히 등장하기 시작했다.

진화론은 종교의 권위에 대한 도전이었다. 진화론은 신이 이 세상을 완벽하게 창조해냈다는 믿음을 부정할 뿐 아니라, 인간 역시 특별한 존재가 아니라 원숭이의 일종일 뿐이라고 주장했다. 교회는 위험한 사상이며 신에 대한 모독이라며 진화론을 비난했다. 당시 유럽의 교회들은 국가에 필적하는 권력을 지니고 있었던 만큼 그 권위를 무슨 수를 써서라도 지키려고 했다. 그 결과, 천동설과 지동설 간 격론이 벌어졌을 때와 같이 진화론적 관점을 논한 과학자는 기독교로부터 탄압받았다. 과연 생물은 자연적으로 진화했을까 아니면 신이 만들어낸 작품일까? 이렇게 현대까지 영향을 미치는 역사적인 논쟁이 촉발됐다.

진화론의 초기 단계에서 빼놓을 수 없는 인물이 있다. 바로 찰스 다윈의 조부인 이래즈머스 다윈이다. 그는 저서 《주노미아》[38]에서 자신이 제창한 진화론을 이야기하며, 새로운 개념에 '진화(evolution)'라는 이름을 붙인 주인공이기도 하다. 이래즈머스는 현대에는 그다지 이름이 알려지지 않은 채 찰스 다윈의 할아버지 정도로만 언급되지만, 넘쳐흐르는 창조력을 갖춘 인물이었다.

역사의 단편에서 설핏 드러나는 그의 모습을 살펴보면, 영국 왕실 일가를 진찰할 만큼 명의이자 복사기나 비행기의 원리를 고안한 천재적인 엔지니어로서 제임스 와트가 증기기관을 개발하는 데도 큰 영향을 주었다. 나아가 진화론이나 광합성 개념을 제시한 혁신적인 과학자였고, 시인으로서도 이름을 떨치는 등 다빈치에 필적하는 만능형 천재였다. 찰스 다윈 자신은 이 위대한 조부의 영향을 그다지 언급하지 않았지만, 이래즈머스의 진화론적 관점이 젊은 시절 그에게 어마어마한 영감을 준 것은 틀림없어 보인다.

린네가 분류학을 제창하고 50여 년이 지나 19세기 초에 들어서면서 이래즈머스의 진화론 같은 새로운 자연론을 향한 반증이 요구되기 시작한다. 그런 와중에 자연과학적 관점을 지닌 신학자가 등장한다. 바로 윌리엄 페일리다. 그는 생물의 구조가 훌륭하게 설계된 이유는 생물이 제대로 살아갈 수 있도록 하나님이 디자인했기 때문이라고 주장하며 《자연신학》[39]을 통해 생물의 치밀한 구조는 신이 창조성을 발휘한 결과물이라는 '지적 설계론'을 주장했다.

페일리는 생명체가 아름답게 만들어진 이유를 신의 이름을 빌려 논리적으로 설명했는데, 자연계의 치밀함으로 신의 존재를 증명할 수 있다는 주장은 당시 세간에 널리 받아 들어졌다. 이런 과정을 거치며 자연신학은 주류 사고방식으로 자리 잡았다.

모순적이게도 페일리의 등장으로 자연과학의 발전이 가속되면서 진화론은 더욱 정교해졌다. 페일리와 동시대를 산 프랑스의 과학자 라마르크(본명은 장바티스트 피에르 앙투안 슈발리에 모네 드 라마르크로 무척 길다)는 당시 유행하던 자연신학에 의문을 품고 생물학(biologie)이라는 학문을 제창했다.

라마르크는 신이 목적을 갖고 생물을 설계했다고 보기에는 생물의 형태에 저마다의 생존 전략이 지나치게 드러나 있다고 생각하며 생물은 스스로 원하는 방향으로 진화한다는 가설을 세웠다. 라마르크는 《동물 철학》[40]에서 획득하려 한 능력이 자손에게도 유전된다는 '획득 형질의 유전'을 기본으로 한 진화론(용불용설)을 주장했다. 기린의 목이 길어진 것은 부모가 높은 곳에 달린 잎을 먹기 위해 목을 늘렸기 때문이며, 이런 형질을 이어받은 자식은 더욱 길게 목을 늘릴 수 있게 된다는 가설이다.

라마르크가 생각한 것처럼 생물이 특정 목적을 갖고 형태를 바꾸면서 진화한다면 생물이 환경에 적응한 이유를 직관적으로 설명할 수 있다. 이 때문에 라마르크의 진화론은 일부 사람들에게 열광적인 지지를 받았다. 그러나 몇 차례 연구에서 오류가 드러나면서 용불용설은 점차 자취를 감추었다.

용불용설이 나오고 50년이 지난 19세기 중반, 찰스 다윈과 알프레드 월리스의 《자연선택설》과 다윈의 《종의 기원》이 혜성처럼 등장했다. 두 책은 진화를 우연한 변이와 자연선택이 여러 세대 동안 반복되면서 일어나는 현상으로 설명하면서 그전까지 제기되었던 진화론의 문제점을 가뿐히 해결하며 자연관을 대폭 바꾸어버렸다. 100년에 걸친 진화론 논쟁의 역사를 알고 있던 다윈과 월리스는 논문의 구성과 검증에 신중을 기하며 완성도를 높였다. 《종의 기원》에는 이전까지 진화론에서 다룬 것보다 훨씬 방대한 생물학적 증거가 담겨 있다. 이 책은 인류 역사상 최대의 발견으로 여겨지며 토머스 헉슬리나 에른스트 헤켈 같은 저명한 과학자들에게 강력한 지지를 받았다.

이후 진화론을 뒷받침하는 과학적 증거가 차례차례 발견됐다. 1865년 유전의 구조를 설명한 '멘델의 법칙'이 발표됐고, 1901년 휘호 더프리스에 의해 '돌연변이설'이 제창된 데 이어 1953년 제임스 왓슨과 프란시스 크릭이 유전의 근원이 되는 DNA 구조를 발견했다. 현재는 이 이론들이 통합되어 DNA 복제 에러에 의한 '변이'와 생존 경쟁이나 성도태 등에 의한 '자연선택'이 반복되면서 진화가 발생한다는 '신다윈주의(Neo-Darwinism)'가 등장하는 데 이르렀다.

이렇게 최근 수백 년에 걸쳐 진화론과 창조론의 역사적인 계보가 큰 강이 되어 우리들의 시대까지 이어지고 있다. 창조와 진화의 장대한 논쟁 끝에 드디어 현재의 진화생물학이라는 열매를 맺게 된 것이다. 창조적 현상처럼 보이는 생물의 형태는 누군가가 디자인한 형태가 아니라 진화하면서 자연히 형성된 것이다.

만약 진화가 자연발생했다면, 디자인이나 예술에 필요한 창조성 역시 개인의 의지에 의하지 않고 우연과 필연에 이끌려 자연발생한다고

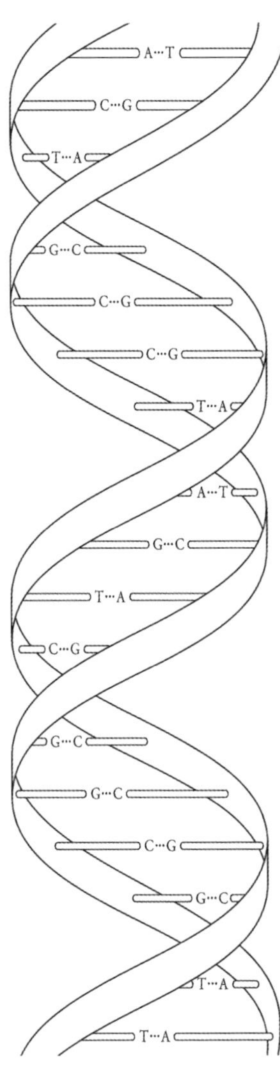

그림 14-5 왓슨과 크릭은 DNA 구조를 발견했다

볼 수 있지 않을까? 위대한 천재만이 창조성을 발휘할 수 있다며 지레 포기하는 우리에게는 이것이야말로 위대한 복음이 될 것이다.

진화사고는 진화론의 계보를 이어받아 거장들의 어깨에 올라타 창조라는 현상을 새롭게 풀어내려는 시도다. 창조에 본질적인 구조가 있는가? 누군가는 답이 없는 질문이라고 할지 모르겠다. 그러나 나는 창조에 구조가 있다는 사실을 의심하지 않는다. 다윈이 말했듯 누군가의 의도가 없더라도 변이와 자연선택이 반복되면 진화는 일어난다.

이와 마찬가지로 창조란 의지를 뛰어넘는 현상이며, 우연적 변이와 필연적 선택의 왕복을 통해 누구나 창조의 발생률을 높일 수 있다. 이것이 바로 진화사고다. 진화사고의 목표는 생물 진화 과정에서 터득한 창조적 발상의 과정을 밝혀내고 많은 이들의 창조성을 키워내는 것이다. 나아가 창조성을 진화적 현상이라고 이해하는 전제를 바탕으로 250년 동안 분단되었던 창조와 진화 사이를 다시 이어 붙여, 살아남는 콘셉트가 만들어지는 공통된 구조를 찾아내는 데 있다.

창조의 계통수

> 오늘날 우리가 사용하는 도구는 전부 선사시대 초기에 만들어진 것을 기반으로 한다. — 움베르트 에코[41]

우리 주변에 있는 도구의 기원을 생각해보면 원시적인 방법에서 해당 물건의 원형이 되는 도구를 찾을 수 있다. 가스레인지는 모닥불에서 시작되었을 것이고, 의자는 바위나 그루터기 등 자연물에서 출발했다고 추측할 수 있다. 문자 역시 동굴 벽이나 바위, 나무껍질 같은 자연물에 그림을 새기던 데서 시작됐다고 볼 수 있다.

이렇듯 대부분의 창조물은 공통의 목적을 지닌 원시적인 창조물을 기원으로 세상에 출현했다. 목적은 같더라도 시대가 바뀌면서 활용하는 방법이 변화했고, 이에 따라 창조 역시 진화했다. 따라서 창조에서도 생물의 진화 같은 유전적인 현상이 나타나며, 종이 분화하듯 수많은 도구가 등장하고 사라졌다. 창조와 진화는 기본적으로 닮은 현상이기에 발명품 역시 진화계통수를 그릴 수 있다. 문화진화학에서는 사물의 계통수를 그린다. 나 역시 생물과 무생물의 계통수를 비교해보는 데 생각이 닿아 이동 수단과 동물 모형을 꾸준히 모아 개인전에 출품할 작품으로 입체 계통수를 만들기로 했다.

아이디어를 떠올린 것은 좋았지만, 146종류나 되는 동물 모형과 101가지 이동 수단 모형을 모으는 일은 무척이나 힘들었다. 놀랍게도 세상에는 유글레나부터 오리너구리까지 거의 모든 생물의 모형이 존재했다. 이동 수단 역시 유조선부터 월면차(달 표면을 탐사할 때 사용하는 자동차 – 역주), 롤러스케이트까지 거의 모든 종류의 모형을 찾아낼 수 있었다. 세상에 존재하는 도구들은 대부분 미니어처가 존재하는 듯했다.

이렇게 피규어와 미니카를 사 모아 분류하고 계통수를 만드는 과정에서 실로 다양한 깨달음을 얻었다. 이동 수단 계통수를 만들 때는 그 바탕이 될 법한 연구를 찾아봤는데, 흥미롭게도 적절한 연구를 찾아낼 수 없었다. 창조의 계통수와 관련된 연구는 의외로 적었다. 하지만 창

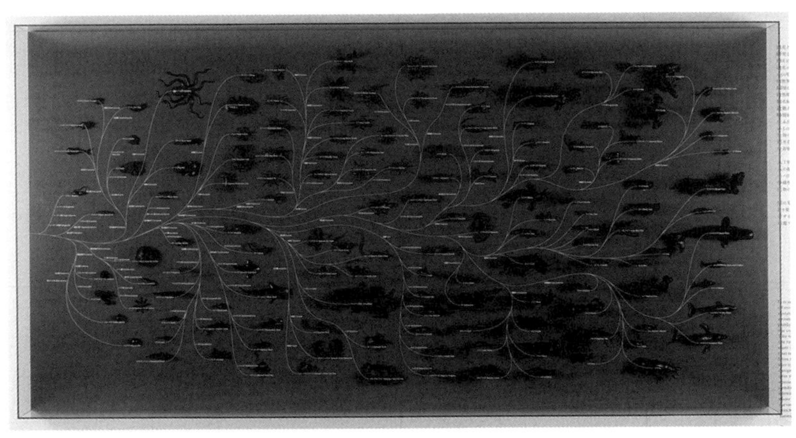

그림 14-6 ggg 기획전. 〈동물의 계통수 모형〉

조의 계통수를 그리는 일은 충분한 가치가 있었다. 창조의 계통수를 만들어보니 창조성에 보탬이 될 만한 관점을 다수 얻을 수 있었다.

계통수를 관찰해보면 그 분야의 기원이 되는 원시적인 발명품이 떠오른다. 예를 들어, 이동 수단의 기원을 찾아보니 기원전 35세기 즈음에 발명된 수레바퀴의 영향이 컸다. 피라미드를 만들 때 커다란 바위를 운반하는 굴림대로 사용된 것이 그 기점이다.

기어 같은 동력의 기본적인 기술도 수레바퀴에서 전용됐다. 시대에 따라 필요한 이동 수단은 크게 달라진다. 국가 간 패권을 다투기 위한 이동 수단이 주류였던 시대와 시민의 대량 이동이 시작된 시대는 중요시되는 관점이 크게 다르다. 사회 정세에 따른 용도의 변화, 증기기관이나 모터 등 주사용 동력의 변화, 유행을 반영한 형태의 변화 등에 따

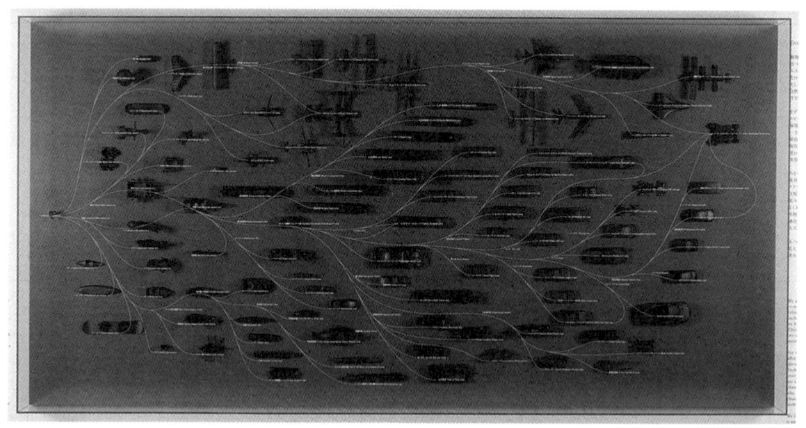

그림 14-7 ggg 기획전. 〈이동 수단의 계통수 모형〉

라 수천 년 사이에 다양한 이동 수단이 나타났다. 이러한 역사적인 기원을 이해해 창조에 반영하면 관점이 크게 바뀔 것이다.

역사를 조사하면서 계통수를 정리하는 과정에서 이노베이션의 성질에 대해서도 흥미로운 현상을 살펴볼 수 있었다. 신기술이 산업 전반에 어떤 영향을 미쳤는지도 알아낼 수 있었다. 예를 들어, 증기기관은 개발된 뒤 배나 마차 등 기존 기술과 융합하면서 불과 몇 년 사이에 세상을 단숨에 바꿔놓았다. 기초가 되는 기술은 우리 상상보다도 훨씬 빠르게 다양한 산업에 수평 전용된다.

전기자동차와 관련된 최초의 특허는 언제 출원되었을까? 최근 EV 시프트라는 단어가 생길 정도로 전기자동차가 화제가 되고 있다. 진화사고 강의에 참가한 이들에게 이런 질문을 던져보면 1960년대 혹은 1980년대라는 대답이 많이 나온다. 그러나 전기자동차의 특허는 그보다 훨씬 오래 전으로 거슬러 올라가 1835년 출원됐다. 다윈의 진화론보다 오래된 것이다. 21세기에 이르러서야 비로소 주목받기 시작한 전기자동차는 사실 200년 가까이 이어져온 오래된 기술이다.

어째서 전기자동차가 사회 전면에 등장하기까지 이렇게 오랜 시간이 걸린 것일까? 리튬이온배터리 기술의 실용화, 석유 자원 고갈에 대한 불안, 화석연료 사용으로 발생한 기후 변화를 향한 국제적인 주목 등 다양한 이슈가 겹쳐지면서 200년 가까이 일어나지 않았던 EV 시프트라는 선택이 마치 정해진 운명처럼 급격하게 진행되었다.

전기자동차처럼 예전부터 등장할 것으로 예상되었으나 묻혀버린 발명도 있다. 가설은 세웠으나 사회에 적용하기에는 부족한 기술이라든지 기술은 있지만 마땅한 용도를 찾지 못하는 등 부족한 점이 있었기 때문이다. 잘 알려졌듯이 비행기를 최초로 개발한 사람은 라이트 형제다. 그들에게 강력한 영향을 미친 릴리엔탈은 라이트 형제보다 먼저 비행기에 내연기관을 적용하기 위한 실험을 반복했다. 하지만 소형화를 이루지 못했다. 즉, 라이트 형제의 업적은 내연기관의 소형화에 기댄 바 크다.

최첨단의 창조를 반드시 최첨단의 발명이 이루어낸다고 단정할 수는 없다. 사회적으로 영향력 있는 창조는 전기자동차처럼 과거에 이루어진 발상이 부활해 이루어지는 경우도 있다. 해부적인 내부 상황과 생태적인 주위 상황이 정리되어야만 새로운 기술이 시대의 표준으로 떠오른다. 미래를 예견하는 데는 내부 구조의 계통적인 변화(해부)와 외부 연결성의 계통적인 변화(생태)를 아우르는 관점이 필요하다.

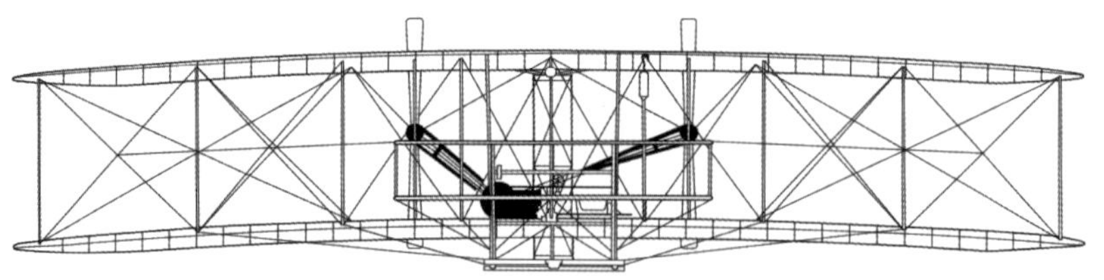

그림 14-8 릴리엔탈의 연구에 영향을 받은 라이트 플라이어. 모든 비행기의 기원이 되었다

전례에서 배워 역사를 뛰어넘다

일단 계통을 살펴보면, 수만 년에 걸친 인류의 수많은 창조와 마주하게 된다. 창조가 전례 없는 새로운 것을 만들어내는 일이라면, 우리는 창조할 때 과거의 전례와 항상 경쟁하고 있음을 깨닫게 된다. 아름다운 예술품이나 디자인, 역사적 발명같이 뛰어난 창조물은 무수히 많다. 이러한 과거의 전례들은 확실히 훌륭하다. 단순히 감탄하는 데 그치지 말고, 전례에 없는 새로움을 조금이라도 만들어내야만 창조라고 할 수 있다. 새로운 발상은 생존율이 낮지만, 잘 만들면 틈새를 파고들어 새로운 위치를 획득하는 날카로운 아이디어가 되기도 한다.

즉, 새로운 무언가를 만들려면 전례를 향한 경의뿐 아니라 그 전례를 의심하는 자세를 갖춰야 한다. 앞서 언급한 라이트 형제가 비행기 개발에 뛰어든 것은 오토 릴리엔탈을 향한 존경 때문이었다. 릴리엔탈은 글라이더 날개 단면 스케치를 다수 남겼는데, 라이트 형제는 그 형태를 비행기에 적용하려 했다. 그러나 릴리엔탈의 도면대로 만들어도 기체는 떠오르지 않았다. 그들은 풍동 실험을 반복하며 최적의 날개 단면이 어떤 형태인지 알아내 마침내 유인 비행에 성공했다. 이러한 과정에서 알 수 있듯, 전례를 뛰어넘으려면 경의를 갖고 전례에서 배우려는 자세와 전례에 의문을 던지는 자세가 모두 필요하다. 경의와 의문의 반복을 통해 전례를 뛰어넘었을 때 비로소 창조는 역사에 새겨진다.

계통수 그리기

계통은 창조의 역사적 문맥을 이해하고 그 본질을 파악하기 위한 강력한 사고 도구다. 이를 정리하려면 계통수 그리는 방법을 알아두면 좋다. 계통수를 머릿속에 떠올리거나 실제로 그려보면 과거의 창조에 담긴 의도를 파악할 수 있으며, 새로운 창조를 역사의 거대한 문맥 속에 자리 잡게 할 수 있다.

여기에서 중요한 것은 문맥을 향한 호기심이다. 앞서 소개한 분류의 사고를 실천한다면 준비는 이미 끝난 셈이다. 계통수를 그리는 것은 그렇게 어렵지 않다. 계통수를 그리는 방법은 생물학에서 계통학으로 발전했듯 대략 아래와 같은 과정을 거친다.

1. 목록을 철저하게 분류하고, 각 요소가 역사에 언제쯤 등장했는지 조사해 시계열로 정리한다.
2. 가까운 관계를 지닌 분류끼리 선으로 연결한다. 계통이 연결되어 가면 자연스레 나무와 비슷한 모습이 된다.

계통의 관점은 한없이 깊게 이어지는 여정으로 그 탐구에 끝이 없다. 이런 관점으로 세계를 바라보는 습관이 들면 평생에 걸쳐 활용할 수 있는 본질적인 도구를 갖게 된다. 창조성에 도움이 된다고 보증할 수 있으니 도전해보길 바란다.

직접 창조의 계통수를 그려보기 위해서는 계통수의 성질을 이해해야 한다. 특히 주의하길 바라는 것이 두 가지 있다.

먼저 계통수에 절대적인 정답은 없다. 창조에서뿐만 아니라 생물학에서도 마찬가지다. 최근까지의 생물 계통수 역시 엄밀한 정확도가 보증되진 않는다. 애초에 자연계의 생물에게 이름을 붙이는 일은 엄밀히 하는 게 불가능한 작업이다. 생물의 진화에는 '물고기였지만 이때부터는 개구리가 되었습니다!' 같은 언어상의 구분이 없다. 즉, 단순히 우리가 '물고기'라고 생각하는 범위의 종을 분류상 '물고기'로 명명했을 뿐이다. 이에 더해, 지금까지 이야기했듯이 생물은 계속 변한다. 저절로 발생하는 모든 미세한 차이에까지 이름을 붙이는 일은 불가능하므로 인간이 이해하기 쉽도록 구분할 수밖에 없다. 즉, 강, 목, 과 같은 생물학상 카테고리는 인간의 사정에 맞춰 이해하기 쉽게 붙인 이름일 뿐이다.

두 번째, 진화계통수의 순서 역시 불확실하다. 앞서 언급했듯이 원래 생물의 계통수는 분류학에서 시작됐다. 그렇다면 생물학자는 어떤 식으로 순서를 정했을까? 전문가들이 형태나 지층의 연대 차이를 관찰한 뒤 그 견해를 학회나 논문으로 교환하면서 정리했다. 당연히 위치를 정하기 어려운 생물의 화석도 존재하며, 근거가 약한데 무리하게 순서를 결정하기도 했다.

계통수를 그나마 정확하게 그릴 수 있게 된 시기는 린네 이후로, 무려 250년 가까이 흐른 20세기 말 분자생물학이 대두된 이후다. DNA

분석 기술에 의해 계통의 정확한 순서를 알 수 있게 된 덕분이다. 실제로 금세기에 들어서고 20년 사이에도 생물의 계통수에서 순서가 급변하는 사례가 있었으며, 생물 교과서의 내용 역시 급속도로 바뀌고 있다. 다시 말해, 계통수에 의한 세부 분류는 절대적이지 않다. 이 탐구의 본질은 정확도를 추구하는 것이 아니라 계보의 전체적인 흐름을 이해하는 데 있다. 분자생물학이 등장하기 이전의 계통수는 엄밀하고 정확하지는 않았지만, 전반적으로는 충분히 기능했기 때문에 생물의 진화를 이해하는 데 큰 도움이 됐다.

창조 계통수에는 생물 계통수에 비해 더더욱 정답이 존재하지 않는다. 발명자가 다른 이에게 큰 영향을 받았더라도 객관적인 기록이 남아 있는 경우가 극히 드물다. 그리고 기록이 없으면 해당 발명의 조상을 정확하게 추정하는 게 불가능하다. 그럼에도 불구하고 계통을 탐구하는 일은 대상을 이해하고 새로운 것을 창조할 때 헤아릴 수 없는 가치를 지닌다. 따라서 만약 창조성을 위해 계통적인 지혜를 활용한다면 창조 계통수와 연결되는 문맥을 납득 갈 때까지 조사해 오답을 두려워하지 말고 충실하게 그려보자.

애초에 정답이 없으니 중요한 것은 정확도가 아니다. 계통수를 그리면서 보이기 시작하는 거대한 문맥을 이해하는 것이 훨씬 더 중요하다. 일단 스스로 이해하기 위해 계통수를 그린다는 자세로 너무 고민하지 말고 시작해보자. 역사를 공부하면서 자연스러운 문맥의 흐름을 찾아내 스스로 납득할 수 있는 창조의 계통수를 그려보자.

진화의 매듭

생물과 창조의 진화계통수를 비교했을 때, 특히 구분되는 점은 '교배'다. 일반적으로 자연계에서는 전혀 다른 종의 생물끼리 교배하면 자손을 남기지 못한다. 아무리 사랑해도 인간과 개 사이에서는 자식이 태어나지 않는다. 생물은 수백만 년에 걸쳐 자연선택된 유전자를 지니고 있어서 마음대로 유전자를 섞어버리면 적응에서 멀어져버린다. 따라서 이종교배는 웬만큼 가까운 종이 아니고서는 성립하지 않는다. 이에 반해 창조에서는 이종교배가 빈번하게 발생한다.

예를 들어, 우리의 상상 속에는 늑대와 인간 사이에서 태어난 늑대인간을 창조할 수 있다. 발명에서도 서로 다른 사물 간의 이종교배가

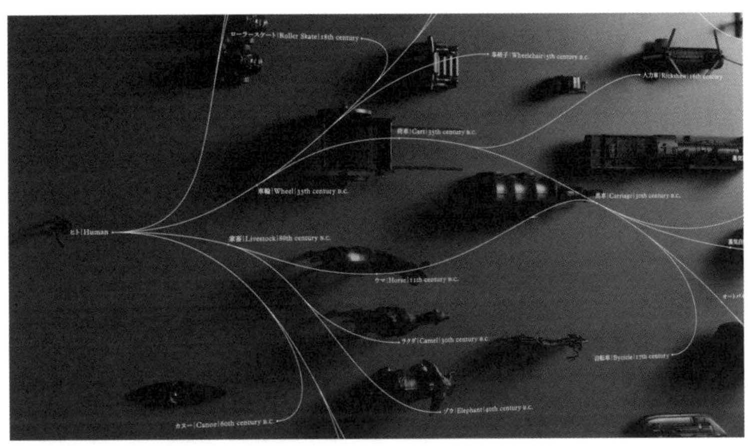

그림 14-9 ggg 기획전. 〈이동 수단의 계통수 모형〉. 자세히 보면 분기가 연결된 곳이 있다. 말과 수레바퀴가 교배하는 식이다

여러 영역에서 발생한다. 수레바퀴와 말이 합쳐져 마차가 되거나 배와 자동차가 합쳐져 수륙양용차가 되는 등 창조에서는 이종 간에도 쉽게 융합한다. 이종교배적인 융합을 통해 새로운 종이 등장하면 계통수에도 변화가 일어난다. 창조의 진화계통수에서는 분기뿐만 아니라 분기 앞쪽에 있는 대상과 다시 이어지는 그물 형태의 접속이 곧잘 발생한다. 창조의 계통수에서 빈발하는 재결합을 진화사고에서는 진화의 매듭(evolutionary knot)이라고 부른다. 진화의 매듭은 창조의 계통수에서 자주 등장하는 만큼 특히 주의를 기울여야 한다.

앞서 설명했듯, 생물에서는 진화의 매듭이 발생하기 어렵다. 그런데도 창조와 생물의 진화는 매우 닮아 있기에 생물의 진화에서도 비슷한 일이 발생한다. 특히 원시 생물을 중심으로 생물에서도 '진화의 매듭', 즉 유전자의 수평 전파가 나타난다.

최근 DNA 분석을 통해 다른 생물 간에 이뤄지는 외래 유전자의 교환이 DNA에 새겨져 있다는 사실이 확인됐다. 최강의 미생물로 일컬어지는 곰벌레를 게놈 분석한 결과, 복수의 생물계에서 유래한 DNA가 대량 포함되어 있

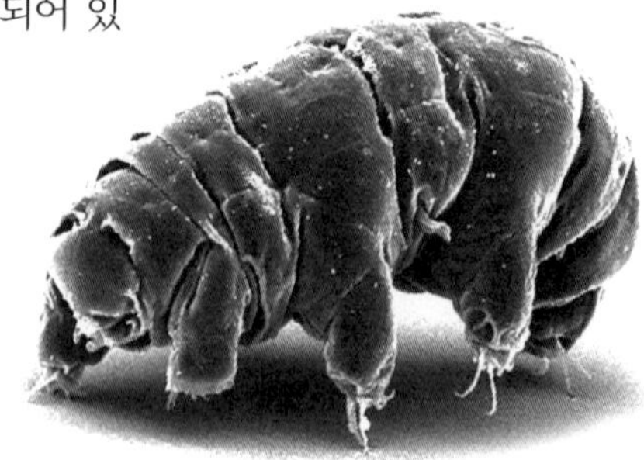

그림 14-10 곰벌레의 현미경 사진

을 가능성이 제시됐다. 곰벌레에서 발견한 외래 유전자는 세균(16%), 균류(0.7%), 식물(0.5%), 고세균(0.1%), 바이러스(0.1%) 등으로 연구자들을 경악하게 만들었다.

곰벌레처럼 자연계에서 진화의 매듭이 자연발생하는 사례와 관련해서는 여전히 수수께끼가 많다. RNA가 깊이 관여했을 가능성이 지적되나 정확한 메커니즘은 앞으로 밝혀질 것이다. 또, 최근 CRISPR-Cas9(유전자 가위) 같은 기술이 등장하면서 DNA 편집 기술이 비약적으로 발전했다. 이는 이미 다양한 동식물의 품종 개량에 활용되고 있으며 인위적으로 진화의 매듭을 만드는 데도 응용될 것으로 보인다.

진화워크 21 — 대상 x의 계통수를 그린다 60분

생물과 마찬가지로 물건에도 조상이 있다. 그 물건은 어떠한 문맥의 영향을 받아 지금의 형태가 되었을까? 계통수를 그리며 생각해보자.

1. [진화워크 20]에서 작성한 분류 목록을 준비한다.
2. 목록의 각 요소가 등장한 시기를 찾아 시계열로 나열한다.
3. 계보로서의 연결성이 느껴지는 요소를 선으로 이어 계통수에 정리한다.

완성한 계통수를 살펴보면 과거부터 현재에 이르기까지의 역사적인 경위를 이해할 수 있다.

자연선택 교배 — 실패를 반복하지 않는가

생물은 경이로울 정도로 아름답지만, 완벽한 생물은 단 하나도 존재하지 않는다. 완벽하지 않기에 생물은 계속 진화해 나간다. 창조에서도 역시 완벽한 물건은 존재하지 않는다. 어떤 물건에도 단점이 있고 개선점이 있다. 아직 누구도 발견하지 못했을 뿐이다.

주위를 한번 둘러보자. 지금으로부터 100년 전에 쓰던 도구를 우리는 이제 거의 사용하지 않는다. 그렇다면 현재의 도구도 앞으로 100년 정도 지나면 더 효율적인 형태로 바뀌어 있지 않을까? 어차피 지금의 물건이 모두 실패한 상태라면, 창조적인 도전을 할 때 실패를 두려워할 필요가 없다. 이런 시선으로 세상을 바라보면 개선의 여지가 있는 아쉬운 물건이 넘쳐난다는 사실을 알 수 있다.

효율이 낮거나 사용감이 안 좋거나 못생긴 물건을 보면 나는 언제나 '내가 다시 디자인하고 싶은데' 하는 생각이 든다. 나뿐만 아니라 모든 디자이너가 공감할 것이다. 어떤 디자인이나 구조가 아쉽다는 생각이 들면 어느새 새롭게 만들고 싶어진다. 실패를 발견하고 그 개선 방법까지 떠올랐을 때 해보지 않고서는 못 배기는 것이 바로 발명가다.

> 부적합은 변화의 유인이 된다. 완벽한 적합에서는 아무것도 나타나지 않는다.
>
> — 크리스토퍼 알렉산더[42)]

건축가 알렉산더는 실패의 발견이 창조적 변화의 원천이라는 사실을 간파했다. 그리고 창조성을 통해 변화를 일으킨 사람을 경의를 담아 '장인'이라고 부르는 한편 '단순한 대행자'라고 평하기도 했다. 실패를 관찰해 필연적인 선택을 도출하고, 그것이 잘못되었음을 깨달은 뒤 해결 방법을 도출해낸 사람이라면 누구나 창조할 수 있기 때문이다.

창조를 '대행'이라고 칭한 알렉산더의 마음이 이해된다. 나 역시 창조라는 현상이 생물의 진화와 마찬가지로 선택압력에 의해 자연발생한다고 생각한다. 개인의 의지가 창조를 낳는 것이 아니라 여러 가지 선택압력으로 의지가 자연발생하는 것이다.

물건에는 수명이 없지만, 더 이상 사용하지 않는다는 의미에서는 도구도 멸종한다. 계통을 주의 깊게 관찰해 나가면 실패한 전례와 실패 원인, 그리고 본질적인 목표가 나타난다. 과거의 실패를 모방하는 것은 창조적이지 않다. 어차피 실패할 것이라면 누구도 한 적 없는 실패를 하는 편이 좋지 않을까? 과거의 실패를 이해하고 같은 실패를 회피하면서 새로운 실패에 도전해보자. 변이하지 않으면 진화는 발생하지 않는다. 새로운 가치는 언제나 실패를 뛰어넘은 뒤에 나타난다.

그렇다면 생물의 진화 시스템에서 변이의 실패를 어떻게 평가할 수 있을까? 변이는 실패하기 쉬우며 진화상 비용에 해당하지만, 진화에서는 다양한 시스템이 안전장치처럼 작동한다. 하나는 실패가 다음 세대에 유전되기 어려운 '자연선택 시스템'이고, 다른 하나는 웬만큼 근접한 종이 아니고서는 교배하지 못하는 '유전 시스템'이다. 한 개체의 실패가 종 전체의 실패로 이어지지 않는 이유는 이 두 가지 시스템이 교묘하게 작동하기 때문이다.

개체가 태어날 때 세부적으로 변이가 발생하지만 동시에 조상의 유전자가 대부분 겹치지 않으면 교배가 이뤄지지 않으며 유전자는 쉽게 개량되지 않게 되어 있다. 변하는 것과 변하지 않는 것. 이 두 가지 균형이 유지될 때 적응 진화가 발생한다. 이는 수많은 기업의 사상에도 공통되는 논리로, 시스템을 영속시키기 위한 중요한 전략으로 여겨진다.

변하는 것과 변하지 않는 것. 이와 비슷한 이야기를 오래된 기업의 경영자에게서 들을 수 있었다. 일본에는 1000년 이상 이어진 기업이 여럿 있다. 전 세계적으로 보면 창업한 지 200년 넘은 회사가 5586개 정도인데, 그중 절반이 넘는 3146개가 일본 회사다.

창업한 지 330년 넘은 일본에서 가장 오래된 녹차 가게, 야마모토야마의 브랜딩에 참여한 적이 있다. 오래된 회사들은 모두 자기 기업 특유의 노하우가 있다. 바로 전통과 혁신의 균형, 즉 불역유행(不易流行, 바꾸지 않으면서 변한다 – 역주)이다. 변하는 것과 변하지 않는 것의 균형이 유지될 때 과거로부터의 문맥을 시대에 맞춰 선택할 수 있게 된다. 줄기차게 전통을 이어온 옛사람들은 잘 알고 있다. 역사를 이어받아 특정 영역의 혁신을 추구할 때는 다시 한번 역사를 돌아보며 '무엇을 유지해야 하는지' 같은 본질적인 흐름을 계통적으로 탐구해보기 바란다.

욕구 계통수

생물의 계통수에는 살아남은 이유의 결정체가 담겨 있다. 계통수의 근원에는 모습을 감추어버린 것들이 수없이 많다. 한편 수천 년에서 수만 년 단위로 살아남은 원초적인 창조도 존재한다. 오랜 시간 견뎌온 창조는 성공의 요인을 보존하는 동시에 실패나 변화에 대한 내성을 지니고 있다.

창조의 계통수를 그리다 보면 각 물건이 개발된 사회적 배경이나 그 시대의 욕구에 대한 선택압력이 드러난다. 계통수를 바라보면서 곰곰이 생각해보면 우리의 욕구나 의지를 정말로 우리 자신이 만들어낸 것인가 하는 의문이 든다. 계통수에서 드러난 생리적 욕구에는 특정한 구조가 있는 것처럼 보이기 때문이다. 인간의 욕구를 구조화해보려는 연구는 주로 심리학 분야에서 왕성하게 이루어지고 있다.

먼저 떠오르는 연구는 욕구 단계 이론이다. 에이브러햄 매슬로는 1943년 인간이 본질적으로 지닌 욕구를 생리적 욕구, 안전 욕구, 사회적 욕구, 존경 욕구, 자아실현 욕구 5단계로 분류해 피라미드 형태로 정의했다. 그러나 최근 들어 이 이론에 의문이

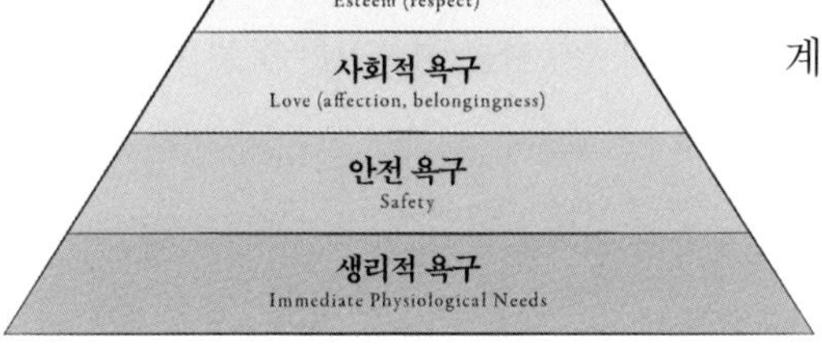

그림 14-11 유명한 매슬로의 욕구 피라미드. 최근 잘못되었다고 지적받고 있다

자아실현 욕구
Self Actualization
존경 욕구
Esteem (respect)
사회적 욕구
Love (affection, belongingness)
안전 욕구
Safety
생리적 욕구
Immediate Physiological Needs

제기되며 새로운 욕구 피라미드가 만들어졌다.

진화론의 사고를 심리학에 응용한 '진화심리학'이라는 분야가 최근 하나의 학문으로 등장했다. 진화심리학 연구를 하는 더글러스 켄릭 연구팀은 새로운 욕구 피라미드를 제안했는데, 이에 의하면 진화적으로 올바른 욕구의 단계는 생리적 욕구, 자기방어, 소속, 지위/존중, 배우자 획득, 배우자 유지, 양육 7단계라고 한다. 이러한 욕구의 순서나 분류는 생물이 진화하면서 획득해온 욕구를 따르는데, 확실히 설득력 있다. 무엇보다 신체의 진화에 따라 생리적인 욕구가 나타났다는 사고방식이 무척 흥미롭다.

이 연구에 영감을 받아 계통수에서 거꾸로 이유를 읽어낼 수 있지 않을까 생각한 나는 계통수에서 본질적인 욕구를 이해해보고자 '욕구 계통수'라는 개념을 만들었다. 이 개념에 익숙해지면 어떠한 이유가 수반되어 당신이 그린 계통수가 나타났는지 이해하기 쉬워질 듯해 소개해보려 한다.

먼저 인간의 욕구를 생각나는 대로 나열한 뒤, 생물의 계통수와 겹쳐본다. 그러면 계통수 속에서 인간의 욕구가 언제쯤 발생했는지 추측할 수 있다. 만약 생물이 신체의 진화에 대응해 본능적인 욕구를 획득했다면, 인간뿐만 아니라 다른 생물종에서도 신체적인 공통 욕구가 자연적으로 발생했다는 말이 된다. 그렇다면 인간의 욕구와 관련해서도 다른 생물과 계통수 면에서 공통점을 발견할 수 있을지도 모른다. 이런 사고방식을 응용하면 다른 생물과 인간의 공감을 높이는 데 활용할 수 있지 않을까?

인간으로 진화하는 과정을 따라가면서 욕구 계통수의 사고방식을 설명해보겠다.

20억 년 전, '배가 고프다.' 진핵생물이 된 이후로 생물은 미토콘드리아를 통해 영양분을 에너지로 바꿨다.

12억 년 전, '인기 있고 싶다.' 유성생식을 획득한 이래 생물은 이성과 교배해 자손을 남기게 되었다.

5억 년 전, '외모가 신경 쓰인다.' 눈이 생긴 이후로 매력이나 위험 등을 시각으로 파악하게 됐다.

3억 9000만 년 전, '딱딱한 음식을 먹고 싶다.' 턱이 발달하며 딱딱한 것도 먹을 수 있게 되었다.

2억 2500만 년 전, '자식을 소중히 기르고 싶다.' 포유류가 된 이후 친밀한 부모 자식 관계를 바탕으로 육아가 하나의 생존 전략이 되었다.

위에 나열한 것은 계통수에서 알아낼 수 있는 욕구의 극히 일부다. 이렇듯 생물이 진화와 함께 새로운 욕구를 획득했다고 생각하면 욕구의 단계가 저절로 드러난다. 계통이 발생하면서 생리적 욕구도 뒤이어 발생한다. 신체의 진화가 없다면 욕구는 절대 발생하지 않는다. 계통수에서 같은 기둥을 공유하는 종 혹은 결과적으로 가까운 형질을 지닌 종은 생존 전략의 방법(HOW)에는 차이가 있더라도 본질적인 욕구(WHY)는

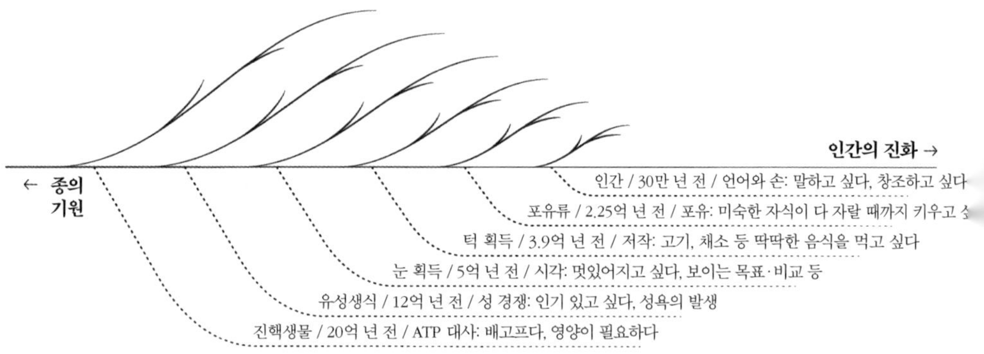

인간의 욕구 계통수

그림 14-12 PHYLOGENETIC TREE OF DESIRES LEADING TO HUMANS

종을 뛰어넘어 동일하다. 그 결과, 종이 획득한 능력에 의해 본능적 욕구의 방향성도 다층적이고 복잡한 벡터의 합성으로 드러나며, 다양한 본능적 욕구가 개체에 나타난다.

어떤 벡터가 우선되는지는 개체마다 다르며, 그 균형의 차이가 개체에 '욕구상의 개성'을 자연발생시키는 듯하다. 여기에서 중요한 점은 이 심리학적 관점이 인간에게 국한되지 않으며, 모든 생물에 적용할 수 있다는 것이다. 신체의 진화와 함께 생리적 욕구가 계통적으로 발달했다면, 계통의 발생을 바라볼 때 다양한 생물에 내재된 본능적 욕구를 추측할 수 있으며 다른 동물에게 공감할 수도 있다. 이것이 '욕구 계통수'의 사고방식이다.

'욕구 계통수'라는 사고는 우리가 자연을 자기 일처럼 이해하고, 자연과 공생하는 데 필요한 관점을 터득하는 과정이다. 예를 들어 우리는 반려동물을 귀여워하며 애정을 느끼는데, 이는 나와 반려동물에게 공통하는 욕구에 의한 공감적인 감정이라 할 수 있다.

유성생식하는 생물은 모두 '인기 있고 싶다'라는 바람에 공감하며, 포유류는 모두 '미숙한 아이를 소중히 기르고 싶다'라는 데 공감한다. 이러한 관점에서 자연의 생태계를 다시 바라보면 반려동물에게 공감하듯, 다른 종의 '마음'을 이해하고 공감 관계를 맺을 수 있지 않을까?

계통에 우리의 본질적 욕구가 응축돼 있는 만큼 계통을 이해하면 타자를 잘 이해할 수 있다. 이렇듯 '욕구 계통수'를 통해 계통 전체를 시야에 담아 그 바탕을 이해하면, 인간 사회뿐 아니라 광대한 생태계와 공생하는 데 필요한 힌트가 수없이 보이기 시작한다. 애초에 우리는 인간 이외의 생물에게는 잘 공감하지 못한다. 그러나 생물 다양성이 급속도로 감소하는 현 상황에서 인간에게는 수많은 생물과 자연을 향한 공감이 필요하다. 진화계통수에 담긴 태고의 기억은 인간 중심의 문명에서 벗어나는 데도, 자연을 향한 공감과 측은지심을 되돌리는 데도 유용할 것이다.

'욕구 계통수'의 요점

1. 신체 진화를 통해 획득한 능력이 적응에 도움이 된다면 생명을 유지하는 데 꼭 필요한 만큼 생리적 욕구가 자연발생한다.

2. 진화상 획득한 생리적 욕구의 방향성은 개체마다 다른 균형으로 합성되어 개성이나 의지로 드러난다.
3. 다른 종 사이에도 공통하는 계통수의 분기까지는 본능적 욕구도 공통하는 만큼 이를 힌트로 삼으면 이종 간에도 공감이 일어난다.

자연선택 유지—변하지 않는 염원을 이어받았는가

욕구 계통수를 이해하는 방식으로 창조 계통수도 이해할 수 있다. 계통수를 관찰하면 각각의 발명이 등장한 이유를 추측할 수 있다. 즉, 과거의 계보를 이해하면 지금까지 역사적으로 그 물건에 요구되어온 본질적인 니즈를 파악할 수 있다.

2019년, 테슬라에서 새로 출시한 전기자동차 '사이버트럭'이 화제가 되었다. 이 최첨단 트럭은 자율주행, 자유로운 커스터마이징이 가능한 적재 공간 등의 특징이 눈에 띄는 전기자동차다. 이 발명품의 본질적인 목적은 무엇인가? 바로 '자기 신체나 무거운 물건을 적은 노력으로 효율적으로 멀리까지 편하고 빠르게 옮기는 것'이다.

그렇다면 5000년 전에 처음 등장한 '수레바퀴'가 지닌 본질적인 목적은 무엇인가? 수레바퀴의 목적 역시 '자기 신체나 무거운 물건을 적은 노력으로 효율적으로 멀리까지 편하고 빠르게 옮기는 것' 아닐까?

이렇듯 최신 발명품과 태고의 발명품은 본질적으로 완벽히 똑같은 목적을 가지고 있다. 즉, 도구의 계통수를 보면 시대와 함께 방법(HOW)은 달라지지만, 본질적인 창조의 목적(WHY)은 대부분 안정적이며 변하지 않는다.

자동차를 분해해보면 다양한 물건이 융합해 한 대의 자동차가 이루어졌음을 알 수 있다. 자동차에 포함된 각 요소에는 저마다 역사가 담겨 있다. 인류 역사에서 '지붕'이 발명된 시기는 2만 년 전으로, 수혈식 주거(지면에 구덩이를 파고 그 위에 지붕을 덮은 형태)에 최초의 지붕이 사용됐다고 한다. 그즈음부터 비바람을 막는 수단을 창조하는 일은 당연해졌다. '동력'의 기원이 가축이라면, 1만 2000년 전부터 인간은 다른 힘

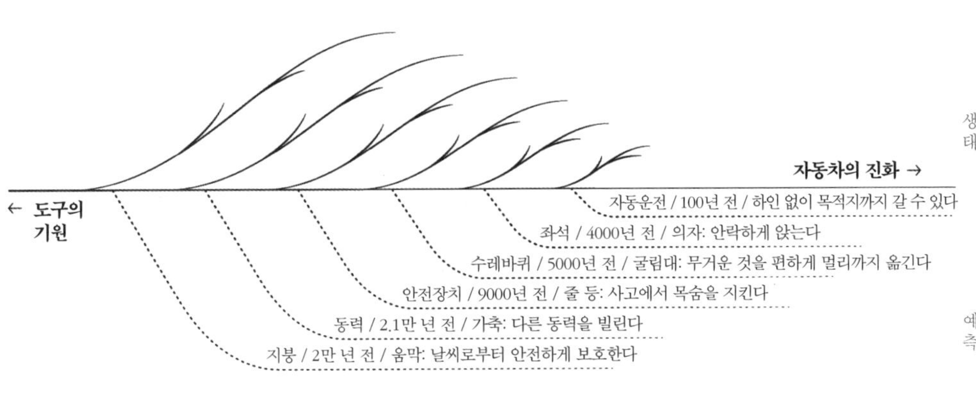

그림 14-13

자동차에 이르는 욕구 계통수

PHYLOGENETIC TREE OF DESIRES LEADING TO THE AUTOMOBILE

에 기대어왔다. 그때부터 이미 물건을 두 팔로 옮길 필요가 없었던 것이다. 안전벨트의 바탕인 '끈'은 9000년 전에 이미 사용되고 있었다. 초기부터 끈은 안전을 위해서도 사용되었을 것이다. '수레바퀴'가 개발된 것은 5000년 전으로, 덕분에 물건을 경이적으로 편하게 옮길 수 있게 됐다. 4000년 전에 의자가 개발되자 안락하게 앉는 게 당연해졌다. 이렇게 각 요소의 계통을 파악하면 지금 자동차가 목표로 하는 다양한 본질적인 니즈를 느낄 수 있다.

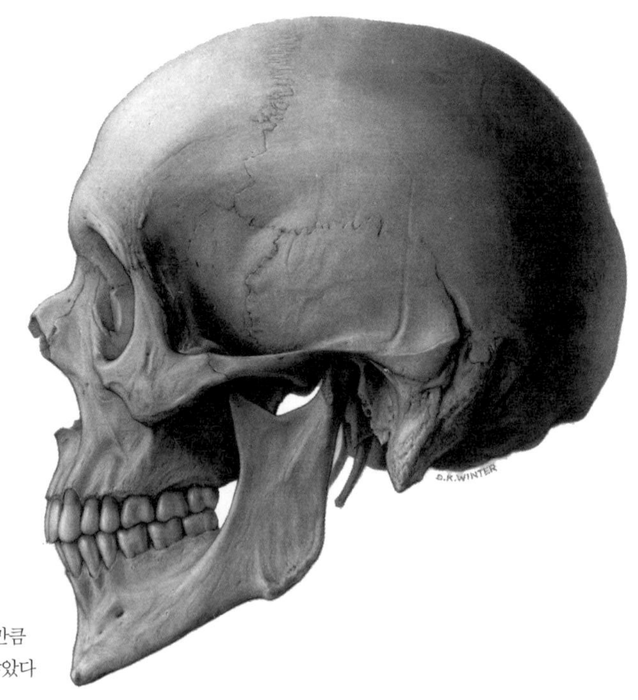

그림 14-14
인간은 디자인이
30만 년간 변하지 않은 만큼
본능적 욕구도 변하지 않았다

이러한 목적은 영원히 변하지 않는다. 왜냐하면 이 보편성의 근원은 우리 신체가 진화에서 획득한 생리적 욕구이기 때문이다. 최근 20만 년 동안 인간의 신체는 거의 변하지 않았다. 즉, 시간이 흘렀어도 우리는 배가 고프고 정기적으로 배설하고 겨울에는 추위를 느낀다. 무거운 물건을 들면 손이 아프고, 본능적으로 인기를 얻고 싶다. 우리 몸이 바뀌지 않는 이상, 욕구 역시 바뀌지 않는다. 인류의 보편적인 욕구를 충족하기 위해, 창조는 마치 진화하듯이 계속해서 새로운 수단을 제공해 왔다.

염원을 향한 경의

계통을 탐구하는 과정은 과거의 창조적인 인물이 남겨놓은 발자국을 따라가면서 그 염원을 이어받는 일이기도 하다.

계통의 탐구는 과거를 향한 경의 그 자체다. 또한 변하지 않는 목적을 새로운 방법으로 달성하기 위한 준비운동이기도 하다. 변하지 않는 염원은 눈에 보이지 않기에 계통을 의식하지 않으면 알아차리기 힘들다. 때로는 현재 보편화된 물건이 본래의 목적을 잃고 괴리된 상태에 빠지기도 한다. 말할 필요도 없이, 본래의 염원을 잃은 창조는 취약하고 금방 못 쓰게 된다.

요컨대 계통에 잠재된 염원이야말로 창조의 목적을 둘러싼 본질의 일부다. 본질적인 목적을 재확인하는 일은 창조성의 근원이 되기도 한다. 지금 쓰이는 모든 도구는 물론 새로 나타날 도구 역시 보편적인 계통의 염원을 이어받을 것이다.

계통의 사고는 과거에 대한 경의를 품은 채, 역사 속에서 끊임없이 이어져 내려온 본질적인 염원(WHY) 그리고 시대에 적응한 전혀 새로운 방법(HOW)의 계보와 재회하는 과정이다. 계통적으로 이 두 가지 흐름을 파악하는 과정이 역사 속에서의 창조를 전진시킨다. 계통수를 정리하면 지금까지 역사 속에 등장했던 모든 물건들을 이해할 수 있을 뿐 아니라 창조의 진화 과정을 이해하고 혁신할 수 있는 미개척지 역시 눈앞에 펼쳐진다. 역사에 흐르는 본질적인 선택압력을 파악하면서 거기에 새로운 변이적 수단을 도입함으로써 우리는 창조의 계통수 위에 새로운 꽃봉오리를 피워낼 수 있게 된다.

계통의 분기 속에는 꽃이 피어나기를 기다리는 다른 계보를 향한 길이 아직 잠들어 있다. 무언가를 창조할 때 이 거대한 계보의 일부로서 우리는 새로운 수단을 계통수에 제공한다. 이렇게 우리는 오랫동안 같은 목적(WHY)을 다른 수단(HOW)으로 미래에 유전시켜왔다. 경의를 품고 과거와 마주하자. 그리고 인류가 오랫동안 바라왔던 변하지 않는 염원을 계승하자.

진화워크 22 — 변하지 않는 불변의 염원 20分

창조의 계통수를 그려보면 모든 분기에는 분기가 일어나는 필연성이 있으며, 영원히 변하지 않는 자연발생적인 염원이 담겨 있다. 이러한 보이지 않는 염원을 파악하자.

1. 창조 계통수를 붙여놓고 분기마다 어떠한 염원이 있는지 관찰한다.
2. 이 계통수에 담긴 불변의 염원은 무엇일까? 상상해서 적어본다.
3. 상황에 따라 대상을 분해해 요소의 계통을 같은 방식으로 알아본다.

지금까지 창조가 계승해온 불변의 염원으로 되돌아가보면, 과거 위인들의 힘을 빌려 자신 있게 창조를 추진할 수 있게 될 것이다.

필연적 선택 3 생태生態

외부와의 관계를 살피자

우리는 저도 모르는 사이에 다양한 인물이나 물건과의 관계에 기대어 살아가고 있다. 지금 내가 입고 있는 잠옷은 집 근처 쇼핑몰에서 샀다. 태그를 보면 '메이드 인 차이나(MADE IN CHINA)'라고 적혀 있다. 중국에서 만든 옷인 듯하다. 옷감 자체는 다른 공장에서 만들어졌을 테고, 천을 짜는 데 쓰인 실 역시 지구상의 누군가가 실을 뽑아 염색했을 것이다. 실을 만들 때 쓴 목화는 어딘가의 목화밭에서 왔을 것이다. 누가 길렀는지까지는 알 수 없다. 하얀 단추는 사출 성형된 플라스틱 단추인데, 어디의 석유로 만들었을까? 이러한 소재들이 모두 공장에 모여 제품으로 만들어졌으며 매장까지 운반되었을 텐데 도대체 누가 어떻게 옮겼을지 나로서는 알래야 알 수가 없다.

약간만 상상력을 발휘하면 잠옷 한 벌을 만드는 데도 그 배경에 수만 명에 달하는 인간의 연결성이 존재하는 게 보인다. 단 한 벌의 잠옷을 완성하기 위해 지구에서 얼마만큼의 자원을 받아 썼는지 생각해보면 가슴이 먹먹해질 정도다. 하지만 사실을 털어놓자면, 지금 이렇게 문장으로 쓰기 전까지 내 잠옷이 이렇게 장대한 이야기의 결과물이라는 사실을 단 한 번도 의식해본 적이 없다.

우리 주변에 있는 모든 물건 속에는 이러한 이야기가 숨 쉬고 있다. 페트병에 담긴 수입 생수를 마시다 보면 병에 그 물이 지구 반대편에서 왔다고 쓰여 있는 게 보인다. 가게에 진열되기까지 채수, 육상 운송, 세관, 해상 물류, 병입, 레이블링, 바이어와의 교섭, 출하, 접객 등의 과정을 거친 다음 우리 입으로 들어온 것이다. 그러나 이러한 과정이 어떻게 이루어지는지 우리는 전혀 신경 쓰지 않은 채 그 물을 마신다. 이 방대한 이야기 중 일부를 떼어내 현장에서는 밸류체인이나 마케팅이라고 부르기도 한다. 그러나 실제로 이 전체 중 일부만 분리해 다루는 것은 불가능하다. 그렇다면 도대체 어디부터 손을 대면 좋을까?

이러한 연결성을 이해하는 과정을 진화사고에서는 '생태'의 관점이라고 부른다. 생태의 연결성은 해부나 계통에서의 마트료시카 구조나 나뭇가지 같은 연결성보다 복잡하게 뒤얽힌 연결망을 구축하고 있다. 따라서 생태는 시공간 학습의 네 가지 관점 즉 해부, 계통, 생태, 예측 중에서 가장 탐구하기 어려운 부분이다.

그러나 마음만 먹는다면 지금보다 풍부한 상상력으로 생태의 연결성을 알아챌 수 있다. 다행히 우리는 지구 반대편에서 무슨 일이 벌어지고 있는지 손안에서 즉각 확인할 수 있는 시대에 살고 있다. 저 앞의 연결성을 파고들 용기를 갖추고 드넓은 연결의 이야기를 탐구해보자. 연결성을 파악하는 일은 창조성을 이해하는 데 필요한 본질적인 지혜다.

생태계—사람과 자연의 관계를 확인한다

인간(人間)이라는 단어는 사람(人)과 사람 사이(間)에는 관계성이 있다는 의미를 담고 있다. 우리는 연결 속에서 살아간다. 부모님이 낳고 길러주신 덕분에 지금의 내가 있으며, 버팀목이 되어주는 친구나 잘못을 혼내는 선생님 등 수많은 사람과 영향을 주고받으며 살아가고 있다. 이러한 관계에는 입시나 시험에서의 경쟁자, 가게끼리의 경쟁처럼 긍정적인 관계만 있다고 할 수는 없다. 하지만 경쟁적인 관계 역시 결과적으로 우리 자신의 가능성을 확장하거나 적정한 가격으로 서비스를 제공받게 해주는 등의 역할을 한다. 좋은 관계든 나쁜 관계든 상관없이 연쇄적인 연결은 사회를 성장시킨다. 아무런 연결성 없이 나 혼자서는 결코 살아갈 수 없다.

인간만 그런 것이 아니다. 모든 생물은 다른 생물과의 관계 속에서 살아간다. 수천만 종에 달하는 생물 중에서 생태계와 연결되지 않고 생존할 수 있는 종은 거의 없다. 최강의 미생물이라고 불리는 곰벌레는 홀로 생식하고 진공 상태나 방사선에도 버틸 수 있지만 이런 곰벌레조차 다른 미생물을 먹어야만 활동할 수 있다.

이렇게 생물은 서로에게 의존해서 살아간다. 그 대전제로 생물은 환경에 의존해 살아간다. 태양광 덕분에 식물은 광합성해서 에너지를 생성하고, 공기 덕분에 육상 동물은 호흡할 수 있으며, 바다 덕분에 다채로운 해양 생물이 살아갈 수 있다.

인간도 마찬가지다. 좁게는 인간관계부터 넓게는 자연환경까지 우리는 연결에 기대어 살아간다. 그리고 내 잠옷처럼 연결된 관계는 복잡하고 전체를 파악하기가 쉽지 않다. 생물학에서는 이러한 환경이나 생명의 연결성을 탐구하는 학문을 '생태학'이라고 한다.

생태학을 영어로 에콜로지(ecology)라고 한다. 자주 들어본 단어일 것이다. 우리는 평소 이 단어를 '환경에 좋은 물건을 사는 운동'이라는 좁은 의미에서 사용하는데, 본래 이 단어는 '모든 생명의 연결성'을 풀어내는 학문을 의미한다.

생태학의 탄생은 진화론과도 깊은 관계가 있다. 앞서 〈계통〉에서 언급한 바 있는 에른스트 헤켈은 진화론에서도 중요한 인물이다. 그는 다윈의 진화론을 아름다운 계통수를 통해 널리 알린 예술적인 생물학자다. 종의 기원이 나온 지 7년 뒤인 1866년 헤켈은 이 학술 영역에 '생태학'이라는 이름을 붙였다. 모든 환경이나 생물 간의 연결성을 향한 광대한 상상력을 불러일으키는 생태학은 학문으로서뿐만 아니라 철학으로서도 다양한 분야에 퍼져 있다.

연결을 이해하는 힘은 점점 중요해질 것이다. 사회가 바뀌었기 때문이다. 20세기까지의 산업 개발은 제조에서 판매까지 매출을 둘러싼 좁은 범위에서의 연결만 이해하면 충분했다. 그러나 현재는 연결의 연장선상에 놓인 환경오염이나 노동 착취, 물류의 환경 부담, 물건을 폐기할 때 환경에 미치는 영향 등 생태계를 향한 부담이 극에 달하며 새로운 시각이 요구되고 있다. 즉, 생태계에 관한 깊은 통찰과 배려가 필수적인 시대다. 생물 다양성의 상실이나 기후 변화가 심각한 문제로 주목받는 현재, 모두가 생태적인 관점을 가질 수 있도록 새로운 교육이 필요하다. 그렇다면 우리는 어떻게 해야 근시안적인 관점에서 벗어나 넓은 시야와 깊은 사고를 지닐 수 있을까?

삼라만상 관계를 파악하는 5W1H

아이들은 끊임없이 "왜?", "뭐야?", "누구야?" 같은 질문을 한다. 마치 외계인이 새로운 행성에 도착한 것처럼 아이들에게 있어 세상은 신비함으로 가득하다. 그래서인지 아이들은 본능적으로 연결성을 이해하려 한다. 세계의 연결성은 복잡하지만, 그것을 따라가는 방법은 단순하다. 아이들도 벌써 알고 있지 않은가?

> 나에게는 거짓말을 하지 않는 정직한 조수가 6명 있다.
>
> 조수들의 이름은
>
> "뭐야?(WHAT)" 씨,
>
> "왜?(WHY)" 씨,
>
> "언제?(WHEN)" 씨,
>
> "어디?(WHERE)" 씨,
>
> "어떻게?(HOW)" 씨,

마지막으로 "누구?(WHO)" 씨다.

— 러디어드 키플링[43)]

키플링은 그림책을 통해 아이들에게 5W1H 질문을 사용하면 삼라만상의 연결성을 포괄적으로 이해할 수 있다고 말한다. 누구나 본능적으로 해왔던 사고의 정리 기술은 이 그림책이 출간된 이후 '키플링 메소드'라고 불리고 있다. 언어가 발달하면서 문명은 자연스레 만물을 설명하기 위한 문법 체계를 구성했다. 그 결과 5W(언제, 어디에서, 누가, 무엇을, 왜)와 1H(어떻게)를 사용하면 모든 상황을 설명할 수 있음을 깨닫게 되었다. 키플링 메소드는 복잡한 연결성을 이해할 때 도움이 되는 강력한 도구다. 특정 대상을 아무리 잘 알고 있더라도 5W1H 하나하나를 다시 한번 확인하면 전체 모습을 파악하는 데 도움이 된다.

인간은 잘 모르는 사실도 잘 알고 있다고 쉽게 착각하는 동물이다. 잠옷을 둘러싼 방대한 이야기를 살펴보더라도 연결성을 의식하기 전까지 나는 수만 명에 달하는 사람이 연관되어 있다고는 상상도 못 했다. 우리 누구나 복잡한 연결성 속에서 살고 있지만, 그 복잡함을 이해하지 못하더라도 살아갈 수 있다. 우리가 의식하지 않으면 그 대상은 존재하지 않는 것일까? 그렇지 않다. 우리가 버린 쓰레기가 상상도 못한 장소에서 인간이나 동물의 생명을 갉아먹고 있을 수도 있고, 우리를 행복하게 만드는 물건이 누군가의 눈물로 만들어졌을지도 모른다. 너무 깊게 생각하면 괴로워지지만, 우리는 저마다의 주관이 만들어낸 고정관념의 세계 속에서 살고 있다. 이 인식의 범위를 확장하는 연습이 생태 사고다.

생태에 대한 탐구심을 갈고닦으면 연결성을 놓치는 일이 줄어든다. 그리고 보이지 않았던 연결성 속에 새로운 창조의 씨앗이 잠들어 있음을 깨닫게 된다.

등장인물의 생각을 떠올린다—WHO

우리 주위에 수많은 사람이 있듯이, 연결의 이야기에는 다양한 사람이 등장한다. 입장이나 상황에 따라 등장인물들의 여러 가지 개성이 드러난다. 연결의 이야기를 이해하기 위한 첫걸음으로 등장인물에게 주의를 기울여보자. 특히 신경 쓰길 바라는 인물은 평소에는 등장하지 않는 인물이다. 왜냐하면 그들은 그냥 지나쳐버리기 쉽기 때문이다.

평범하게 살고 있다면 누구나 눈앞에 있는 사람밖에 보이지 않을 것이다. 눈앞에 없는 인물, 예를 들어 친구의 친척이라든지 점원의 거래처를 의식하는 경우는 거의 없다. 그러나 광대한 세상 속에서 수많은 사람이 연결되어 있으며, 그들 역시 이야기의 중요한 일부를 담당하고 있다. 그들을 의식하는 것은 사회를 향한 배려의 본질이다.

그렇다면 어째서 우리는 고려해야만 하는 인물을 놓치고 마는 걸까? 회사를 예로 들어보자. 기업 활동에서는 개발부터 마케팅에 이르기까지 비용과 매출의 최적화를 가장 중요하게 생각한다. 최적화만 강조하다 보면 '지속 불가능할 정도로 생산자와 자원에 막대한 부담을 강요'하거나 '피해가 발생하더라도 고객에게 판매한 이후의 일은 무시'하는 등 극단적인 부분 최적화의 비틀림이 나타나기도 한다. 이러한 비틀림은 누구에게나 생겨서 발생했다는 사실조차 깨닫지 못하기도 한다. 그 결과, 멀리 떨어진 장소나 미래 세대에게 막대한 부담을 주게 된다. 이를 개선하려면 넓은 범위의 연결성을 이해하는 관점이 필요하다. 이런 비틀림에 주목해야 하는 이유는 해결해야 할 필요성이 있기 때문일 뿐 아니라, 미래에 필요할 새로운 서비스나 도구가 그 속에 숨어 있기 때문이다.

2030년까지 UN이 추진하는 지속가능발전목표(SDGs)는 '단 한 사람도 소외되지 않기'라는 슬로건을 내걸고 있다. 슬픈 사람이나 비합리적인 상황을 가능한 한 늘리지 않는 방법을 모색하려는 것이다. 사려 깊게 행동하기 위해서라도 연결의 이야기 속에 등장하는 인물을 폭넓게 떠올려보자.

진화워크 23 — 등장인물 목록을 작성한다 15분

지금부터 그려낼 창조의 이야기에 등장하는 인물의 종류를 생각나는 대로 적어보자. 넓은 시야로 바라보면서 평소에 크게 의식하지 않았던 혹은 보이지 않았던 인물에게도 주의를 기울여보길 바란다.

제품이라면 재료의 생산자(농가, 1차 가공자, 경영자 등), 생산 현장(공장 직원, 영업, 경영자 등), 물류(관리자, 운전기사, 항만 직원, 경영자 등), 유통(바이어, 판매자, 경영자 등), 고객(구매자, 그 가족이나 지인), 폐기(폐기업자, 경영자), 폐기된 토지의 주민 등 수십 종류의 사람이 떠오를 것이다. 이미 잘 알고 있다고 생각하는 인물에 대해서도 다시 한번 적어보면서 더욱 구체적으로 의식해보자.

마더 오션

우리에게 도움을 주는 이가 누구인지 철저하게 밝혀내다 보면 그들에게 감사한 마음이 생긴다. 이는 단지 사람에게만 국한되지 않는다. 에너지와 자원의 근본이 어디인지, 물건을 폐기한 다음 어떤 일이 펼쳐지는지 등을 찾아보라. 그 종착점은 틀림없이 자연환경이다.

우리는 농지를 만들기 위해서 지구 표면의 5%에 달하는 면적을 매년 불태우고 있다. 이러한 인간의 활동은 대부분 환경의 균형을 심각하게 깨트리고 있다. 자연은 언제나 말없이 우리에게 가치를 제공해주지만, 우리는 그것을 일방적으로 착취하기만 할 뿐 보답하려는 생각을 좀처럼 하지 않는다. 우리의 부족한 상상력을 보완하는 데는 자연을 의인화하는 시도가 효과적이다. 만약 자연이 사람이고 우리에게 말을 건다면 뭐라고 할까? 전혀 다른 풍경이 보이기 시작할 것이다.

몇 가지 예를 들어보겠다. 뉴질랜드 북동부에 있는 황거누이강 유역에 사는 마오리족은 강을 '아와 투푸아(선조의 강)'이라고 부르며 오래전부터 하나의 인격을 가진 존재로 숭배해왔다. 그러나 19세기 중엽에 이르러 유럽인이 들어오면서 강을 향한 마오리족의 경외는 유린당했고, 댐 개발 등에 의해 하천 환경은 황폐해졌다. 이렇게 식민지 정복자들에게 강의 권리를 빼앗겨버렸다.

그로부터 100년 이상 지난 2017년, 뉴질랜드 정부는 놀라운 결단을 내렸다. 과거의 행동을 깊이 반성하며 오래전부터 이어진 마오리족의 주장을 존중해 황거누이강의 인격을 인정하고 법인으로서 강의 권리를 정식으로 인정한 것이다. 즉, 황거누이강은 '테 아와투푸아'라는 살아 있는 존재로, '법인이 지닌 모든 권리, 힘, 의무, 책임을 지닌다'라는 내용을 정부로부터 정식으로 승인받았다.[44] 자연을 우리와 똑같은 '인간'으로 존중하는 일을 법률화한 뉴질랜드 정부의 결단에 마음속으로 박수를 보낸다.

의인화는 생태계를 이해하기 쉽게 해주는 묘책이다. 나 역시 현재 자연을 의인화하는 프로젝트에 참여하고 있다. 해양 생태계 연구기관인 '수산연구·교육기구'의 스기모토 아오이 박사 연구팀은 관광 수입이나 어획량 같은 경제적 지표만으로 바다를 평가하지 않고, 사람들이 바다에 대해 가지고 있는 주관적인 가치를 사회학적·심리학적으로 측정하는 방법을 연구하고 있다.

UN은 2001년부터 세계 최초로 생태계 서비스 평가를 시행하고 있는데, 그 평가 기준은 경제적 지표에 무게가 실려 있다. 쉽게 말해, 바다를 어머니라고 하면 '용돈을 많이 주면 훌륭한 어머니'라고 평가한 것이나 마찬가지다. 이에 반해 스기모토 박사 연구팀은 연안 지역 거주민을 대상으로 참가형 조사를 수행한 뒤 수집한 문장의 네트워크를 분석해 각자 바다에 지닌 주관적인 가치를 밝혀냈다. 이 연구를 통해 인간은 소중한 사람을 향해 품는 애정과 닮은 가치를 바다라는 자연물에도 느끼고 있음이 드러났다. 우리는 이 연구가 '바다의 모성을 증명'하는 시도라고 받아들였다.

'마더 오션(MOTHER OCEAN)'이라고 이름 붙인 프로젝트를 공동 진

MOTHER OCEAN

INFOGRAPHIC

"HOW BOUNTIFUL IS THE OCEAN?
PARTICIPATORY VALUATION OF HUMAN-NATURE RELATIONSHIPS
IN YAEYAMA ISLANDS, JAPAN

AOI SUGIMOTO, HIROAKI SUGINO, JURI HORI

I.
LOCAL MARINE CULTURE

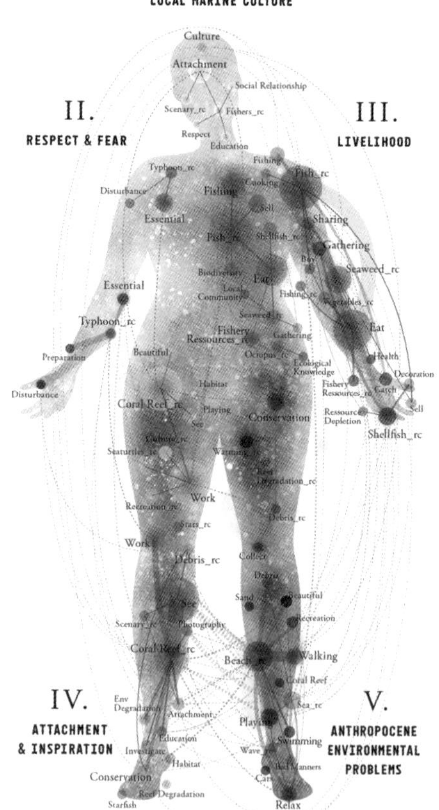

그림 15-1 MOTHER OCEAN. 사람의 마음속 바다를 어머니로 의인화한 프로젝트다

행하면서 우리는 인간의 모습을 본뜬 인포그래픽을 작성했다. 이 프로젝트의 목표는 '어머니 바다'가 우리에게 무엇을 말하고 싶은지 가시화해 바다를 진정한 어머니로 받아들이는 공통된 인식을 세계에 널리 전파하는 것이다. 바다와 관련된 여러 가지 문제가 심각해지는 와중에 SGDs를 추진하는 UN은 바다를 이해하고 보전하고자 '지속가능한 발전을 위한 해양 과학 10년'을 출범해 2021년부터 시행하고 있다. '마더 오션' 역시 이러한 세계적인 흐름과 연대하면서 연구자와 사회활동가를 이어주는 단체로 키워 나가고 있다. 이를 통해 수많은 사람이 잊고 살아가는 '어머니 바다'의 존재를 일깨울 계기를 만들어보고자 한다.

진화워크 24 — 등장인물의 염원 20분

[진화워크 23]에서 작성한 등장인물 목록을 보면서 자신이 등장인물의 입장이 되었다고 상상하고 그의 마음속에 있는 생각이나 바람, 그리고 전체적인 흐름에서의 역할을 생각나는 대로 적어보자.
다음으로 등장인물이 어떤 관점에서 어떤 마음을 품고 있을지 상상해보자. 이를 마케팅에서는 '페르소나(persona)'라고 부르는데, 인물의 이름이나 성별, 직업, 연봉, 사고방식 등을 드라마의 등장인물같이 구체적으로 설정하면 해당 인물의 기분을 이해하기 쉬워진다. 저마다의 견해차가 드러나는 생각이나 염원을 의식하는 습관에 익숙해지면 지금 생태계에서 나타나는 갈등이나 공생 관계를 명확하게 파악할 수 있게 될 것이다.

진화워크 25 — 행동 관찰 60분~

각 등장인물의 입장을 더욱 깊이 통찰하기 위해 등장인물의 행동을 관찰할 수 있는 장소에 실제로 가보자. 만약 가능하다면 상대방을 인터뷰하면서 속마음까지 이해해보자. 이러한 에스노그래피(ethnography, 행동 관찰)는 생태계의 연결성을 이해하는 데도 효과적이다.

필수 불가결한 대상과의 연결—WHAT

다양한 인물이나 대상이 연결되면서 상황이 만들어진다. 그런데 연극에서도 무대나 무대장치가 있듯, 등장인물뿐 아니라 도구도 반드시 연결되어 있게 마련이다. 집 근처에서 산 잠옷이 가게에 진열되기까지 '컨테이너선'이나 '기차' 같은 '물류'의 발명을 빼놓을 순 없다. 마찬가지로 '쇼핑몰'이 없다면 어디에서 잠옷을 사야 할지 알 수 없었을 것이다. '조명'이 발명되지 않았으면 어두운 '매장'에서 마음에 드는 잠옷을 제대로 고르지 못했을 것이다. 애초에 '돈'이 발명되지 않았다면 물물교환을 해야만 했을 것이다. 당연히 잠옷을 만들려면 '재봉틀'이 있어야 한다. '천'은 '자동직조기'가 개발되기까지 무척이나 고가의 사치품이었다. 그리고 천을 만들기 위한 '목화'나 제조 및 물류에 필요한 '연료'같이 '생태계에서 제공하는 자원'이 없었다면 애당초 이 잠옷은 존재할 수조차 없었을 것이다.

위에서 홑따옴표로 묶은 요소들은 잠옷을 사기까지의 연결을 지탱해주는 필수적인 요소다. 이들의 존재는 너무나도 당연하게 받아들여져 관심을 주는 경우가 드물어 평소 이러한 연결성을 의식하기가 쉽지 않다. 보통 이들의 연결성을 실감할 때는 이러한 요소가 사라졌을 때다. 하지만 그러면 너무 늦다. 특정한 창조가 어떤 요소(WHAT)에 의해 지탱되고 있는지 명확하게 확인해둘 필요가 있다. 이를 통해 우리가 무엇을 위해 그 상황을 구축했는지 이해할 수 있다.

일본에서는 오래전부터 생물, 무생물에 상관없이 모든 사물에 신이 머물고 있다고 생각했다. 쌀 한 알 한 알에도 신이 잠들어 있으니 소중히 먹었고, 무기물인 바위에도 신이 깃들어 있다고 여기며 숭배했다. 이렇듯 일본은 무수히 많은 신이 존재한다고 믿으며 운명의 관계성 속에서 살아왔다. 생각해보면 일상적으로 사용하는 모든 물건은 자연에서 비롯된다. 물건을 생물과 동일시하는 사상은 왜곡 없이 생태계를 바라보려는 자연스러운 관점이라고 할 수 있다.

창조 생태계의 연결성은 〈해부〉에서 탐구했던 것과 마찬가지로, 기능(생리)과 제조(발생) 관점에서 고찰할 수 있다. 우리 주위의 물건들을 새로운 관점에서 이해해보자.

진화워크 26 — 도구의 분류 15분

창조 대상의 연결에서 빼놓을 수 없는 요소(WHAT)를 떠오르는 대로 적어서 분류해보자. 나도 모르는 사이에 유용하게 사용하는 도구나 없어서는 안 되지만 눈에 띄지 않았던 물건을 생각해보자. 그렇게 하는 과정에서 연결성은 저절로 드러난다. 미처 의식하지 못했던 물건과의 연결을 깨닫는 과정은 창조를 둘러싼 생태계에 대한 인식을 변화시켜줄 것이다.

상황의 상상력—WHEN·WHERE

필수적인 도구와 등장인물이 연결되어 한곳에 모이면 시간적·공간적 상황이 발생한다. 연극 식으로 말하자면 무대가 준비된 것이다. 대상을 둘러싼 관계 속에서 마치 연극 장면이 전환되는 것처럼 한정된 상황이 계속된다.

내 잠옷도 수많은 상황과 연관되어 있다. 내 잠옷은 '잘 때 침대 앞에서 갈아입는 옷'으로, 그전까지는 '옷장에 수납'되어 있었다. 사기 전에는 '매장 선반에 진열'되어 있었는데, 구매하자 직원이 '종이봉투에 포장'해줬다. 선반에 진열되기 전에는 '상자에 담겨 트럭 짐칸에 적재'되어 있었다. 이러한 모든 상황(WHEN: 언제, WHERE: 어디에서)을 거쳐 지금 내가 입고 있는 것이다. 이러한 장소들과 더욱 깊은 공생 관계를 맺는다면 잠옷의 가치는 더욱 올라간다.

특정 대상이 놓인 상황에 따라 관계의 스토리가 쓰인다. 대상이 상황을 만들고 상황이 대상에 가치를 부여한다. 생일날 저녁, 방이 갑자기 어두워지면서 감동적인 영상이 흐르기 시작하면 깜짝 파티가 열릴 것으로 기대하게 된다. 폭력적인 배우자와 격렬하게 부부싸움을 하는 상황에서 무거운 유리병이 보인다면 우리는 멋대로 참혹한 장면으로 이어지는 상상을 한다. 이처럼 사물은 이야기를 만들어낸다. 그리고 조용히 연결되기만을 기다린다. 물건을 둘러싼 상황에 대한 상상력은 원하는 관계성을 구현한다. 미지의 관계를 만들어내고 그 질을 높이는 지침이 된다.

어떤 대상을 둘러싼 상황을 상상해보자. 그 장소에 직접 발을 들여놓고 피부로 주변의 공기를 느껴보자. 새로운 것을 창조하고 싶다면 이상적인 상황을 상상해보자. 물건을 팔고 싶다면 그것이 팔릴 만한 상황을 떠올리면 좋다. 낭비를 줄이고 싶다면 완벽에 가깝게 최적화된 상황을 상상해보자. 무엇인가를 상대방에게 이해시키고 싶다면 과거 자신이 어떤 것을 쉽게 이해했던 상황을 떠올려보면 어떨까? 상황에 적합한 시나리오를 선택하고 상상대로 그려내기 위해서는 장소적·시간적인 상황을 선명하게 떠올리는 능력이 필요하다. 이미 해결된 상황을 상상하는 힘을 기르면 이후의 방향은 자연스레 정해질 것이다.

진화워크 27 — 상황 상상하기 15분

창조 대상을 둘러싼 상황(WHERE·WHEN)을 생각나는 대로 적고 각각의 상황에 별명을 붙여서 한 장에 하나씩 적어보자. '아침의 어수선한 집'이라든지 '저녁 무렵 슈퍼마켓 계산대 앞의 대기줄' 같은 식이다. 상황을 적었다면 눈을 감고 그 장면을 상상해보자. 실제로 해당 상황을 경험할 수 있다면 직접 체험해보자. 상황을 구체적으로 상상하는 능력은 연결성을 구축하는 데 필요한 힘이다.

생태계 맵

생태계의 복잡한 연결성을 이해하려면 개체 사이의 관계를 자세히 관찰할 필요가 있다. 즉, 이야기의 '등장인물', '필수 불가결한 도구', '이들이 놓인 상황'을 관찰하면 인간 혹은 도구 사이에 수많은 선택압력이 자연발생한다는 사실을 알 수 있다. 이러한 복잡한 관계는 서서히 이야기를 만들어낸다. 자연 속에도 다양한 드라마가 있다. 사냥감을 좇는 자, 도망자, 찌꺼기를 찾아 헤매는 자, 그것을 땅에 돌려주는 자, 물의 은혜, 태양의 따스함 등 벡터의 방향에 따라 상황의 이야기는 서로 연결된다.

〈그림 15-2〉 같은 먹이사슬을 한 번쯤 본 적 있을 것이다. 먹고 먹히는 관계만 그려놓은 것이지만, 생식이나 공생 관계에 대해서도 마찬가지로 관계도를 그릴 수 있다. 이렇듯 관계의 지도를 그리는 일은 창조와 관련된 이야기를 이해할 때 무척이나 도움이 된다.

생태계 맵을 그릴 때 특히 주의해야 할 점이 있다. 되도록 하나도 빠트리지 않고 작성해야 한다. 항상 그 존재를 의식하는 직접적인 상대뿐 아니라 그 주위로 퍼져 나가는, 평소 그다지 신경 쓰지 않았던 인물이나 자연과의 관계에도 주의를 기울여야 한다.

그러지 않으면 돌이킬 수 없는 일이 발생하기도 한다. 예를 들어, 타이태닉호 침몰 사고를 계기로 보급된 음파탐지기는 해양 사고 발생률을 줄였다. 그러나 음파탐지기 때문에 수많은 고래와 돌고래가 죽고 말았다. 아무리 편리하더라도 관계성을 무시한 채 주위에 강력한 영향을 끼치면 거대한 폐해가 나타날 수도 있다. 알아차리기 힘든 만큼 더더욱 관계성에 주의를 기울여야 한다. 우리는 눈앞의 물건을 잘 안다고 생각하지만, 그 뒤에 자리한 '불합리한 진실' 같은 것은 모른 채 살아간다. 착취당하며 기아로 고통받는 농가가 있더라도, 수억 톤의 오염물질이 바다로 흘러가더라도 누구에게도 죄를 묻지 않는다. 관계의 전체적인 모습을 살펴보면 안타깝게도 내가 속한 삶이나 문화가 범인으로 드러나기도 한다.

연결성을 고민하자. 이는 연습하면 충분히 익힐 수 있는 행동이다. 관계의 전체적인 모습을 부감하는 것이 어렵다면 지금보다 한 발짝만 앞을 향해 나아가 관계를 이해하려는 자세를 가져보자. 이는 우리에게 허락된 배려이자 관계에 대한 애정이라 할 수 있다.

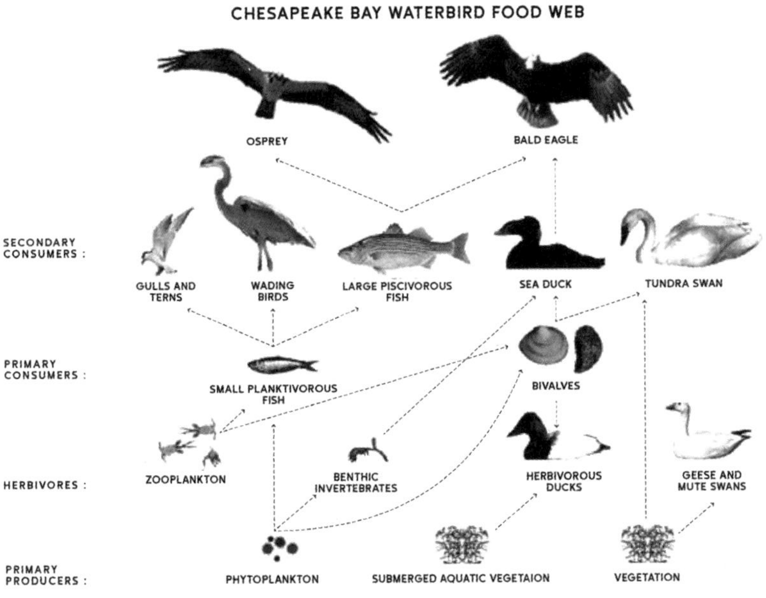

그림 15-2 먹이사슬. 생태계 속에서는 서로가 복잡하게 연관되어 있다

진화워크 28 — 생태계 맵 30분

이제까지 정리한 등장인물(WHO)과 대상(WHAT)을 종이 한 장에 배치해 생태계 맵을 그려보자. 생태계 맵은 먹이사슬이나 드라마 인물관계도 같은 관계성을 나타낸 지도다. 그리다 보면 복잡하게 뻗어 나가는 생태계 네트워크를 머릿속에 떠올리기 쉬워진다. 나아가 각각의 상황(WHERE·WHEN)에 따라 등장인물을 배치해 상황을 선으로 묶어보면 창조와 관련된 상황에 대한 상상력이 향상되고 필연성을 발견하기 쉬워진다. 사람이나 물건의 목적이나 염원(WHY)도 상상하여 적어보자. 생태계를 상상하는 것은 어렵다. 생태계는 끝없이 연결되어 있어 눈에 보이지 않기 때문이다. 깔끔하게 그리지 않아도 괜찮으니 생태계 맵을 꼭 그려보자.

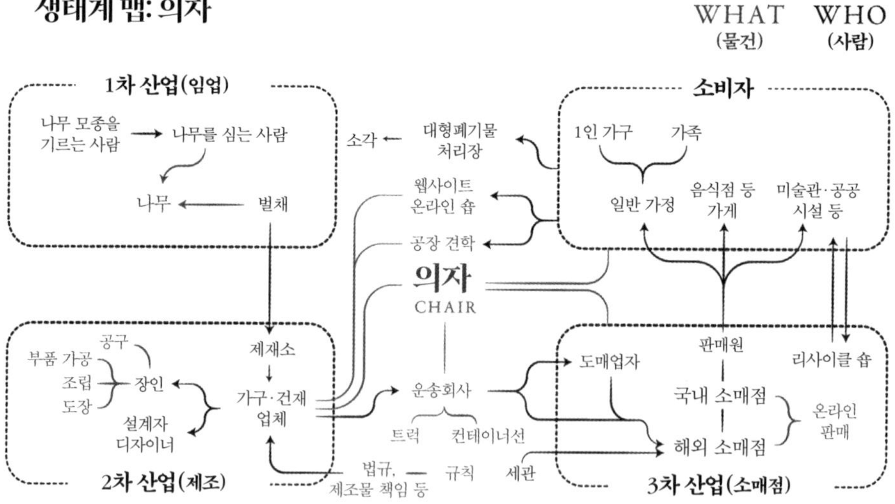

그림 15-3 의자 생태계 맵. 더욱 멀리까지 세세하게 연결할 수 있도록 커다란 종이에 그리자

각자의 사고와 존재 의의—WHY

생태계 맵까지 그려봤다면 관계의 이야기를 엮어낼 준비가 다 된 셈이다. 배우가 준비되고 도구가 갖추어져 상황이 가시화됐다. 맵에 보이기 시작하는 상황에서 각 등장인물은 도대체 어떤 마음을 품고 그 자리에 있는 걸까? 각자의 의도가 먹이사슬의 화살표 벡터같이 소용돌이친다. 각 인물이 품고 있는 염원이 현실에 영향을 미치고, 얽히고설킨 마음이 이야기를 움직이기 시작한다.

물건을 사고파는 단순한 관계 속에도 비싸게 팔고 싶은 가게, 저렴하게 사려는 고객, 거래처를 만들고 싶은 공장, 냉정하게 비교 견적을 받는 제조사, 물건에 불만 있는 사용자 등 다양한 입장 속에서 수많은 마음이 소용돌이친다. 이러한 의도가 벡터의 집합이 되어 가치나 행동으로 나타나면서 사회를 움직인다. 이러한 의도의 벡터가 만들어내는 흐름을 파악하면 미시적인 관계를 이해하는 동시에 거시적인 사회 동태를 추측할 수 있다. 이 흐름은 창조성을 가속하는 순풍으로 작용한다.

각 등장인물이 품고 있는 마음을 세세히 살펴보자. 이러한 마음속에는 경쟁이나 아픔 같은 불쾌한 감정(WHY⁻)이 있는가 하면, 기쁨이나 애정 같은 즐거운 감정(WHY⁺)도 있다. 지금부터는 아픔을 동반하는 'WHY⁻' 관계를 생물의 생존 경쟁 패턴에서, 애정으로 가득한 'WHY⁺' 관계를 생물의 공생 관계에서 배워보자.

선택▼

해부

계통

생태

예측

자연계에는 피할 수 없는 경쟁이 다양한 형태로 존재한다. 자연의 생태계는 전반적으로 조화롭게 이루어져 있으나 각각의 생물은 생존하기 위해 최선을 다하느라 다른 종이나 개체와 언제나 좋은 관계만 형성한다고 하기는 어렵다. 고통이나 불쾌함을 동반하는 대상에게서는 본능적으로 도망치고, 개체나 종 사이의 경쟁이 빚어지기도 한다. 선택압력을 고려할 때 이러한 생존 경쟁을 무시할 순 없다. 다윈이 진화론을 제시했을 때, 생존 경쟁 역시 자연선택이 일어나는 주요 원인 중 하나로 여겨졌다. 생물의 생존 경쟁에는 몇 가지 명확한 패턴이 있다. 크게 구분하면 '기생'당하거나 '포식'당하는 종 간 경쟁과 '먹이를 같이 취합'하거나 '성을 두고 경쟁'하는 종 내 경쟁 두 가지로 나눌 수 있다. 이러한 경쟁을 관찰하면 창조성을 함양하는 데 도움이 된다.

인간 사회에서의 경쟁도 생물계의 생존 경쟁 패턴과 대부분 비슷하게 발생한다. 동일 종의 경쟁과 마찬가지로 동일 직종의 경쟁은 사례를 찾아보기 쉽지만 종 간 경쟁은 눈에 잘 띄지 않는다. 이러한 생존 경쟁 패턴은 경영이나 상품 디자인 같은 경쟁적 환경에서 살아남는 데 필요한 본질적인 힌트가 된다. 또한 물건을 특정 환경에 적응하게 하고 수준을 키우는 선택압력의 패턴이라고도 할 수 있으니, 창조성을 키우고 싶다면 반드시 탐구해야 한다. 그렇다면 생태계와 인간 사회에 공통된 생존 경쟁 패턴을 하나씩 살펴보자.

자연선택 성 도태—매력 경쟁

암컷을 둘러싸고 수컷끼리 경쟁하는 종은 적지 않다. 이러한 경쟁을 성 도태라고 하는데, 종마다 상당히 개성적이고 다양한 경쟁 규칙이 있다. 조류만 보더라도 울음소리, 날개 모양, 구애 댄스, 먹이 선물 등 실로 무수한 기술을 구사하며 이성에게 사랑받으려 노력한다. 성 도태의 패턴을 열거해보면 이성 친구나 결혼 상대를 찾을 때의 모습과 닮은 듯해서 웃음이 나온다.

동성 간 경쟁에서는 저마다 특수한 규칙에 근거해 질적으로 경쟁하는 모습을 볼 수 있다. 그 결과, 진화는 시간이 흐르면서 극단적인 양상을 띤다. 변이 자체는 언제나 무작위적으로 이뤄지지만, 성 도태가 일어나면서 방향성이 나타난다. 이 방향성에 의해 각 생물의 특징이 드러난다. 그 결과, 펠리컨의 부리가 커지고 새의 울음소리가 아름다워진다. 그렇게 더 빨리 난자에 도달한 정자가 선택당하면서 유전자를 미래에 전달해 나간다.

번식하기 위해 벌어지는 치열한 전투는 때로 실용성에서 벗어나 특수한 진화를 일으키기도 한다. 수컷 공작새의 꼬리는 더할 나위 없이 아름답지만 지나치게 크고 화려해서 아무리 생각해도 실용적이라고 하기는 어렵다. 다윈도 생존 경쟁에 불리한 공작새의 꼬리를 보고는 머리를 꽁꽁 싸매며 《종의 기원》을 발간한 후에 성 경쟁과 관련된 책을 추가로 썼을 정도다. 종 내 경쟁은 실용성을 뛰어넘어 극단적인 양상으로 치

닫기 쉽다. 동일 종 내 경쟁은 때로 부조리하다는 점을 기억해두길 바란다. 왜냐하면 창조 경쟁 역시 유사한 구조를 보이기 때문이다.

매력을 둘러싼 경쟁은 생존 측면에서 불합리한 결과를 불러오기도 한다. 큰뿔사슴은 수컷끼리 경쟁하기 위해 50킬로그램에 달하는 뿔을 달고 있는데, 그 뿔을 만드는데 칼슘을 지나치게 소비해서 골다공증을 안고 살아갔다. 매력적인 수컷이 선택받는 상황이 이어지면 아무리 생존에 불리하더라도 선택받는 방향으로 진화하기 마련이다. 라이벌과의 경쟁에 이기는 진화가 반드시 살아남는 데 도움이 되는 것은 아니다. 이런 현상을 진화생물학에서는 '폭주 이론'이라고 부른다.

수컷이 암컷을 두고 다투듯, 창조도 가혹한 경쟁에 노출된다. 모든 창조는 동일한 시장에서 경쟁해야 하는 제품들 사이에서 질적 경쟁 원리에 노출된다. 자동차 판매 경쟁, 라면 맛집 간의 경쟁, 편의점끼리의 경쟁 등 분야에 따라 서로 다른 평가 기준을 놓고 싸운다. 보통 경쟁 상대가 누구인지 질문했을 때, 가장 먼저 의식하는 대상은 대개 동일 영역 내의 경쟁 상대다. 경쟁에서 벗어날 수 없는 만큼 반드시 이겨야만 한다. 경쟁자보다 한 수 앞서 나가지 않으면 시장에서 유리한

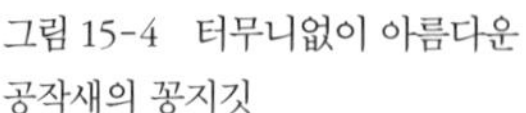

그림 15-4 터무니없이 아름다운 공작새의 꽁지깃

위치를 잡을 수 없기 때문이다. 이렇게 경쟁은 더욱 격화된다.

경쟁이 심화되면 평가 기준 또한 불합리하게 한쪽으로 치우치거나 지나치게 단순해지기도 한다. 그 결과, 공작새의 꼬리같이 실용성을 무시한 경쟁이 등장한다는 점 역시 진화와 완벽히 동일하다.

생활용품점에서 파는 쿼츠식 손목시계는 정확하고 가벼우며 실용적이다. 반면 기계식 손목시계는 부정확하고 무거우며 보험에 들지 않고는 차고 나갈 엄두가 나지 않을 정도로 비싸다. 그러나 기계식을 고수하는 고급 시계는 고유한 시장이 있어 두터운 팬층을 확보하고 있다. 전문 분야에서의 경쟁은 이렇게 목적을 넘어서 특수화된다. 경쟁으로 인해 발생하는 편향은 모든 영역에 나타난다. 100만 원이면 살 수 있는 중고차가 있는가 하면 시속 490km가 넘는 엄청난 속도를 자랑하는 40억 원짜리 고급 스포츠카도 있다. 만약 일본 도로에서 시속 490km로 달린다면 속도위반일 뿐 아니라 살인미수 혐의를 받을지도 모른다.

100만 원짜리 차든 40억 원짜리 차든 달린다는 기능은 크게 다르지 않다. 일반

그림 15-5 경쟁에서 이기기 위해 커다란 뿔을 갖게 된 큰뿔사슴

도로에서 달릴 수 없는 속도를 내는 자동차를 탄다는 것은 얼핏 합리적이지 않아 보인다. 그런데도 이런 슈퍼카는 전 세계 수많은 팬에게 사랑받고 있다. 여기에선 한계를 뛰어넘는 도전 정신에 대한 동경과 보다 높은 곳을 목표로 하는 향상심이 강하게 드러난다. 이렇듯 높은 수준은 우리를 매료시킨다. 그렇다면 격렬한 매력 경쟁에서 승리하려면 어떤 전략이 필요할까?

힌트를 하나 주자면, 경쟁의 평가 기준을 이해해야 한다. 수준 높은 대상을 '계통'적으로 비교분석해 매력의 평가 기준이 무엇인지 확인해야 한다. 평가 기준이 명확하면 사소한 요소만으로도 경쟁자의 매력을 뛰어넘을 수 있다.

창조에 요구되는 미션은 언제나 전례를 뛰어넘는다. 특정 상대를 따라잡고 싶다면 '해부'를 통해 어떤 시스템이 상대의 장점에 직결되는지 분석해보면 좋다. 그렇게 하면 수준을 높일 수 있는 기술적인 방법이 떠오른다. 계통의 지혜를 활용하면 전례가 쌓아놓은 평가 기준의 정체가 보인다. 또, 실생활에서는 너무 빠른 자동차를 운전할 수 없는 것과 마찬가지로, 좁은 범위에서 지나치게 경쟁하면 때로 멸종으로 이어질 수도 있다.

자, 다시 한번 생각해보자. 당신의 창조 대상 x에게는 어떤 경쟁 상대가 있는가? 해당 경쟁의 평가 기준은 무엇인가? 지금의 아이디어가 매력 경쟁에서 이길 수 있을까? 평가 기준의 각도를 바꾸면 승리할 가능성이 생길까? 경쟁의 평가 기준을 철저히 밝혀보자.

반대로 경쟁이 너무 과격해져서 부조리할 정도로 과열되지는 않았는가? 과잉 경쟁으로 마이너스 상황이 발생하지는 않았는가? 이런 관점에서도 경쟁을 파악해보자.

진화워크 29 — 매력 경쟁 20분

1. 같은 영역 내 존재하는 직접적인 경쟁 상대를 떠오르는 대로 적어보자. 같은 수준의 경쟁자뿐 아니라 분야 내에서 존경할 만한 수준 높은 경쟁 상대도 의식적으로 생각해보자.

2. 경쟁자를 생태계 맵에 붙여보자. 경쟁 속에서 서로 어떤 관계를 맺고 있는지, 상대방의 상황을 되도록 자세히 조사해보자.

3. 승패를 결정하는 평가 기준은 무엇인지 고민해보자. 비용이나 아름다움, 소재의 질감이나 사용법 등 다양한 평가 기준이 있다. 매력을 평가하는 기준은 영역마다 다르다. 수많은 경쟁자를 비교해 경쟁의 평가 기준이 될 만한 항목을 간단한 단어로 가능한 한 많이 적어보자.

자연선택 자원 — 지속가능한가

생태계 속에서는 같은 자원을 놓고 뺏고 빼앗기는 다툼이 빈번하게 발생한다. 사자와 하이에나처럼 가까이 살면서 같은 먹이를 공유하는 이종 동물은 때로 명확한 경쟁 상대가 된다. 그러나 먹이를 둘러싼 이종

간의 직접적인 대결은 흔치 않으며, 대부분 서로를 거의 의식하지 않은 채 살아간다.

이처럼 자연계에서는 저도 모르는 사이에 누군가에게 먹이를 전부 빼앗기더라도 그 원인을 알지 못하는 경우가 있다. 이종 간 경쟁은 직접적인 경쟁으로 여겨지기보다는 '요즘 먹이가 별로 없네' 하고 받아들이기 쉽다. 300만 년 전까지 살았던 틸라코스밀루스나 100만 년 전까지 있었던 3미터가 넘는 대형 유인원인 기간토피테쿠스 등은 이러한 보이지 않는 종 간 경쟁에 밀려 멸종한 것으로 알려져 있다.

인간 사회에서도 다른 영역에 있는 기업, 상품, 서비스 사이에서 자원을 두고 경쟁이 발생한다. 이때 경쟁의 주요 기준은 질적 수준과는 다른 부분에 있다. 세상에는 전문 영역 이외에서도 자원을 둘러싼 경쟁이 넘쳐난다. 목적을 둘러싼 경쟁이나 자연환경의 자원에 관한 경쟁 등 실제로는 보이지 않는 다양한 자원 다툼이 일어나고 있다.

언뜻 보기에는 다른 영역처럼 보이지만 실제로는 같은 목적을 지닌 이들 사이에서도 고객을 뺏고 뺏기는 상황이 발생한다. TV와 게임은 여가를 보낸다는 목적을 두고 싸운다. 슈퍼카와 지하철은 이동이라는 목적을 두고 경쟁 관계를 형성한다. 라면 가게와 케이크 가게 사이에도 손님의 배를 채운다는 공통 목적을 두고 경쟁이 벌어진다.

신기한 점은 실제로 경쟁이 발생하더라도 전문 영역이 다르면 서로의 존재를 의식하지 못하는 경우가 많다는 것이다. 스마트폰이 등장하면서 종이 사전이나 잡지, 자동차 내비게이션 시장이 위축되었듯, 경쟁자로 여기지 않던 대상이 갑자기 위협적으로 변모하기도 한다. 마찬가지로 자원을 둘러싼 경쟁은 눈앞에 닥치기 전까지 알아차리기 어려우며, 평소 경쟁 상대라고 여기지 않았던 만큼 대단히 위협적으로 다가온다.

반대로 보면, 경쟁의 평가 기준을 바꿀 새로운 콘셉트를 만드는데 필요한 힌트는 다른 영역에서 발견되기도 한다. 이미 형성된 경쟁관계를 알아차리기 위해서도 특정 분야에 얽매이지 않는 너른 시야가 필요하다. 생태계 맵을 부감해보면 의외의 경쟁 상대를 찾아낼 수도 있다. 예를 들어, 이유식 브랜드 매출은 출생률에 크게 영향 받는다. 따라서 안심하고 아이를 낳을 수 있는 사회를 만드는 정책이 중요하다는 거시적인 관점을 가질 필요가 있으며, 이에 따라 보이지 않는 경쟁 상대인 저출생과 싸워야만 한다. 여기에 이노베이션의 가능성이 있다.

이렇게 '목적'이라는 자원을 둘러싼 경쟁이 있는 한편 또 다른 중요한 자원을 놓고 벌어지는 경쟁이 있다. 바로 '생태계 자원'과 관련된 경쟁이다. 현재 모든 산업의 자원은 생태계 서비스에 의존하고 있다. 무엇보다도 이 자원은 유한하다. 이대로 전부 다 써버린다면 어느 날 갑자기 수도꼭지에서 물이 안 나온다거나 갑자기 생산이 중단되어 사용 금지되는 사태가 벌어질지도 모른다. 예를 들어 화석연료에서 유래한 산업이라면, 아직까지는 채굴할 수 있지만 최근 이산화탄소에 의한 기후 변화가 극에 달한 만큼 그 사용이 금지되면 근본부터 무너질 가능성이 있다. 이러한 리스크를 감안하더라도 결과적으로 각 산업은 급격하게 사업을 전환해야만 한다.

지속가능성은 얼핏 지구 환경을 위한 단어 같지만, 인간의 문명을 유지해주는 자원을 향후 어떻게 확보할지 같은 인간 자신의 생존이 걸린 문제다. 환경은 당연히 존재하는 것 같지만, 그 환경이 영속한다는 보장은 없다. 실제로 우리가 의식하지 않는 동안에 새로운 인공물이 계속 세워져 지표면의 약 75%를 지배하고 있는 등 여러 면에서 환경의 도움을 받기 어려워졌다. 게다가 우리는 현재 지구 역사상 여섯 번째 대량 멸종을 일으키고 있다. 아무리 생태계를 파괴당하더라도 지구 자체는 영속할 것이다. 과거의 대량 멸종 때와 마찬가지로 어떤 생물은 살아남을 것이다. 다만 인류가 거기에 속할지는 대단히 의심스럽다. 인간은 스스로 자기 목을 조르고 있는 풍전등화 상태에 놓여 있다. 동시에 이렇게 볼 수도 있다. 살아남지 못하면 경제 같은 것은 의미가 없는 만큼, 이 상황을 뒤엎을 산업 영역은 앞으로 비약적으로 성장하며 거대한 시장을 만들어낼 것이다.

미래 인류의 경쟁 상대는 누구일까? 바로 현재의 우리다. 지속가능성을 놓고 생각할 때, 자원의 현재 상황이나 경쟁 상태를 이해하고 미래 인류의 보이지 않는 경쟁 상대가 되지 않도록 자제하는 것이 무척 중요하다. 우리를 도와주는 자원의 역할을 충분히 이해한다면 자원 낭비가 얼마나 위험한 문제인지 스스로 깨닫게 될 것이다.

진화워크 30 — 자원의 이해와 보전 20분

1. 자원 확인: 우리가 항상 의존하는 자원에는 어떤 종류가 있는지 생각나는 대로 적어보자.
2. 자원에 대한 지식: 그 자원의 현 상황을 자세하게 조사해보자. 부족하지는 않은가?
3. 자원 보존: 해당 자원이 앞으로도 무한히 존재할 수 없다면 어떤 방식으로 그 자원을 보존할지 고민해보자.

진화워크 31 — 보이지 않는 적의 정체 20분

1. 보이지 않는 적: 같은 영역의 경쟁 상대 이외에 다른 영역에 있으면서 동일한 사용자의 목적을 해결해주는 경쟁 상대를 찾아내 생태계 맵에 붙여보자.
2. 자원 확보: 보이지 않는 상대와 어떤 자원을 두고 경쟁하고 있는지 그 관계를 고민해보자.

자연선택 천적—쉽게 파괴되지 않는가

잡아먹히는 쪽에서 봤을 때 잡아먹으려는 상대 종을 생물학에서는 천적이라고 부른다. 새가 바라보는 곤충, 곤충이 바라보는 이파리처럼 생태계에는 잡아먹으려는 종과 잡아먹히는 종이 네트워크처럼 연쇄적으로 이어져 있다. 천적은 알기 쉬운 위협이다. 생태계가 격변하는 상황에서는 천적이 없다고 여겨지다가도 어느 날 갑자기 나타나기도 한다.

날지 못하는 새였던 스테판뉴질랜드굴뚝새는 인간이 데려온 고양이에게 잡아먹혀 눈 깜짝할 사이에 멸종됐다.

인간의 천적은 무엇일까? 인간은 수많은 도구를 창조함으로써 지구상 최강의 생물이 되었다. 그런 만큼 인간을 잡아먹으려는 종은 거의 없다. 그렇지만 우리 인간의 생존을 위협하는 천적은 분명히 존재한다. 바로 바이러스와 세균이다. 전염병을 일으키는 바이러스와 세균은 우리 생명을 위협하는 강력한 기생자로, 역사 속에서 몇 번이고 인류를 괴롭혔다. 때로는 전쟁 혹은 그 이상의 피해를 줬다.

100년 전 유행한 코로나바이러스, 즉 인플루엔자에 의한 스페인독감은 3000만 명에서 1억 명에 달하는 사람의 목숨을 앗아갔다. 이 책을 집필하고 있는 현재(2021년 2월 기준) 신종 코로나바이러스인 코로나19에 의해 전 세계에서 250만 명에 달하는 이가 목숨을 잃었다.[45] 한편, 페스트 같은 역병과 르네상스의 출현 시기가 겹친다는 점이나 1918년 스페인독감이 유행한 다음 해에 모더니즘을 대표하는 창조성의 학교인 바우하우스가 세워진 것에서 알 수 있듯, 전염병 같은 무시무시한 위협은 우리가 회복할 수 있도록 창조성을 강화해주는 측면이 있다. 위기에 처했을 때 인간의 창조성은 의학과 약학을 발전시켜왔다. 최근 코로나19로 인

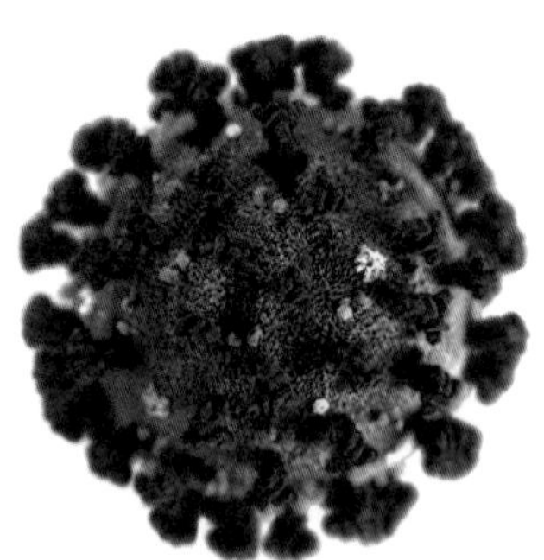

그림 15-6 코로나19는 창조성을 진화시킬까?

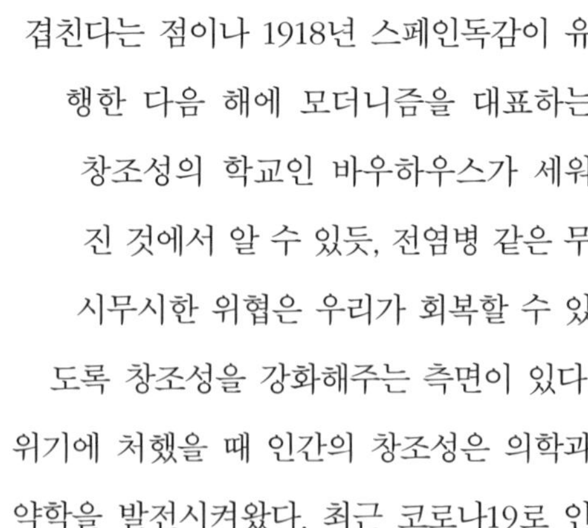

해 인간의 활동이 제한되면서 단기간에 자연이 극적으로 회복되기도 했다.

다른 측면에서 천적을 생각해보자. 우리가 창조하는 물건에도 천적이 존재할까? 물건이니까 무언가에 협박당하거나 잡아먹히는 일은 없을 거라고 생각할 수도 있다. 그러나 실제로는 강력한 천적이 있다. 창조의 최대 천적은 아직 사용할 수 있는데도 가치가 없다고 여겨져 강제로 역할을 잃는 죽음, 곧 '가치를 폐기당하는 행위'다.

우리는 지금까지 계속 물건을 버려왔다. 일상생활에서 발생하는 쓰레기는 물론이고 버릴 만한 물건이라고는 전혀 생각되지 않는 것들까

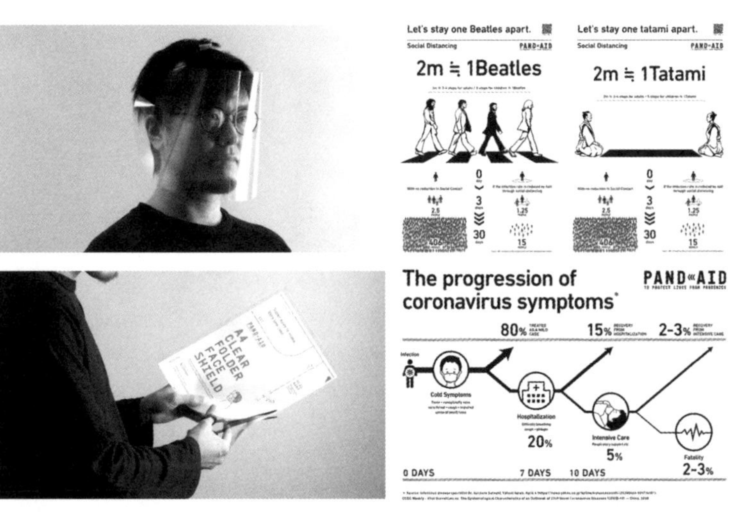

그림 15-7 PANDAID. 저자가 추진하는 비영리 프로젝트로, 대중의 힘을 모아 코로나19를 대비하는 것을 목적으로 했다

선택 ▼

해부

계통

생태

예측

지 버려왔다. 1000년이 넘는 역사를 지닌 사찰을 파괴하거나 더 이상 석탄이 나오지 않는 작은 섬을 버리거나 혹은 수만 년에 걸쳐 영향을 미치는 고준위 방사성폐기물을 만들어왔다.

버리는 속도는 점점 더 빨라지고 있다. 현대 사회에선 가치가 높은 물건도 쉽게 버려진다. 경제 발전과 이익 추구의 관점에서 차례차례 쓰고 버리고, 새로운 물건을 사는 것은 꽤나 편한 방법이기 때문이다. 그 결과 물건의 수명은 점점 짧아지고 있다. 전 세계에서 매년 수억 톤에 달하는 엄청난 쓰레기가 버려진다. 일본 환경부에 의하면 2018년 일본의 폐기물 총량은 4000만 톤을 넘었다.[46] 이 폐기물 가운데는 생각하기에 따라 충분히 가치를 발휘할 만한 물건이 분명히 있을 것이다. 그

그림 15-8 폐기되는 것은 잡아먹히는 것이나 마찬가지다

렇다면 어떻게 해야 물건의 수명을 늘릴 수 있을까?

먼저, 물건 그 자체의 수명을 늘리는 방법이 있다. 제품을 되도록 튼튼하게 만들거나 아름답고 질리지 않는 디자인으로 설계하면 저절로 오래 쓰게 될 것이다.

가능한 한 원형을 유지한 채 다른 목적으로 활용할 수 있게 하는 방법도 있다. 본래의 역할을 다하고 나면 다른 역할이 부여되도록 설계하는 것이다. 더 이상 쓰지 않는 물건을 재활용하거나, 공유해서 다른 사람이 사용하도록 하거나, 버려지고 나서도 다른 용도로 쓸 수 있게 하는 디자인을 고민해 버려지기를 여러 단계로 설계하는 것이다. 이를 '다운 사이클링'이라고 말한다. 그러면 완전히 폐기될 때까지 물건의 수명을 늘릴 수 있다. 모든 물건에는 수명이 있다. 새로운 창조물을 만들 때는 그 물건이 필요 없어진 다음 일까지 생각해서 장수할 수 있도록 설계해야 한다. 이러한 관점에서 노력한다면 세계는 조금 더 지속가능해질 것이다.

진화워크 32 — 폐기되기 전·폐기된 후 15분

1. 물건이 폐기될 때까지의 과정, 폐기된 이후의 상황을 적어보자. 이를 생태계 맵에 붙이자.
2. 폐기하지 않고 재활용해 다른 사람이 사용할 가능성을 찾아보면서 창조물의 수명을 연장할 방법을 고민하자.

자연선택 붉은 여왕 가설—더 빠르게 진화할 수 있는가

천적과의 관계가 장기화되면 생물은 서로를 상수로 받아들이고 적응 진화한다. 곤충은 새로부터 몸을 감추기 위해 의태를 진화시키며, 곤충을 잡아먹는 새 역시 의태를 간파해낼 능력을 진화시켜 나간다. 가젤이 도망치는 속도가 하루하루 빨라질수록 치타의 달리기 실력도 나날이 빨라진다. 이처럼 상대방이 존재함으로써 진화는 가속된다. 진화에서 나타나는 경쟁 현상은 천적과 사냥감의 관계가 장기적으로 명확한 환경에서 빈번하게 발생한다. 진화하지 않으면 살아남을 수 없기 때문이다. 이러한 현상을 루이스 캐럴이 쓴《거울 나라의 앨리스》[47]에 나오는, 지금의 위치에 머물기 위해 계속 달려야만 하는 상황에 비유해 '붉은 여왕 가설'이라고 부른다.

사회 활동이나 기술 분야에서도 비슷한 현상이 벌어진다. 경쟁자가 없는 독점적인 시장은 활성화되지 않으며 진화 속도가 늦춰진다. 경쟁이 없으면 변화할 필요가 없기 때문이다. 제2차 세계대전 이후 우주 개발을 두고 소련과 경쟁에 나선 미국이 나사(NASA)를 설립하면서 우주 기술과 천문학이 크게 발전했다. 최근 급속도로 발전한 스마트폰 시장 역시 아이폰만 있었다면 이 정도로 빠르게 발전하지 못했을 것이다. 후발주자인 구글의 안드로이드폰이 출시되면서 결과적으로 '붉은 여왕 가설' 같은 경쟁과 공동 진화가 일어났다.

동물이 먹이를 두고 싸우듯 같은 목적을 달성하기 위해 개발된 수많은 도구는 사용자의 점유율을 놓고 다툰다. 특정 단계에서는 큰 차이가 없을지라도 더 빠르게 변화한 쪽이 경쟁에서 승자가 된다. 경쟁 상대의 뛰어난 점을 배워 더 빠르게 진화한 제품이 살아남는 것이다.

새로운 창조물을 만들 때, 도태되지 않으려면 누구보다 빠르게 진화해야 한다는 사실을 항상 기억해두기 바란다. 물론, 경쟁자가 단 한 명도 없는 상황에서 새로운 것을 창조할 때는 약간 여유가 있을 수도 있다. 그렇더라도 당신의 창조 계획이 성공한다면 그다음에는 이르든 늦든 진화 경쟁이 발생하게 마련이다. 이러한 경쟁을 예견하고 진화 경쟁에 이길 준비를 해야 한다. 같은 분야에서 적당한 경쟁 상대를 만들어두는 방법 역시 진화를 가속한다.

그림 15-9 치타는
시속 120km의 단거리 주자다

그림 15-10 가젤은
시속 65km의 장거리 주자다

자연선택 변화—변화하는 환경을 반영하는가

현재 환경에 충분히 적응했더라도 상황이 변하면 새로운 생존 방법을 모색해야 한다. 그러나 적응 속도가 변화 속도를 따라가지 못한다면, 언젠가 그 종은 멸종하고 만다.

2억 5000만 년 전부터 9000만 년 전까지 크게 융성했던 어룡은 해저 화산의 분화로 바다가 무산소 상태가 되면서 먹이가 사라져 멸종했다. 공룡은 6600만 년 전 발생한 거대한 운석의 충돌 때문에 지구의 기온이 급격하게 낮아지자 멸종했다. 이렇듯 환경은 특정 원인 때문에 급변하기도 한다. 이때 살아남는 것은 당시 기준에서 강자였던 생물이 아니라 우연히 변화에 유연하게 대처한 종이다. 인간을 비롯한 포유동물이 번성한 것 역시 이에 해당하는 사례라 할 수 있다.

대표적으로 유성생식은 생물이 진화하면서 획득한 '변화하기 쉬운 시스템'이다. 수컷과 암컷의 조합으로 생성되는 무작위성과 생태계에서의 성 선택으로 적응에 다가갈 우발성이 높아지고 종의 지속가능성이 향상됐다. 변화에는 대가가 필요한데,

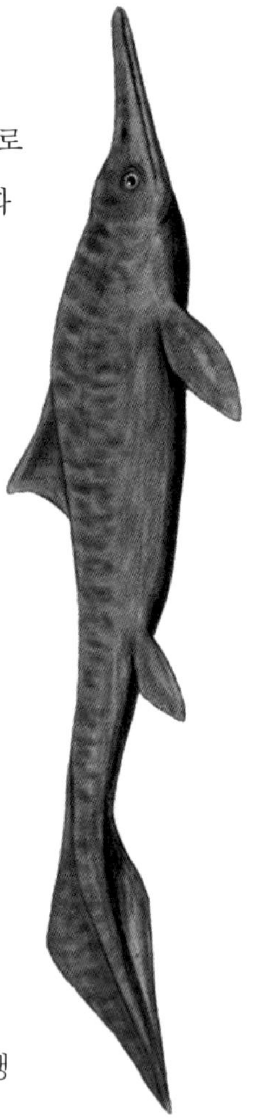

그림 15-11
어룡은 갑작스러운
화산 폭발로 멸종했다

이는 환경의 변화에 적응해 살아남기 위해서는 피할 수 없는 비용이기도 하다.

환경 변화에 따라가지 못하면 죽는다. 이와 완전히 똑같은 일이 창조에서도 일어난다. 더 정확히 말하면 인간 자신의 창조성이 사회 환경의 극적인 변화를 초래해 왔다. 급변하는 환경 속에서 직업이나 도구는 끊임없이 멸종하고 있다. 석탄으로 불을 피우던 증기기관차의 화부는 전철이 보급되면서 자취를 감췄다. 전화를 연결해주던 전화 교환수는 자동교환기가 등장하면서 사라졌다. 말이 주요 이동 수단이었던 시절에는 말을 돌보는 의사가 많았으나 지금은 경마 혹은 승마 시설에만 말과 관련된 일이 일부 남아 있을 뿐이다. 가스가 널리 보급되면서 장작을 파는 사람을 찾기 어려워졌다. 항상 더 효율적인 방법이 발명되면서 사회 환경은 급격하게 변화했다. 물론 지금까지의 선택압력에 얽매여 변화하지 못한 사례도 많다.

창조의 이동에서 살펴봤듯이, 위기를 파악하고 변화를 무기로 삼는 회사도 있다. 화투가 팔리지 않자 바로 트럼프 카드를 만들고 나아가 TV 게임 산업을 개척한 닌텐도가 대표적인 사례다. 변화가 극심한 상황에서는 강한 것이 아니라 변화하는 것이 살아남는다. 진화사고의 관점에서 말하면, 변이에 도전하는 데 집중해야 생존 가능성이 커진다.

기술의 약진과 기존 산업 생태계의 붕괴가 동시에 이뤄지고 있는 현대는 변화가 무척이나 빠르게 진행돼 미래를 읽기 힘들다. 그러니 더더욱, 강자로 남기보다는 누구보다 빠르게 변화하는 유연한 사람이 되어야 한다. 변화에 도전하고 우발성을 손에 넣어 살아남는 진화로 나아가야 한다.

자연선택 기생—적에게 간파당하지 않는가

'기생'이라는 말을 들으면 부르르 몸서리쳐진다. 기생충은 왠지 무섭다. 가능하면 공생 관계가 좋다. 공생이라는 단어는 긍정적인 느낌이 든다. 그러나 생물학적으로 보면 기생도 공생의 일종이다. 한쪽에게는 도움이 되지만 다른 한쪽에게는 특별한 이득이 없는 이런 상황을 '편리공생'이라고도 한다. 반대로 서로가 서로에게 도움이 되는 상황을 '상리공생'이라고 부른다. 생물학적으로 상리공생과 편리공생의 차이를 알면 그 경계가 상당히 모호함을 알 수 있다.

기생자에게 숙주는 없어서는 안 될 환경이자 소중한 자원이다. 자연계에서는 숙주가 죽으면 기생자 역시 위험에 처하게 된다. 어찌 됐든 기생자가 숙주의 생존에 위협이 된다는 사실은 변하지 않는다. 숙주가 영양을 빼앗겨 불편해지기도 한다.

기생충 중에는 더 나은 숙주를 찾기 위해 지금의 숙주를 죽이려는 무시무시한 습성을 지닌 종도 존재한다. 류코클로리디움이라는 기생충은 달팽이에게 기생한다. 류코클로리디움은 기생하기 시작한 달팽이의 뇌를 지배하며 이상한 행동을 하게 만든다. 일반적으로 달팽이는 천적

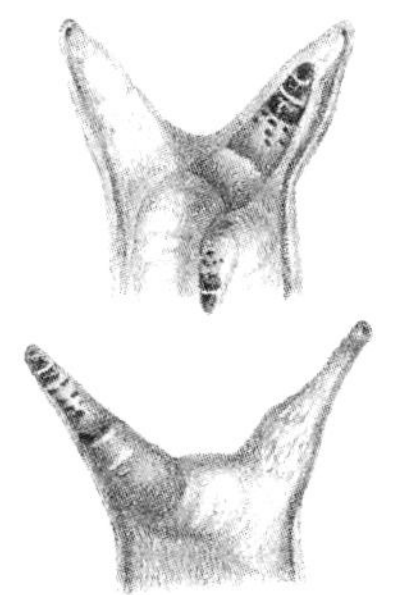

인 조류에게서 몸을 지키기 위해 그늘로 몸을 숨기지만, 기생충에게 지배되면 반대로 새에게 발견되도록 뛰쳐나가게 조종당한다.

류코클로리디움의 교묘함은 여기에 그치지 않는다. 이 기생충은 새가 매우 좋아하는 녹색 유충과 똑같은 색과 형태로 달팽이 머리를 변형시킨다. 뇌와 몸을 조종당하고 형태마저 바뀌어버린 달팽이는 꼼짝없이 새에게 발견되어 잡아먹힌다. 이렇게 류코클로리디움은 숙주를 바꿔가다가 결국 영양이 풍부한 조류에게 기생한다. 마치 보험금을 목적으로 독을 먹이고 아파트를 사게 만드는 결혼 사기꾼같이 막장 드라마의 향기를 내뿜는 기생충이다.

인간 사회에서도 기생자는 위험요소다. 성공하면 성공하는 대로 안심할 수 없다. 산업 영역에서도 성공한 사업의 여유로움에 얹혀가려는 기생자가 거의 당연하게 발생한다. 컴퓨터 바이러스나 해커, 유명 상표의 모조품, 부자를 꾀어내는 결혼 사기꾼, 세금을 횡령하는 정치인 등 사회에도 다양한 종류의 기생자가 있다.

그림 15-12 달팽이에 기생하는 류코클로리디움의 세밀화

사업이나 상품이 제대로 창조되었더라도, 그 비결이 간파당하거나 복제당하면 가치가 사라진다. 따라서 미리미리 기생 리스크에 대비할 필요가 있다. 기생자의 침입을 방지하는 방법 역시 우리의 창조성이 관련돼 있다. 그러면 위협적인 기생자에게 적절하게 대처하는 방법은 무엇일까? 다섯 가지 방법을 생각해보았다.

1. 기생자, 기생 장소를 떼어낸다 — 변이: 분리
2. 기생자를 대비해 방호벽을 두껍게 만든다 — 변이: 변량
3. 기생자가 칩입하는 경로를 차단한다 — 변이: 소실
4. 기생자에게 필요한 관계를 없앤다 — 변이: 소실
5. 기생자를 공생자로 바꾼다 — 변이: 교환

이렇듯 기생자에 대한 대비책 역시 변이적 과정으로 진화시킬 수 있다. 이런 이야기를 하다 보니, 우리 역시 기생자라는 사실을 떠올라 가슴이 아프다. 같은 자연환경에서 나오는 자원을 활용하는 다른 종의 생물 혹은 미래의 자손에게 우리가 만들어낸 사회와 생활은 가장 성가시고 강력한 기생자다.

인간 사회는 성장의 한계에 이르렀다는 지적이 이미 50년 전부터 있었지만 우리 인간은 자연과의 공생 관계를 구축하는 데 실패했으며 대량 멸종의 시대를 살고 있다. 인류의 미래를 위해서라도 우리가 무의식적으로 자행하는 생태계에 대한 기생적인 행동을 파악하고 문명이 지속

될 수 있도록 생태계 부하를 줄여야만 한다. 생태계와의 공생 관계를 구축하는 방법을 고민하는 일은 이 문명을 영속시키기 위해 꼭 필요한 테마다. 미래에 기생하는 현재의 우리 상황을 어떻게 변화시킬 수 있을지, 모든 영역에서 진지하게 고민해보자.

진화워크 33 — 기생자가 있다면 10분

1. 창조자 주위에 기생자가 있다면 누구일까? 가능성 있는 상대를 적어 생태계 맵에 붙여보자.
2. 만약 기생자가 떠오르지 않는다면 성악설 관점에서 어떤 유형의 기생자가 있으면 무서울지 상상해보자.
3. 반대로 우리가 기생하고 있는 대상은 없을까? 만약 다른 사람이나 자연에 우리 자신이나 우리 활동이 기생하고 있다면 어디에 어떤 형태로 기생하고 있을지 떠올려보자.

공생 관계 패턴—WHY$^+$

지금까지는 지나치게 가혹한 경쟁을 살펴봤는데, 이러한 위협만 자연선택을 불러오는 것은 아니다. 서로를 지지하며 협조하는 집단이나 서로가 없어서는 안 될 정도로 공생 관계를 형성한 이종 간의 자애로 가득한 관계도 있다.

고전 다윈주의에서는 생존 경쟁의 반복을 통해 자연선택이 일어난다고 설명해왔는데, 이 단어는 가혹한 경쟁을 떠오르게 한다. 그러나 진화생물학의 관점에서는 이와 대조적으로 같은 종끼리 서로 지원해주는 이타적인 행동이나 다른 종 간에 서로를 도와주고 도움받는 공생 관계 역시 진화의 중요한 열쇠라고 본다. 진화론 역시 계속해서 진화해 나가는 것이다.

실제로 자연 생태계는 공생 관계로 유지되고 있다. 서로 잉여분을 나누는 등 플러스 작용을 하는 이들끼리 서로 끌리며 집단(colony)을 형성하고 생태계에 안정성을 부여한다. 공생적인 콜로니의 존재는 생태계 전체의 회복성(resilience)과도 연결된다. 자연계에서도 인간 사회에서도 서로를 돕는 공생 관계는 다양한 형태로 존재한다. 서로를 도우면서 생존하는 전략을 취하는 종은 인간뿐만이 아니다. 그렇다면 자연계와 인간 사회에서 나타나는 이타성의 형태에는 어떤 것들이 있을까? 그 성질과 유사성을 함께 탐구해보자.

자연선택 무리—목적을 공유하는가

많은 생물이 무리를 지어서 자신을 보호하고 먹이를 쉽게 확보한다. 이런 무리 속 개체 간에는 서로 지켜야 하는, 진화하면서 획득한 본능적인 대응 규범이 내재돼 있다. 이 본능적인 규범은 무리 전체에 일체감을 부여한다.

미어캣 무리를 살펴보자. 미어캣은 사랑스러운 외모와 달리 상당히 수직적인 사회를 이루고 있다. 마치 군대처럼 규칙적인 행동 규범 아래 역할을 분담한다. 외부의 적을 경계하며 한 시간마다 교대로 망을 보는데, 적을 발견하면 즉시 큰 울음소리를 내 무리 전체가 일제히 도망치도록 한다. 또, 무리 속에서 서열이 높은 수컷과 암컷 한 쌍만 교미하고 다른 개체들은 마치 도우미처럼 새끼를 돌보거나 수유를 도우며 협력한다. 새끼는 성장 단계에 따라 역할이 변화하면서 무리 속에서 필요한 능력과 역할을 익힌다. 무리에서는 교육도 이루어진다. 미어캣의 교육 프로그램은 매우 철저한데, 놀라울 정도로 치밀하다. 새끼에게 전갈 잡는 방법을 알려줄 때는 먼저 죽은 전갈, 다음에는 독침을 빼낸 전갈을 주고 마지막에는 직접 전갈을 잡아보게 한다. 3단계에 걸친 교육을 통해 제 역할을 하는 어른으로 키워내는 것이다. 이러한 교육이 본능적으로 이루어지는 것을 보면 그저 놀라울 따름이다.

한편 우리 인간은 미어캣보다 훨씬 복잡한 사회에서 살아가는 만큼 동호회, 회사, 마을, 정당, 팀 같은 그룹을 다층적으로 만들어냈다. 이런 그룹은 개인에게 내재된 공통 규범이 작동하는 한 서로 돕고 도움받는 커뮤니티 기능을 한다. 그러나 인간 사회는 무척 복잡해서 시간이 흐름에 따라 규범의 바탕이 되는 목적과 존재 이유가 흔적만 남아버리기도 한다. 이렇게 규범이 흐트러지면 조직 전체의 기능이 크게 저하된다.

그림 15-13 일어서서 먼 곳을 지켜보는 미어캣

창조적인 프로젝트나 조

직을 구성하기 위해서는 공유할 수 있는 목적을 확실히 정하고 그에 따른 규범을 공유하는 것이 중요하다. 팀 내에서 공통 목적을 잃지 않는다면 그 자체가 프로젝트나 조직 내 규범의 원천으로 작동한다. 조직을 움직이게 하려면 그 조직에 속한 개인 내부의 행동 규범을 일체화하려는 노력이 필요하다.

진화워크 34 — 조직과 목적과 규범 20분

1. 여러분이 속한 조직에서 공유하는 목적이나 목표는 무엇인가? 조직 구성원이 무의식적으로 공유하며 소중히 여기는 규범은 무엇인지 확인해보자.
2. 조직의 목적과 규범에 대한 구성원의 관점이 일치하는지 살펴보자. 규범이 유연할수록 가치를 지니지만 반대로 엄격해야만 강한 영향력을 발휘할 수 있기도 하다. 이러한 분위기를 포함해 구성원이 공감대를 형성하고 있는지 알아보자.

자연선택 니치—상황을 충분히 활용하는가

생태계에는 경쟁이 넘쳐난다. 경쟁이나 다툼은 두렵고 위험하다. 가능하면 피하고 싶다. 이러한 마음은 누구에게나 있다. 진화에서도 우연히 경쟁을 피하는 방법이나 장소를 찾고는 한다. 남들이 쳐다보지도 않는 음식을 먹거나 라이벌이 적은 장소에 진출하거나 경쟁 없는 독특한 삶의 방식에 다다라 안정을 찾는 식이다. 이러한 생태계 포지션을 니치(niche)라고 한다. 이는 본래 틈새나 움푹한 곳을 가리키는 영어 단어다. 니치는 마케팅 분야에서도 널리 쓰이는 단어로 유명하지만, 본래는 생태학에서 사용하는 단어였다.

어떤 종이 특정한 생태적 지위를 확립한 뒤 다른 종이 같은 포지션에 끼어들기란 쉽지 않은 일이다. 진화에는 이렇듯 신규성을 둘러싸고 뺏고 빼앗기는 경쟁이 등장한다. 이런 경쟁을 통해 진화 과정에서 다양한 종이 분화하는 와중에 때로는 매우 기발한 생존 전략을 취하는 종이 나타나기도 한다.

코알라는 맹독을 지닌 유칼립투스 잎을 먹는다. 다른 동물은 '저 녀석, 괜찮을까? 저런 걸 먹으면 속이 다 망가질 텐데' 하고 생각할는지도 모른다. 코알라는 정말 괜찮은 걸까? 사실은 안 괜찮다고 한다. 코알라에게는 유칼립투스 잎을 완전히 해독하는 능력이 없어서 먹을 때마다 마비된다. 그래서인지 코알라는 천천히 움직일 수밖에 없으며, 동물 중에서 가장 오래 잔다.

니치를 획득하는 것은 마케팅의 기본이다. 김위찬, 르네 마보안이 구상한 '블루오션 전략'은 경쟁이 과다한 생태계(레드오션)에서 라이벌이 적은 생태계(블루오션)로 이행한다는 내용[48]인데, 이는 생태계에 대입한 마케팅 전략이다. 자연계의 경쟁은 때로 시장의 경쟁 환경과 매우 비슷한 모습을 보인다.

텅 빈 니치를 이용하면 환경오염을 절감하는 효과도 얻을 수 있다. 어떤 종의 배설물이나 음식 찌꺼기가 다른 종에게는 더할 나위 없는 먹이가 되듯이 폐기물이 자원으로 바뀐다. 비효율적이지만 우리는 아직 유용하게 쓸 수 있는 물건을 버리기도 한다. 여전히 쓸만한 잉여물을 자원화해 나간다면 생태계는 더 효율적이고 안정적으로 변화할 것이다.

진화워크 35 — 니치 15분

1. 니치를 찾아보자. 창조하려는 대상에게 경쟁 상대가 없는 생태적 지위가 있다면 어떤 것일지 상상해보자.
2. 이동 방법을 생각해보자. 어떻게 하면 그 장소에 갈 수 있을까? 〈변이〉의 [진화워크 09]를 참고해 고민해보자.

자연선택 공생—일체감을 형성하는가

같은 종이 아니라도 서로를 도와주는 커뮤니티를 형성하기도 한다. 〈기생〉에서 언급한 것처럼 다른 종끼리 서로 돕는 현상을 생물학에서는 상리공생이라고 하는데, 여기에서는 간단히 공생이라고 하겠다. 공생하는 생물들은 서로의 차이를 활용해 스스로 할 수 없는 일을 의지하는 관계를 구축한다.

생물의 공생을 설명할 때는 영화 〈니모를 찾아서〉의 주인공으로 일약 유명해진 흰동가리를 예시로 드는 경우가 많다. 흰동가리는 작고 연약한 어류이지만 독성이 있는 말미잘과 공생하며 적으로부터 몸을 지킨다. 흰동가리 몸 표면에 있는 점액은 말미잘의 점액과 성분이 비슷해 말미잘 독의 영향을 받지 않는다. 연약한 흰동가리에게 말미잘은 안전한 거처다. 말미잘 사이에 있으면 생존 확률이 높아진다. 한편 흰동가리는 말미잘에게 붙어 있는 기생충을 잡아먹거나 말미잘의 몸을 흔들어 신진대사를 도와준다. 서로의 약점을 보완하면서 건설적인 관계를 형성하고 있는 것이다.

비슷한 사례로 육식 어종인 곰치와 청소새우가 있다. 청소새우는 곰치의 거대한 입으로 자진해서 들어간다. 곰치에게 한입에 먹혀버릴 것 같지만 잡아먹히는 일은 없다. 곰치는 커다란 입을 벌려 새우를 입안으로 불러들이는데 깊숙이 들어오더라도 잡아먹는 일이 결코 없다. 청소

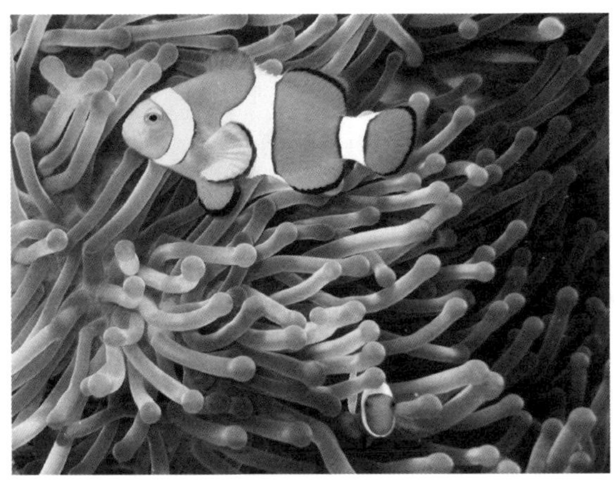

그림 15-14 연약한 흰동가리와 독을 품은 말미잘의 공생

새우는 이름 그대로 곰치의 입속 기생충을 잡아먹어 청소해주는 고마운 존재다.

이렇듯 공생 관계는 꽃을 수분해주는 곤충이나 인간과 유산균의 관계같이 다양한 환경에서 관찰할 수 있는데 생태계 전체를 놓고 보면 특수한 관계라고 할 수 있다. 공생은 상대방의 존재가 필수적인 상황에서 진화한 증거이자 공생하는 생물 사이에서만 일어나는 선택압력의 결과이기 때문이다. 서로가 반드시 존재해야 하는 상황의 교환이 몇 세대에 걸쳐 성립하면서 공생 생물들은 마치 하나의 생물 같은 관계를 형성한다.

이러한 공생 관계에서 창조성을 불러오는 방법의 힌트를 발견할 수 있을까? 공생 관계는 서로의 개성을 살려주는 개체와 개체 사이에서

그림 15-15 새우가 곰치의 입에 들어가 기생충을 잡아먹는 공생 관계

일어난다. 공생, 공감을 추구할 때는 개체를 충실히 이해한 표현이 되도록 다듬어야 한다. 개인의 아픔에 무딘 반전 노래나 특정한 누군가에게 다가서지 못하는 디자인은 감동을 불러오지 못한다. 반대로 개인적인 아픔이나 경험은 강력한 공감을 일으키기도 한다.

'모두 연애하기 위해 힘내자!' 같은 노래에 비해 '익숙한 향기에 문득 떠오르는 그 사람'처럼 개인적인 경험을 담은 가사가 큰 공감을 얻으며 인기를 끄는 이유가 바로 여기에 있다. 인간은 사회적인 동물로, 인간들 사이에서 공생 관계에 기대어 사는 방향으로 진화해왔다. 상대와의 공감성을 높이는 거울 뉴런이 발달하거나 누군가에게 도움을 주며 이타적으로 행동하면 행복해지도록 진화한 데는 다 이유가 있다.

제품을 유통하는 상황에서도 개발자, 제조자, 판매자, 사용자, 사후관리자 등 다양한 이해관계자가 서로 돕도록 연결되어 있으며 각자 서로 도와주는 생태계를 형성하고 있다. 그러나 진정한 의미에서 공생 관계를 공고히 하려면 역할을 분담하는 데 그치지 말고, 서로의 사정을 충분히 이해할 필요가 있다. 기업에서 엔지니어와 마케팅 담당자, 경영부서와 현장이 부딪히는 경우가 많은데, 이처럼 서로를 제대로 이해하지 못하는 관계는 취약해질 수밖에 없다.

각자 입장마다 관점이 다르며, 누구에게 다가서는지에 따라 창조의 형태도 달라진다. 특정 상대방을 완전히 이해하고 가까워지면 비로소 공생 관계가 형성된다. 창조에서는 사용자 등 한정된 특정 상대방에게 어떻게 전달되는지에 대한 관점이 항상 중요하다. 제작자의 만족을 뛰어님어 개별적인 공감을 얻을 수 있는지에 따라 공생적인 가치가 만들어진다. 이 특수한 가치는 단순한 기능으로서의 가치뿐 아니라 감성적인 가치를 다분히 포함하고 있다.

어떤 향기는 누군가에게 아련한 느낌을 주고 바닷가의 석양은 누군가에게 아련한 과거의 기억을 불러온다. 극히 개인적인 가치관, 곧 우리 마음에 호소하는 특수한 개인 내부의 가치관이 창조를 갈고닦는 선택압력을 만들어낸다. 상대방의 마음에 바짝 다가가 그 특수성에 공감해보자. 그 과정을 통해 둘이 하나가 될지도 모른다.

진화워크 36 — 상리공생과 동료 20분

1. 창조자의 주위를 지켜주는 고마운 존재에게 눈을 돌려보자. 지금까지 나를 도와준 동료나 서로에게 꼭 필요한 존재인 공생 상대는 누구일까?
2. 지금부터 깊은 관계를 맺고 싶은 공생 상대방은 누구인가? 가능한 한 많이 적어보자.
3. 공생 관계를 맺은 상대방을 깊이 이해하고 있는가? 상대방이 진정 바라는 것은 무엇인지, 상대방을 위해 할 수 있는 일이 있을지 고민해보자. 깊은 신뢰 관계를 형성한 동료가 되려면 어떻게 해야 할까?

타인의 세계를 존중하는 마음

인간을 포함해 모든 동물은 저마다 빛의 파장을 인식하는 폭이 다르고 바라보는 높이나 방향도 다른 만큼 눈에 보이는 풍경도 제각각이다. 냄새를 맡거나 소리가 들리는 범위도 다르다. 생물은 저마다의 감각기관을 지니고 있으며 그로 인해 전혀 다른 감각으로 세계를 받아들인다.

생물학자 야콥 폰 윅스퀼은 하나의 세상을 생물마다 다르게 인식하는 현상을 환경세계(Umwelt)라고 불렀다.[49] 각 생물이 느끼는 환경 세계는 모두 옳지만 자신의 시점으로만 세계를 인식해서 다른 종의 시점에서 보면 크게 비틀려 있는 것 같기만 하다.

인간의 세계와 개의 세계를 비교해보자. 인간의 후각세포가 수백만 개인 데 비해 개의 후각세포는 2억 개에 달한다. 이 정도로 차이가 나면 개는 그 뛰어난 코로 세상을 어떻게 인식할지 무척 궁금하다. 한편 인간은 빨강, 초록, 파랑 3색을 인식할 수 있는 원추세포를 지닌 데 반해 개는 파랑과 노랑을 인식할 뿐이다. 즉, 개는 거의 흑백으로 된 세상에 살고 있다. 눈보다 코로 관계를 이해하는 세상은 어떨까? 이것만으로도 개의 머릿속에서는 인간이 경험하는 세계와 전혀 다른 세계가 펼쳐질 것임을 상상할 수 있다.

환경세계의 차이는 인간 사이에서도 발생한다. 각자 처지에 따라 세계는 전혀 다르게 보인다. 자기 세계의 관점에서 바라보고 상대방이 잘못됐다고 단언하는 것은 세계를 올바로 이해하는 자세라고 할 수 없다. 그렇게 생각하면 자신의 정의를 상대방에게 내세울 때 좀 더 부드러워질 수 있지 않을까?

환경세계라는 개념에는 세계를 있는 그대로 받아들이기 위한 힌트가 있다. 세계의 전체적인 모습은 개별 시점으로는 제대로 이해할 수 없다. 나의 시점을 상대방에게 강요하면 단절이 일어날 뿐이다. 상대방을 이해하려면 공감력이 필요하다.

공감 능력을 기르기 위해 영국의 의무교육에는 연극 수업이 포함돼 있다. 자기 시점밖에 모르는 사람들에게 타인의 관점을 이해시키기 위해 타인이 되어 연기를 펼치는 연극을 수단으로 활용하는 것이다. 타인을 향한 상상력은 수많은 사람이 협력해 프로젝트를 진행할 때 필수적인 능력이다. 나의 세계와 타인의 세계 사이의 경계를 무너뜨리고 마치 상대방이 된 것처럼 타인의 시선으로 바라보는 연습을 해보자.

진화워크 37 — 롤플레이 30분

등장인물에게 몰입해 연기해보자.

1. 여러 명이 배역을 정해 '정말 그들이 말할 것 같은 이야기'를 상상해 즉흥적으로 3분간 대화해보자.
2. 이어서 각자 배역을 바꾼 뒤 같은 연기를 이어가보자. 저마다의 견해차가 생겨나는 시점이나 목적이 명확히 드러날 것이다.

같은 뜻을 공유하는 동료를 사귀려면 상대방의 환경세계를 이해해야 한다.

일본어의 '나(我, われ)'라는 단어는 함축적인 의미를 품고 있다. 자신을 가리키는 단어인 동시에 간사이 지방에서는 상대방을 위협할 때 '와레!(이때는 '너'의 의미 – 역주)'라고 말한다. '우리'를 가리킬 때는 '와레와레(我我, われわれ)'라고 쓴다. 이렇듯 일본어에는 상대방과 나의 경계를 흐리는 미덕이 잠재되어 있다. 이것이 '나'라는 단어에서도 드러난다. 친

구와 이야기할 때 동시에 같은 단어를 말하는 것처럼 나(I)와 너(YOU)의 경계가 열어지는 경험을 해본 적 있을 것이다. 상대방에게 공감하면서 듣기 위해서는 가능한 한 상대방이 편하게 느낄 환경을 만들고 중간에 끼어들어 자기 이야기를 하지 않으며 상대방의 말을 구체적으로 떠올리면서 상대방과 자신의 경계선이 지워진 상태를 상상하면 좋다.

나는 짧은 시간 내 경계가 사라진 상태를 만들기 위해 '퓨처 셀프(FUTURE SELF)'라는 워크숍을 고안했다. 이 워크숍은 아트 커미션 요코하마(ACY)와 협력해 요코하마 베이스타즈, 요코하마 시청 직원들과 '위 브랜드 요코하마(WE BRAND YOKOHAMA)'라는 이름으로 지금까지 10회 정도 개최했다. 이 행사에서는 요코하마 사랑으로 뭉친 수많은 영역의 산·학·관·민 관계자들이 모여 서로의 관점에서 요코하마의 미래를 고민해보는 세미나를 비롯해 다채로운 활동이 펼쳐졌다. 요코하마시의 이노베이션 정책 YOXO, 주라시아(요코하마의 동물원 – 역주)의 '진화 학교' 역시 이곳에서의 만남을 계기로 시작됐다. 아무리 짧은 시간이라도 상대방의 입장에 서보면 강력하게 관계를 연결하는 힘이 생긴다. 그리고 동료가 생기면 공통 목표가 집단지성을 이끄는 나침반이 된다.

선택▼ 해부 계통 생태 예측

진화워크 38 — 퓨처셀프(FUTURE SELF) 60분

1. 3명의 그룹(A, B, C)을 만들고 순서를 정해서 먼저 A가 7분 동안 자신이 지금까지 해온 일을 자세히 설명한다. 다른 2명(B, C)은 상대방이 편하게

말할 수 있도록 경청한다.

2. 7분 뒤, 가장 먼저 말한 A는 이제 경청한다. 이야기를 듣고 있던 2명(B, C)은 차례대로 '엄청나게 출세한, 미래에서 온 사람' 역할을 연기하면서 3분 동안 이야기한다. B가 말할 때 C는 주인공을 인터뷰하러 온 리포터를 연기한다. 마치 실제처럼 실감 나게 이야기해보자.
3. 이야기가 끝나면 2명(B, C)은 역할을 바꿔 다시 연기를 시작한다. 이 과정이 끝나면 처음에 말했던 A와 교대해 같은 작업을 반복한다. 3명 모두 해볼 때까지 반복한다.

마이너스 순환—WHY⁻

창조의 생태계 맵 속에 있는 부담이나 경쟁 상대, 혹은 기생자 같은 마이너스 관계는 더 큰 마이너스의 연쇄를 낳기 쉽다. 지나치게 저렴한 견적을 요구하면 그 물건을 제조하는 해외 하청 업체에서 어린이를 강제노동시키는 등 불공정무역이라는 결과를 불러올지 모른다. 이러한 연결의 연쇄는 알아차리기가 힘들다.

오키나와 본섬 북부의 얀바루 숲에서는 임도를 개발하기 위해 산을 깎던 중 적토가 바다로 흘러 들어가 산호초가 큰 피해를 봤다. 즉, 산의 환경을 파괴하면 바다의 환경까지 파괴될 수 있다. 임도를 개발한 이는 사람들의 삶을 편리하게 해주려고 한 일이지만, 좋은 행동을 하려다가 환경을 파괴해버리고 말았다. 안타깝기 그지없다. 이처럼 환경은 우리가 생각하는 것 이상으로 긴밀하게 연결되어 있다. 그러므로 무언가 하나가 파괴되면 그 영향이 도미노처럼 퍼져 나간다. 그런데 우리는 그 영향을 사전에 예측하는 데 전혀 익숙하지 않다.

지금까지 살펴본 마이너스의 관계 'WHY⁻'를 이해하면 수많은 생존 경쟁과 경쟁을 불러오는 마이너스 순환에 대해 일상에서 얻기 힘든 상상력을 보완할 수 있을 것이다. 마이너스 관계를 화살표로 연속해 이어 보면 마이너스 상관관계도가 완성된다. 이러한 흐름은 어떤 미래 시나리오를 만들어낼까? 연결성을 파악해 마이너스 순환에서 벗어나려면 어떻게 하면 좋을지 고민해보자.

플러스 순환—WHY⁺

생물은 투입한 에너지를 자신을 위해서만 사용하지 않는다. 잉여분은 다른 이에게 영양이 되고 이타적인 행동 역시 생태적 지위의 획득으로 연결되는데, 이는 곧 공생 관계로 이어진다.

뤼베크대학 연구진은 인간의 뇌는 타인에게 무언가를 주었을 때 쾌감을 얻게 만들어졌다는 사실을 밝혀냈다. 나눠 가진 덕분에 비로소 공생 관계가 형성된다. 그렇게 생각하면 오사카 아주머니들이 항상 들고 다니면서 건네주는 사탕은 상당히 가성비 좋은 행복의 비법이다. 좋은 관계의 연결은 더 나은 상황을 만들어낸다. 친구의 친구에게 친근하게 다가갈 수 있고, 적은 금액이라도 기부하면 나보다 훨씬 큰 가치를 느낄 이에게 전달될 수 있다. 그리고 이러한 순환은 언젠가 나에게 이익으로 돌아온다.

창조의 생태계 맵 속 '사람과 사람'이나 '물건과 에너지' 등 서로에게 플러스가 되는 관계를 지닌 대상끼리 화살표로 이으면 플러스 상관관계도가 완성된다. 플러스 관계는 그 다음 상대에게도 플러스 관계를 유발하는 선순환을 만들기 쉽다. 아직 연결되지 않은 관계는 플러스 화살표로 연결하기 위해 상대에게 무엇을 나누어주면 좋을지 상상해보자. 생태계 맵을 살펴보면서 선순환을 떠올려보자. 플러스 순환에 포함되지 않고 남겨진 사람은 없는지 상상을 더 발전시켜보자.

진화워크 39 — 플러스 순환 30분

좋은 관계는 플러스 순환을 만들기 쉽다. 실제로 생태계 맵상 인물이나 물건 중 동료와 무리 혹은 공생 관계같이 자연스레 끌리는 유쾌한 관계성을 형성한 것끼리 화살표로 연결해보자.
그리고 이러한 관계가 서로를 어떻게 지지해주는지 짧은 문장으로 설명해보자. 한 가지 관계성에서 추가로 긍정적인 관계가 유발될 것 같다면 그 연쇄적인 플러스 순환 역시 적어보자.

진화워크 40 — 마이너스 순환 30분

나쁜 관계는 부정적인 관계를 유발하기 쉽다. 실제로 생태계 맵상 인물이나 물건 사이에선 다양한 갈등이 발생한다. 구체적인 다툼이 벌어지는 경쟁 상대부터 같은 목적을 두고 싸우는 상대까지 불쾌한 관계를 화살표로 연결해 보자. 이어서 그 관계가 어떤 양상을 띠는지 적어보자. 나아가 하나의 부정적인 관계가 어떤 방식으로 또 다른 나쁜 관계를 일으키며 악순환을 만들어내는지 관찰해보자.

사랑과 고통을 통한 공동 진화

살다 보면 괴로운 일도 즐거운 일도 있다. 그중 무엇이 우리의 창조성을 풍부하게 만들어줄까? 이에 대한 답을 자연계에서 찾아보면 둘다 창조성의 근원이라는 답변이 떠오른다. 생물의 진화는 경쟁과 공생 양쪽 모두로부터 영향을 받는다. 서로의 상황에 연관성이 있으면 그에 맞춰 자연선택되는 것이다. 공생과 경쟁, 사랑과 고통, 허용과 거절, 도피와 다툼……. 인생의 풍요로움 역시 마찬가지 아닐까?

자연계에서나 인간 사회에서나 안심할 수 있는 공생 관계와 위기감을 동반하는 경쟁 관계라는 플러스-마이너스 두 가지의 선택압력이 진화를 일으킨다. 위기 없는 상황이 이어지면 정체되어 변화가 일어나기 어려워지고, 위험한 상황만 이어지면 멸종되기 쉽다. 생물 사이에는 실로 다양한 관계가 존재한다. 앞서 언급한 먹이사슬처럼 복잡한 관계 속에는 플러스와 마이너스 관계 모두가 포함되어 있다. 자연 생태계에서 생물들은 깊은 관계를 구축하면서 서로에게 적응해왔으며, 자연은 수억 년에 걸쳐 복잡한 네트워크를 형성해왔다. 자연 생태계에서는 마치 오랫동안 대화하듯 특정 종의 진화가 다른 종의 진화에 영향을 주기도 했는데, 이러한 현상을 '공동 진화'라고 부른다.

인류사에서도 창조성은 풍요로운 시대뿐 아니라, 전염병이 유행하거나 재해가 발생했을 때 혹은 전쟁 같은 혹독한 시대에도 발휘됐다. 자연 생태계에서 볼 수 있는 관계를 전제로 창조 생태계 맵을 살펴보면 인간 사회에도 매우 복잡한 적응 네트워크가 형성되어 있으며 서로 연결되어 있음을 알 수 있다. 전체의 연결성을 하나하나 신중하게 골라내 가시화하면 생태계에 자리 잡은 인연의 연결성을 알아차리기 쉬워진다. 이렇듯 연결된 생태계의 끝에는 우리가 넓은 범위의 대상에 신경 쓰고 사려 깊게 생각하는 데 필요한, 미래를 향한 성장의 길이 자리잡고 있다.

생태학에는 우리의 근시안을 뛰어넘으려는 도전 정신은 물론 이웃부터 자연환경에 이르는 광대한 범위를 고려하려는 탐구가 포함되어 있다. 폭넓은 관점으로 근시안을 넘어서자. 지구를 하나의 거대한 생물이라고 여기는 '가이아 이론'이나 지구를 단 하나뿐인 귀중한 우주선이라고 생각하는 '우주선 지구호' 같은 철학적 관점이 추구하는 방향은 우리의 근시안적 자세를 보완하려는 생태학적인 관점이다. SDGs나 기후 변화에 대비하는 조치는 이제 막 시작되었을 뿐이다. 최근 50년간 지속 불가능하다고 이야기됐지만 멈출 수 없었던 일이다. 몇 번이고 반복해서 폭넓은 시야를 지닌 슬기에 도전해 나가자. 우리에게 가능한 일은 이것밖에 남아 있지 않다.

생태계 네트워크는 지극히 복잡하고 그 구조는 난해하다. 그 복잡성을 눈앞에 두고 어찌할 바 몰라 할 수도 있다. 그러니만큼 우리는 자연과학의 힘을 빌려야 한다. 도대체 어떻게 하면 이 복잡한 상황을 개선할 수 있을까? 이러한 의문을 해결하는 데는 연결의 성질을 설명한 위대한 수학자들의 지혜가 도움이 된다. 전부를 이해할 수는 없더라도 연결이 불러오는 구조의 성질을 활용하면 전체에 영향을 미치는 힌트를 찾을 수 있다. 다음 장에서는 이러한 관점에서 복잡 네트워크의 성질을 연구해보자.

복잡계—연결의 법칙성을 이해하다

생태계의 관계는 복잡하다. 그 복잡함을 그림으로 나타내면 어떤 형태가 될까? 심리학자 야코브 레비 모레노는 어느 날 보이지 않는 인간관계를 가시화해봐야겠다고 마음을 먹었다. 인간에게는 긍정적인 감정과 부정적인 감정이 있다. 모레노는 이런 감정을 근거로 사람과 사람 간의 관계를 탐구했다. 그는 설문조사를 바탕으로 초등학교 1학년부터 중학교 2학년까지 학생들의 인간관계를 그림으로 나타냈는데, 완성된 그림을 소시오그램(sociogram)이라고 이름 붙였다.

소시오그램을 살펴보면 초등학교 1학년생도 꽤 훌륭한 인간관계 속에서 살고 있음을 알 수 있다(그림 15-16). 인기 만화 〈호빵맨〉에 나오는 등장인물 정도의 복잡함이다. 중학교 2학년이 되면 상당히 복잡한 드라마가 있는 것처럼 보인다(그림 15-17). 〈드래곤볼〉에 나오는 등장인물의 관계도만큼 발전했다. 각 세대에 인기 있는 콘텐츠는 이러한 배경을 반영한 것인지도 모른다. 물론 어른이 살아가는 세계는 더욱 복잡하다.

우리는 이미 이와 닮은 관계도를 앞에서 본 적 있다. 우리가 탐구해 온 생태계 맵과 똑 닮아 보이지 않는가? 그렇다고는 해도 이 소시오그램은 인간관계(WHO)만 나타낸 그림으로, 자연이나 물건과의 관계는 포함되어 있지 않다. 현실 세계의 생태계 맵은 더욱 복잡하다. 모든 연결을 파악하는 일은 무척 어렵지만, 이 보이지 않는 관계를 이해하는 힘이

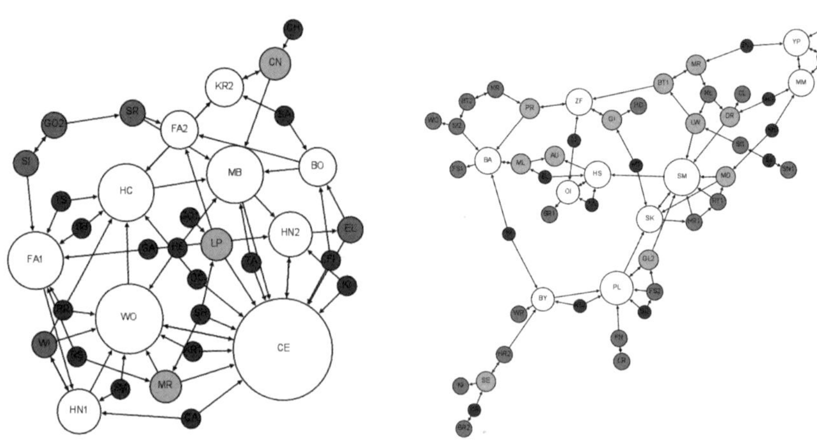

그림 15-16 초등학교 1학년생의 인간관계

그림 15-17 중학교 2학년생의 인간관계

창조성의 열쇠가 된다. 창조란 네트워크가 연결되어 있지 않은 포인트를 묶어 새로운 관계를 맺어주는 행위 그 자체다.

이 복잡한 연결의 배경에 규칙이 있다면 어떨까? 연결의 규칙을 알면 새로운 것을 창조할 때 그 주변 생태계에서 긍정적인 관계를 잇는 방법, 그리고 새로운 관계를 만들어낼 단서가 보일지도 모른다.

이러한 연결의 규칙을 풀어내는 수학 분야를 '복잡계' 혹은 '복잡계 네트워크'라고 부른다. 실제로 새로운 유행이 퍼져 나가는 단계나 전염병이 번지는 과정, 종교를 전파하는 방식 등 복잡계 네트워크 구조를 지닌 관계성에는 공통적인 성질이 존재한다. 복잡계 네트워크의 성질을 탐구하면 여간해서는 파악하기 어려운 연결과 마주하는 방법이 보이기 시작한다.

6단계만 건너면 모두가 친구다

처음 만난 사람과 대화하다가 우연히 겹치는 지인의 이름이 나오면 "와, 세상 참 좁다!" 하고 놀라고는 한다. 그런데 세상이 정말로 좁을까? 만약 세상이 정말로 좁다면 어느 정도 크기일까? 그런 소박한 의문을 품은 이가 직접 시행한 실험이 생각지도 못한 발견으로 이어졌다.

1967년, 미국의 심리학자 스탠리 밀그램은 세계의 크기를 측정해보기 위해 기묘한 실험을 했다.[50] 그는 먼저 캔자스주와 네브래스카주에

사는 전혀 모르는 사람 몇 명을 무작위로 선발해 편지를 보냈다. 그 편지에는 '이 편지를 보스턴에 사는 나(밀그램)의 친구에게 보내고 싶다'라고 쓰여 있었다. 밀그램은 보스턴에 사는 친구의 주소는 알려주지 않은 채 수신인과 아는 사이일지도 모르는 지인에게 보내달라고 부탁했고 편지를 받은 사람에게도 다시 같은 방식으로 편지를 보내달라고 요청했다. 당시 2억 명에 달하는 사람이 살던 미국에서 이런 두루뭉술한 방법으로 밀그램의 친구에게 편지가 전달되었을까? 만약 우연히 전달되었다면 경유지를 몇 번이나 거쳐서 도착했을까? 이 불가사의한 실험의 결과에 모두가 놀라움을 금치 못했다. 편지가 여러 통 도착한 것은 물론, 경유 횟수도 평균 6회에 그쳤기 때문이다.

미국 전역에서 전혀 모르는 두 사람 사이를 연결하는 지인 관계가 고작 6명이면 충분하다니 굉장한 발견이다. '스몰 월드 실험'이라고 불린 이 실험은 '6단계 분리 법칙'이라는 이름으로 유명해졌다. 스탠리가 말하는 작은 세상은 그 뒤로 다양한 실험을 거쳐 그 타당성이 입증됐다. 세계는 생각보다 좁다.

나 역시 좁은 세상 덕분에 도움받은 적이 있다. 4살 즈음 부모님이 이혼한 뒤 나는 할머니와 함께 살았다. 생이별한 어머니는 어디서 무엇을 하는지 전혀 알 수 없었다. 18세가 되었을 때 나는 어머니를 찾아봐야겠다는 생각이 들었다. 죽을 때까지 만나지 못하는 것은 원치 않았다. 어머니는 결혼하기 전 기술자로 방송국에서 일했다고 했다. 나는 방송국 고객센터에 전화를 걸었다.

"예전에 그 방송국에서 일하던 여자분인데…… 지금도 일하고 계실까요?"

고객센터 직원은 친절하게 알아본 뒤 이렇게 답했다.

"안타깝지만 지금은 일하고 있지 않네요. 도움이 되지 못해 죄송합니다. 단서를 찾게 되면 연락드리겠습니다."

이런 말은 인사치레일 뿐이니 분명 못 찾겠지, 그렇게 생각하고 전화를 끊었다. 그로부터 30분 뒤 전화가 울렸다. 통화했던 고객센터 직원이었다. "여기로 전화를 걸어보세요" 하고 번호를 전달해주었다. 그 번호로 전화해보니 한 번도 들어본 적 없는 높은 톤의 목소리가 내 이름을 불렀다. 대화를 나누어보니 분명 어머니였다. 어머니는 훌륭한 화장품 연구자로 일하고 있었다. 몇 년쯤 걸릴 것이라고 생각했던 어머니를 찾는 여정은 한 시간 만에 어이없이 끝나고 말았다. 그 30분 사이에 어떤 일들이 일어났는지 나는 알 도리가 없다. 어찌 됐든 나는 짧은 연결만으로 행복에 도달했다.

세상은 생각보다 좁다. 복잡하고 광대한 세상의 크기가 좁아지는 이유는 무엇일까? 만약 이 연결 방법의 비밀이 풀린다면 우리가 겪는 수많은 단절을 회복하는 데 도움이 될 것이다.

코넬대학교의 수학자 던컨 와츠와 스티븐 스트로가츠는 이 복잡한 네트워크의 성질 중 일부를 밝혀냈다.[51)] 두 사람은 스몰 월드 현상이 일어나는 배경에 어떤 비밀이 숨겨져 있을지 흥미가 생겼다. 그들은 25명의 사람이 규칙적으로 두 칸 옆 사람과 원형으로 연결되었다는 전제하에 그림을 그려 네트워크의 노드를 규칙적으로 연결한 것($\beta = 0$)부터 완전히 무작위로 연결한 그래프($\beta = 1$)까지 그려서 비교했다(그림 15-18). 실제로 사회 네트워크상에서 발생하는 스몰 월드 현상은 왼쪽의 완전히 규칙적인 그래프에서도, 오른쪽의 완전히 무작위적인 그래프에서도 나타나지 않았다.

이들은 컴퓨터로 결과를 분석해보고는 무척 신기한 사실을 발견했다. 가운데 그래프는 연결 속에서 몇 명만 근처 사람과의 연결 없이 불규칙하게 먼 사람과 연결된 상황을 그린 것이다. 연결선의 개수 자체는 변하지 않았는데, 가운데 어중간한 그래프에 스몰 월드의 특성이 드러난다는 사실이 밝혀졌다(그림 15-18 중앙).

와츠와 스트로가츠는 이 그래프에서 설정한 사람 수를 5000명으로 늘리고 한 사람에게 연결된 사람의 숫자를 50명이라고 가정했다. 5000명이 왼쪽 그래프처럼 규칙적으로 연결된 경우와 오른쪽 그래프처럼 완전히 무작위적으로 연결된 경우 모두 한 사람이 다른 특정인까지 연결되기까지 평균 50단계가 필요했다. 즉, 평균 50명을 경유해야만 목표한 상대방에게 도착할 수 있다는 계산이 된다. 여기에서 연결선 전체 개수는 그대로 유지한 채, 그중 50개만 무작위적으로 경계를 뛰어넘어 이어보기로 했다. 그 결과, 놀랍게도 50단계가 단 7단계로 줄어들었다.

규칙적인 그래프에 약간의 무작위성을 더하자 전체 연결선의 개수는 변하지 않았음에도 먼 곳까지 연결할 때의 경유 횟수가 7분의 1 이상 급감한 것이다. 처음에는 우연이라고 생각했지만 몇 번 다시 해봐도 같은 결과가 도출됐다. 아무래도 약간 불규칙하게 먼 거리까지 연결되는 것이 세계를 좁아지게 만드는 열쇠인 듯했다. 이렇게 이들은 1998년 스몰 월드 현상이 어떻게 일어나는지를 수학적으로 증명하는 논문을 발표했다.

복잡계 네트워크 구조는 두 사람이 논문에서 설명한 '선충의 신경 네트워크', '배우의 공연 관계', '미국의 송전망' 외에도 '자연의 생태계', '인터넷', '전염병 전파' 등 수많은 관계성 속에서 찾아볼 수 있다. 복잡계 네트워크의 공통 성질을 알면 다양한 분야에 응용할 가능성이 무궁무진해 보였다. 이 논문이 발표된 이후 복잡계 네트워크를 연구하는 과학자의 숫자가 늘어나면서 이는 학문의 한 분야로 자리 잡았다.

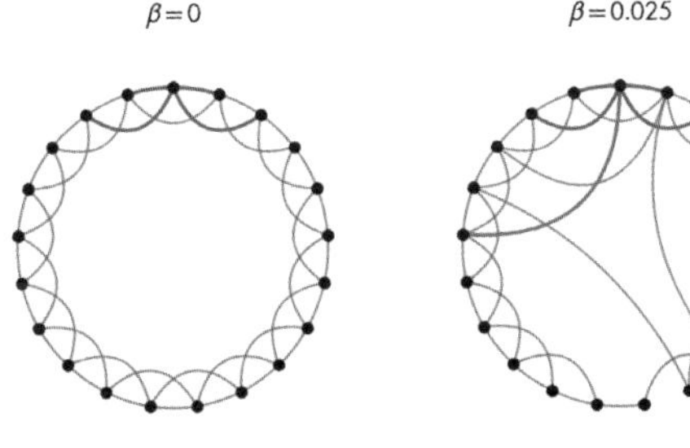

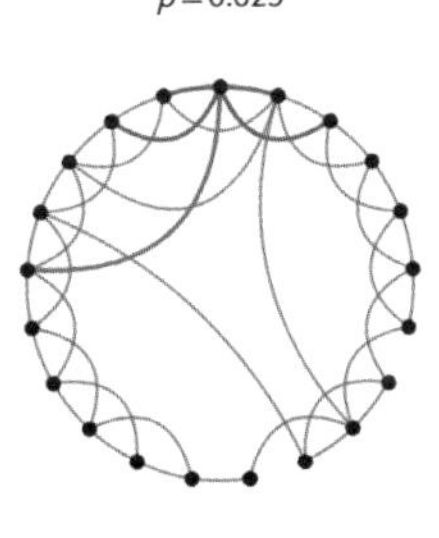

그림 15-18 규칙적인 네트워크 와츠-스트로가츠 모형 불규칙적인 네트워크

자연선택 월경—영역을 넘어 연결되는가

만약 세계가 몹시 좁다면, 그 연결성 속에 숨겨진 성질을 이해했을 때 우리가 살아가는 세계를 바꿀 지름길을 발견할 수 있을지도 모른다. 와츠와 스트로가츠의 그래프를 다시 살펴보자(그림 15-18). 복잡계 네트워크 이론을 반영하면 경계를 뛰어넘는 연결이 사회를 바꾸는 충격으로 작용함을 알 수 있다. 앞서 언급한 모레노가 그린 인간관계도(소시오그램) 역시 마찬가지다. 사회에서 성인 간의 연결 방법을 살펴보자. 일반적으로 조직에서 경계를 뛰어넘는 인물은 협동심이 없으며 특이한 사람이라고 여겨진다. 때로 배척당하기도 한다. 그러나 이런 이들이야말로 그 조직을 넓은 세상과 이어주며 창조의 가능성을 높이는 힘이라고 할 수 있다.

복잡계 네트워크는 규칙과 무작위성 사이에 출현하는 네트워크다. 무작위성과 규칙성에 의한 구조라면 이 책의 주제와도 일치한다. '변이와 선택', '천재와 바보' 같은 구조가 여기에서도 나타나는 이유는 창조를 둘러싼 인간의 기억이나 사고 구조도 복잡계 네트워크를 그리기 때문이다. 이는 창조적 사고에서도 중요한 자세라 할 수 있다.

게이오기주쿠대학교에서 진화사고를 가르칠 계기를 만들어준, 행복학 연구자 마에노 다카시 교수님에게 듣기로는 사람의 행복도에 영향을 미치는 요소는 친구의 숫자보다도 친구 부류의 다양함이라고 한다. 경계를 뛰어넘는 연결을 통해 좁은 세상을 만들면 넓은 세상을 쉽게 접할 수 있기 때문인지도 모른다.

이노베이션이라는 단어를 만든 조지프 슘페터는 당초 이노베이션을 '새로운 결합'이라고 불렀다. 이는 월경, 즉 경계를 뛰어넘음을 시사하는 단어다. 서로 멀리 있었던 요소들의 새로운 결합이 창조를 진전시켜 온 것이다.

시대를 바꾼 창조성을 관찰하다 보면 영역을 뛰어넘는 발명이 혁신을 이끌어왔다는 사실을 깨닫게 된다. 자동차가 등장하면서 도시가 교외로 확장되었고 부동산 가치도 크게 달라졌다. 항공기의 등장으로 세계 여행이 일반화됐다. 인터넷이 나타나 국경을 뛰어넘어 소통하게 됐다. 경계를 뛰어넘는 창조의 위력은 이제껏 연결되어 있지 않았던 대상에 접촉할 수 있게 해주며 세계를 극적으로 바꾸었다.

진화워크 41 — 경계를 뛰어넘는 크리티컬 패스 10분

연결되어 있지 않은 두 영역을 연결하는 관계의 가치는 크다. 생태계 맵을 바라보며 아직 관련성이 적어 보이는 먼 존재끼리 공생적인 네트워크(WHY$^+$)로 연결할 방법을 구상해보자. [진화워크 09]를 참고하라.

자연선택 허브—구심력이 있는가

복잡계 네트워크에서 연결의 개수가 극단적으로 많은 노드를 허브라고 부른다. 아무리 거대한 네트워크라 해도 중심이 되는 허브는 대량 발생하지 않는다. 특히 접속 수가 많은 연결을 지닌 소수의 허브가 존재할 뿐이다. 인터넷에 대입해보면 전 세계에 무수히 많은 웹사이트가 있지만 우리가 공통으로 이용하는 웹사이트는 손으로 꼽을 수 있을 정도다. 이러한 허브는 하루아침에 거대한 그룹으로 등장하는 것은 아니다. 처음에는 매우 미미한 관계밖에 지니지 않은 상태에서 시작한다. 그러다 시간에 흐르면서 현저하게 성장하는 집단이 나타난다.

어째서 이러한 차이가 발생하는 걸까? 이를 이해하려면 코로나19 유행으로 유명해진 '감염재생산지수'라는 사고방식을 참고해보면 좋다. 감염재생산지수란, '감염자 1명이 몇 명에게 전파했는지'를 나타내는 지수다. 코로나 감염자가 평균적으로 다른 사람

1명을 감염시켰다면 감염재생산지수는 1이다. 즉, 감염재생산지수가 1보다 낮으면 시간이 흐르면서 전염병은 서서히 사그라들고, 딱 1이라면 감염자 수는 계속 변하지 않는다. 그러나 만약 1을 넘는다면 감염자는 무서울 정도로 빠르게 늘어난다.

재생산이라는 사고방식은 전염병뿐만 아니라 유행에도 적용된다. 누군가가 신고 있는 스니커즈를 다른 사람이 따라 신는 상황을 가정해 보자. 처음에 몇 명이 그 신발을 봤으며 그중 몇 명이 따라 신는지가 유행의 정도를 결정한다.

재생산을 높이는 방법은 허브가 형성되는 과정에서 무척 중요하다. 허브라는 존재는 시간이 흐르면서 더 빠르게 연결을 늘려간다. 최종적으로 네트워크가 성장함에 따라 연결된 사람은 더 많이 연결되고, 연결되지 않았던 사람은 더욱 고립된다. 수학적으로 분석해보면 연결의 격차는 점점 더 커진다.

지금까지 살펴본 복잡계 네트워크 모델은 저마다 현실 세계의 네트워크를

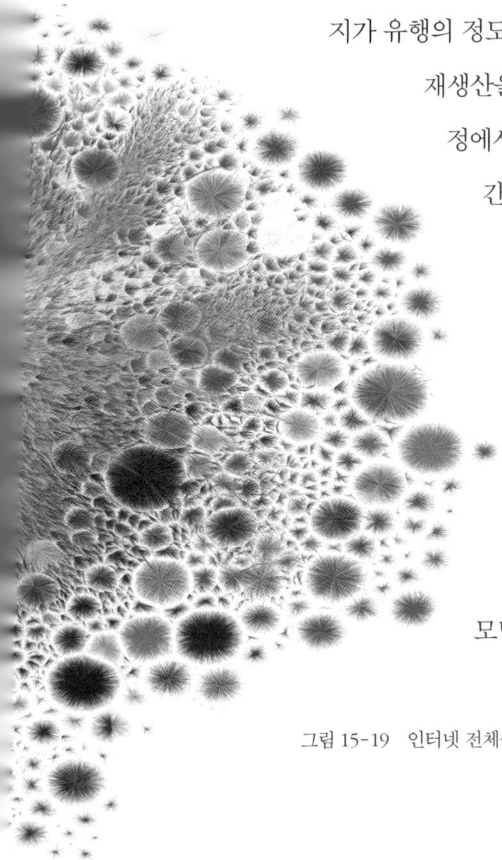

그림 15-19 인터넷 전체상(2021년)

바탕으로 모델화했기 때문에 기본적으로 현실에서도 유사한 모습을 찾아볼 수 있다. 즉, 복잡계 네트워크의 성질에 따라 부자는 더 큰 부자가 되고, 지인이 많을수록 새로운 지인이 더 많이 생긴다. 동시에 친구가 1명도 없는 사람이나 검색엔진에 걸리지 않는 웹사이트도 무수히 존재한다. 이러한 연결의 격차는 시간이 흐르면서 극단적으로 불균형해진다. 조금 안타까운 기분도 들지만, 인간 사회는 확실히 불균형하다는 점을 실감할 수 있다. 이것이 바로 복잡계 네트워크의 성질이 만들어내는 사회의 진실이다.

구글이나 페이스북 같은 초거대 허브에서 정보를 얻는 경우가 자연스레 늘어나고 있다. 좁은 세상을 만들기 위해서는 이러한 허브의 존재가 중요하다. 허브 자체의 성질에 창조적으로 접근할 수 있다면 바꾸기 힘든 시스템이라도 네트워크의 힘을 지렛대 삼아 바꿀 수 있을지도 모른다.

아프리카에는 '빨리 가려면 혼자 가고 멀리 가려면 함께 가라'라는 속담이 있다. 진리가 느껴지는 명언이다. 이 명언을 '저 멀리까지 프로젝트를 확대하려면 재생산력을 높여 허브를 이루어야 하며, 동료와 월경을 도모해야 한다'라고 바꾸어보자. 이것이 훌륭한 커뮤니티를 만드는 비결이다.

사고나 유행의 재생산이란 어떤 견해가 발신자로부터 수신자에게 옮겨지면서 수신자가 그 견해의 발신자로 전환되는 시스템이 구축됐다는 의미다. 종교나 유명 브랜드를 보면 교회나 커뮤니티 미팅에서 허브를 형성하고 그 안에서 서로 가르쳐주는 과정을 중요시한다. 그들은 허브를 형성해 커뮤니티 내부의 멤버끼리 서로를 돕고 연구를 지속하면서 흔들림 없는 문화를 구축한다. 디자이너로서 브랜딩이 얼마나 도움이 되는지 질문받을 때면 나는 브랜딩의 효과는 곧 재생산지수를 늘리는 데 기여한 정도라고 설명한다.

이익을 빠르게 내고 싶다면 혼자 승리를 노리는 방법도 있을 것이다. 그러나 진정한 흐름을 만들어내고 싶다면, 수많은 사람과 연결될 허브를 만들고 그 사이에서 서로 가르쳐주며 외부와 주고받는 구조를 구축함으로써 사상의 재생산력을 높일 수도 있다. 이는 커뮤니티를 거대한 연결로 키워내는 지름길이기도 하다.

진화워크 42 — 구심력 확인 20분

1. 지금 만들고 있는 대상이 누군가에게 전달되었을 때 그 사람이 또 다른 사람에게 전달할 이미지를 지니고 있는지 생각하자.
2. 다음 사람에게 이어지는 접점을 늘리려면 어떻게 해야 할까? 재생산을 늘리는 시스템을 어떻게 설계하면 좋을지 고민해보자.
3. 생태계 맵을 바라보며 이미 구심력 있는 허브 구실을 하는 사람이나 멀리 있는 허브와 이어진 사람을 찾아보자. 만약 당신과 연결된 허브가 있다면 그 경로를 통해 넓은 세상으로 손쉽게 나아갈 수 있을 것이다.

네트워크와 월경자들

문화 역시 월경과 허브에 의해 전파되어왔다. 일본에서 불교가 전파된 과정을 떠올려보자. 경계를 넘는다는 관점에서 보면 당나라 사신으로 파견되었던 사이초, 구카이 같은 '월경자'가 중국에서 불교 경전을 들여왔으며 이후 일본에서 허브 역할을 하게 된 종파를 설립했다. 기독교 전파도 마찬가지로, 1549년 프란시스코 자비에르가 선교 활동을 위해 가고시마 섬에 찾아왔다.

종교나 역사에서 문화의 전파 과정은 복잡계 네트워크 구조를 활용하면 합리적으로 설명할 수 있다. 한마디로 허브와 월경이 반복되면서 이루어졌다고 할 수 있다. 이러한 관점에서 성경·십자가·찬송가 혹은 불경·게송 같은 확산 도구를 관찰하면 교양이 전파되는 재생산 구조가 훌륭하게 구축됐음을 알 수 있다. 이들은 개인 단위로 전달되며, 그 앞의 다음 사람에게 무언가를 전달하기 쉬운 구조로서 설계된다.

이러한 연결의 구조를 파악하면 생태계의 전체 모습을 이해하지는 못하더라도 공생적인 연결을 증폭하거나 투쟁적인 연결을 차단하거나 혹은 존재했으면 하는 연결성을 널리 퍼트리는 방법으로 응용할 수 있다. 생각해보면 우리는 무의식적으로 주변 사람들을 행복하게 해주려고 나와 상관없는 사람들에게 부담을 주는 경향이 있다. 눈앞의 과제는 해결하지만, 근본적인 문제는 해결하지 못한다면 부담은 멀리 월경해서 총량이 늘어나게 된다. 게다가 부담의 네트워크 역시 자연적으로 허브를 형성한다. 그 결과, 악영향이 평균화되어 나누어지기보다는 부담이 국소적으로 집중되어 파괴적인 사태가 벌어진다. 숲을 대규모로 벌채하거나 폐기물이 대규모 처리장에 집중되는 등 마이너스 허브가 발생하고 빈곤이나 환경오염이 집중되는 장소가 나타나는 것이다.

복잡계 네트워크의 성질을 떠올리면 세계가 어째서 지금처럼 악영향으로 넘쳐나는 상태에 이르렀는지 파악하는 데 도움이 된다. 이러한 네트워크의 성질을 능숙하게 활용해 이 넓은 세상의 복잡한 관계를 개선하려면 어떻게 행동해야 할까?

한 가지 사례를 살펴보자. 〈그림 15-20〉은 1854년 세계 처음으로 그

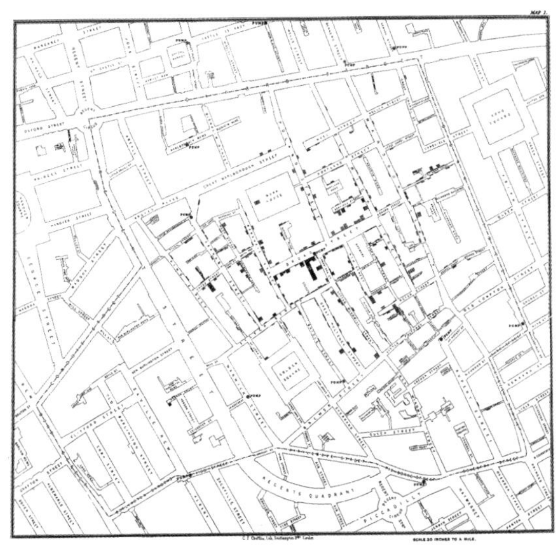

그림 15-20 1854년 콜레라 감염자 지도. 역학의 탄생을 보여준다

려진 감염자 지도다. 이 지도를 그린 영국의 의사 존 스노는 당시 런던에서 맹위를 떨치던 콜레라가 물과 관련되어 있다는 가설을 세웠다. 그러나 당시 의학회는 스노의 의견에 부정적이었다. 그는 거리를 돌며 감염자 지도를 그리고 이를 기반으로 감염의 원인인 수도 회사를 특정했다. 스노의 발견 덕분에 전염병의 전파를 막는 데 성공할 수 있었다. 이후 해당 수도 회사의 수도관에 오염된 물이 섞여 들어간 사실이 밝혀졌다. 스노는 연결의 전체 모습을 파악한 뒤 마이너스 발생원과의 접점을 끊은 것이다.

전염병 대비책도 네트워크의 성질을 바탕으로 세울 수 있다. 허브 역할을 하는 클러스터를 만들지 않거나 혹은 허브이자 발생원이 될 수 있는 병원의 구심력을 약화하기 위해 온라인 진료를 활성화하는 대책이 대표적인 방법이다. 나아가 마이너스 연쇄를 억제하고 싶다면 클러스터를 넘어 마이너스 관계를 전달하는 월경자(슈퍼 전파자)를 가장 먼저 억제해야만 한다. 전염병 사례에서는 감염자와 타인 간 접촉을 방지해 허브를 억제할 수 있으며, 마스크 착용이나 손 씻기는 재생산을 줄이는 전략이 된다. 월경자를 어떻게 억누르는지에 따라 감염자 수가 크게 달라진다. 네트워크의 성질에 근거해 연결된 방식을 이해하면 전염병 대비책의 합리성을 잘 이해할 수 있다.

우리가 생태계에 떠넘기는 부담도 전염병과 비슷하게 네트워크로 이해해보자. 어떻게 연결되어 있는지 알아내면 거기에서 부담을 억제할 힌트를 찾아낼 수 있다. 네트워크의 성질을 바탕으로 생각하면 환경에 부담을 주는 허브를 특정해 그것을 약화시키거나 주위의 접촉을 차단하는 것이 중요하다. 그러나 한번 생겨난 허브에는 구심력이 있는 만큼, 마이너스 허브를 향한 집중을 해소하려면 허브에 접속할 방법을 차단하거나 구심력을 없애는 방안을 모색해야 한다. 예를 들어 지구 환경의 생물 다양성을 보호하고자 할 때, 네트워크의 성질은 우리의 선택에 지대한 영향을 주는 것은 물론 해결책을 마련하는 데 필요한 힌트 역시 담고 있다.

오늘 우리가 버린 페트병이 어디에서 재활용되는지 알고 있는가? 우리가 허브를 이해하지 못하고 있다는 사실은 바로 이런 데서 알 수 있다. 우리는 페트병을 버리며 '어디의 누구인지는 몰라도 누군가 재활용하고 있을 테니 괜찮아' 하고 대수롭지 않게 여기는데, 최근 그 누군가가 비명을 지르기 시작했다. 그 누군가란 바로 중국의 재활용 처리업자들이다. 전 세계에서 방출되는 플라스틱 폐기물의 재활용을 떠맡고 있던 중국은 최근 부담이 집중되면서 처리량이 한계치를 넘어서버렸다고 호소했다. 이어 2017년 고체폐기물환경오염방지법을 개정하며 단계적으로 수입을 금지하겠다고 발표했다.[52] 이 발표에 세계는 즉시 격렬한 반응을 보였다. 중국이 세계 최대 플라스틱 폐기물 수입국이었던 만큼, 순식간에 변화를 강요당했다. 일본의 경우, 그때까지 매년 100만 톤에 달하는 플라스틱 폐기물을 중국에 수출하고 있었다. 이렇듯 엄청난 규모의 폐기물이 중국과 세계 각국 사이에서 거래되고 있었다. 당연히 파장이 클 수밖에 없었다. 이 사건이 세계의 탈 플라스틱화를 가속한 요인이 되었음은 분명하다. 이는 네트워크 상의 부담을 파악하는 것의 중요성이나 허브가 변화했을 때 나타나는 충격을 실감하게 해주는 사례이기도 하다.

환경에 나쁜 영향을 끼치지 않고 살아가려면 어떻게 해야 할까? 환경이나 생태계와 공생하는 삶 역시 네트워크의 성질 측면에서 살펴볼 수 있다. 지구에 전혀 부담을 주지 않고 살아가는 것은 안타깝게도 불가능하지만, 부담을 주는 거리를 짧게 해서 경계를 넘어서지 않게 하는 방법은 생각해낼 수 있다.

부담을 떠넘기지 않으려면 가능한 한 가까운 곳에서 생산하고, 지역 내에서 발생하는 쓰레기 같은 부담을 멀리 보내지 않으며, 가까운 곳에서 자원으로 재활용해야 한다. 자연공생형 생활을 실천하는 퍼머컬처(permaculture) 매뉴얼을 살펴보면, 생활의 활동 범위를 다섯 가지 영역으로 나눈 뒤 그 영향을 한정된 범위 내에 머물게 하려고 노력한다.

그림 15-21
우리가 무심코 버린 페트병.
대부분 중국으로 수출되었다

퍼머컬처 존

ZONE 1 — 생활하는 집이나 정원. 사람이 가장 많이 활동하며 폐기물이 생산되는 범위.

ZONE 2 — 식물을 수확하는 등 가끔 외출할 때 생태계에 영향을 주는 범위.

ZONE 3 — 최소한의 관리만 하고 가능한 한 자연 그대로 남겨두는 범위.

ZONE 4 — 출입할 수는 있지만 관리하지 않고 그대로 남겨두는 범위.

ZONE 5 — 사람이 출입하지 않고 야생동물만 활동하는 범위.

이는 눈앞의 자연 속 자원을 사람이 쉽게 받아들이도록 설계된 것이지만, 자연 측면에서 봐도 인간의 생활로 인한 피해 범위를 제한할 수 있어 유용하다. 네트워크의 성질 관점에서 살펴봐도 환경 부담을 떠넘기지 않는 퍼머컬처 존의 전략은 사람과 자연의 공생에 도움이 된다(〈그림 15-22〉 참조).

이 전략은 18세기까지 이루어졌던 원시적인 생활로 돌아가자는 내용이라고 할 수 있다. 현재 글로벌 경제와는 정반대로 로컬의 공생을 목표로 한 전략이다. 일본 환경부는 '지역순환공생권'이라는 이름으로 이와 비슷한 개념을 추진하고 있다.

세계화로 인해 경제 세계는 한층 좁아졌다. 반대로 환경 부담은 경계를 뛰어넘어 비약적으로 증대됐다. 과거 지역 내 순환은 거래비용 측면에서 합리적이었다. 그러나 경제적 합리성에 대한 요구가 강해지면서 외부에 의존하는 개발 구조가 등장해 지역 내에서 일어나던 공생적인 순환은 사라져버렸다. 과거로 회귀하는 것에 공생 사회의 힌트가 숨어 있을지도 모른다.

환경 부담을 낮추려면 지역 내에서의 순환적인 연결을 되살려야 한다. 글로벌 경제의 부작용 중 하나는 도시 집중화가 가속된다는 점이다. 도시화는 자급자족과 양립하기 어렵다. 도시를 유지하려면 음식과 에너지 등 막대한 자원이 공급되어야만 한다. 게다가 과밀화가 진행되면서 도시의 부동산 가격은 급상승했고 반대로 과소화되어가는 지방

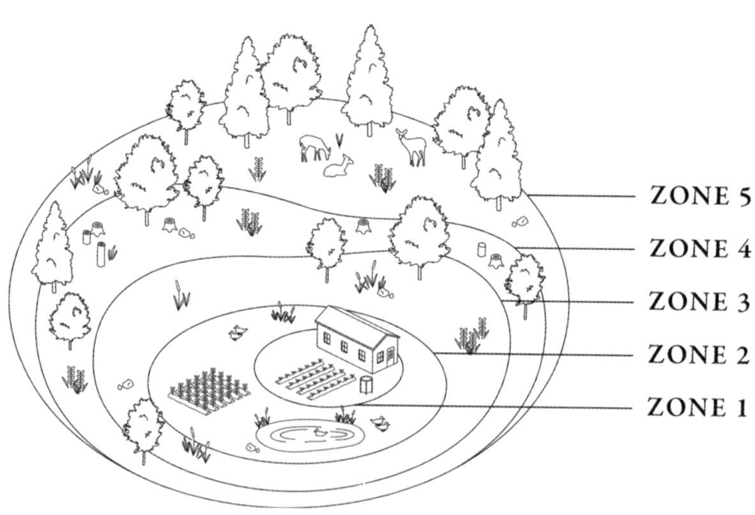

그림 15-22 퍼머컬처 존 일러스트

은 부동산 가격이 상대적으로 하락했다. 도시와 지방 간 임금 격차가 점점 벌어지면서 도시는 자급자족을 포기하고 가능한 한 저렴한 비용을 추구하며 그 부담을 전 세계에 떠넘겼다. 더 이상 부담을 떠넘기지 않으려면 도시에 어떤 식으로 지역 순환적인 에너지, 음식, 폐기 시스템을 적용해야 하는지에 대한 혁신이 필요하다.

지금의 생활을 최적화하려면 세계화에 의해 이미 퍼져버린 부담을 묶어둔 채 순환시키고, 다른 곳으로 떠넘기지 않을 시스템을 고안해내야 한다. 즉, 지역 순환 공생권을 실현하기 위해서는 '도시 속에서의 자급자족'과 '지방에서의 매력적인 삶'이라는 두 가지 측면에서 전략을 재구축할 필요가 있다.

조금만 노력하면 도시에서 생활하면서도 부담의 거리를 줄일 수 있다. 맛있는 물을 마시고 싶다면 지구 반대편에서 수입한 생수를 마시기보다는 수돗물을 정수해서 마시자. 이렇게 하면 물로 인한 부담이 월경해야 할 거리를 수만 킬로미터에서 0미터로 줄일 수 있다. 분산형 재생에너지나 도시농업 인프라를 정비하면 에너지와 식자재의 지역 내 소비가 가능해진다. 반대로 지방에서의 생활을 매력적으로 만들기 위해 노동 환경 개선이나 교육의 디지털화를 추진할 필요가 있다. 의존하는 지역을 좁게 만들수록 환경 부담은 줄어들 것이다.

진화워크 43 — 마이너스 관계를 끊어내다 20분

복잡계 네트워크의 성질은 코로나바이러스나 HIV, 마약 거래, 부패 정치, 환경오염 같은 문제를 해결하는 등 마이너스의 확대를 저지하는 데도 활용할 수 있다.

1. 네트워크의 성질을 떠올리며 마이너스 허브에 연결하지 않을 방법을 생각해보자.
2. 부담의 월경을 끊고 간결하게 해결할 방법을 고민해보자.

네트워크의 힘

공감할 수 있는 사람들과 연결되어 있다는 느낌은 우리를 강하게 만든다. 변화를 향한 두려움이나 잉여분을 나누는 것에 대한 불안감 이상의 심리적 안정감이 드는 상황을 구축하면, 우리 사회는 공생에 가까워질 수 있다. 공생적인 관계를 늘려서 상황에 따라 바람직하게 선택하는 데 필요한 사항을 복잡계 네트워크의 성질을 근거로 생각해보자.

세계에 접근하기 쉽도록 변화를 일으키고 싶을 때도 복잡계 네트워크에서 나타나는 허브의 구심력과 월경이 열쇠가 된다. 사람 간 연결 측면에서 생각해보자. 사람들이 마음속에서 깊이 공감하는 콘셉트를 찾아내고 같은 것을 추구하는 동료를 모아 긍정적인 허브 역할을 할 커뮤니티를 만들면 강력한 허브가 된다. 그리고 월경하는 것이다. 여러분의 비전이나 커뮤니티에서 시작된 메시지를 다른 영역의 사람들에게 전달하자.

다른 영역에 있는 사람들과 목표를 공유하는 동료로 묶이면 심리적 안정감과 월경성을 지닌, 영역을 뛰어넘는 다중심적인 소원의 집합체가 나타난다. 말은 쉽지만, 도대체 어떻게 해야 이를 실현할 수 있을지 알기 어렵다. 여기까지 논의했어도 아무런 방법이 떠오르지 않을 수도 있다. 이쯤에서 구체적인 프로젝트 사례를 소개해보려 한다. 자그마한 활동에서 시작해 전 세계에 영향을 미치고 있는 사회운동을 만들어낸 프로젝트다.

2013년 인도네시아 발리섬에서 '바이 바이 플라스틱 백(Bye Bye Plastic Bags)'이라는 운동이 시작됐다. 10세, 12세 자매 둘이 시작한 프로젝트다. 고향의 아름다운 바다가 엄청난 양의 플라스틱 쓰레기로 오염되는 모습에 슬퍼하던 자매는 어떻게 하면 비닐봉지를 없앨 수 있을지 고민하다가 일단 같은 반 친구들을 끌어들여서 활동을 시작했다. 이후 직접 에코백이나 스티커를 만들어 부모 세대까지 끌어들이는 등 서서히 섬 전체가 참여하는 거대한 사회운동으로 이끌었다.

활동은 착실하게 이어져 2015년 발리섬 주지사는 2018년부터 비닐봉지를 사용하지 않겠다고 선언했고, 이 뉴스는 곧 온 세계로 전송됐다. 이러한 흐름을 타고 탈 플라스틱 운동이 가속화되었다.[53] 2019년 1월 발리섬 중심 도시인 덴파사르의 슈퍼, 편의점에서 비닐봉지 사용이 금지되었다. 프랑스 정부는 2020년부터 일회용 플라스틱 컵이나 빨대 등의 사용을 금지하는 법률을 시행했다.[54] 여기에 앞서 언급한 중국의 플라스틱 폐기물 수입 금지 조치가 더해졌다.

발리섬 자매의 활동은 이렇듯 전 세계 탈 플라스틱 운동에 영향을 미쳤다. 자매의 조그마한 네트워크 활동이 글자 그대로 세계를 바꿨다고 할 수 있다. 이렇듯 작은 규모로 시작하는 활동도 절대 무력하지 않다. 그 활동이 먼 거리에 있는 대상과 이어지면 극적인 변화가 일어나기도 한다.

나 역시 네트워크의 힘을 체험한 적이 있다. 2011년 3월 11일 동일본 대지진이 발생했다. 규모 9.0의 지진과 너비가 500킬로미터에 달하는 쓰나미로 일본 동부가 파괴적인 손해를 입고 후쿠시마 원전 사고가 일어나는 등 역사상 최대급 재해였다. 당시 나는 도쿄에서 쓰나미에 휩쓸린 데 이어 화재가 일어나 무너져버린 바닷가 마을의 영상을 무력감에 싸여 멍하니 바라봤다. 도로도 전기도 끊어지고 휴대전화 이외의 모든 인프라가 끊겼다. 무력감으로 망연자실한 마음이 들었지만 손가락만 빨고 있는 내 모습이 싫었다.

나는 대지진이 일어난지 이틀 뒤, 올리브(OLIVE) '살아나라 일본'이라는 위키(WIKI)를 개설해 수많은 사람에게 재난 지역에서 당장 쓸 만한 지식을 등록해달라고 요청했다. 그러자 고등학생부터 할머니까지 각양각색의 사람들이 이 프로젝트에 참여해주었다. 페트병을 손난로처럼 쓰거나 참치 통조림을 양초처럼 쓰는 방법, 임시 화장실을 만드는 방법 등 2주 만에 200가지가 넘는 팁이 모였다. 번역 자원봉사자 덕분에 영문판, 중국어판, 한국어판까지 만들어졌다. 공유된 정보는 대지진 이후 3주라는 짧은 기간에 적게 잡아도 1000만 명이 이용하는 등 광범위하게 전파됐다. 반년 뒤 이를 바탕으로 재해 방지 도서를 만들어 꽤 인기를 얻었다.

다시 반년 뒤, 커다란 변화가 찾아왔다. 지진이 발생하기 이전인 2002년부터 도쿄 및 요코하마 지역은 뮌헨 재보험사의 통계에 의해 자연재해 리스크 지수가 세계에서 가장 높은 도시라는 불명예스러운 평가를 받아왔다. 대지진 이후 4년이 흘렀을 즈음, 당시 도쿄도지사가 도쿄 내 전 가구에 재해 방지 도서를 배포하려는 계획을 세웠다. 대상 세대수는 약 670만 세대로, 모든 가구에 배포하기 위해서는 800만 권이 넘게 발행해야만 했다. 한 권당 330페이지에 총 발행 부수를 곱하면 인쇄물의 양이 25억 장에 달하는, 출판 프로젝트로는 행정사상 최대 규모의 출판물이었다.

그림 15-23 도쿄 내 모든 가구에 배포된《도쿄방재》

우리는 도쿄도, 광고회사 덴쓰와 협업해 역사상 최대급 재난 방지 계획인 《도쿄방재》의 전체 디자인과 편집에 깊숙이 참여하게 되었다.《도쿄방재》의 내용 중 40페이지 정도는 올리브의 내용이 그대로 담겨 있다. 2015년 이렇게 출판된《도쿄방재》는 지금까지 관심 밖의 영역이었던 재난 방지라는 분야에 새로운 바람을 일으켰다. 지금도 재해나 태풍이 생길 때마다 SNS에서는《도쿄방재》의 내용이 수백만 건 단위로 공유되는 등 세계 최대 재해 방지 프로젝트의 하나로 자리잡았다.

이 모두는 허브가 태어나 활동이 월경함으로써 혼자서는 도달할 수 없는 장소까지 프로젝트가 성장하면서 사회가 움직인 사례다. 이렇듯 사회운동은 작은 네트워크가 형성되면서 시작된다.

진화학교

인간 사이의 관계만 생각해도 복잡한데, 인간과 지구 생태계 간의 관계는 설명하기 어려울 정도로 복잡하다. 어떻게 하면 생태계와의 관계를 더 직관적으로 전달할 수 있을까? 그 방법과 창조성 교육을 결합할 수는 없을까?

'그래, 도시 안이라면 동물원이나 수족관 같은 장소에서 실제로 상대 생물을 바라보면 더 깊은 연결성을 느낄 수 있을지도 몰라.' 그런 생각을 떠올리고 있을 때, 인연이 닿아 요코하마에 있는 주라시아라는 동물원과 진화사고 학교인 '진화 학교 at 주라시아'를 열어볼 기회가 생겼다.

주라시아는 동물이 원래 살던 지역에 가까운 환경을 재현하는 전시를 특징으로 한 일본 최대 규모의 도시형 동물원이다. 주라시아에서는 동물을 종별이 아니라 서식지별로 범주화한다. 또한 멸종위기종의 야생 복귀를 목표로 한 사육시설을 설치하거나 주변 삼림 자원을 보존하는 데도 힘쓰고 있다. 한마디로 생물과의 연결을 느끼기에 안성맞춤인 장소다.

동물원은 도시에서 생태계를 가장 가까이에서 느낄 수 있는 장소다. 자녀와 함께 찾는 엔터테인먼트 시설에만 머물러 있기에는 실로 아깝다. 생물 다양성의 연결이 중요하다는 사실을 절감하고 생태계 그 자체를 마음으로 느끼며 수업을 받을 수 있는 창조성의 학교가 주라시아에서 열린다고 상상하자 가슴이 떨려왔다. 무라타 고이치 원장에게 동물원을 무대로 수많은 대기업의 변혁을 불러올 창조성 교육을 시행하고 환경 분야의 이노베이션을 추진하고 싶다는 기획 취지를 말하자마자, 우리는 곧바로 의기투합했다. 그는 "동물원이란 행성의 존속을 생각하는 장소여야만 한다"라고 말하며 든든하게 지지해주었다. 이렇게 우리는 함께 진화사고 연수 프로그램인 '진화 학교'를 열기로 했다.

워크숍 당일 에너지, IT 대기업의 경영기획 담당자, 해양 생태계 연구자, 생태계 보전을 위해 힘쓰는 NGO 담당자 등 다양한 이들이 모여 지속적으로 감소하는 생물종의 개체를 살펴보면서 생태계의 실정을 알아가는 귀중한 시간을 가졌다. 매일같이 가족처럼 동물과의 관계를 고민하는 무라타 원장의 강의와 동물원 직원다운 관점으로 지구 환경과 생물 다양성에 관해 설명해주는 수업은 평소 뉴스나 SDGs 회의에서 듣는 것과 비교하면 훨씬 현장감 있는 생생한 이야기였다.

이 행성이 얼마나 한계에 다다랐는지 수치로 듣기보다는 눈앞에 보이는 살아 있는 동물과 관련된 이야기로 접하자 그 사정을 더욱 감각적으로 이해할 수 있다. 눈앞에 있는 캥거루 등의 동물이 호주 화재로 10억 마리 가까이 타 죽었다는 설명을 듣거나 실제로 오랑우탄을 바라보면서 보르네오섬 개발로 그들이 위기에 처했다는 이야기를 들으며 인간과 동물의 연결성을 직관적으로 이해할 수 있었다. 연결성을 이해하기 어려운 인간에게 생태계에 대한 인식을 되돌려주려는 데는 동물원이나 수족관을 창조성 학교로 변화시키는 방법이 효과적이지 않을까 생각한다.

처음부터 월경성이 높은 멤버로 커뮤니티를 구성한 뒤 깊은 신뢰 관계를 형성할 수 있는 커뮤니케이션 프로세스를 설계해 허브로 만들어 보면 어떨까? 나는 프로젝트가 자연적으로 발생하는 커뮤니티를 설립하려는 시도에 여러 차례 협력해왔다. 그중 하나가 100년 뒤 미래에 진정한 변화를 일으킬 공동 창조를 탐구하는 '코크리!(co-cree!)'라는 활동이다.

설립자 미타 아이를 시작으로 300명 이상의 사람이 참여하는 커뮤니티다. 여기에는 지역 리더, 관료, 농업 종사자, 기업 경영자, 대학 교수, 크리에이터 대표, 사회기업가, NPO 대표, 학생 등 월경적인 사고방식을 지닌 이노베이터들이 다수 모였다. 이 활동에 나 역시 디렉터 중 한 명으로 참여해 진화사고 워크숍을 제공하거나 다양한 디자인에 참여하며 공동 창조를 일궈내는 장을 함께 만들어가고 있다. 이 커뮤니티에서는 연결 실험부터 구체적인 프로젝트나 개념까지 수많은 변화가 만들어졌다. 이를 통해 아타카 가즈토의 〈바람의 계곡을 만들다〉나 야마다 다카시의 〈시청을 파헤친다!〉 등 수많은 활동 콘셉트가 생성됐다. 나아가 이 책의 출판사인 아마노카제 설립이나 이 책《진화사고》의 탄생도 이 커뮤니티 활동의 도움을 받아 이루어진 부분이 크다. 허브에 월경자들이 모여 신뢰를 품고 서로 연결되면 창조성은 가속된다.

우리는 연결되어 있다

모든 사물은 연결되어 있다. 우리는 항상 연결성에 기대어 살아간다. 직접적인 역할이 있는 물건만 우리를 도와주는 게 아니다. 창조란 곧 사물을 통해 관계를 잇는 과정이라고 할 수 있다. 연결을 다시 한번 확인하고 헤아리는 사고를 확장해 나가다 보면 사람이나 생태계를 향한 자애로 자연스레 이어진다. 사람이 생태계에 적응하는 일은 곧 광대한 자연의 연결성에 자애를 품은 관계를 창조하는 것이나 마찬가지다.

생태계를 영어로 에코 시스템(ecosystem)이라고 한다. 자연에 국한되지 않고 관계의 연결 전반을 가리킬 때는 시스템(system)이라고 표현한다. 그런데 나는 솔직히 '시스템'이라는 단어로 연결을 가리키면 확 와닿지 않는다. 시스템이라는 단어는 내게 한정된 범위만 다룬다는 이미지를 주기 때문이다. 생태계의 연결은 하나의 구조만으로 설명하기에는 너무나 거대하다. 따라서 그 연결 방식의 디테일을 복잡계 네트워크 측면에서 이해하는 편이 진실에 가까워지는 방법이라고 생각한다.

연결 전체에 영향을 미치기 위해서는 지식 자체보다는 눈앞에 놓인 관계를 공통적인 소원을 품은 집단으로 키워낼 수 있는지가 중요하다. 저 멀리 경계를 뛰어넘게 할 수 있다면 사회라는 거대한 단위에도 영향을 줄 수 있다. 이러한 측면에서 연결을 이해하는 것 이상으로 관계와 마주하는 태도가 중요하다.

내가 존경하는 디자이너는 수없이 많지만 가장 존경하는 인물을 꼽으라면 1200년 전에 활약한 홍법대사 구카이를 들 수 있다.

구카이는 예술은 물론 그래픽, 건축, 토목까지 당시 일본 사회를 극적으로 바꾼 전설적인 인물이다. 구카이는 일본 최대의 인공 연못인 만노이케 공사를 이끈 토목설계자이자 일본의 3대 명필가로 유명하며 만다라를 그리는 그래픽 디자이너인 동시에 최첨단 불교 철학을 들여온 사상가로, 흡사 창조성의 집합체 같은 인물이다. 구카이는 생태계의 본질을 꿰뚫는 저술을 여럿 남겼다.

배허심지 유수유림 총시아사은(排虛沈地 流水遊林 惣是我四恩)[55]

'하늘을 나는 새와 벌레, 땅 위에 사는 생물, 물에 떠다니는 물고기와 산호, 수풀에서 굼적거리는 짐승들이 모두 우리를 지탱해주고 있다'라는 의미다. 생태계와의 연결 속에 나라는 존재가 있다. 이런 당연한 사실을 우리는 금방 잊어버리지만, 귀중한 진리는 1000년이 흘러도 변하지 않는다. 이 진리를 언제나 마음에 새겨두고 싶다.

대욕득청정(大欲得清浄)

'커다란 욕망이 있으면 맑아진다'라는 뜻으로, 구카이가 들여온《이취경》중 한 문장이다. 언뜻 들으면 자기 멋대로라는 말 같은데, 그 함의를 내 나름대로 의역해보았다. '자기 욕구를 솔직하게 인정하는 일은 문제없다. 그러나 그 욕망을 크게 받아들이면, 나는 우리가 되고 폭넓은 관계를 자신의 일부로 받아들일 수 있다.'

구카이가 말하는 커다란 욕망이라는 사고방식은 생태의 연결성에 접근하는 지침을 알려준다. '나'라는 범위의 인식을 확장하면 나는 곧 가족이자 마을이며 나아가 인류이자 생태계가 된다. 이 말은 '나'를 확대한 관점에서 연결되는 것의 중요성을 시사한다.

지금까지 생태적인 지혜는 업신여겨져왔다고 해도 과언이 아니다. 그러나 지금 우리는 생태적 관점에 대한 근시안이 초래한 거대한 후유증을 겪고 있다. 이미 개선이나 효율화, 좁은 범위에서의 승리만으로는 근본적인 문제를 해결할 수 없는 수준이 되었다. 그 도전이 아무리 어렵더라도 우리는 생태계적인 지혜를 터득해야만 한다. 다시 한번 창조성의 규칙을 재편해야만 한다. 창조의 힘은 우리에게 커다란 왜곡을 불러왔지만, 타성에 젖은 습관에서 방향키를 돌려 공생적인 조화로 향하기 위해서도 창조의 힘은 분명히 필요하다. 우리는 창조성을 업그레이드해야만 한다. 연결성을 이해하는 해상도를 높이고 자아를 확장하며 창조성을 발휘하는 사람이 늘어난다면 미래는 조금씩이나마, 그러나 분명하게 공생적인 사회를 향해 전진할 것이다.

필연적 선택 4

예측 豫測

미래 예측을 희망으로 연결하자

창조를 둘러싼 자연선택압력을 이해하는 시공간 학습의 마지막 단계로, 미래 예측에 대해 알아보자.

인간은 예측하는 동물이다. 미래에 일어날 사건에 대비해 무언가를 만들거나 준비하거나 키우거나 소비하는 등 우리는 매일 예측하면서 살아간다. 오늘 저녁에는 무엇을 먹을지 주말에는 어디에 갈지 내일 회사에서는 어떤 일을 해야 할지 생각하는 시점에 예측은 이미 시작된다.

그러나 미래 예측은 대부분 어긋난다. 그래서 우리는 사회에 극적인 변화가 일어날 것이라고 사전에 예측한 사람을 예언자라고 칭해왔다. 예수, 마호메트, 부처, 쇼토쿠 태자 등의 위인들 역시 수많은 예언을 남겼다고 전해진다. 근대에 이르러서도 에드거 케이시나 진 딕슨 등 예언자를 자처하는 인물이 텔레비전이나 미디어에 다수 등장했다. 이들은 사회적으로 상당한 지명도를 얻었지만, 예언 적중률을 살펴보면 아무리 잘 봐줘도 처참한 수준이다. 미래 예측은 어렵다. 오늘 저녁 메뉴조차 계획대로 되지 않는데 먼 미래의 일이라면 말할 것도 없다.

창조는 상황을 변화시키기 위해 나타나는 것으로 언제나 예측과 한

쌍으로 출현한다. 창조를 언급할 때, 미래 예측을 빼놓을 수 없다. 미래는 언제나 불확실하므로 우리는 예측과 다른 시나리오를 창조성으로 덧그릴 수 있다.

이처럼 미래를 예측하는 것은 어려운 일이지만 사회에 충격을 줄 만한 창조를 일궈내기 위해서는 예측의 정확도를 조금씩이나마 올려 나가는 것이 중요하다. 도대체 어떻게 해야 정확도를 높일 수 있을까? 여기에서도 다시 자연과학이 우리를 도와준다. 인류 과학사에 족적을 남긴 거장들이 수학, 물리학, 생태학, 경제학, 건축학 등 폭넓은 분야에서 예측 연구를 시행해왔다. 이러한 거인들의 어깨에 올라타 미래를 내다보는데 필요한 방법을 배워보자.

미래를 다루기 위한 과학적 방법은 크게 포캐스트(forecast)와 백캐스트(backcast) 두 가지 방법이 있다. 이 두 가지 사고방식을 설명하기 위해 잠시 동물의 입장이 되어보자.

지구상의 수많은 생물 중에서 오직 인간만이 예측하고 행동한다고 단정할 순 없다. 동물행동학을 통해 일부 동물들은 명확하게 예측을 바탕으로 행동한다는 사실이 밝혀졌다. 예를 들어, 산에 서식하는 잡식성 들쥐 중에는 주식으로 먹는 조릿대 잎의 작황을 예측해 출산 개체수를 조절하는 종이 있다. 조릿대가 흉작일 때는 번식량을 사전에 줄이는 경향이 확연하게 나타난다. 들쥐가 임신 전에 조릿대의 미래 생육 상황을 본능적으로 예측한다는 말이 된다. 이것이 단순하게 진화 과정에서 획득한 생리 반응인지 아니면 인과관계를 이해하고 나타나는 행동인지는 아직 밝혀지지 않았다. 하지만 여기에서는 예측과 관련된 사고를 설명하기 위해 들쥐의 예측을 의인화해 포캐스트와 백캐스트의 차이를 설명해보려 한다. 상당히 인간미 넘치는 들쥐가 되었다고 상상하며 조릿대가 흉작인 상황을 떠올려보자.

> 올해는 비가 별로 안 내리네? (과거)
> 그럼 조릿대 양이 평소보다 적겠네. 큰일이다. (현재)
> 그렇다면 올해는 애들을 좀 적게 낳는 방향으로 하자. (가까운 미래)

이러한 프로세스로 생각하지 않았을까? 과거부터 현재까지의 추이를 바탕으로 현재의 연장선상에 있는 미래를 예측하는 방법을 포캐스트라고 부른다. 즉, 이 들쥐는 포캐스트를 하는 상황이라고 할 수 있다.

미래는 반드시 과거부터 현재까지의 연장선상에 있으므로 현재까지의 흐름을 좇으면 미래 예측의 정확도를 높일 수 있다. 대표적으로 날씨 예보(weather forecast)는 글자 그대로 전형적인 포캐스트다. '과거부터 지금까지의 구름 위치는 이러한데, 지금 바람이 이 방향으로 부니까 내일 비가 내릴 확률은 60%다' 같은 식이다. 포캐스트는 과거부터 현재에 이르기까지의 데이터를 분석해 그 같은 경향이 미래에 이어질 것이라는 사실을 전제한다. 그러면 다시 같은 상황에 부닥친 다른 들쥐의 마음이 되어 예측해보자.

나도 언젠가 우리 엄마처럼 훌륭한 들쥐가 될 거야! (미래)

싸움 잘하고 얼굴도 잘생긴 남편을 만나서 (미래)

7월쯤까지 새끼를 10마리는 낳아야지 (미래)

그런데 올해 조릿대 작황을 봐서는 애들이 좀 힘들 것 같은데 (미래)

그러면 7마리 정도만 낳는 게 좋겠다. (가까운 미래)

이 들쥐처럼 미래의 이미지를 하나하나 떠올리며 바람직한 미래로부터 역산해서 행동을 계획하는 방법을 백캐스트라고 한다. 데이터를 바탕으로 방향을 설정하기보다 원하는 목표를 세우고 거기서 역산을 시

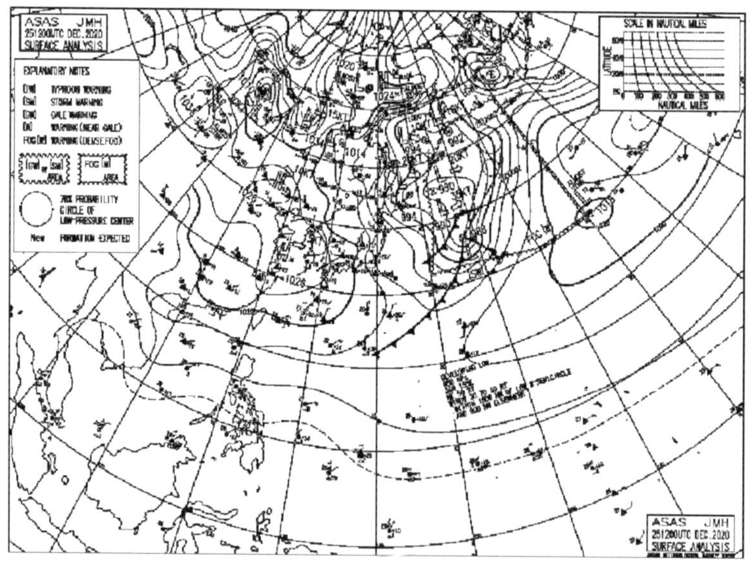

그림 16-1 포캐스트 사례: 지상일기도, 2020년 12월 25일 21시(JST, 일본 기상청 발표)

작하는 과정을 보면 이 들쥐는 백캐스트하는 중이라고 할 수 있다. 여기에서 주목해야 할 점은 예측의 시계열이다. 이 들쥐는 미래의 이야기만 하고 있으며, 미래의 목표를 달성하기 위해 지금 어떤 행동을 할지 결정하고 있다. 미래를 구체적으로 상상하면 실현하려는 상황에 가까워질 가능성이 커진다. UN의 SDGs같이 미래 목표를 설정한 데서 시작해 역산한 지침도 백캐스트 사례다.

포캐스트나 백캐스트를 통해 미래로 나아가는 길이 줄거리처럼 떠오르면, 미래를 향해 여러 갈래로 나누어지는 이야기를 써 내려갈 수 있다. '시나리오 플래닝'이라고 불리는 이 방법은 미래를 이야기로 만들어 목표를 확정하는 수단인데, 오래전부터 신화나 SF 등에 기술된 미래 이야기도 여기에 해당한다. 아직 일어나지 않은 미래를 상상하는 행위는 바꿔 말하면 미래에 관한 상상이자 그 행위 자체가 창조적인 활동이다.

포캐스트와 백캐스트. 예측에는 이 두 가지 방법이 있다는 사실을 꼭 기억해두기 바란다. 들쥐가 실제로 어떠한 프로세스로 생각하는지는 알아낼 수 없지만, 우리는 예측할 때 무의식적으로 이 두 가지 방법을 동시에 활용한다. 단, 우리 의식 속에는 포캐스트와 백캐스트가 뒤섞여 있어서 확실하게 의식하지 않으면 두 가지를 구분해가며 사용하지는 않는다.

사고에는 경향성이 있다. 포캐스트로 미래를 비관적으로 바라보는 이가 있는가 하면 백캐스트로 희망 가득한 미래를 그리는 이도 있다. 예측의 정확도를 높이고 싶다면 두 방법을 각각 연마해보길 추천한다.

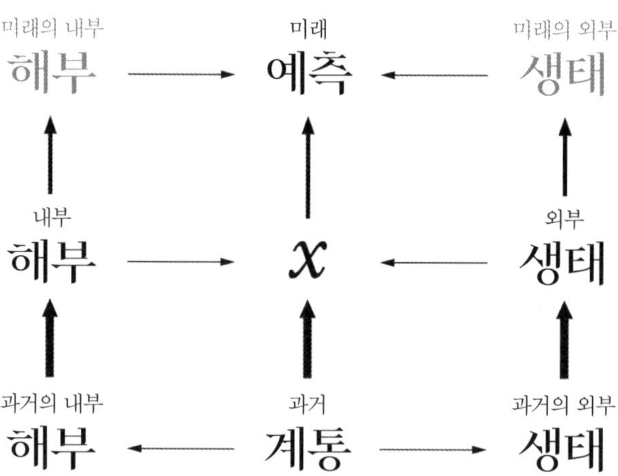

그림 16-2 포캐스트. 과거에서 현재까지 흐름의 연장선에 있는 미래를 해부적·생태적인 데이터로 관찰한다

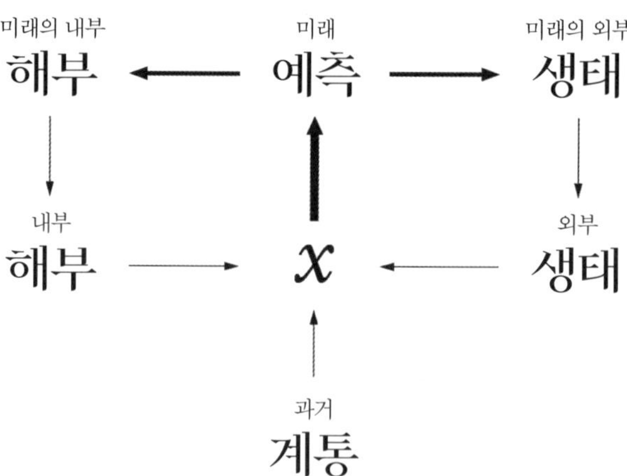

그림 16-3 백캐스트. 기대하는 미래의 비전을 그려 해부적·생태적으로 세부까지 상상한다

포캐스트 — 데이터로 예측하다

포캐스트는 과거에서 현재까지의 흐름을 바탕으로 미래를 예측하는 방법이다. 과거부터 현재까지의 정보를 파악하고 그다음을 예측하면 현재부터 미래까지의 경향을 알 수 있다. 과거와 현재 상황을 명확하게 알려면 데이터를 정확하게 다루는 과정이 매우 중요하다.

데이터를 활용해 경향을 이해하는 학문을 '통계학'이라고 부른다. 통계적 지식은 그 기원부터 국가의 형편이나 시장에 대한 포캐스트형 미래 예측을 위해 다듬어져온 산물이다. 최근에 와서는 인터넷의 등장으로 전 세계 연구기관이나 인터넷 기사에서 통계 데이터를 쉽게 얻을 수 있게 되었다. 알아보고 싶은 항목을 검색엔진에 입력하면 전 세계의 무수히 많은 데이터를 찾을 수 있다. 인터넷상의 설문조사나 다양한 정보 분석 방법이 발달하면서 지금까지 존재하지 않았던 데이터도 금세 구할 수 있다. 나아가 기존 데이터를 조합해 새로운 데이터를 만들어내는 일도 가능하다.

단 하나의 데이터를 손에 넣기 위해 막대한 시간을 들여야만 했던 예전에 비하면 놀랄 만큼 시대가 바뀌었다. 포캐스트에 활용하는 데이터의 양은 앞으로 비약적으로 늘어날 것이다. 데이터들의 관련성을 자동으로 분석하는 AI가 발달하면 마치 다음 날 날씨를 확인하듯 다양한 현상을 컴퓨터로 예측할 수 있는 날이 머지않아 찾아올 것이다. 무수한 데이터를 자유자재로 활용해서 미래 예측의 정확도를 높이는 데 필요한 기초적인 데이터 취급 방법을 살펴보자.

지표—척도란 무엇인가

세상 만물은 복잡하게 얽혀 있다. 분석할 수 있는 데이터 형태로 만들기 위해서는 이를 단순화해야 한다. 복잡한 세상을 단순한 잣대로 측정할 때 비로소 데이터가 된다. 데이터를 찾거나 새롭게 구축할 때는 사물을 어떤 척도로 측정할 것인가 하는 문제가 항상 따라온다. 예를 들어, 주민들의 건강을 조사한다면 그 지표가 될 만한 항목이나 변수에 어떤 것들이 있을지 떠올려보자.

- 체중·신장 등 개인 데이터, 병력, 1인당 의료비, 의료비 총액
- 행정상의 복지 예산, 구급차 출동 건수, 약국이나 병원의 매출
- 운동하는 사람 수, 도와줄 수 있는 친구 수, 특정 식품을 섭취하는 사람 수 등등

척도로 삼을 항목은 한없이 많다. 건강 상태와 관련된 것으로 알려진 지표가 있는가 하면 아직 분명하지는 않지만 관련되어 있을 것으로 여겨지는 지표도 있다. 무엇이 유효한지 선불리 판단할 수 없지만 먼저 떠오르는 변수를 꼽아 각각에 해당하는 데이터를 모으는 것부터 시작

해보자. 이 과정에서 영향도가 크면서 새로운 관점을 지닌 척도를 발견한다면 세상 누구도 알지 못했던 사실을 가장 먼저 발견할 수도 있다. 지표로 고려할 만한 변수를 결정하는 일은 복잡한 세상을 어떠한 관점으로 이해할지 결정하는 데 있어 중요한 첫걸음이다.

쿡패드

기준으로 삼고 싶은 척도가 떠올랐지만 아직 지표로 활용하지 않은 상황이라면, 그 척도를 새로운 지표로 활용하면 어떨지 검토해보자. 나 역시 실제로 지표를 만들어본 적이 있다. 월평균 5000만 명 이상 사용하는 일본 최대의 레시피 서비스 쿡패드(COOKPAD)에서는 전 세계의 주방을 편리하게 만들고자 '즐거운 키친 사업부'라는 부서를 만들었다. 나는 그 과정에 참여했는데 사용하기 편리한 주방을 널리 전파할 방법을 함께 고민한 결과, 주방 사용의 용이성을 나타내는 '즐거운 키친 스코어'라는 새로운 지표를 만들어보기로 했다.

주방의 편리성은 지금까지 주관적인 기준으로만 측정됐다. 이에 대한 명확한 지표가 있다면 편리한 주방을 기준으로 집을 찾거나 주방을 개선할 수 있을 것이다. 하지만 주방 업계에선 수많은 브랜드가 경쟁하고 있으며 각자 자사 제품이 가장 좋다고 강조하다 보니 특정 브랜드에서 기준을 만들더라도 사회로 퍼지기 어려웠다. 그렇다면 일본 최대 레시피 서비스 쿡패드가 주방을 평가할 기준을 제공한다면 어떨까? 즐겁게 요리할 수 있는 편리한 주방을 널리 알리는 것은 물론 이로 인해 스스로 요리하는 사람까지 늘어날 수 있을 것이다. 또한 주택이나 주방을 리모델링할 때 활용할 수 있는 만큼 새로운 사업 기회가 생겨날 가능성도 있었다.

이런 동기로 주방에 대한 분석이 시작됐다. 우리는 사무실부터 직원의 집, 주방 업체의 쇼룸 등 다양한 주방을 실측했다. 또, 각 브랜드의 카탈로그를 철저하게 조사해 수납장과 싱크대의 넓이, 가스레인지 등의 설비 사양, 식기세척기 유무 등을 점수화했다. 동시에 쿡패드 직원과 이용자들을 대상으로 설문조사를 시행해 어떤 사항이 주방의 편리성과 관련 있는지 분석했다.

이러한 과정이 열매를 맺어 '즐거운 키친 스코어'가 탄생했다. 이 지표의 단위는 'KiT(키트)'로 정했는데, 쿡패드는 KiT를 사용한 최초의 사업으로 '즐거운 키친 부동산'을 설립했다. 이 사업은 주방의 편리성을 점수로 표시한 임대 정보 서비스로 호평을 받았다. 앞으로 부동산을 평가하는 데 키친 스코어가 중요하게 여겨진다면 집에서 즐겁게 요리하는 사람이 늘어나는 데 일조할 것으로 기대된다.

그림 16-4 즐거운 키친 스코어 'KiT'

진화워크 44 — 지표 설정 10분

상황이 변화하고 있다고 느껴지면 그와 관련된 다양한 자료를 수집해보자. 사실 관계를 알면 현재 상황을 이해하기 쉬워진다.
과거에서 현재, 그리고 미래까지의 관계를 이해할 때 어떤 단위를 척도로 활용하면 좋을까? 상황을 측정할 수 있는 지표로 사용할 만한 단위를 생각나는 대로 적어보자.

그래프—변화를 시각화하다

시각화의 힘은 위대하다. 데이터를 살펴볼 때 숫자를 들으면 와 닿지 않지만, 그래프를 활용해 시각적인 형태를 만든 뒤 시계열 데이터를 살펴보거나 데이터끼리 비교해보면 비로소 무슨 내용인지 깨닫게 되는 경우가 많다. 복잡한 세상에서 떼어내 흐름을 시각화하는 것만으로도 파악하기 어려운 세상의 변화를 쉽게 따라갈 수 있다. 부연 설명할 필요도 없이 실제로 선그래프, 막대그래프, 원그래프 등의 도구는 여러 예측이나 분석에 쓰여왔다.

세계적으로 처음으로 그린 그래프는 어떤 것일까? 프랑스에 사는 스코틀랜드 출신의 윌리엄 플레이페어는 우리가 지금도 자주 사용하는 선그래프부터 막대그래프, 원그래프까지 세 종류의 그래프를 발명했다. 가히 근대 통계 그래프의 아버지라고 할 만한 인물이다. 놀랍게도 플레이페어의 그래프는 처음 세상에 나왔을 때부터 거의 완성되어 있었다. 새로운 발명이란 대부분 점차 개선되는 경우가 많은데 그가 발명한 그래프는 지금 사용하는 그래프와 거의 똑같은 형태다.

세계 최초의 그래프는 1786년 무역의 미래를 예측하기 위해 스코틀랜드 수출입 현황을 나타낸 막대그래프와 잉글랜드, 덴마크, 노르웨이와 주고받은 무역 추이를 담은 꺾은선그래프다. 이 그래프를 본 사람들은 무역 분야에서 당시 열강들의 경쟁 관계를 한눈에 이해할 수 있었다.

이처럼 가로축을 시간 축으로 삼은 꺾은선그래프는 포캐스트형 예측에서 빈번하게 쓰인다. 플레이페어의 그래프를 보면 확실히 이후의 무역 추이를 쉽게 추측할 수 있다. 세계 최초의 원그래프는 1801년 각

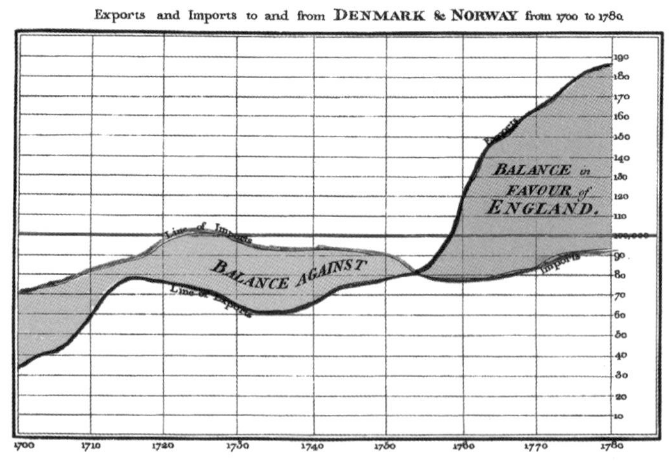

그림 16-5 세계 최초의 꺾은선그래프, 잉글랜드의 무역 추이를 보여준다

국의 세력 정보를 나타내기 위해 그려졌다. 세계 최초의 원그래프는 막대그래프와 원그래프, 원의 크기까지 활용해 동시에 여러 항목을 비교한 창의성이 돋보인다. 원그래프와 막대그래프는 비율을 비교하는 데 효과적이며, 예측뿐 아니라 마케팅 등 생태계적인 분석에도 유용하다.

플레이페어가 그린 세계 최초의 그래프는 어떤 것이든 비주얼 측면에서도 캘리그래피 측면에서도 훌륭한 결과물로, 그래픽 디자이너인 내가 봐도 아름다운 작품이다. 세부적인 캘리그라피에 이르기까지 섬세하고 우아한 아름다움이 담겨 있다. 그럴 만도 한 것이, 플레이페어는 수학자가 아니라 제도사, 즉 지금으로 말하면 그래픽 디자이너 같은 존재였다.

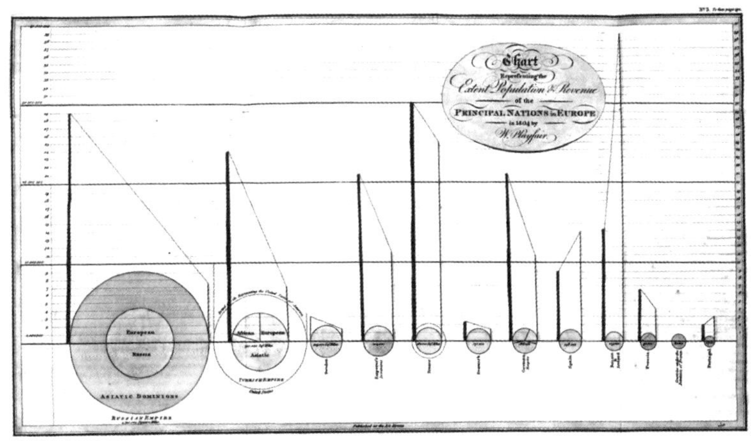

그림 16-6 세계 최초의 원그래프, 세계 열강의 세력 관계를 보여준다

참고로 플레이페어는 상당히 독특한 인물이었다. 스코틀랜드 출신이지만 프랑스 혁명에 참여했으며, 은행을 설립했다가 망하는 등 매우 괴짜여서 친구들 사이에서의 평판이 엉망이었다. 더욱 흥미로운 점은 그의 형 존 플레이페어가 당시 스코틀랜드를 대표하는 수학자로 이름을 날렸다는 사실이다. 형의 위업 또한 굉장하다. 지질학자 제임스 허튼의 동일과정설을 널리 알린 동시에 공동 연구까지 진행한 인물이다. 내가 무척 흥분했다는 것이 느껴질지 모르겠다. 좀 더 자세히 설명해보도록 하겠다.

허튼은 지층이 수억 년이라는 오랜 시간에 걸쳐 형성된 사실을 발견한 과학자로, 다윈이 바로 여기에서 힌트를 얻어 진화론을 떠올렸다고 직접 기록한 바 있다. 즉, 존 플레이페어의 활약은 찰스 다윈의 할아버지 이래즈머스 다윈과 시대적으로도 장소적으로도 겹치는 만큼, 그가 이래즈머스의 진화론에 일부 영향을 미쳤을지도 모른다. 이런 천재적인 형이 있다는 배경 때문에 그래프의 탄생은 형에게 지도받은 결과라는 이야기도 있다.

진화론이나 통계 같은 중요한 도구가 등장하는 시점에 주요 인물이 겹친다니 신기하다. 어찌 됐든 윌리엄과 존 플레이페어 형제가 없었다면 과학의 발전은 상당히 늦춰졌을 것이며, 진화론의 발견도 없었을지 모른다. 그렇게 생각하면 이러한 연결은 진화사고를 탐구해온 나에게 있어서도 감개무량한 사실이다.

진화워크 45 — 그래프를 찾다 15분

'세상은 이런 식으로 바뀌어오지 않았을까?' 하는 추측을 눈에 보이는 형태로 확인하고 싶다면 그래프가 매우 효과적이다. 최근에는 인터넷 이미지 검색을 통해 다양한 그래프를 순식간에 찾아낼 수 있다. '조사 항목+그래프'로 검색하면 수많은 종류의 그래프가 검색될 것이다.

창조하려는 사물(대상 x)이 가져올 미래를 예측하기 위해 지금부터 15분 동안 철저하게 그래프를 검색해보자. 그중에 지금까지 알지 못했던 사실을 나타내는 데이터가 있을지도 모른다.

상관관계와 인과관계

다양한 정보를 한눈에 파악할 수 있는 그래프가 유행하면서 수많은 영역에서 셀 수 없이 활용되고 있다. 그래프를 대량 모으다 보면 유사한 시계열끼리 비교했을 때 비슷한 추세를 지닌 그래프가 나오기도 하고, 정반대 경향을 보이는 그래프를 발견하기도 한다. 데이터를 통으로 취급하지 않고 서로 비교해보면 새로운 사실이 보이기 시작한다. 그래프를 비교하면서 드러나기 시작하는 관계를 이해하기 위해 상관관계와 인과관계라는 두 가지 관계에 관해 설명해보려 한다. 복수의 그래프를 비교해 데이터를 분석하려면 둘의 차이점을 잘 이해해두는 것이 중요하다.

먼저 상관관계란 무엇일까? 일상적으로 사용하는 단어이지만 다시 한번 설명해보겠다. 예를 들어, 그래프끼리 같은 축을 비교할 때 한쪽이 올라가면 다른 쪽도 올라가는 경향이 나타나는 경우(정의 관계)와 반대로 한쪽이 올라가면 다른 쪽이 내려가는 경향을 보이는 경우(부의 관계)가 있다. 데이터 간에 이러한 공통적인 경향이 발견될 때, 이들 그래프에는 상관관계가 있다고 할 수 있다. 즉, 그래프의 추세가 닮았다면 모두 상관관계가 있는 것이다.

그렇다면 인과관계란 무엇인가? 이는 데이터 사이에 직접적인 원인과 결과 관계가 성립됨을 가리킨다. 따라서 인과관계는 상관관계와 다르게 사실을 바탕으로 한 데이터 간의 관계성을 확인해야만 정말로 존재하는지 알 수 있다. 사실 인과관계는 상관관계에 포함되어 있다. 상관관계가 없는데 인과관계가 있는 경우도 다소 있지만, 반대로 상관관계가 있어도 인과관계가 없는 경우는 흔하다. 따라서 사실을 관찰할 때는 상관관계보다 인과관계를 파악할 필요가 있다.

예시를 하나 들어보겠다. 〈그림 16-7〉은 전 세계적으로 인구가 증가하면서 멸종되는 생물이 급격하게 늘어났음을 보여주는 그래프다. 최근 생물들이 멸종한 것은 급증한 인간들이 자연 생태계를 침범하면서 외래종이 유입되거나 서식지를 빼앗긴 것이 큰 원인이라고 명확하게 밝혀진 바 있다. 이 그래프를 통해 상관관계가 있으면서 인과관계도 있음을 증명할 수 있다.

그러면 여기에서 그래프를 또 하나 그려보자. 나는 1981년 태어났는데, 그때부터 2000년 즈음까지 키가 컸다. 그러니 해당 기간 나의 신장과 이 그래프 사이에는 상관관계가 있다. 이 상관관계를 보고 인과관계가 있다고 오해하면 내 키가 커졌기 때문에 생물이 위기에 처했다는 뜻이 된다. 하지만 아무리 생각해봐도 내가 지구를 집어삼킬 정도로 많이 먹은 기억은 확실히 없다. 이 사례는 전혀 인과관계가 없더라도 겉으로 드러나는 모습에서 상관관계가 생길 수 있다는 사실을 알려준다.

아직 아무도 알지 못하는 인과관계를 발견하는 일은 연구자들의 보람 중 하나다. 새로운 인과관계를 발견한 사람은 과거 누구도 내다보지 못한 미래를 예측할 가능성과 마주하게 된다. 때로 그 발견은 세상을 바꾸기도 한다. 인과관계의 발견이 세계를 바꾼 유명한 사례를 하나 소개하겠다. 컴퓨터 프로세서가 어떤 식으로 진화하는지를 예측한 '무어의 법칙'에 대해 많이 들어봤을 것이다. 컴퓨터의 CPU(중앙연산처리장치) 속도는 복잡한 미로 같은 트랜지스터 집적회로 속을 전기가 얼마나 빨리 통과하는지에 따라 결정된다. 회로를 통과하는 전자의 속력은 일

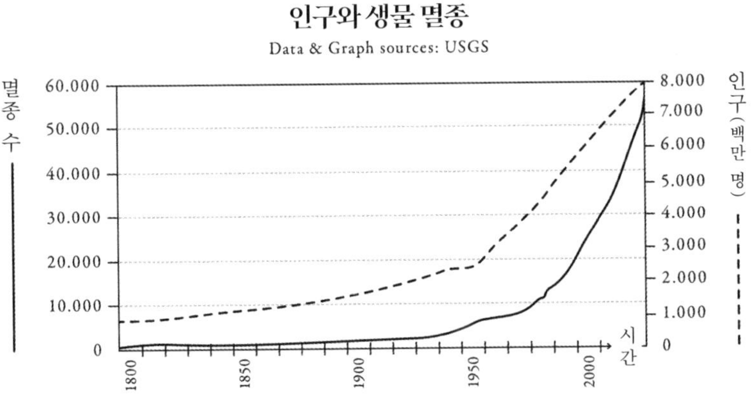

인구와 생물 멸종

Data & Graph sources: USGS

멸종 수
60.000
50.000
40.000
30.000
20.000
10.000
0

인구(백만 명)
8.000
7.000
6.000
5.000
4.000
3.000
2.000
1.000
0

1800 1850 1900 1950 2000 시간

그림 16-7 이 그래프에는 동일한 경향, 즉 상관관계가 있다

정하므로 복잡한 미로를 되도록 적게 인쇄하면 CPU의 성능은 올라간다. 거리를 짧게 하면 소비전력이 낮아져 같은 크기의 CPU 안에 더 많은 트랜지스터를 배치할 수 있기 때문이다. 게다가 기판 인쇄 기술은 하루가 다르게 진보하고 있으며 앞으로 후퇴할 일이 없다. 이 불가사의한 관계를 놓고 '인쇄 기술이 발전하는 것만으로 CPU는 계속 빨라지는가?' 하고 의문을 느낀 인물이 있었다.

CPU 속도와 인쇄 기술의 진보 속도 사이에 새로운 인과관계가 있음을 깨달은 이는 반도체 엔지니어 고든 무어였다. 그는 기판 인쇄 기술이 얼마나 빠르게 발전하는지 조사해서 1965년 획기적인 논문을 발표했다. 이 논문에 따르면 앞으로도 CPU 트랜지스터 수는 2년마다 2배로 늘어날 것이다. 이 경이적인 속도에 따라 CPU가 지수함수적으로 계속 빨라진다면 미래에는 컴퓨터를 중심으로 사회에 극적인 변화가 일

그림 16-8 현미경으로 본 CPU 집적회로

어날 것이다.

무어의 법칙으로 알려진 이 유명한 예측은 기판 인쇄 기술과 CPU 속도 사이의 새로운 인과관계를 발견하면서 성립됐다. 무어는 세계 최고의 반도체 제조사인 인텔을 창업했다. 무어의 법칙은 그로부터 50년 이상 이어져 1971년 2300개(intel 4004)에 그쳤던 CPU 내 트랜지스터 수가 2020년 85억 개(Apple A13)까지 폭발적으로 증가했다. 자릿수 자체가 다른 지수함수적인 변화의 흐름을 타고 컴퓨터는 세계를 모조리 바꾸어버렸다.

사회가 변화할 때는 새로운 인과관계가 나타난다. 미래로 연결될 수많은 징조는 누구에게도 발견되지 않은 채 곳곳에 흩어져 있다. 데이터

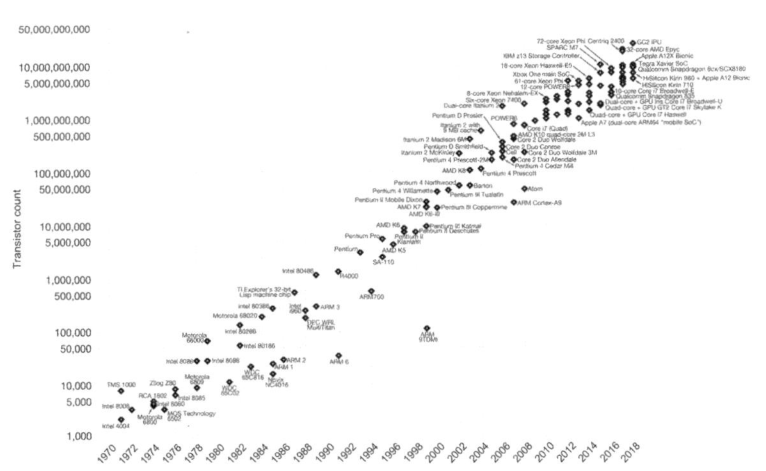

그림 16-9 무어의 법칙 그래프. 세로축은 트랜지스터 수. 로그 눈금이어서 지수함수처럼 증가한다

를 다루는 방법을 습득해 이러한 징조를 찾아낼 힘을 기른다면 상상하기도 어려운 미래를 누구보다 빠르게 예측할 수 있을 것이다.

진화워크 46 — 그래프 비교 15분

예상 밖의 사건 사이에는 우리가 모르는 관계가 있을지도 모른다. 객관적인 데이터는 이러한 새로운 관계의 발견을 불러온다.
그래프를 가능한 한 많이 모아 그래프끼리 비교하면서 상관관계를 찾아보자. 상관관계가 있는 그래프를 발견했다면 거기에 인과관계가 있는지 살펴보자. 인과관계가 있을 것 같을 때는 관계의 순서가 어떤 흐름으로 이어지는지 확인해보자.

확률 — 예측의 가능성을 높여라

미래에 어떤 일이 생길지 그 누구도 단언할 수 없다. 확실한 미래 따위는 존재하지 않는다. 하지만 미래는 반드시 찾아온다. 불확실하지만 미래 예측이 언제나 완전히 틀리는 것도 아니다. 점이 맞을 때도 있고 안 맞을 때도 있는 것처럼 말이다. 애매하고 불확실한 미래와 마주하기 위해 인간은 확률론을 고안해냈다. 어떤 미래 시나리오가 가장 가능성이 클까? 이를 결정할 때 확률은 강력한 무기가 된다.

예측에는 언제나 0%부터 100%까지의 확률이 따라붙는다. 어떤 일이 일어날 미래가 얼마나 확실한가? 100% 적중하지 않더라도 이러한 확률을 사전에 알아두면 미래의 불확실성에 대처하기 쉬워진다. 지금은 당연하게 여겨지는 확률론은 사실 지롤라모 카르다노, 블레즈 파스칼, 피에르 드 페르마 같은 중세 수학자에 의해 창조된 수학적인 철학 분야다.

주관적인 판단은 너무 비관적이거나 지나치게 낙관적인 예측을 낳기 쉽다. 데이터 과학의 객관성은 이러한 치우친 판단을 피하는 데 도움이 된다. 수많은 미래의 징조가 이리저리 뒤섞여 있다면 그 미래에 대해 몇 가지 시나리오를 상정해 각 시나리오의 확률을 따져볼 수도 있다. 특정 시나리오의 미래에 영향을 미칠 만한 현상이 어느 정도 확률로 일어날지 객관적인 데이터로 파악해보자. 이미 알고 있는 상황이라도 되도록 데이터를 모아서 정확한 숫자를 따져보는 것이 중요하다.

이미 잘 알고 있는 분야인데 데이터로 사실관계를 다시 확인할 필요가 있을까? 당연하다. 데이터를 확인하는 일은 주관적인 확신에서 벗어나 우리가 상황을 객관적으로 파악하도록 돕는다.

어떤 그래프에서 시간적인 관계성과 명확한 경향이 나타나면 우리는 그 경향이 영원히 이어질 거라고 생각하기 쉽다. 가치가 계속 상승하는 물건은 앞으로도 계속 올라가기만 할 것이라는 착각에 빠지는 식이다. 수많은 사람이 그것을 굳게 믿는다면 이런 착각은 더욱 강력해진다. 그러나 실제로 해당 데이터는 세상의 관계 중 극히 일부만 보여줄 뿐이다. 따라서 인과관계에 주의하지 않으면 그 경향이 변하지 않는 경향인지 아니면 변하기 쉬운 경향인지 잘못 판단하게 된다.

인과관계를 신경 쓰지 않아 편견이 생기면, 확률적으로 냉정하게 판단하지 못하고 자신의 생각이 사실이라고 과신하기 쉽다. 과도한 선입견이 현실을 훨씬 넘어서버리면 파국을 맞을 수도 있다. 그러나 주식이나 부동산 버블이 붕괴하듯 어느 날 갑자기 손바닥 뒤집는 것처럼 과잉은 순식간에 바로잡힌다. 이렇게 도를 지나친 상태를 '오버슈트(overshoot)'라고 한다. 현실과 괴리된 오버슈트가 지속되면 한계까지 늘어난 스프링이 어느 순간 더 이상 견디지 못하듯 단번에 망가져버리고 만다.

편견이란 정말로 무섭다. 편견은 때로 인생의 가능성을 지나치게 좁히기도 한다. 도박이 좋은 사례다. 예상 밖의 패배를 되돌리려고 집착할수록 더 큰 패배가 찾아온다. 도전하지 않는 사람에게는 이유가 있는 법이다. 과거 참담하게 실패한 경험에 의한 트라우마라든가 다음에도 실패할지 모른다는 편견에서 벗어나지 못해 도전을 회피하게 된다. 그런 사람의 이야기를 제대로 들어보면 성공 확률이 얼마나 되는지 객관적으로 판단한 경우는 거의 없다.

성공 확률이 1%밖에 안 되는 일에 도전한다고 해보자. 딱 한 번 아쉬운 결과가 나왔을 뿐인데 바로 포기하고 다시는 도전하지 않는 사람도 있다. 확률 측면에서 보면 무척 안타까운 일이다. 성공 확률이 1%라면 앞으로 99번 도전하기 전까지 좌절하기에는 너무 이르다.

반대로 만약 한 번에 성공했다면 이는 정말 행운이 따른 것이다. 많은 이들이 본능적으로 실패를 피하다 보니 그 도전이 성공할 확률을 냉정하게 파악하지 못한 채, 편견에 사로잡혀 자신의 가능성을 발휘하지 못하곤 한다. 실패에 상처받지 말고 담담하게 확률 싸움이라고 생각한다면 도전에 마주할 수 있게 될 것이다.

공포심에 휘둘리지 않고 도전하기 위해서도 확률적인 기대치를 꼭 이해해야 한다. 확률론적 관점에서 보면 타석에 서면 설수록 히트 수는 올라간다. 그리고 야구와 다르게 물밑에서 이루어진 실패는 다른 사람들에게 보여지지 않는다. 다들 히트 수에만 집중하기 마련이다. 용기를 가지라는 말을 듣더라도 쉽지는 않을 것이다. 그러나 객관적인 데이터를 통해 확률을 파악하는 것만으로도 한 발짝 나아갈 용기가 생겨날 수 있다.

예측 정확도를 높이는 시공간 학습

미래를 예측하는 것은 쉽지 않은 일이다. 무엇보다 변하지 않는 본질이나 객관적인 사실을 직시하는 것이 중요하다. 만물이 빠른 속도로 변하고 있지만, 변하지 않는 것은 수천만 년이 지나도 변하지 않는다. 또한 객관적인 정보는 미래 예측의 정확도를 높인다. 정보 하나하나의 정확성도 중요하지만, 미래에 영향을 미치는 다양한 관점의 데이터를 파악하고 그 거시적인 흐름을 관찰하는 과정은 예측의 정확도를 높인다. 이때 시공간 학습은 예측하는 데 무척 도움이 된다.

전기자동차의 기초적인 특허는 이미 200년 전 출원됐다는 이야기를 앞서 한 바 있다. 당시 특허를 출원한 발명가는 관련 기술이 금방 전 세계에 퍼질 것이라고 굳게 믿었을 것이다. 그러나 그 미래는 200년 동안 실현되지 않았다. 예측된 미래가 계속 실현되지 않은 채 잠들어 있었던 이유는 무엇일까? 여기에 예측의 어려움이 있다.

전기자동차가 바로 실현되지 않은 이유는 몇 가지 있다. 첫째, 해부적 관점에서 예측의 오류가 있었다. 부품 수준이 낮아 관련 기술을 발전시키는 데 오랜 시간이 필요했다. 특히 배터리 개발이 늦었다. 리튬이온배터리가 실용화되기 전까지 자동차의 작은 몸체 안에 장거리 이동에 필요한 전기를 저장해두는 것은 쉬운 일이 아니었다. 즉, 해부적으로 실현성이 없는 상황에서 기본적인 구상이 앞서 나갔던 것이다. 생각해보면 확실히 배터리가 필요하지 않은 '전철'은 비교적 빨리 등장했다.

둘째, 생태적 관점에서의 예측에 문제가 있었다. 좀 더 구체적으로 말하면, 가솔린 자동차와의 치열한 경쟁에서 이기지 못했다. 전기자동차는 비용이나 실현성 등을 포함한 성능뿐 아니라 막강한 석유 산업과의 경쟁에서도 패배했다. 생태적 지위를 둘러싼 경쟁에 이기지 못하면서 개발자의 기대는 이루어지지 않았다. 그 후로 200년이 지난 현재, 환경 위기와 기술 혁신 덕분에 드디어 빛을 보게 된 것이다.

수단은 계속 변화한다. 그러나 목적은 크게 변하지 않는다. 여기서 포캐스트와 백캐스트를 설명한 그림(p.420)을 보자. 미래는 내부의 해부적 관점과 외부의 생태적 관점이 교차하는 곳에서 나타난다. 아무리 올바른 정보를 수집했더라도 맹점이 있다면 예측은 빗나가게 마련이다. 200년 동안 잠들어 있던 전기자동차처럼 말이다. 예측의 정확도를 높이려면 시공간 학습에서의 '해부'나 '생태' 관점에서 설핏 보이는 소원과 목적을 이어받아 수단의 변화를 관찰하고 미래를 예측하는 것이 필수다.

중복도 누락도 없이 모두 포함하는 방법을 흔히 'MECE(Mutually Exclusive Collectively Exhaustive)'라고 한다. 시공간 학습은 시간적 관점과 공간적 관점에서 MECE하게 관찰 기준을 부여해 예측 정확도를 높인다. 구체적인 미래 시점을 정해 창조 주변으로 퍼져 나가는 해부적·생태적 데이터를 모아보자. 그리고 데이터 사이의 인과관계를 관찰하자. 그 끝에는 어떤 미래가 기다리고 있을까? 그 미래에서 어떤 일이 벌어질지 상상해보자. 미시와 거시를 횡단하며 데이터와 데이터 사이에 자리한 문맥에 귀를 기울이면 분명 현재 앞에 놓인 미래의 이야기가 말을 걸어올 것이다.

자연선택 회피—나쁜 예측을 피할 수 있는가

밝은 미래가 기다리고 있길 바란다. 하지만 포캐스트로 예견된 미래가 반드시 긍정적이라고 단정할 수는 없다. 오히려 우울할 때가 많다. 언젠가 지진은 일어날 테고, 컴퓨터는 인간의 지능을 뛰어넘을 예정이며, 생물 다양성은 계속 감소하고, 국가 부채는 늘어나기만 한다. 사회가 키워낸 타성은 강력하다. 그러나 단순히 떠올리고 싶지 않다는 이유로 비관적인 시나리오에서 눈을 돌리는 것은 창조적인 자세가 아니다.

객관적인 데이터를 통해 원치 않는 미래의 모습을 알게 되었을 때 비로소 사명감이 생겨나며, 그 미래를 회피하기 위해 창조력을 발휘하기 시작한다. 현재를 살아가는 우리가 미래에 대한 책임감을 느끼기는 어렵다. 하지만 원치 않는 미래 시나리오를 상상할 수 있는 사람이 늘어난다면 현재를 바꿔 나쁜 예측을 회피할 수 있을지도 모른다. 미래는 불확실하다. 그러나 지금 변화를 일으키면 예측과 다른 미래를 일궈낼 수 있다.

지금까지 다양한 데이터를 모아 그들 사이의 인과관계와 확률을 산출해봤다면, 이미 몇 가지 데이터가 가리키는 미래가 머릿속에 떠올랐을지도 모른다. 이러한 변화는 미래에 어떤 상황을 불러오게 될까? 현재와 이어지는 미래에 나타날 나의 고통, 생태계를 포함한 타인의 아픔에 민감해지자. 지금 할 수 있는 일을 깨닫자. 여기에서 행동과 디자인을 바꾸는 힘이 태어난다. 미래의 괴로움은 사명감을 불러와 지금 변화를 일으킬 용기로 이어진다.

진화워크 47 — 포캐스트-데이터로 보는 미래 시나리오 60분

미래를 예견하는 데이터 분석가가 되었다는 가정하에 다양한 데이터를 모아보자. 미래를 예측하기란 쉽지 않지만 무수한 데이터가 쌓이면 상관관계나 인과관계도 추측할 수 있게 된다. 이렇게 축적된 데이터에서 어렴풋하게 미래의 모습이 드러나기 시작할 것이다. 데이터에서 찾아낼 수 있는 현재의 연

장선상에 있는 미래는 어떤 모습인가? 그 미래를 깊이 있게 상상한 시나리오를 1000자가량 적어보자.
이때 구체적으로 몇 년 뒤의 미래인지 설정하고 그 미래에 어떤 사건이 일어날지, 부정적인 시나리오라면 어떤 상황에 부닥칠지 가능한 데이터에 근거해 미래에 일어날 법한 포캐스트 시나리오를 작성해보자.

포캐스트 시나리오
1. 시나리오의 시점을 '2XXX년'이라고 명확하게 설정한다.
2. 인터넷 검색 등으로 데이터를 모아 상관관계나 인과관계를 찾아본다.
3. 그 관계에서 보이는 미래의 이야기를 500~1000자 정도 적어보자.

백캐스트—목표로부터 역산하다

미래는 불확실하다. 바꿔 말하면, 미래는 만들어낼 수 있다. 따라서 희망을 이야기하는 것도 자유다. 지금부터는 미래를 대하는 또 다른 관점인 '백캐스트'를 알아보려 한다.

〈그림 16-10〉의 근대적인 빌딩 투시도를 살펴보자. 뉴욕 같은 곳에 있을 법한 건물이다. 이 그림에 어딘가 부자연스러운 부분이 있는가? 손으로 그린 듯한 모습이 왠지 영화나 만화의 설정자료 같기도 하고 건물의 완성 투시도 같기도 하다. 일견 평범해 보이는 이 그림에는 한 가지 특별한 점이 있다. 바로 이 그림이 100년도 더 과거인 1914년에 그려졌다는 사실이다.

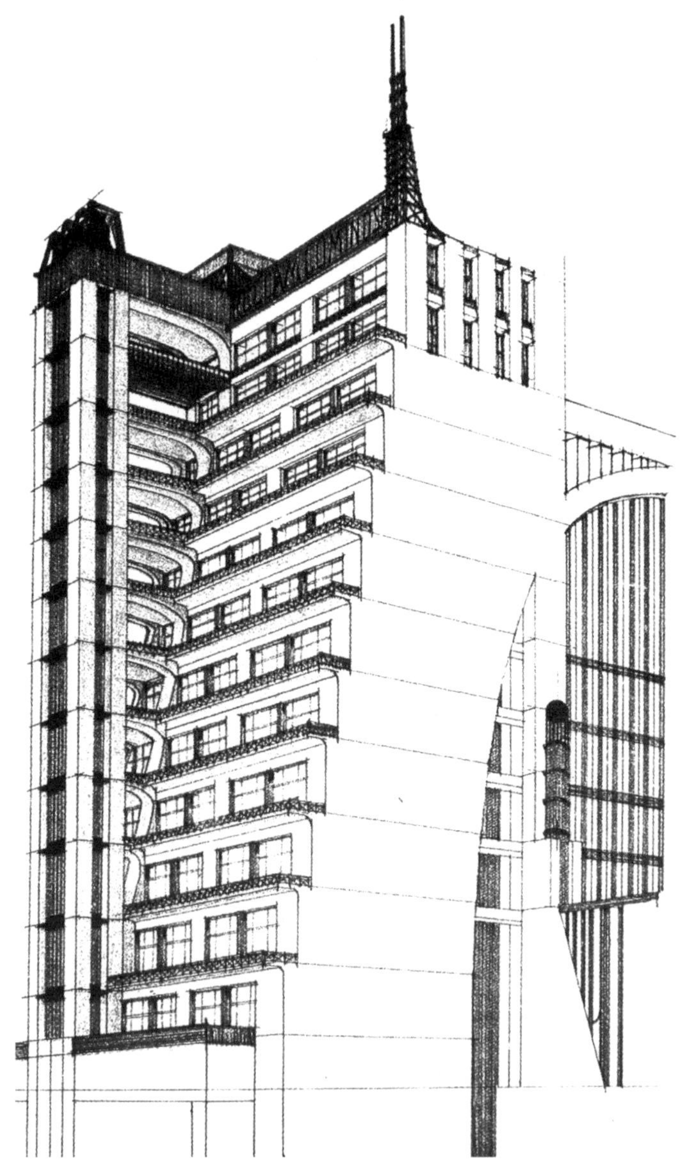

그림 16-10 이 그림은 언제 그려졌을까?

이 그림은 건축가 안토니오 산텔리아가 미래의 도시를 상상하면서 그린 스케치다. 유리 커튼월 구조로 이루어진 고층 빌딩이나 무선 안테나같이 지금은 당연하게 여겨지는 도시 풍경이 담겨 있지만 이 모든 것은 당시에 하나도 존재하지 않았다. 이른바 미래 공상 그림이다. 당시 최첨단 기법으로 유리나 금속, 콘크리트 같은 소재의 공법이 발명되면서 이러한 창조가 끌어낼 미래를 예측하며 다양한 스케치를 통해 미래 상상화가 그려졌다. 스케치는 확실히 현실을 크게 자극했다. 그로부터 100년 이상 세월이 흐른 지금 전 세계 도시에는 이러한 고층 빌딩과 닮은 건물들이 빼곡히 들어서서 도시의 스카이라인을 형성하고 있다.

포캐스트가 과거에서 현재의 연장상에 있는 미래를 상상하는 기술이라면 백캐스트는 미래의 목표를 설정해 그것을 시각화·정밀화해 현실로 만드는 기술이다.

> 미래를 예측하는 최고의 방법은 그 미래를 창조하는 것이다.
>
> — 앨런 케이[56)]

퍼스널 컴퓨터의 아버지라 불리는 앨런 케이의 이 말은 불안한 미래의 그림자에 떨고 있는 우리에게 용기를 준다. 창조성은 우발적인 변이로 가득 차 있어서 현재의 연장선상에서 세운 예측대로만 가지 않는다. 어두운 미래가 그려진다면 밝은 미래를 창조하면 된다. 어떤 시대에서든 바람직한 미래를 상상하며 그 방향으로 변이를 마구 만들어내는 사람이 상상과 현실을 연결해왔다. 혁신에 디자인이 필요하다고들 이야기하는 이유는 디자인에 미래를 가시화하는 힘이 있기 때문이다. 가시화에는 미래를 손안으로 끌어오는 힘이 있다.

레오나르도 다빈치는 회화뿐 아니라 수많은 발명품을 남겼다. 8000장 이상 남겨졌다고 알려진 원고에는 전차, 헬리콥터, 엔진, 수압펌프, 태양에너지 등과 관련된 방대한 발명 아이디어가 담겨 있다. 유달리 아름답게 그려진 그의 발명품은 구조적 측면에서도 실제 실현할 수 있는 것들이 넘쳐난다. 〈그림 16-11〉은 다빈치가 고객의 의뢰를 받고 그렸다는 스케치다. 1504년이라는 연도를 봤을 때 피렌체공화국에서 운하를 파기 위해 고안한 공사용 기계로 여겨진다. 마치 실물을 보고 그린 듯한 스케치로, 현실감 있게 세부까지 묘사되어 있다. 이 스케치를 본 고객은 다빈치의 제안에 반드시 투자해야겠다고 생각했을 것이다.

다빈치뿐 아니라 미켈란젤로나 라파엘로같이 르네상스 시대에 뛰어난 창조성을 바탕으로 다양한 발명이나 거대한 건축물을 완성한 건축가, 엔지니어들은 대부분 화가이기도 했다. 어째서 당시 기술자들은 화가여야만 했을까? 그들이 폭발적으로 도구를 발명한 계기는 당시 개발된 최첨단 화법과 관계 있다.

1425년경 필리포 브루넬레스키 등에 의해 원근법이 확립되자 기계와 건축물을 마치 실물처럼 아름답게 그려내는 완전히 새로운 기술이 예술가들의 손에 쥐어졌다. 화법의 혁신을 활용해 스케치를 빠르고 정확하게 그려내 가시화할 수 있는 기술자는 화가이기도 했던 그들밖에 없었다.

디자이너들은 유례없이 정확한 스케치를 구사할 수 있게 되면서 가시화 능력을 획득했다. 이를 바탕으로 당대 권력자부터 건설 현장의 장인에 이르기까지 언어를 뛰어넘어 의사소통할 수 있게 된 것이다. 그 힘의 일면이 다빈치의 스케치에서도 드러난다. 이렇게 디자인을 통한 가시화는 공상과 현실을 이어주는 다리가 되었다.

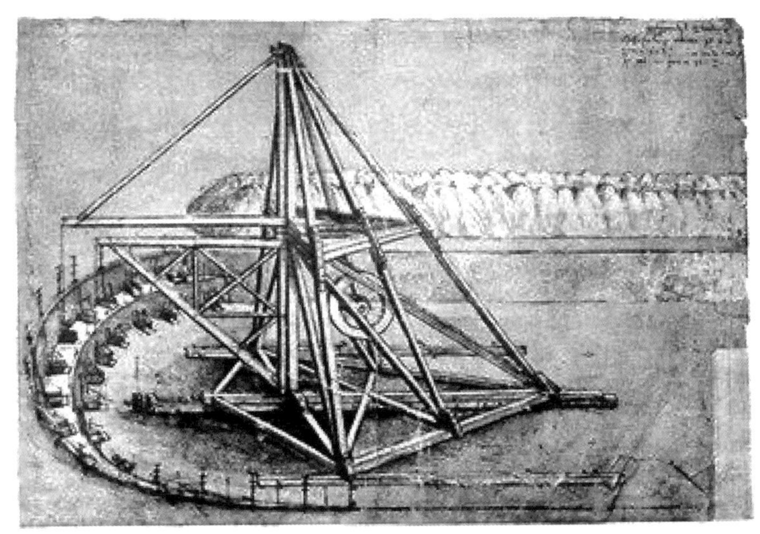

그림 16-11 다빈치가 메디치 가문을 위해 설계한 건설 기계

시각—캄브리아기 대폭발의 배경

약 5억 년 전, 캄브리아기라고 불리는 시대에 그 이전 시기와 비교할 수 없을 정도로 경이로운 숫자의 생명체가 새롭게 나타났다. 그 흔적이 지금도 지층에 남아 있다. 38억 년이라는 생물의 역사 중 캄브리아기에 해당하는 500만 년이라는 짧은 기간 동안 현재 존재하는 동물의 선조에 해당하는 생물이 대부분 동시다발적으로 출현했다. 이 신비롭고 방대한 진화를 '캄브리아기 대폭발'이라고 부른다.

캄브리아기 대폭발은 생물 역사에서 커다란 수수께끼로 여겨져왔다. 캄브리아기에 진화한 생물종의 종류와 숫자는 다른 시대와 비교하면 현저히 차이 난다. 이 시기에 생물이 급속도로 진화한 이유는 여전히 비밀에 싸여 있는데, 그에 대해서는 수많은 가설이 세워져 있다. 선캄브리아기에는 지구가 눈덩이가 될 정도의 빙하기가 있었는데, 그러한 혹독한 환경이 변화하면서 경쟁 상대가 없는 생태계 공백이 무수히 나타났고 여기에 적응하도록 생물이 급격하게 진화했다는 가설이 대표적이다. 혹은 대기 중 산소 농도가 올라가면서 산소 호흡형 다세포생물이 크게 발달했다는 가설도 있다. 영양이 풍부한 여울이 형성되었기 때문이라는 설도 있다.

수많은 가설 중에서 특히 흥미로운 가설이 있다. 앤드루 파커 연구팀이 제창한 빛 스위치 이론이다. 파커는 빛을 지각하는 신경세포의 발달, 즉 '눈의 탄생'이 캄브리아기 대폭발을 불러온 계기라고 주장한다.

화석을 살펴보면 확실히 캄브리아기 이후부터 생물은 급속도로 눈의 기능을 획득했다. 눈이 생기기 전 생물은 글자 그대로 세상을 볼 수도, 상대방의 존재가 자신의 생존에 얼마나 깊이 관여하는지도 알지 못했을 것이다. '보인다'라는 것은 곧 '눈앞의 관계를 인지할 수 있다'라는 뜻으로, 눈의 탄생 이후 세계에 대한 인식은 급변했다.

눈앞에 스치는 그림자만 겨우 분간할 정도의 시력이더라도 상대방을 인식할 수 있는 생물은 앞으로 일어날 일을 시각적으로 이해할 수 있는 만큼 생존에 압도적으로 유리했을 것이다. 또, 앞이 보이는 생물끼리 마주쳤다면 틀림없이 먹이를 사이에 둔 경쟁이 시작되어 쫓고 쫓기며 생존 가능성을 모색했을 것이다. 상대의 존재를 알아차리는 개체

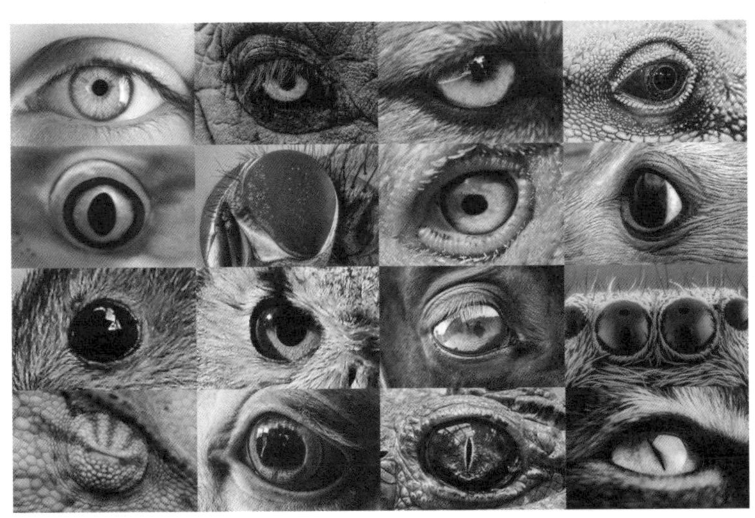

그림 16-12 생물은 캄브리아기 이후 다양한 눈을 획득했다

가 일반화되면서 발이 빠른 개체나 주변 환경에 가까운 색을 띤 개체(의태) 혹은 성적 매력이 뛰어난 개체가 생존에 유리해지고, 이에 따라 시각적인 생존 전략이 등장했을 것이다. 실제로 캄브리아기에 들어선 뒤에야 비로소 다른 동물을 잡아먹는 육식동물이 출현했다. 눈이 생겨나면서 잡아먹을 대상을 인식하게 되었다고 생각하면 이 역시 이해된다. 캄브리아기에는 생물 카메라 개발 경쟁이라고 할 만큼 눈의 획득을 두고 치열한 경쟁이 벌어졌다. 이 경쟁이 진화 전체를 가속했을지도 모른다. '눈의 탄생'에 의한 진화 가설과 '르네상스기' 창조성의 발전 사이에는 가시화를 통해 창조가 가속되었다는 공통점이 있다. 눈의 탄생으로 폭발적인 진화가 이루어졌듯이, 창조에서 시각화는 중요한 역할을 한다. 미래를 앞서서 손에 쥐여줄 힘이 있기 때문이다.

그렇다면 창조의 역사에서 '눈의 탄생'에 해당하는 것은 도대체 무엇일까? 미디어의 탄생을 들 수 있다. 문자, 인쇄, 통신, 영상, 인터넷 같은 미디어가 탄생할 때마다 우리의 창조성은 가속됐다. 인쇄 기술의 탄생으로 우리는 멀리까지 정보를 보낼 수 있게 되었다. 영상이 발달한 덕분에 현장감 넘치는 체험을 할 수 있게 되었다. 또한, 인터넷 검색을 통해 지구 반대편에서 일어나는 창조의 케이스 스터디를 바로바로 할 수 있는 시대를 살아가고 있다. 새로운 미디어나 전달법이 탄생할 때마다 창조는 극적으로 진화한다. 이는 창조에서의 캄브리아기 폭발이나 마찬가지다. 디자인 기술이 다채로운 창조성 발휘에 도움을 준 배경에는 구현화 기능뿐 아니라 가시화의 가치가 크게 영향을 미쳤다.

비전—미래를 읽는 법

'저 사람에게는 비전(vision)이 있다'라는 말에서 알 수 있듯 비전이라는 단어는 '미래를 읽는 힘'을 의미한다. 비전이라는 영어 단어에는 '시각'이라는 의미가 있다. 사고의 개념에 시각이라는 명칭을 붙이다니 신기할 따름이다. 이것만 봐도 시각화의 힘이 미래에 강력한 영향을 끼친다는 것을 알 수 있다. 시각화보다 아직 존재하지 않는 대상을 사실감 있게 머릿속에 그려내는 힘이야말로 미래를 향한 창조력의 원천이다. 창조성을 발휘할 때 우리는 만들기도 전에 이미 그것을 상상 속에서 '본다'.

SF의 아버지라 불리는 소설가 쥘 베른은 '인간은 자신이 상상할 수 있는 것은 반드시 실현할 수 있다'라고 말했다.[57] 공상의 가시화와 이야기화는 사고의 현실화를 가속한다. 마치 실제 눈으로 본 것처럼 미래를 떠올리는 시각적인 사고력을 우리는 '상상력(imagination)' 혹은 '비전(vision)'이라고 부른다. 시각적인 사고력이야말로 디자인 영역에서 중요한 한 축을 담당하고 있다.

미래는 언제나 누군가 그 모습을 상상하는 데서부터 시작된다. 성공하는 조직에는 강력한 비전을 지닌 이, 곧 '비저너리(visionary)'가 있다. 이들은 한발 빠르게 프로젝트의 미래 모습을 확신하고 주변 사람의 눈을 틔워준다. 비전은 논리의 집합이 아니라 눈앞에 펼쳐지는 설득력 있는 이미지 형태로 많은 사람의 뇌리에 자리 잡는다. 구체적으로 상상할

그림 16-13 쥘 베른이 그린 알바트로스호. 드론과 구조가 비슷하다

수록 실현에 가까워진다. 이렇듯 시각적인 이미지는 사고의 기준선을 제시한다.

사고 프로세스로서 시각의 의미를 생각해보면 최근 AI 세계에서 일어나고 있는 흥미로운 현상이 떠오른다. 컴퓨터는 논리적 사고를 담당하는 CPU와 영상적 사고를 담당하는 GPU로 구성되어 있는데, 딥러닝 등 최첨단 AI 기술은 CPU보다 GPU로 처리하는 경우가 많다. AI 성능을 비약적으로 향상시킨 딥러닝은 논리적으로 결론을 짓는 AI가 아니라 영상에 변이적인 노이즈를 일으켜 우발적인 데이터 샘플 수를 늘린 뒤 추상적으로 생각하는 AI다. 즉, 현재의 AI는 흐릿한 시각 이미지를 여러 종류 겹쳐서 생각한다고 말할 수 있다.

쥘 베른이 말했듯이 미래를 또렷이 상상하고 상상한 것을 실현하는 힘이야말로 창조 그 자체라고 할 수 있다. 그리고 디자인에는 미래, 상상한 모습을 가시화하는 시각적인 사고력이 깃들어 있다. 그 모습을 수많은 사람이 공유한다면 집단지성이 나타난다. 디자인이 지닌 가시화의 힘으로 상상은 현실이 된다. 그리고 미래의 신화적 상상이 기폭제가 되어 현실이 변화하기 시작한다. 그리고 언젠가 현실이 상상을 앞지르는 날이 찾아오는 것이다.

꿈을 향한 여정을 정밀화하는 기술

상상이나 꿈속에서 미래를 현실감 있게 표현하려면 디테일이 필요하다. 상상 속 그 기술은 어떤 내용을 담고 있으며, 어떤 사회 환경 때문에 만들어졌을까? 거기에 이르기까지 역사는 어떠한 발자취를 남겼을까? 백캐스트를 통해 미래를 이야기할 때는 필연적으로 '해부', '생태', '계통'의 지혜가 활용된다.

어떤 의미에서 백캐스트는 꿈을 실현하는 사고 기술이기도 하다. 미래를 치밀하게 상상하면 꿈은 목표로 바뀐다. 학교에서 장래 희망이 무엇인지 물으면 우리는 야구 선수라든지 과자 가게 주인 등 기호로서의 직업명으로 답해왔다. 그런데 이야기 형태로 꿈을 설명하라고 하면 답하기가 쉽지 않다. 왜 그렇게 결심했으며, 누구에게 무엇을 배워서 그 분야에 통달하려는지, 어떤 경험을 쌓고 결과적으로 어떤 모습을 실현하고 싶은지 세세하게 상상하지 않으면 그려낼 수 없기 때문이다. 이러한 과정은 백캐스트 그 자체다.

먼저 도달하고 싶은 미래에 핀을 꽂아보자. 그리고 그 목표를 '해부'하거나 그 주위의 '생태'를 상상하거나 그 여정의 '계통'을 조사하면서 꿈을 이루기까지의 과정을 정밀히 파악하자. 꿈을 이루는 과정을 자세히 해부해보면 목표를 향한 길을 구체적인 행동에 녹여낼 수 있다. 가까운 미래에 목표를 실현하려면 행동을 바꿔야만 하며, 그 행동을 구체적으로 상상해 나가는 힘은 백캐스트로 길러진다.

신화는 형태를 바꾸어 현실이 된다

고대부터 세계 곳곳에선 수많은 신화가 만들어져왔다. 지금도 남아 있는 신화는 대부분 '옛날 옛적에'로 시작하는 세계 창조에 대한 신화다.

그중에는 예언이나 미래 예측 등 미래에 대한 신화 역시 여럿 존재한다. 그런데 신화 중에는 과거보다도 오히려 미래에 대한 이야기가 많지 않을까? 왜냐하면 인간은 과거보다 미래에 흥미를 지닌 생물이기 때문이다. 그렇다면 현재 남아 있는 신화가 대부분 과거의 이야기인 이유는 무엇일까? 그 이유는 매우 간단하다. 우리는 언제나 미래를 향해 나아가고 있으며 예측했던 미래를 현실이 결국 뛰어넘었기 때문이다.

신화는 영원히 신화로 남아 있지 않고 50년 전 SF영화같이 실현되어 일상이 되거나 노스트라다무스의 예언처럼 틀린 예측이 되어 그 소임을 다한다. 원자력발전의 안전 신화가 한번 깨져버리자 이제 누구도 그 신화를 입에 담지 않는다. 컴퓨터가 인간의 지능을 뛰어넘는 기술적 특이점이 실현되면 우리는 그것을 당연하게 여기며 일상을 살아가게 된다. 이렇게 잊힌 신화가 부지기수일 것이다.

그렇다면 미래를 이야기하는 것은 의미가 없을까? 그렇지 않다. 미래는 언제나 그에 관한 이야기가 먼저 나오고 나서 출현했다. 오히려 과거에 대한 신화보다도 지금은 잊힌 미래에 대한 신화가 우리에게 미래의 전망과 희망을 주었다. 미래에 대한 신화는 우리의 현재를 만들어온 이야기다. 실패를 두려워하지 말고 여러분 자신이 나아가고 싶은 미래를 이야기해보자.

자연선택 희망—미래를 향한 희망이 되는가

과거에 이야기된 미래에 대한 신화는 언제나 현재에 영향을 끼쳤다. 물론 대부분의 꿈은 이루어지지 않으며, 예측은 맞지 않고, 미래는 항상 불확실하다. 그러나 창조적인 사람은 잘못을 받아들이고 '만약 내가 신이었다면' 하고 신화의 시점으로 미래 풍경을 그려본다. 현실의 제약은 일단 옆에 치워두고 스스로 향하고 싶은 미래를 최대한 선명하게 상상하는 힘은 포캐스트 시나리오를 한층 뛰어넘은 미래로 우리를 이끌어 준다.

창조성이 표면에 드러날 때, 우리는 미래를 바라보며 그것을 실현할 여러 방법을 발명해낸다. 그 근저에는 희망이 있다. 포캐스트로 예측한 미래는 희망으로만 가득하지 않다. 최악의 시나리오가 머릿속을 스칠 때도 있다. 그럴 때는 백캐스트를 활용해 안 좋은 시나리오에서 벗어난 밝은 미래를 끌어올 수 있지 않을까? 확실히 결정된 미래 같은 것은 존재하지 않는다. 현재에서 이어지는 미래가 있을 뿐이다. 예측보다 좀 더 나은 미래를 만들어내는 것은 미래를 향한 여정에서 희망을 발견하는 상상력이다.

이 책을 쓴 계기 역시 백캐스트와 관련 있다. 내가 진화사고를 제창한 것은 2015년 ggg에서 개인전을 개최한 시점으로 거슬러 올라간다. 진화사고를 창조성 교육 커리큘럼으로 제공하기 시작한 것은 2018년 6월 '코크리!'의 캠프 워크숍 때가 처음이었다. '코크리!'는 일본 지역 활성화나 사회운동에 참여하는 체인지 메이커들이 모인 열정적인 커뮤니티다. 이 워크숍은 이 책이 만들어지는 데 크나큰 영향을 미쳤다.

이때의 워크숍에서 진화사고에 관해 전반적으로 설명한 뒤 참가자들에게 자신이 그리는 이상적인 백캐스트 미래상을 짧은 소설로 정리해보라고 했다. 나 자신도 100년 이후의 미래로 시간 여행을 떠난 듯한 기분으로 진화사고가 널리 전파된 이후의 모습을 적어봤다. 조금 부끄럽지만, 여기에 그때 작성한 원고를 공유해보고자 한다.

모든 것은 2018년 6월 어느 날 시작되었다.

AI의 등장, 커뮤니티 붕괴, 수많은 사회 문제가 터져 나오던 시기, 어떤 철학을 중심으로 새로운 발명이나 예술 문화, 그리고 커뮤니티의 존재 방식이 전환되기 시작했다. 그 철학이 바로 '진화사고'다.

항해를 통해 세계가 연결되면서 모든 문화가 번성하기 시작한 500년 전 르네상스 시대도 이와 비슷한 시대 감각에서 시작되었을지 모른다. 진화에 대입해보자면 인류 문화사에서의 캄브리아기 대폭발이라고도 할 수 있겠다.

2018년 6월 어느 날, 일본의 작은 이노베이터 커뮤니티 '코크리!'에 모인 이노베이터들이 진화사고의 제창자 다치카와 에이스케로부터 사상을 이어받아 각자의 영역에서 이를 직접 실천하면서 사회를 발전시키는데 반드시 필요한 사회운동이 자연적으로 다수 발생하기 시작했다. ○○에 의한 '미디엄 거버먼트 운동'이나 ○○에 의한 '데이터 유니언(Data Union)' 등이 그때 당시 변화를 일으키는 중요한 개념으로 시작됐다.

'진화사고'라는 개념은 인간과 사회를 진화시키는 기원이자 그 방법론으로 탄생했다. 이 개념은 변화가 필요한 시대에 흐름을 타고 전 세계 이노베이터들 사이에 급속도로 퍼져 나갔다. 진화라는 아날로지가 지닌 개체를 뛰어넘는 염원은 변혁을 일으키려는 사람에게 강렬한 영감을 주었다. 다치카와의 말을 빌리면 진화사고는 '부분 최적화된 세계에서 벗어나 인간의 관념을 진화시키고 인류를 영속시키기 위한' 방법이자 인류 존속을 향한 염원이었다.

이러한 생각은 수많은 사람들을 움직이게 했다. 예술, 과학기술, 문화, 커뮤니티, 사회문제 등 테마를 뛰어넘어 인간과 사회를 진화시키는 활동으로 영역에 구애받지 않는 철학을 실천하기 위해 일본의 외딴섬 아마초에 'EVOLAB'이라는 학교를 만들었다. EVOLAB의 존재는 진화사고의 구심력을 높이는 중요한 계기가 되었다. EVOLAB이 중심이 되어 하버드, 스탠퍼드 및 기업 연합체와의 협업을 바탕으로 MED(Master of Evolutionary Design) 프로그램을 개발해 21세기 대학 교육에 전파했다. 한편, '생태 디자인', '생존 건축', '진화 경영', '진화 정치' 등 현재 당연하게 여겨지는 이데올로기가 여기에서 시작됐다.

또, 2045년 인간과 AI 사이를 조정하는 프로토콜인 EEE(EVOLUTION EXPLANATION ETHICS)를 EVOLAB에서 만들어냈다. 컴퓨터와 인간의 지성이 공생하고 아이큐 300이 평균적인 지성이 된 현재의 모습 역시 진화사고의 강력한 영향을 받은 것이다(※지금으로서는 믿기 힘들지만, 그전까지 인간의 아이큐는 100을 평균 수치로 산출했다).

100년 전 작은 커뮤니티에서 시작된 운동이 어떻게 현대 사회에 크나큰 영향을 미치게 되었을까? 2118년, 진화사고 탄생 100주년을 기념하여 열린 이 전시를 통해 지금까지도 살아 있는 진화사고의 철학을 바탕으로 미래의 진화를 만들어내는 도전자가 나타나기를 바라 마지않는다.

2118년 스미스소니언박물관 관장 조지 미야모토

위 원고는 진화사고 워크숍이 이루어진 날에서 100년이 지난 뒤 뉴욕에서 열린 '진화사고 전람회' 회장에 걸어둘 서문을 적어본 픽션이다.

바람을 아무렇게나 적은 시시한 내용이라 조금 부끄럽지만, 이렇게 이상적인 미래를 그려보면 그에 가까워질 방법을 떠올릴 용기가 생겨난다. 이 워크숍에서는 참가자 전원이 나처럼 짧은 백캐스트 시나리오를 작성했다.

참가자 중 아마초에서 찾아온 아베 히로시와 에이지출판사의 하라다 에이지가 있었는데, 그들의 이야기를 듣고 아마초에 세상을 향한 지혜를 전파할 새로운 출판사를 세워 진화사고에 관한 책을 출판하고 싶다(!)는 구상이 떠올랐다. 그리고 아베가 출판사 '아마노카제'를 설립하면서 아마노카제의 소중한 첫 번째 책으로 이 책이 세상에 나오게 된 것이다.

이렇듯 백캐스트는 희망을 구체적인 시나리오로 적어봄으로써 현실에 영향을 미친다. 픽션에 그칠지도 모르지만, 시나리오를 쓰며 다짐한 자신의 변화와 그것을 받아들인 사람들의 공감으로 미래에 변화가 찾아오기도 한다. 시나리오는 몇 번이고 고칠 수 있으니 자신이 바라는 시나리오를 찾아낼 때까지 몇 번이고 다시 상상해보자.

시나리오를 통해 명확화된 미래의 모습은 여러분이 목표에 가까워지기 위한 무기가 된다. 포캐스트로 본 미래는 반드시 밝지만은 않다. 그러니만큼 희망에 가까워지기 위해 겁내지 말고 백캐스트를 활용해 꿈을 그려내는 힘을 지니길 바란다. 꿈과 목표를 바탕으로 현실을 생각하는 백캐스트의 뛰어난 점은 바로 풍경을 상상하는 것만으로 그 장소까지 이끌어줄 계단을 의식하게 만든다는 것이다. 부끄러움을 극복하고 반드시 자신만의 이야기를 적어보기 바란다. '공상만 하지 말고 현실을 직시하라'라고들 이야기하지만, 꿈을 노래하는 사람만이 꿈에 도달할 구체적인 단계를 그려낼 수 있으며 이를 현실로 만들기 위해 한 발짝 내디딜 수 있다.

진화워크 48 — 백캐스트 60분

이제 직접 백캐스트를 해보자. 먼저 희망적인 미래를 상상하며 거기에 이르기까지의 이야기를 짧은 소설처럼 써보자. 창조적인 아이디어를 실현하려면 비전을 명확하게 그려내는 것이 도움이 된다. 창조를 통해 실현하려는 미래는 어떤 모습인가? 황당무계해도 상관없으니 이상적인 미래의 상황을 상상하며 희망적인 미래를 그려보길 바란다. 미래인이 된 느낌으로 1000자 정도의 짧은 글로 정리해보자.

백캐스트 시나리오

1. '2XXX년'이라고 명확한 연도를 설정해 현재 참여하는 활동이 최대한 성공한 미래를 가능한 한 자세하게 상상해보자.

2. 이때 자신의 프로젝트가 예상할 수 없을 정도로 큰 성공을 거두었다고 생각하자. 이러한 성공은 어떤 이야기를 만들어낼까? 그 시대의 미래인을 주어로 500~1000자가량의 짧은 글을 써보자.

자연선택 체크리스트

창조와 자연을 둘러싼 관계는 매우 복잡하다. 그러나 생물학적 수단에 기초한 시공간 학습의 네 가지 관점으로 관찰하는 방법을 이해한다면 시간적·공간적으로 펼쳐지는 복잡한 관계를 간단하게 다룰 수 있다.

네 가지 관점에서 발견할 수 있는 것은 진화와 창조를 가꿔주는 다양한 자연선택 목록이다. 창조의 수준을 높이고 더 나은 방향을 모색할 때 무엇이 필요한지는 자연선택이 알려준다. 지금까지의 논의에서 나타난 자연선택 체크리스트를 뒤에 정리해두었으니 여러분의 아이디어와 대조해보면서 복습하자. 좋은 아이디어인지 확신이 없거나 콘셉트가 애매하다고 느껴질 때는 언제나 이 체크리스트로 돌아오자.

여기에서 말하는 선택압력은 진화와 창조가 공유하는 본질적인 의문이다. 생물의 진화에서는 자연선택압력이 계속 발생해왔는데, 과연 현재 우리의 창조는 이에 제대로 응답하고 있을까? 그 대답은 안타깝게도 '아니요'다. 경험해온 바에 따르면 현대의 창조는 대부분 시장경제에서 승리하는 것으로 그 목적을 축소하고 있다.

이 때문에 생산 과정에서 발생하는 피해는 신경 쓰지 않고 폐기된 이후 생태계에 미치는 영향도 못 본 체하며 눈앞의 실적만 중시하고 암울한 미래에는 눈을 감는다. 이러한 창조가 축적되면 결과적으로 사회에 크나큰 왜곡을 불러오게 된다.

갑작스럽지만 이 책의 서문에서 던진 질문을 떠올려보자. '자연이 창조를 더 잘하는 이유'는 무엇일까? 슬슬 이 질문에 대한 답을 내놓을 수 있을 듯하다. 인간이 무언가를 만들 때 당연히 발생할 자연선택압력을 무시하면 창조의 질은 필연적으로 낮아진다. 인공물의 창조보다도 자연계의 진화 쪽이 훨씬 강력한 자연선택압력에 오랜 세월에 걸쳐 적응해왔다. 이 차이가 생물과 인공물 사이에 존재하는 디자인 수준의 결정적인 차이를 불러왔다. 우리가 자연보다 창조에 서툰 이유는 근본적으로 던져야 하는 질문을 축소하기 때문이다. 본질로 돌아가 몇 번이고 다시 만드는 과정을 반복해야 하는데 이를 회피해온 것이다.

창조성을 발휘하기 위해서는 미래와 생태계를 위해 창조하려는 문제의 본질을 갱신하는 것이 중요하다. 개체로서의 우리가 창조에 투입할 수 있는 시간도, 우리가 기대고 있는 생태계도 유한하다. 조금이나

마 더 사려 깊게 행동하기 위해서 창조성을 향한 질문으로 생명이 지닌 자연선택의 체크리스트를 가슴 깊이 새겨두자.

다음 체크리스트는 생물의 진화를 이끈 적응으로 향하는 선택압력을 창조성에 응용하기 위해 추상화한 것으로, 진화사고 시공간 학습의 네 가지 관점에서 뽑아본 것이다. 우연히도 선택압력에 살아남은 변이가 생명의 역사 속에서 오랜 시간 살아남았다. 인공물의 창조나 이노베이션에도 선택압력은 자연발생한다는 공통점이 있다. 변화하는 시대 속에서도 살아남을 창조물을 만들기 위해 명심해야 할 본질적인 관점이다.

해부[내부]

- ☐ 장력 — 관계와 형태가 일치하는가?
- ☐ 최적화 — 군더더기는 없는가?
- ☐ 생산성 — 효율적으로 실현되는가?

계통[과거]

- ☐ 교배 — 실패를 반복하지 않는가?
- ☐ 유지 — 변하지 않는 염원을 이어받았는가?

생태[외부]

- ☐ 성 도태 — 매력으로 경쟁에서 이길 수 있는가?

☐ 자원 — 지속가능한가?

☐ 천적 — 쉽게 파괴되지 않는가?

☐ 붉은 여왕 가설 — 더 빠르게 진화할 수 있는가?

☐ 생태계 변화 — 변화를 반영하는가?

☐ 기생 — 적에게 간파당하지 않는가?

☐ 무리 — 목적을 공유하는가?

☐ 니치 — 상황을 충분히 활용하는가?

☐ 공생 — 일체감을 형성하는가?

☐ 월경 — 영역을 넘어 연결되는가?

☐ 허브 — 구심력이 있는가?

예측[미래]

☐ 회피 — 나쁜 예측을 회피하는가?

☐ 희망 — 미래를 향한 희망이 되는가?

선택 정리

생물의 진화에서도 인간의 창조에서도 모든 사물의 주변에는 필연적인 이유(WHY)가 자연발생한다. 오랜 시간 살아남는 것은 우연의 산물이든 제작자가 의도한 바이든 우연적인 변이와 필연적인 선택이 충분히 왕복한 후에 마치 처음부터 수많은 목적을 달성하는 것이 목표였던 것처럼 최적화된 형태로 수렴한다. 어느 쪽이든 마찬가지다. 누구를 위해 어떠한 도움을 주는가? 어째서 등장할 필요가 있었나? 무엇을 전달하려 했나? 선택압력을 파악하다 보면 적응적인 방향성과 반드시 마주치게 된다. 이러한 적응의 방향을 읽어내는 감수성은 창조의 앞길을 비추는 눈이 된다. 선택압력을 몇 번이고 직면한 변화에는 의도하지 않았더라도 마치 의도한 것처럼 지혜가 자연적으로 발생한다.

자연선택압력을 파악하는 감수성은 누구나 갖고 있으며 단련할 수 있다. '해부', '계통', '생태', '예측'에 집약된 시공간 학습은 이를 익히는 데 필요한 본질적인 관점을 담고 있다. 감수성을 활용해 우리는 사물에 담긴 진의를 파악하고 가치를 판단할 수 있다. 예를 들어, 같은 음식이라도 정성껏 만들었는지 아닌지 무의식적으로 느낀 적이 있을 것이다. 같은 분량의 거의 똑같은 재료를 써서 얼추 비슷한 방법으로 만들었는데도 주관적으로 느껴지는 결과가 전혀 다른 이유는 우리가 영양 성분 등 수치화할 수 있는 정보만으로 가치를 판단하지 않으며, 보이지 않는 관계성을 파악한 뒤 얼마만큼의 선택압력을 이겨냈는지까지를 판단해 가치를 인식하기 때문이다.

자연선택압력을 간파하는 눈은 창조성과 직결된다. 창조를 둘러싼 관계성이 명확해지고 나서야 비로소 의도를 달성하기 위한 형태가 자연스레 완성된다. 관계성이 적응에 딱 들어맞는 디자인의 보조선을 보여주는 것이다. 사회는 이러한 의도가 결합해 공간적·시간적으로 퍼져나가는 거대한 그물 같은 네트워크를 형성하고 있다. 이 그물이 복잡하게 얽혀 서로를 잡아당기는 상황을 떠올려보자. 적응의 인력으로 그 상황에 어울리는 디자인이 형성되는데, 시간과 공간에 흐르는 관계를 관찰하는 감수성을 기르지 않는다면 인간은 이러한 WHY의 흐름을 제대로 관찰할 수 없다.

창조는 WHY를 탐구하는 과정이기도 하다. 적응이 향하는 방향과 현실의 차이가 크다면 그 간극을 메꿀 창조를 만들어내는 순풍 같은 힘이 작용한다. 이 힘은 새로운 것을 창조해내는 힘인 동시에 창조의 생명줄 역할을 한다. 들리지 않는 목소리에 귀 기울인 누군가에 의해 관계 속에 잠겨 있던 이야기가 수면 위로 떠오르면 공감이 창조를 전파한다. 전례 없는 새로운 방법에 도전하더라도 언제나 적응적인 선택압력의 방향에 주의를 기울인다면 큰 실패는 하지 않을 것이다. 본질만 잃지 않는다면 얼마든지 변해도 좋다.

모든 발상은 진화가 자연발생하는 것처럼 세상에 나타난다. 사물에 숨겨져 있는 들리지 않는 목소리에 귀 기울이듯 보이지 않는 관계를 읽어내 자연선택에 의한 적응의 향방을 명확하게 파악하자. 시간·공간상의 관계에 녹아 있는 숨겨진 방향성을 잡아내는 힘은 새로운 창조를 미래 세계에 적응시키는 실마리가 된다.

관찰은 사랑이다

자연선택을 향한 긴 여정은 여기까지다. 서장에서 제시한 질문으로 돌아가보자. '관계'를 어떻게 받아들일 것인가? 이에 답하기는 쉽지 않지만, 지금까지 탐구한 시공간 학습이 그 의문에 파고들 기준선을 제시해 줄 것이다. 관계는 내부 구조에서 외부 생태계까지 공간적으로 퍼져 나가며 동시에 과거에서 현재, 미래까지 시간적으로도 이어진다. 시공간 학습에서 탐구한 보이지 않는 관계의 연결이 그 대상을 자연선택하며 나아가 형태나 기능으로 승화한다. 이렇게 자연발생하는 관계성을 성실히 관찰하는 자세는 서서히 애정이라고 부르는 것과 닮아간다. 애정이란 시공간이 퍼져 나가면서 적응이 이상적인 모습을 찾아가는 과정일지도 모른다.

해부적으로 내부를 철저히 파악해 가능성을 살펴보는 관찰은 '이해'다.
계통적으로 과거로부터의 흐름을 따라 염원을 받드는 관찰은 '경의'다.
생태적으로 상대의 관점에 공명하는 관찰은 '공감'이다.
미래 지구와 인류를 사랑하는 관찰은 '희망'이다.

구석까지 미치는 세세한 배려, 과거에서 현재까지의 관계를 향한 경의, 상대방에 대한 정, 미래에의 희망. 이러한 관찰의 감수성은 창조 과정에서뿐만 아니라 인간을 연결하고 협력을 통해 무언가를 완수하는 집단지성을 위해서도 빼놓을 수 없는 능력이다.

프레데릭 라루는 수많은 조직을 관찰하면서 경영자가 없는 생명체 같은 새로운 회사의 형태로서 '틸 조직'을 제창했다.[58] 내가 이해하기로는, 상하관계에 의한 지시 체계 대신 그 조직이 처음부터 지닌 '진화하기 위한 목적(evolutionary purpose)'을 구성원이 서로 비교하며 임하다 보면 자율적인 조직 운영이 가능하다는 내용이다.

우리는 각자 다른 생각을 하고 있는데, 이를 하나로 묶기는 어렵다. 방향성 없는 단체는 우매한 집단으로 전락하기 쉽다. 집단지성이 나타나려면 사랑과 공감을 이끄는 적응의 방향성을 자율적으로 관찰하고 선택해야만 한다. 적응의 방향이 공감을 얻었을 때 집단지성이 생긴다. 자율적 발상의 공유가 공동으로 창조하기 위한 심리적 안전성을 높인다. 시간과 공간 구석구석을 향한 자애로운 관점을 잃지 않은 채 선택의 방향성을 확립해 나가자.

변이와 자연선택을 반복하며 수렴한 뒤에는 창조의 탄생이 기다리고 있다. 선택의 방향성이 드러나 그에 적합한 변이가 나타나면 다시 방향성이 등장하며 새로운 이름이 붙는다. 바로 콘셉트의 탄생이다. 콘셉트는 매일같이 나타났다가 거품처럼 사라진다. 하지만 끈기 있는 사고에서 나온 콘셉트는 시대의 공감을 얻으며 때로 사회를 바꾸기도 한다.

아이폰에 융합된 도구들(INTEGRATION): ggg 기획전 〈NOSIGNER Reason behind forms〉

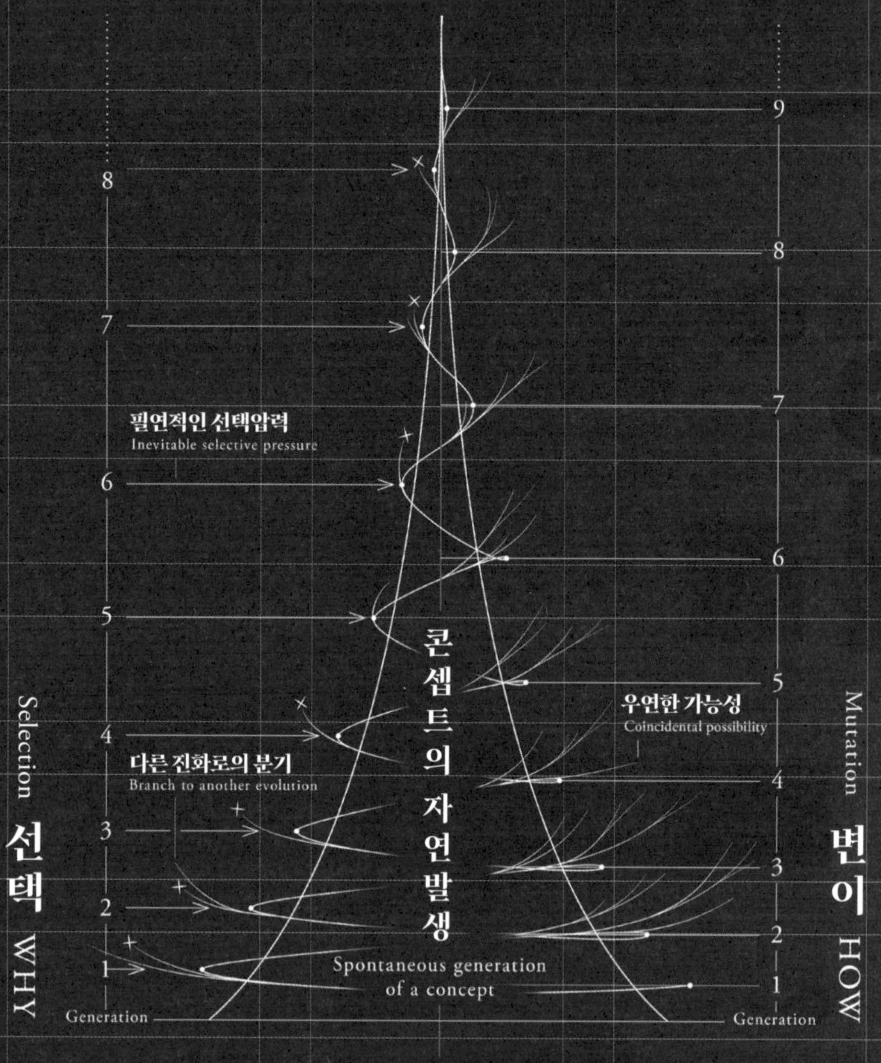

진화사고

EVOLUTIONAL CREATIVITY

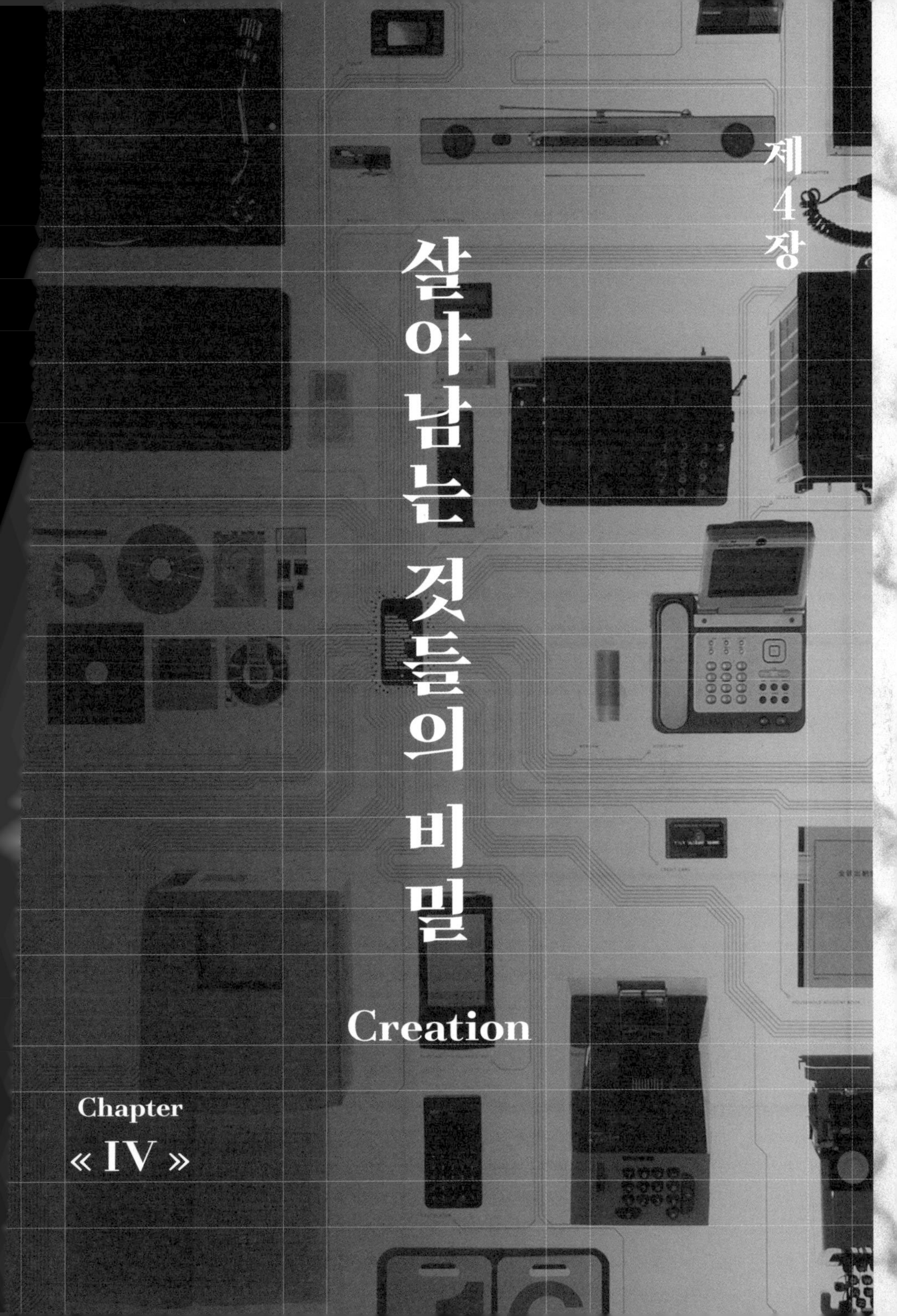

제4장

살아남는 것들의 비밀

Creation

Chapter
« IV »

우연과 필연의 만남

우주 안에 존재하는 것은 모두 우연과 필연의 열매다.

— 데모크리토스[59)]

좌뇌와 우뇌, 바보와 천재, 경험과 관찰, 수단과 목적, 야성과 이성……. 창조성은 이러한 변이의 사고와 선택의 사고라는 이항대립 사이에서 자연발생한다. 생물은 '우연한 도전'과 '필연적인 자연선택'이 반복되면서 진화해왔다. 창조에서도 변이의 사고는 단순한 에러일 뿐이며, 에러가 필연성으로 선택되어야만 비로소 창조가 이뤄진다. 반대로 선택의 사고만으로는 기존 물건을 변화시키지 못하므로 창조가 이루어지지 않는다. 즉, 어느 한 가지 사고만으로는 창조를 이뤄낼 수 없다. 우연한 변이와 필연적인 선택이 반복되면 마치 자전거가 굴러가듯 창조는 진화하기 시작한다. 그리고 이 왕복 운동이 수렴하면서 아름다운 디자인이 자연발생한다.

생물의 진화가 누구의 의도도 개입되지 않은 우연한 변이와 자연선택의 반복으로 발생했듯, 진화사고에서는 창조 역시 우발적인 현상이라고 본다. 실제로 창조는 의도만으로는 이뤄지지 않으며, 반대로 의도하지 않더라도 우연히 나타나기도 한다. 우리는 스스로 생각하는 것만큼 의도적으로 물건을 창조하지 않는다.

'어떻게 할 수 있는가(HOW)'를 계속 시도해보는 우발적인 변이와 '왜 그런가(WHY)'에 근거한 필연적인 선택을 왕복하는 진화 과정이 몇 번이고 반복되다 보면 자연스레 압력이 발생해 콘셉트라는 형태가 나타난다. 극단적으로 말하면 자연물, 인공물에 상관없이 지구 역사상 모든 창조는 이런 과정의 반복이라고 생각한다.

창조가 설령 우연의 산물이라고 해도 우리는 의식적으로 그 발생률을 높일 수 있다. 극단적인 방법(변이≒HOW)을 무수히 창출하는 동시에 적응적인 방향(선택≒WHY)을 관찰하면서, 근본적인 기준을 바탕으로 수많은 변이 중 일부를 선택해 나가며 끈질기게 왕복하면서 양립하는 지점을 찾아내는 것이 그 열쇠다. 계속 열쇠에 비유해보면, 다른 모양의 열쇠를 끝없이 만드는 과정과 단 하나의 열쇠 구멍을 막은 장애물을 치워가는 과정이 연결되었을 때 비로소 창조의 문이 열린다.

20세기 일본을 대표하는 자연과학자인 미나카타 구마구스는 밀교 만다라에 강한 영향을 받아 인간계에 영향을 주는 모든 사상은 마음(心)과 사물(物)이라는 상이한 개념 사이에 생겨나는 일(事)에 의해 만들어진다고 설명했다. 미나카타가 말하는 '마음'이 자애로 가득한 '선택'이고, '사물'이 구체적인 도전으로서의 '변이'라고 생각하면 미나카타 역시 진화사고와 비슷한 창조성을 주장했다고 볼 수 있다.

변이와 선택은 완전히 다른 프로세스이기에 자석이 서로 밀어내듯 완전히 일치하는 일이 없다. 그러나 이를 가까이 붙여보면 사소한 공통

항목에서 거리가 가까워지면서 통합되기도 한다.

이렇게 두 가지 관점을 합치려 할수록 창조성은 커진다. 이는 한 쌍의 남녀가 왈츠를 추는 것과 비슷하다. 왈츠를 막 배우기 시작했을 때는 호흡이 맞지 않아 동작이 엉망이지만 반복해서 연습하다 보면 마치 둘이 한 몸이 된 것처럼 동기화 상태를 향해 다듬어진다. 창조도 이와 마찬가지로 변이와 적응을 왕복함으로써 일체화되어간다. 나아가 창조는 성장한다. 이는 실수를 반복하던 갓난아기가 시간이 흐르면서 훌륭히 성장해 어른이 되는 과정과 닮았다. 변이의 사고와 선택의 사고를 반복하다 보면 처음에는 우연에 지나지 않았던 아이디어가 서서히 필연적인 이유를 갖추게 되고, 결국 흔들림 없는 강력한 사고의 결정체로 자라난다.

이것이 바로 창조라는 현상이다. 완성된 창조는 완벽한 논리의 결정체처럼 보일지도 모른다. 그러나 이 역시 완벽하지는 않다. 사회는 변화하고 새로운 물건은 계속 등장한다. 반드시 기억해야 할 점은 이 과정에서는 기존 사고방식을 의심하며 우발적인 변이에 도전하는 동시에 새로운 시선으로 관찰하며 선택해 나가야만 비로소 새로운 창조의 씨앗이 태어난다는 사실이다.

다양한 사고법을 시도하는 사람들이 자주 하는 고민이 있다. 메모지에 셀 수 없이 많은 아이디어를 끊임없이 적어낼 수는 있지만 최종적으로 아이디어를 추려내기가 어렵다는 것이다. 발상을 추려내려면 자연선택압력을 이해할 필요가 있다. 추려내기 어렵기 때문에 마음먹고 발상하기도 힘들다. 결과적으로 철저하게 선택하다 보면 반드시 나타나는 아름다움을 경시하게 된다. 이런 태도 때문에 창조성이 열매를 맺지 못하는 것이다. 새로운 발상이 나타나 적절한 것을 선택하는 것은 어렵지 않다. 자연선택 체크리스트를 돌아보며 적응으로 향해가는 선택압력을 관찰하는 습관을 들이자. 시공간 학습의 네 가지 기준에 따라 발상을 자세히 평가하다 보면 창조성의 강도는 확실히 높아진다. 창조라는 우연과 필연의 일치를 목표로 할 때, 터무니없는 기분이 들거나 곤란함을 느끼기도 할 것이다. 그럴 때는 '우연한 변이의 패턴'과 '필연적 선택의 관찰법'을 떠올리기 바란다.

이들 관점을 동시에 떠올리려면 연습이 필요하다. 이때 도움이 되도록 보편적인 관점에서 본질만 추출해 높은 창조성을 발휘하는 데 필요한 다섯 가지 원칙을 정리해보았다. 5원칙을 열심히 반복하면 창조성의 질은 반드시 높아진다. 기준이 상당히 높이 설정되어 있어서 이것을 지키는 것도 상당히 힘들 테지만, 머리 한구석에서 의식하는 것만으로

창조성의 5원칙

변이 — 명확하고 비상식적인 도전을 반복하는가?

해부 — 단순하며 낭비도 흔들림도 없는가?

계통 — 과거로부터의 염원을 이어받았는가?

생태 — 인간과 자연 간 아름다운 관계를 형성하는가?

예측 — 현재를 변화시키고 미래에 희망을 주는가?

도 떠오르는 형태의 수준이 전혀 달라질 것이다. 몇 번이고 본질로 돌아가 우연한 변이와 필연적인 선택을 끊임없이 왕복하자.

우연의 힘, 필연의 사랑

> 힘없는 정의는 무력하고, 정의 없는 힘은 폭력이다. 힘없는 정의는 반대당한다. 왜냐하면 언제나 악한 자들이 있기 때문이다. 정의 없는 힘은 비난받는다. 따라서 정의와 힘을 함께 겸비해야만 한다.
>
> — 블레즈 파스칼[60]

> 사랑 없는 힘은 무모하며 폭력적이고, 힘없는 사랑은 감상적이며 약하다.
>
> — 마틴 루서 킹[61]

파스칼과 킹 목사의 이야기는 변이와 선택으로 향하는 창조적인 마음의 자세를 떠올리게 한다. 사려 깊음에는 사랑이 담겨 있다. 상황에 적응한 선택을 탐구하기에 앞서 상대방을 향한 배려 담긴 사랑이 존재해야 한다. 적합한 선택을 탐구하는 과정은 사람과 물건을 향한 모성적인 애정의 표현과 유사하다. 완전히 새로운 도전으로 내모는 우연한 아이디어는 마치 지렛대처럼 힘을 만들어낸다. 다시 말해, 변이는 부성적인 힘을 상징하는 듯하다.

사랑과 정의를 지향하는 선택의 사고와 새로운 힘을 나타내는 변이의 사고. 변이와 자연선택이 진화를 일으켰듯 사랑과 힘 두 가지가 모여 비로소 가치가 생기는 현상은 모든 창조에서 공통으로 발견할 수 있다. 환경오염이나 차별 같은 문제에 얼마나 가슴앓이를 하든 해결책을 제시할 힘이 없다면 변화는 일어나지 않는다.

발상하는 힘이 있더라도 잘못된 방향으로 사용하면 많은 사람을 희생시키는 폭력적인 물건이 탄생할 뿐이다. 세상의 흐름을 뿌리부터 바꿔버린 현재 컴퓨터의 기본형을 발명한 폰 노이만은 히로시마와 나가사키를 한순간에 태워버리며 21만 명이 넘는 사람들의 생명을 앗아간 원자폭탄 개발에 참여한 과학자 중 한 명이기도 하다. 현재 컴퓨터 프로세서는 멈출 줄 모르고 늘어나고 있지만, 핵무기는 1968년부터 확산금지 대상이 되어 축소하는 것이 국제 사회의 공동 목표다. 이런 대비는 창조성을 둘러싼 사랑과 힘의 균형이 장기적인 관점에서 세상에 어떠한 영향을 주는지 보여주는 사례다. 창조성은 인간에게 새로운 희망과 가능성의 문을 열어주는 한편 미래를 파괴하는 판도라의 상자를 열어버리기도 한다. 우리가 창조할 때 깊이 생각하고 행동했는지 아닌지는 미래가 알려줄 것이다.

필연을 목표로 하는 사랑과 우연을 일으키는 힘이 융합하면 새로운 콘셉트가 나타난다. 이 책의 서장에서 던졌던 질문을 떠올려보자. '진정 만들어야 하는 것'은 무엇인가? 이 질문의 답은 하나가 아니다. 내 경우, 항상 '애정 어린 선택과 변이의 힘을 겸비한 디자인에의 도전'이 지침이 되어주었다. 기도라고 해도 좋을 것이다. 이 둘을 양립시키기란 쉬운 일이 아니지만, 그것이 이루어진 순간, 창조성은 숨겨놓은 본래의 힘을 발휘해 때로 시대는 물론 사회까지도 바꿔버린다.

콘셉트의 수정

애당초 콘셉트란 무엇인가? 콘셉트는 창조하는 과정에서 우리가 자주 사용하는 단어다. 영어에 콘셉션(Conception)이라는 단어가 있다. 글자 그대로 콘셉트, 구상이라는 의미로도 쓰이지만, 이 단어에는 다른 의미도 있다. 바로 수정(受精)이다. 이 의미를 알게 되었을 때, 나는 탄성을 질렀다. 이처럼 '수정'과 '콘셉트'는 깊은 의미에서 유사성이 있다.

변이와 선택에 의한 진화사고의 구조는 실제로 생물의 수정 프로세스와 비슷한 부분이 있다. 다양한 변이를 보이는 수컷의 수많은 정자와 적응적인 유전자를 지닌 암컷의 난자가 만나 수태(conception)가 이뤄진다. 이때, 하나의 난자를 향해 2억~3억 마리나 되는 정자가 경쟁에 나서 수정되는 수적 불균형이 나타난다. 다양한 변이와 본질적인 선택압력은 각각 정자와 난자에 빗댈 수 있다. 이들이 결합하는 창조 프로세스는 수억 개나 되는 정자에 해당하는 변이적 도전을 겪어내고, 하나의 난자에 해당하는 근원적인 자연선택압력을 이겨내며 이뤄지는 교배를 통해 여러 차례 일치가 반복되며 도달하는 과정이다.

생식은 불가사의한 현상이다. 자연계에 최초로 등장한 생물은 성별이 없는, 어떤 의미에서는 암컷밖에 존재하지 않는 무성생식 생물이었다. 수컷은 그보다 훨씬 뒤, 유성생식을 획득하고 나서야 출현했다. 수컷과 암컷이 각각 있어야만 생식할 수 있으며 암컷만이 아이를 낳는 유성생식 구조는 일견 비효율적이다. 한 마리로는 생식할 수 없어서 상대방을 찾아야만 하고, 짝으로 선택받지 못하면 자손을 남길 수 없다. 게다가 암컷이 두 마리를 낳지 않으면 평균 개체수가 줄어든다. 개체수를 늘리려는 관점에서 유성생식은 매우 불합리한 구조다. 그렇다면 어째서 수컷이 필요해진 걸까?

이처럼 불합리한 유성생식이 수없이 이루어지는 이유는 단점뿐만 아니라 장점도 있기 때문이다. 무성생식으로는 자신과 같은 유전자를 지닌 복제만을 만들 뿐이다. 이 경우, 변이는 복제 에러에 의해서만 이루어진다. 따라서 단기간에 잇달아 분열하는 미생물 같은 생물이 아닌 한 진화하기 힘들다. 그러나 유성생식을 통해서는 새로운 유전자 조합을 만들 수 있으며 환경이나 병원균의 변화에 대응해 진화하기 쉽다. 즉, 유성생식은 변화에 적응할 수 있도록 진화를 가속하는 성질로 작용했다.

유성생식이란 안정적인 자연선택의 결과를 상징하는 난자와 무수한 변이를 담은 정자가 결합하는 구조이자 상대방을 선별하는 프로세스를 통해 무수한 조합을 만들어내는 시스템이다. 즉, 유성생식은 변이하기 위해 진화 속에 추가된 기능이라고 이해할 수 있다. 한편, 창조 프로세스에서 나타나는 콘셉트 역시 모성이나 부성과 비슷한 두 가지 방향성이 존재하는 것처럼 보인다. 필연성을 통해 '왜 그렇게 해야 하는가(WHY)'에 대한 답을 도출하려는 선택의 사고는 그 과정에 주변과 내부를 향한 배려나 과거에 대한 경의 등의 애정을 품고 있다. 선조와 이웃을 향한 애정, 어린이에게 잠재된 가능성에 대한 기대 같은 모성애다. 한편 '어떻게 변화할 수 있는가(HOW)'를 탐구하는 변이 사고는 일단 해보자는 도전 정신을 고취하며 새로운 가능성을 탐구해서 제시하는 부성적인 심리와 유사하다. 그리고 이 두 가지가 일치할 때, 비로소 살아남는 차세대 창조가 등장한다.

변이와 선택의 왕복을 통해 만들어내려는 것은 오랜 시간 살아남는

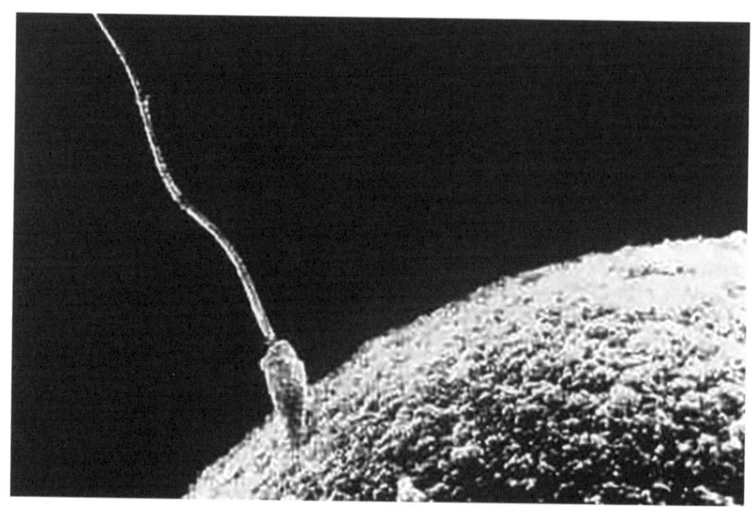

그림 17-1 정자와 난자의 수정은 콘셉트의 탄생과 닮은꼴이다

강력한 콘셉트다. 선택압력을 견뎌낸 발상은 깊은 적응과 강력한 아이디어를 겸비했다고 할 수 있다. 하지만 새로운 발상은 전례가 없는 만큼, 타인에게 그 의미를 원만하게 전달할 수 있는 표현이 세상에 아직 존재하지 않는다. 이 지점에서 새로운 개념에 전달되기 쉬운 이름을 붙이는 과정이 필요해진다. 아이에게 이름을 붙여주는 것이나 마찬가지다. 이러한 모습에서도 창조는 출산, 육아와 닮았다. WHY와 HOW. 모성과 부성. 이러한 두 가지 사고 사이에 마치 난자와 정자가 만나듯 새로운 콘셉트가 발생한다. 창조가 태어나는 순간, 우리는 신비한 현상을 체험하는 것인지도 모른다.

왕복과 수렴

변이에 해당하는 극단적인 우연성의 광기를 유지하면서 동시에 선택압력을 견디는 필연성을 갖춘 것. 광기와 진심이 양립한 가설. 이 양립을 발견하는 것 자체가 창조적인 콘셉트의 새싹이 된다. 이러한 일치를 목표로 하는 프로세스에 의해 아이디어는 수렴된다.

우연과 필연을 양립하려면 우선 언어나 디자인의 힘을 빌려 몇 번이고 구체적인 가설을 세워보자. 먼저 관찰을 바탕으로 선택의 사고를 하며 상황이 향하는 필연성(WHY)을 이끌고, 그 방향성을 나타내는 비전을 언어로 나타내보자. 또, 광기 어린 우연한 아이디어(HOW)를 변이의 사고에서 만들어내 그 신선함이 전해질 만한 이름이나 디자인을 부여하자.

콘셉트를 생각할 때 하나의 갖춰진 완성품을 떠올리려 하지 말자. 우선 WHY와 HOW 두 종류의 거칠고 가설적인 콘셉트를 떠올린 뒤, 그 둘을 양립하는 왕복적인 현상으로 이해하면 생각하기가 더 쉬워질 것이다. 우연의 가능성과 필연적 이유가 처음부터 일치하는 일은 거의 없다. 나아가 완벽한 일치란 존재하지 않는다.

거칠어도 상관없다. 창조 초반에는 주저하지 말고 후보가 될 이름과 디자인을 몇 개든 만들어보자. 희미하고 추상적인 개념에서 거칠고 구체적인 것으로 전환되면 객관적으로 관찰할 수 있게 된다. 관찰을 바탕으로 바람직한 성질은 다음 창조로 유전시키고 불합리한 성질은 도태시키는 선택을 거듭하고, 나아가 반복적인 변이를 통해 다양한 발상을 만들어내자. 이런 과정을 여러 세대 거치면 WHY와 HOW는 자연스럽게 서서히 일치하게 된다.

WHY 콘셉트

선택의 사고로 연결성을 파악하면 내재된 자연발생적인 염원과 마주하게 된다.

'해부'로 내부의 구조를 꼼꼼히 살펴보면 아름답고 효율적으로 변화할 가능성이 보인다.

'계통'으로 과거로부터의 문맥에 파고들면 오랜 시간 변치 않은 인류의 염원을 깨닫게 된다.

'생태'적인 연결을 읽어내면 그 연결망을 통해 인간, 자연과의 공감을 받아들이게 된다.

'예측'적인 미래 예지로 부정적인 미래를 회피하려는 사명감, 미래를 향한 희망을 느낄 수 있다.

'염원'이라고 부르는 의식의 총체는 구체적인 누군가의 목소리가 아니라, 이미 존재하는 적응 관계에서 자연적으로 발생하기를 기다리는 소리 없는 아우성이다. 이러한 자연발생적인 염원은 창조가 강력한 공감을 받으며 전파되는 데 큰 도움이 된다.

무언가를 만들기 전부터 이미 그 주변에는 시간적·공간적인 흐름이 존재한다. 선택압력이 흐르는 방향성에 명확한 이름을 붙이면 수많은 사람이 다룰 수 있게 된다. 예를 들어, 나이키의 브랜드 콘셉트는 '저스트 두 잇(Just Do It)'이다. 이는 스포츠에서 한계에 도전하는 수많은 이들을 응원하는 마음을 담은 WHY의 콘셉트다. 이러한 이름에는 '남녀평등'이나 '에콜로지'같이 사회운동의 기치가 되는 단어가 있는가 하면 '저스트 두 잇'이나 '싱크 디퍼런트(Think different)'처럼 많은 이를 격려하는 표현도 있다. 절대 변하지 않는 인류의 염원과 관계 속에서의 보편적인 염원을 새로운 단어로 엮어 나갈 수 있다면, 그 콘셉트는 인간과 인간을 연결해주는 방향성을 만들어낼 것이다.

진화워크 49 — WHY(선택)의 콘셉트-보편적인 염원 30분

더욱 사려 깊게 행동하려는 선언으로서 수많은 이들과 열정을 갖고 공유할 수 있는 콘셉트를 생각해보자. 우선, '선택'의 진화워크에서 살펴본 네 가지 관점을 떠올려보자. 이미 이러한 관계성 속에 자연발생하려는 단어가 있을 것이다.

해부: 내부의 가능성
생태: 타자와의 연결
계통: 과거로부터의 유지
예측: 미래의 고통과 희망

이러한 관계에서 자연스레 떠오르는 염원을 누군가와 깊이 공유하기 위한 표현이 필요하다. 애정 가득한 시선을 보여주는 WHY의 콘셉트를 생각해보자. 진정 염원해야 할 것은 무엇인가? 20자 이내, 가능하다면 더 짧은 문장으로 잠들어 있는 염원을 대변할 표현을 찾아보자. 적당한 표현이 떠올랐다면 그 속뜻을 100자 정도로 설명해보자.

사례 : Think Small.(비틀) / Think different.(애플) / Just Do It.(나이키) / Gives you wings.(레드불)

HOW 콘셉트

변이의 사고를 통해 우리는 비상식적인 아이디어와 우연히 마주하게

된다. 지금처럼 있어도 된다고 생각하면 안 된다. 고정관념을 걷어치우고 무수히 많은 새로운 가능성에 눈을 돌리면 지금까지 만들어내지 못했던 변화를 일으킬 수단을 찾아낼 수 있을지도 모른다. '미친' 우발적 도전, 그리고 구체적인 수단의 탄생을 통해 세상은 변화해왔다.

변이에는 변량, 의태, 소실, 증식, 이동, 교환, 분리, 역전, 융합이라는 아홉 가지 우발적 도전 패턴이 있다. 어떤 것을 활용해도 상관없다. 일단 공상이라도 좋다. 날카롭고 구체적인 수단이 될 만한 콘셉트를 찾아내자. 이러한 발상을 골라내기 위해서 '신선함'과 '명확함'이라는 두 가지 기준을 염두에 두자. 완전히 새로운 수단이 명확하게 나타났을 때, 그 발상은 염원을 현실로 구현할 힘을 지닌다. 새로운 도전에 단순한 이름을 붙여보자. 이것이 바로 HOW의 콘셉트다.

상식을 깨부수는 대안은 어떤 모습일까? HOW의 콘셉트에는 앞서 소개한 공기를 가득 넣은 운동화 에어 맥스(Air Max) 같은 '변량 콘셉트'가 있는가 하면, 라디오 카세트를 작게 만들어 이동 시 편하게 이용할 수 있게 한 소니의 워크맨(WALKMAN)처럼 '이동 콘셉트'도 있으며, 카레우동 같은 '융합 콘셉트'가 있는 등 변이의 상황을 알기 쉽게 전달하는 표현을 이름으로 붙인 경우가 많다. 참신하고 극단적인 방법을 떠오르게 하는 표현은 상식을 타파하는 구체적인 수단으로서 힘을 보태줄 것이다.

진화워크 50 — HOW(변이)의 콘셉트-첨예한 수단 30분

변이의 사고에는 새로운 방법을 만들어내는 패턴이 있다. 강력한 아이디어는 이러한 변이를 단단하게 받아들인다. 변이의 콘셉트에서 신선함과 강력함은 무척이나 중요하다.

변량, 의태, 소실, 증식, 이동, 교환, 분리, 역전, 융합

〈변이〉의 진화워크에서 살며시 드러나는, 끝없는 변화를 향한 도전 속에는 선택압력을 견뎌내고 적응하는 강력하고 구체적인 아이디어가 잠들어 있다. 지금까지의 상식을 깨트릴 수 있는 강력하고 구체적인 방법은 무엇이 있을까?

그 콘셉트를 20자 이내, 가능하다면 더욱 짧은 구절로 만들어보자.

나아가 그 속뜻을 100자 정도로 정리해보자.

강력한 콘셉트는 변이적인 아이디어가 그대로 이름이 될 때가 많다. 몇 가지 사례를 적어두니 참고해보길 바란다.

사례: Beetle(딱정벌레 같은 차: 의태) / WALKMAN(보행 중으로 이동) / Automobile(자동화로 의한 노동력의 소실) / Paperless(종이의 소실) / Air Max(공기의 변량)

창조의 속도를 높이려면

다양성을 자아내고 다른 개체와 교배하게 하는 유성생식을 획득하면서 생명의 진화 속도는 빨라졌다. 다양성과 교배. 이들이 변이를 공급하면서 진화가 가속된 듯하다.

《종의 기원》의 서두가 어떻게 시작되는지 아는가? 《종의 기원》은 인위적인 교배를 통한 품종 개량과 생물종 각각을 구분하기가 어렵다고 지적하면서 진화론 가설에 접근해 나간다. 교배를 통한 품종 개량이 불과 수년 사이에 일어났듯이, 변이의 교배와 선택을 인위적으로 되풀이하는 과정을 거치면 수만 년 기다리지 않고도 인간이 바라는 표현형으로 진화시킬 수 있다.

즉, 교배를 통해 바람직한 형질을 갖춘 변이에 이르는 속도가 빨라지고, 양쪽에 필연적으로 존재하는 선택압력이 모두를 고려함으로써 창조성 역시 가속될 가능성이 있다. 지금껏 설명했듯 품종 개량과 창조는 매우 닮은 행위인데, 창조에도 교배와 비슷한 현상이 있을까?

> 아이디어도 교배가 필요하다. 자연을 의도적으로 쿡쿡 찔러보면서, 아리스토텔레스가 권장했듯이 '사고를 하나에서 또 다른 것을 향해 차례로 몰고 가면서, 비슷하거나 대비되거나 혹은 가까워지는 것을 향해 나아가야만 한다.'
>
> — 알렉스 오스본[62)]

50년 전 브레인스토밍(brainstorming)이라는 단어를 만든 알렉스 오스본의 저서 중 한 구절이다. 콘셉트에 있는 수정이라는 의미를 떠올리면 이 단어는 독특한 울림을 지닌 듯하다. 오스본이 인용한 2300년 전 아리스토텔레스의 말 역시 사고를 교배하는 행위의 중요성을 시사한다. 창조 역시 교배할 수 있을까? 그렇다면 도대체 어떻게 해야 할까? 이런 걱정의 목소리가 들려오는 듯하다. 문제없다. 여기까지 진화사고를 탐구해온 여러분이라면 이미 창조를 교배하는 방법을 손안에 쥐고 있기 때문이다.

창조의 교배는 곧 다수의 '진화 대상'을 동시에 고려하는 사고 프로세스다. 지금까지 창조의 대상 x로만 정의해왔는데, 다른 대상 y 혹은 z에 대해서도 차례차례 돌아가며 생각해보자. 나아가 그 대상에도 '변이와 선택'을 반복하다 보면 대상끼리 하나로 연결되는 순간이 온다. 품종 개량과 마찬가지로 생물에서도 창조에서도 다른 개체가 지닌 뛰어난 성질을 선택해 조합하면 바라던 결과를 얻기 쉬워진다.

생물의 교배와 다르게 창조에서는 수많은 개체끼리 교배할 가능성이 있다('진화의 매듭'에서 설명한 바 있다). 이때, 창조 대상은 고정되어 있지 않다. 지금까지 탐구해왔듯이 변이에는 '융합', '의태', '교환', '이동' 등 다른 개체와의 교배를 유발하는 변이 패턴이 있다. 그리고 하나의 중심을 지닌 환경만으로 세계를 이해하지 않고 여러 기준 축을 갖고 다중심적으로 생각하면 '해부', '계통', '생태', '예측'으로 관찰할 수 있도록 세계의 폭이 확장된다. 발상하는 대상의 폭을 넓히고 획득하고자 하는 형질을 지닌 다른 개체와의 선택적 교배를 통해 대상의 진화를 그려나가자.

교배적 사고를 통한 창조 프로세스

교배에 의한 유성생식은 진화를 가속시켰다. 그렇다면 교배적 사고를 통해 우리의 창조성을 높일 수 있지 않을까? 창조의 교배에 대해 생각할 때는 하나의 대상에만 집중하지 말고, 창조가 다른 객체와 어우러질 수 있도록 다중심적으로 사고하는 습관을 들이면 좋다.

구체적으로는 진화시킬 대상 x를 하나로 한정하지 말고 다른 대상 y와 z에 대해서도 마찬가지로 선택압력을 관찰해 적응하는 변이의 발상을 떠올려보자. 일단 한번 해보면 전혀 어렵지 않다. 창조의 교배 프로세스 사례로서 진화시킬 대상을 x, 교배시킬 대상을 y라고 보고 사고 프로세스를 살펴보자.

Q. 이미 문제가 해결된 다른 대상(y)이 있는가?

사례 1. 학교에서의 '공부(x)'가 지루해서 문제라면, 반대로 '놀이(y)'에 힌트가 있다. 같은 방법으로 '교과서(x)'에 대해서는 '만화책(y)'이 힌트가 될 것이다.

Q. 장소(x)에 문제가 있다면, 이미 그 문제가 해결된 다른 장소(y)가 있을까?

사례 2. 창조적인 기분이 들지 않는 '기존 교실(x)'을 '미술관(y)'이나 '공원(z)'이라고 생각하면 교실을 전혀 다른 형태로 꾸미게 될 것이다.

몇 가지 아이디어를 교배하다 보면 기존 창조 대상이었던 x에는 없지만 새로운 대상인 y나 z가 지닌, x에 있다면 바람직한 형질을 선택적으로 획득할 수 있다. 앞에서는 수업을 진화시키기 위해 놀이와의 교배를 예시로 들었다. 왜냐하면 수업은 재미없다는 사실이 가장 큰 문제이기 때문이다. 여기에서는 놀이를 중심으로 한 수업을 진지하게 생각하는 자세가 중요하다. 개념을 교배하면 수업이 매우 즐거워질 가능성이 생겨난다.

기존 개념에 교배하고 싶은 y와 z 같은 요소가 떠오르지 않을 때는 그 주변과 내부에 퍼져 나가는 관계성에 대해서 '시공간 학습(해부, 계통, 생태, 예측)'으로 고찰하면 상상의 돌파구가 열리기도 한다. 앞선 사례를 더욱 깊이 파고들어보자.

다른 대상의 관점으로 이동해 선택압력을 파악하면 '놀이(y)'를 완전히 이해한 상태에서 '공부(x)'를 즐겁게 만들기 위한 깊은 통찰력을 얻을 수 있다.

사례 1. 학교에서의 공부(x)가 지루해서 문제라면, 반대로 놀이(y)에 힌트가 있을지 모른다. 공부를 놀이로 의태시킬 변이를 생각해보자.

↓

해부 — y(놀이)는 어떤 요소들이 모여 있는가? 그 이유는 무엇인가?
계통 — y(놀이)의 역사를 계통수로 그리면 어떤 염원이 담겨 있는가?
생태 — y(놀이) 주변 사람과 도구는 어떠한 연결성을 낳는가?
예측 — y(놀이)의 미래를 예측해보면 어떤 불안과 희망이 있는가?

창조의 교배는 연상 게임이다. 하나에서 시작해 연쇄 반응처럼 그 대상을 바꿔 나가며 내부에서도 외부에서도 고찰하다 보면, 하나로 묶기 어려운 다중심적인 발상이 나타난다. 지금까지 역할이나 영역을 뛰어넘어 월경하는 것과 '나'라는 테두리에서 벗어나 자타를 분리하지 않는 것의 중요성을 역설해왔는데, 이는 창조의 교배를 일으키는 동시에 진화 속도를 높이는 효과까지 불러오는 마음가짐이라고 할 수 있다. 특정한 문제를 해결하려면 집중력이 필요한데, 창조적 과제를 해결할 때는 그것만으로는 부족하다. 오히려 활발하게 여러 영역을 횡단하며 생각해야 창조의 교배를 일으키는 우발성이 커지고 창조성도 높일 수 있다.

이미 깨달았을지도 모르지만, 이 연상 게임은 무한히 이어 나갈 수 있다. y에 한정짓지 말고 다른 대상으로 차례차례 늘려봐도 좋다. 새로운 대상의 선택압력을 파악하고 변이를 통해 아이디어를 계속 우발적으로 만들어 나간다. 이렇게 하면 창조적인 연상을 영원히 이어갈 수 있으며 아이디어가 끝없이 펼쳐진다. 유성생식이 진화를 가속했듯 창조의 교배 가능성을 찾는 과정은 창조의 속도를 높여준다.

어디까지나 예시이지만, 변이 패턴에 따라 아이디어를 하나씩 구상해보았으니 참고하기 바란다. 변이의 사고에 익숙해지면 이런 아이디어를 내는 것이 어렵지 않다. 5분이면 우발적인 아이디어를 10개 정도는 떠올릴 수 있을 것이다. 이런 식으로 100개가량 아이디어를 생각하면 언젠가 반드시 훌륭한 아이디어와 마주하게 될 것이다. 그때까지 사고의 우발성을 높여 나가자.

변량 — 극단적으로 양이 달라진 놀이를 통한 공부란?
[예시] 10초 수업. 극히 짧은 시간에 얼마만큼의 내용을 가르칠 수 있는지 경쟁하기.

의태 — 척 보기에는 놀이처럼 보이지 않는 놀이란?
[예시] 낙서 테스트. 답안지에 쓴 낙서의 예술 점수를 시험 점수에 더하기.

소실 — 무엇인가 없어지는 놀이를 통한 공부란?

[예시] 선생님 흉내. 교사가 사라지고 학생이 큼직한 정장을 입고 수업하기.

증식 — 놀이 중 무언가를 극단적으로 늘리면?

[예시] 세계 게임 모의고사. 수업을 전 세계로 연결해 게임 대회 열기.

이동 — 평소 놀지 않는 장소에서 논다면?

[예시] 아르바이트 사회 과목. 현장에서 실제 사회를 배우는 수업. 급여도 받을 수 있다.

교환 — 놀이 속에서 무언가를 다른 것으로 바꾸어보면?

[예시] 역사 선생님과 역사 관련 게임을 하며 열정의 스토리 이해하기.

분리 — 놀이를 각 요소로 나누어보면?

[예시] 주사위 시간표. 수업 시간표를 놀이에서 사용하는 주사위로 정하기.

역전 — 놀이의 관계가 반대로 바뀌면?

[예시] 공붓벌레 게임. 반에서 경쟁하여 RPG 클리어하기. 단, 영어판으로.

융합 — 놀이와 합칠 수 있는 공부란?

[예시] 피구 영어 단어. 공을 던진 사람이 영어 단어를 말하면 받은 사람이 뜻을 답하기.

창조에 가치를 더하려면

놀이와 호기심의 융합

우연한 변이와 필연적인 선택에서 떠오른 두 가지 콘셉트는 각각 성질이 전혀 다르다. 하지만 이 두 가지가 호응해야만 비로소 현실을 바꿀 힘이 생긴다. 변이하지 않으면 시대에 적응할 수 없으며, 선택압력을 헤쳐 나갈 수 없는 변이는 시간 속에서 도태돼버리고 만다. '변이(새로운 방법)'와 '선택(적응의 관찰)'을 왕복하면서 이 두 가지가 일치되었을 때, 자연적으로 살아남는 콘셉트가 발생한다.

창조적 사고는 구체적이며 동시에 추상적이기도 하다. 선택의 방향성은 추상적이고, 변이적인 새로운 방법은 구체적이다. 구체와 추상 역시 변이와 선택에 호응한다. 파스칼과 킹 목사가 간파했듯 구체적인 방법이 없는 이상을 아무리 부르짖어봤자 현실이 될 수 없다. 현실이 변화하려면 언제나 구체적이고 실현 가능한 대안이 필요하다. 반대로, 새롭고 구체적인 제안이 있더라도 이것이 적응적인 선택이 아니라면 주위의 공감을 얻지 못해 구현되지 못하거나 때로는 폭력이 되기도 한다.

이 중 어느 한쪽에 치우친 불균형한 사고를 반복하다 보면 인간은 자신의 창조성을 지레 포기하기도 한다. 바꿔 말하면, 창조성이라는 재능은 모든 인간에게 내재돼 있지만 균형 잡는 방법을 아무도 알려주지 않을 뿐이다.

누구나 콘셉트를 만들어낼 창조력을 품고 있다. 변이와 적응의 탐구는 우리에게 거대한 흐름과 연결될 자신감과 변화하는 놀이의 즐거움을 일깨워준다. 변이와 선택은 가능성과 호기심의 탐구 그 자체이기 때문이다. 미친 변이에는 놀이에서 발생하는 가능성의 패턴이 나타난다. 그리고 선택압력을 관찰하는 시공간 학습의 네 가지 기준에는 호기심의 종류가 드러나 있다. 놀이와 호기심. 이들 역시 변이와 선택에 대응한다. 여기에서 기억해야 할 점은, 놀이도 호기심도 출발 시점에는 일의 성과나 수준 높은 결과와 전혀 관계 없다는 점이다. 그러나 이러한 두 가지 사고의 왕복을 통해 바람직한 수준을 계승해 나간다면 마치 나선을 타고 올라가듯이 창조성이 나타난다.

그렇다. 창조란 처음부터 가치가 발생하는 프로세스가 아니다. '진화의 나선'을 다시 한번 살펴보자(그림 17-2). 아래쪽에서는 수많은 우발적 변이를 놀이하듯이 테스트하면서 호기심을 바탕으로 한 탐구를 통해 선택해 나간다. 이러한 변이와 선택을 반복하면서 인간은 모두 창조성의 나선이라는 산을 한 발 한 발 올라간다. 그 나선을 반복하는 사이에 산의 고도는 점차 높아진다. 처음에는 완만했던 산은 정상에 다다를수록 점차 험난해진다.

즉, 창조에서 가치를 만들어내는 과정에는 자유롭고 느긋한 '놀이

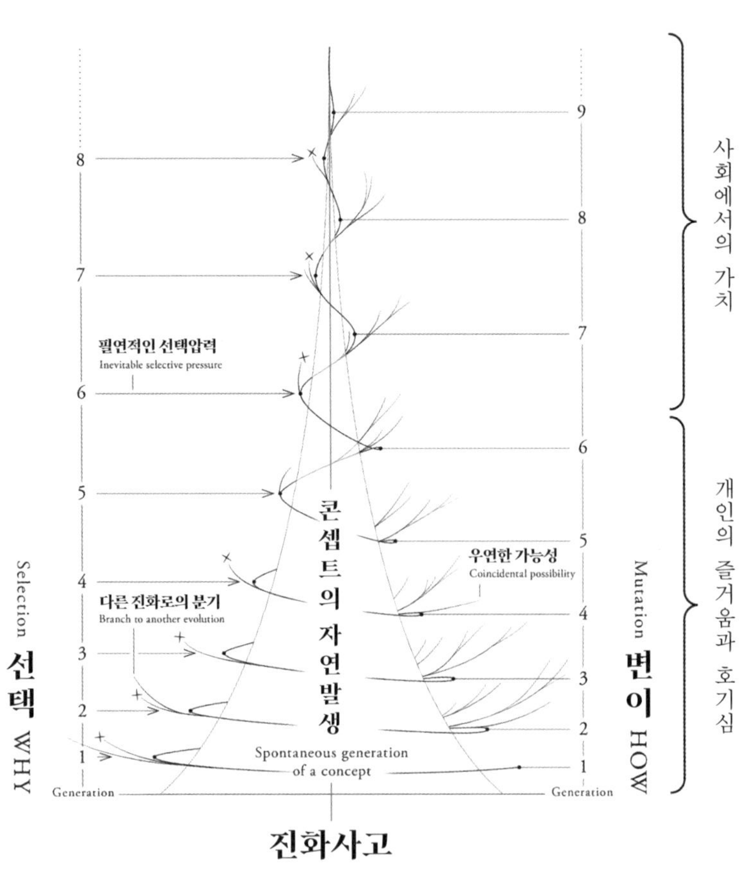

그림 17-2 창조성의 나선 계단을 올라가다

프로세스'와 높은 곳은 어떤 풍경인지 보여주는 '호기심 프로세스'가 있다. 창조성을 만들어내기 위한 구조는 사업의 혁신에서도 어린이의 성장에서도 완전히 똑같다.

그림을 좋아하는 어린이라면 스케치북을 많이 건네주자. 바보 같은 그림을 차례로 그리듯이 변이를 추가하자. 그리고 함께 웃자. 나아가 '호기심' 앞으로 선택의 방향성을 끌어가자. 화법을 알려주고 세상을 바꾼 도전적인 그림을 보여주자. 그림을 좋아하는 사람을 소개해주고 그림이 희망이 되는 순간을 탐구하자. 반대로 말하면 창조성을 막는 교육은 처음부터 '놀면 안 돼'(변이의 부정) 혹은 '그림으로는 먹고살 수 없어'(선택의 포기)라고 말하는 것이다. 혁신을 낳지 못하는 조직 구조라고 할 수 있다.

이렇게 변이와 선택을 왕복하면서 산에 올라가는 사이, 선택압력은 점차 강해지고 산소는 옅어진다. 그 압력에 의해 체에 걸러진다. 왜 산에 오를까? 산기슭에 사는 사람은 의아할지 모른다. 정상에 올라가야만 변화 가능성을 확인할 수 있다는 사실이, 여태껏 보지 못한 풍경을 본다는 사실이 즐거운 것이다. 많은 사람이 갈 수 없는 높은 곳에 도달했을 때, 구름 위에 올라서며 비로소 창조성은 가치를 지닌다. 올라가면 올라갈수록 한 걸음의 중요성이 커진다. 그리고 콘셉트는 완전히 새로워진다.

살아남는 콘셉트

아무도 없는 높이까지 올라갔다면 이미 창조의 역사를 새기고 있다고 할 수 있다. 창조는 디자인이 아름답게 최적화되고, 과거의 염원을 이어받았으며, 주변 생태계에 단단히 뿌리내린 채 희망으로 가득 차 있을 것이다.

이러한 과정을 견뎌낸 콘셉트는 영원히 늠름하게 살아남는다. 창조의 나선을 올라가는 속도는 진화에서 창조성을 배우고 변이의 도전과 선택압력의 관찰을 반복함으로써 한층 빨라진다.

이런 관점에서 변이와 선택을 바라보면 이 탐구가 우리의 행복과 깊이 연결되어 있다는 사실을 깨닫게 된다. 배움이란 본래 인생을 풍성하게 만드는 즐거운 행위다. 창조적으로 사는 것은 인간의 생존 전략 그 자체다. 우리는 창조성을 발휘하며 행복을 느끼도록 진화해왔다. 나는 누구나 행복하게 창조성을 최대한으로 발휘하고, 그 결과 생태계와 공생하게 될 세계를 보고 싶다. 이는 우리 자신이 살아남을 콘셉트의 추구라 할 수 있다.

미치자.

상식을 의심하며 현실을 갈아치울 변이 가능성을 생각하자.

애정을 품고 시공간이 자연스레 인도하는 필연적 선택을 이어받자.

계승을 반복하며 창조의 나선을 올라가 살아남는 콘셉트를 갈고닦자.

콘셉트에 깃들어 있는 기원을 공유하는 동료를 찾아 연결하자.

희망 찬 결과를 담은 이야기를 그려내며 미래를 구체화해 세계에 충격을 주자.

동물 계통수 모형(EVOLUTION):
ggg 기획전 〈NOSIGNER Reason behind forms〉

« Conclusion »

종장

창조 혁명

Evolution of Creativity

인간 중심에서 벗어나라

> 자식을 낳고 번성하라. 땅을 채우고 정복하라. 바다의 물고기, 하늘의 새, 땅 위에 움직이는 모든 생물을 다스려라. — 창세기[63]

〈구약성서〉에서는 인간이 모든 생물의 지배자라고 말한다. 확실히 이제껏 인간의 창조성이라는 초능력은 인간이 자연의 제약에서 벗어나 자신과 세계의 관계, 즉 생태계를 인간을 위해 바꾸는 행위 그 자체였다. 우리는 그에 의문을 품지 않았다.

다시 한번 생물의 진화계통수를 살펴보자. 선두에는 인간이 있다. 무수히 존재하는 진화의 위험한 선두 중 하나로. 인간은 수만 년에 걸쳐 수많은 도구를 발명해왔다. 특히 최근 100년 동안은 믿을 수 없을 만큼 불가능을 가능케 하고, 지금까지 인지하지 못했던 사실을 이해하게 되었다. 이제 인간은 지구 곳곳과 즉시 연결되고, 한순간에 도시를 날려버릴 수도 있으며, 생물 DNA를 편집하고, 지구의 온도를 바꿔버릴 정도의 에너지를 지닌, 여러 의미에서 지구 역사상 최강의 생물이 되었다.

모든 사물은 연결되어 있다. 인간과 관계없는 것은 이미 지구상에 존재하지 않는다. 이런 의미에서 우리는 인간 중심의 세계를 달성했다고 할 수 있다. 확실히 사람은 창조를 통해 주변 생태계를 극적으로 바꿀 수 있게 되었다. 그러나 기술이 발전한 현재까지도 생태계와의 인과관계 파악이나 지속가능한 공생에는 제대로 대처하고 있지 못하다. 이해하지 못한다는 무지를 핑계로 대고 인간의 활동은 자연과 상관없다는 환상 속에서 살아가면서 인간은 수 세기 동안 생태계를 착취해왔다.

상황은 분명히 악화되고 있지만 인간은 본질을 보지 않으려 했다. 우리에게는 거북한 이야기이기 때문이다. 1972년 로마클럽은 '성장의 한계'를 발표하면서 지구 환경과 문명의 한계를 예견하며 강력하게 경종을 울렸다. 그로부터 이미 50년이라는 시간이 흘렀지만, 앨 고어의 말대로 우리는 '불편한 진실'을 못 본 척해오고 있다. 이렇게 인간 중심의 세계를 공고히 한 결과, 수억 년에 걸쳐 쌓아 올린 생물의 생태계와 인간 사회의 생태계 사이에 강렬한 단절이 나타나고야 말았다.

그리고 비극이 일어났다. 우리가 자각했든 자각하지 못했든 현재 지구는 2억 5000년 전 페름기에 일어난 한랭화나 백악기의 거대 운석 충돌에 필적하는 지구 역사상 여섯 번째 대멸종 시대를 지나고 있다. 가장 보수적으로 계산해봐도 인류의 등장 이전과 현재를 비교하면 멸종률은 100배 이상 높으며, 앞으로 1000배 이상까지 늘어날 것으로 예측된다. 현재를 상징하는 현상을 꼽아보면 미래 세대가 앞으로도 생존할 수 있을지조차 예측하지 못할 만큼의 생태계 상실과 오염, 하루가 멀다 하고 기록적인 재해를 일으키고 있는 '기후 변화'를 들 수 있다.

수백만 년 동안 생태계가 지켜온 균형을 우리는 불과 수십 년 사이에 폭발적으로 파괴했다. 스톡홀름회복력센터의 요한 록스트룀 박사(현 포츠담기후영향연구소 소장) 연구팀은 2009년 생물 다양성 손실이나 질소 순환 방해 등의 관점에서 우리가 살고 있는 지구는 이미 지구 위험 한계선(planetary boundaries, 지구가 지속가능하기 위해 보존해야 하는 영역 – 역주)에서 크게 벗어나버렸다고 목소리를 높였다. 인간 중심의 세계는 이미 한계점에 달했다. 이런 상황에서 우리 인간이 다시 환경과 조화를 이루며 계속해서 살아남을 수 있을까? 이는 아슬아슬하게 균형을 잡고 외줄 위에 서 있는 인류가 해결해야만 하는 창조적 시련이라고도 할 수 있다.

과거 리처드 도킨스는 개체가 종 전체를 보존하는 본능을 부정하며 이기적인 자기 증식이 진화를 발생시킨다고 주장했다. 생각해보면 나 자신의 생존은 이해할 수 있어도 인류나 지구 전체의 생존까지 생각하기란 쉽지 않은 일이다. 그러나 최근 진화생물학에서는 잉여분을 만들어 전달하는 생물의 이타성에 주목해 이 성질이 공생적인 진화를 끌어냈다는 가설을 진화론에 통합시키기도 했다. 비록 전체상을 알지 못하더라도 우리가 이타성을 발휘하기를 포기할 필요는 전혀 없다. 오히려 인간은 사회적 동물이며 이타성을 획득해 사회를 이뤄왔다. 단지 지금까지 타자로 인식해온 범위가 인간에게 한정되어 있었을 뿐이다.

이 테마는 이기적인 문제이기도 하다. 기후 변화 속에서 우리가 살아님을 방법이나 생태계 붕괴를 완화할 방법은 앞으로 거대한 시장으로 등장하게 될 것이다. 상황이 녹록지 않은 만큼 인간과 다른 생물종이 공생할 수 있는 사회를 만들어가는 것을 최우선으로 추진할 필요가 있다. 70억 인류와 무수한 기업의 이기성, 이타성을 연결해 악화된 상황을 호전시킬 방법을 찾지 않는다면 인간은 생존조차 위협받게 될 것이다. 어떻게 하면 인간 중심 사고에서 벗어날 수 있을까?

자연계에는 우열이 없는 것은 물론 인간 중심적이지도 않다. 생존 전략이 다른 생물이 다양하게 존재하고 있을 뿐이다. 우리 인간이 자연에 지배적인 영향을 주게 된 현재, 우리는 이 다채로운 생태계를 유지하기 위해 무엇을 창조해야 할까? 우리의 의식을 개체에서 해방시켜 얼마나 멀리 있는 관계성까지 살펴볼 수 있을까? 관계를 이해하는 광대한 상상력은 피할 수 없는 본질적 인지의 테마다. 무엇을 만들어야 하는지를 넘어, 왜 만들어야 하는지를 탐구해야 한다. 에너지부터 이동수단, 거주 공간이나 도구에 이르기까지 모든 창조를 다시 살펴보면서 생태계에 주는 부담이 적은 디자인으로 바꾸고 때로는 과거로 돌아가 다시 검증하는 방안도 요구된다.

우리는 우리 자신의 창조성 때문에 놓쳐버린 자연과의 관계를 다시 한번 창조해낼 수 있을까? 이 의문은 인간이 살아가는 지구 환경이 지속가능한가 같은 근본적인 질문과 일맥상통한다. 이미 창조의 과제는 인간 중심 디자인에서 미래나 자연 생태계와 공생하는 디자인으로 바뀌었다고 할 수 있다.

지금이라도 인간 중심 관념에서 벗어나 생태계에서 배우자.
우리 자신의 창조성을 진화시키자.
자연의 균형을 되돌리기 위한 창조를 우리가 시작하자.

창조성 교육의 진화

> 세상 만물에는 한 가지 영원불변의 법칙이 존재한다. 이 법칙이 만물을 살게 하고 나아가 지배한다. 이는 외부 세계, 곧 자연에도, 내부 세계, 곧 정신에도, 나아가 내외의 두 세계가 결합한 존재인 생명에도 마찬가지로 항상 명료하게 드러난다.
>
> — 프리드리히 프뢰벨

현대 유아 교육의 기반이 되는 유치원 운동을 시작한 프뢰벨은 1826년 출간한《인간의 교육》[64]에 이러한 구절을 담았다. 나에게는 응원의 목소리로 들리는 문장이다. 나 역시 인간 지식의 성장과 자연 원칙의 구조가 닮았다고 믿기 때문이다.

프뢰벨은 이 교육 운동을 시작할 즈음 형태학을 제창한 괴테 등의 독일 자연철학에 지대한 영향을 받았다. 또한 프뢰벨은 다윈 이전의 원초적인 진화론자 중 한 명이었다.《인간의 교육》이 집필된 지 30년 뒤에 등장한 책이 바로 다윈의《종의 기원》이다. 원초적인 진화론자가 만들어낸 교육 혁명에 이어 과학적인 진화론이 등장했다는 시기적인 관계를 고려하면 프뢰벨의 교육 철학이 다윈 등에 의한 진화론의 재발견에 영향을 주었을 가능성도 충분히 있어 보인다. 프뢰벨의 사상은 이후 교육의 기반이 되었으며, 유아 교육뿐 아니라 다양한 교육 분야에 방대한 영향을 미쳤다. 현대 건축, 디자인, 회화, 퍼포먼스 아트 등이 탄생한 곳으로 일컬어지는 전설적인 창조성의 학교 바우하우스도 예외는 아니다.

1919년 바이마르공화국에 설립된 바우하우스는 프뢰벨의 교육 사상에 절대적인 영향을 받았다. 설립 후 5년이 지난 1924년 프뢰벨의 공로를 칭송하며 바우하우스의 초대 교장인 빌터 그로피우스 및 교원들과 정신과 의사인 아돌프 마이어가 프리드리히 프뢰벨 하우스라는 교육 시설을 건설하려고 계획했다는 점에서도 그 영향이 얼마나 지대했는지 엿볼 수 있다. 프뢰벨의 교육에 영향을 받은 바우하우스의 교육은 오늘날 전 세계 수많은 대학이나 전문학교에서 건축, 디자인, 예술학과 커리큘럼의 기반이 되었다. 이런 측면에서 지금 활동하는 디자이너나 아티스트는 모두 바우하우스의 영향을 적게나마 받았다고 할 수 있다.

괴테의 자연철학부터 프뢰벨의 교육, 그리고 바우하우스로 이어지는 근대 창조성의 진화, 다시 말해 현대 교육에는 생물 진화에 내재된 창조성의 원리가 사상의 원류로 흐르고 있다. 하지만 안타깝게도 자연과학을 원류로 한 창조성 교육은 이후 모두 뼈대만 남아버린 듯하다. 현재의 다양한 교육이 진화론에서 큰 영향을 받았다는 사실을 대부분의 교사가 알지 못하는 것 같다. 하지만 자각하지 못했더라도 자연의 뛰어난 지혜에서 만들어진 사상이 현대 교육으로 이어지는 계통에 자리 잡고 있음은 분명한 사실이다. 그리고 과거 프뢰벨이 언급한 영구불변의 법칙, 그 정체가 바로 '진화사고', 즉 변이와 선택의 왕복에서 나타나는 진화의 구조라고 나는 확신한다.

자연과학의 발전으로 현재 우리는 진화를 비롯해 수많은 자연현상을 더욱 깊이 이해하게 되었다. 최신 생물학을 근거로 창조성 교육을 재설계한다면 훌륭한 교육이 나타날 것이다. 괴테, 프뢰벨, 바우하우스의 여정을 200년의 세월이 흐른 지금, 다시 한번 거슬러 올라가며 진화에 숨겨진 자연의 진리를 바탕으로 창조성 교육을 정립하고 싶다. 자연으로 돌아간 교육의 진화는 온 세계 사람의 창조성을 진화시킬 것이다. 이것이 진화사고가 도전할 방향이다.

세계는 지금 인간을 뛰어넘을 가능성을 지닌 컴퓨터의 출현과 인류의 지속가능성이라는 최후의 역사적 심판을 목전에 두고 있다. 우리는 심기일전해서 창조성을 재구축해야 한다. 지금 이대로라면 인류의 장래가 어둡다고 수많은 이들이 개탄하고 있다. SDGs는 목표를 대부분 달성하지 못한 채 2030년을 맞이할 것으로 예상된다. 하지만 역사를 돌이켜보면 위기 상황을 극복하게 해준 것 역시 창조성의 진화였다.

르네상스 시대에 창조성이 폭발한 이유는 페스트의 만연이라고들 말한다. 스페인독감이 맹위를 떨치면서 전 세계 수천만 명이 사망했으나 그다음 해에 역사상 최고의 창조성 학교라 불리는 바우하우스가 탄생해 르네상스 같은 근대 디자인 시대가 도래했다. 물론 단순한 우연일 수도 있다. 하지만 코로나19를 경험한 뒤 미래로 향하는 지금이야말로 새로운 르네상스처럼 창조성을 진화시킬 적기일지도 모른다.

창조성을 바탕으로 우리 미래를 조금이라도 바로잡으려는 사람이 전 세계에 얼마나 있어야 우리 미래가 변화할까? 서장에서도 이런 계산을 해봤다. 많은 사람이 창조성에 자신감을 갖게 되고, 평생 한 번 미래에 도움이 될 만큼 효과적인 프로젝트를 실현할 사람이 100명 중 1명씩 늘어난다면 어떨까? 통계에 의하면 세계 인구는 2050년 90억 명에 달할 것으로 보인다. 여기에 100명 중 1명이라는 비율을 적용하면, 전 세계에서 약 1억 건의 프로젝트가 변화를 일으킬 거라는 계산이 나온다. 이는 어마어마한 사회적 가치다. 세계 각지에서 발명가가 나타나 곳곳에 산적한 과제를 해결하며 공동으로 진화해 나가는 세계는 지금보다 더 제대로 된, 훌륭한 미래일 것이다.

독창적인 아이디어로 가득한 사람, 미래에 애정을 품은 사람이 늘어나면 미래는 조금씩 달라질 것이다. 이 책을 읽는 여러분 역시 그중 한 사람이길 바란다. 우선 우리 세대가 할 수 있는 일을 하자. 그리고 미래의 아이들에게 거대한 변화를 향한 기대를 맡기고 싶다. 시대에 구애받지 않고 창조적인 동료를 늘릴 수 있을까? 그 성패는 창조성을 체계적으로 터득할 이론과 교육을 지금 우리가 만들 수 있을지에 달려 있다. 창조성의 본질은 진화라는 현상 속에 잠들어 있다고 나는 확신한다.

미래 동료의 창조성에 공헌하기 위해 이 책을 썼다. 창조성은 우리가 자연에서 배울 수 있는 지혜이자 우리 모두가 지닌 본연의 힘을 살릴 수 있는 방법이기도 하다.

누구나 본래 지닌 창조성을, 자연의 지혜에서 다시 배우자.

지속가능성이라는 거대한 과제를 해결하기 위해 창조성을 진화시키자.

그리고, 슬픔으로 가득한 예측과 다른 밝은 미래를 향해 함께 걸어 나가자.

정리하며

지금까지 진화사고를 탐구하는 데 함께해줘서, 그리고 여기까지 읽어줘서 고맙다. 다시 한번 이 책이 탄생하기까지의 과정을 이야기해보려 한다.

이 책은 '아마노카제'라는, 아마 처음 들어봤을 출판사에서 출간됐다. 이 출판사가 자리한 아마초는 시마네현에서 60킬로미터 북쪽에 있는 인구 2000명 정도의 외딴섬이다. 13세기 초 고토바 상황이 유배된 장소로도 알려져 있다. 도쿄에서 가려면 여덟 시간은 걸리는 곳이다. 극동 지역의 섬나라인 일본에서 더더욱 세상의 변두리라 할 만한 위치다. 그러나 현재 아마초는 지역 활성화 운동과 학교 교육에서 커다란 성과를 이루며 기적의 섬이라 불리고 있다.

아마초를 활성화한 주역인 아베 히로시와 이노베이터를 응원하는 책을 수없이 출판한 에이지출판사의 하라다 에이지는 아마초에 새로운 출판사를 설립하자는 구상을 했다. 이 책의 〈예측〉 파트에서 등장하는 백캐스트 이야기는 이 출판 기획이 탄생하는 순간에 나온 것이다. 일본 변두리에 있는 작은 섬에 세운, 이제껏 존재하지 않았던 '아마노카제'라는 출판사에서 발행된 최초의 책이 바로《진화사고》다.

내 개인적인 직감일 뿐이지만, 이 책이 변두리에서 나왔다는 점에서 큰 희망을 느낀다. 세계는 언제나 가장자리부터 변하기 시작한다고 믿기 때문이다. 대형 출판사에서도 《진화사고》를 출판하자고 권유받았지만, 이렇듯 섬나라 끄트머리에 있는 작은 섬에 사는 친구의 도전을 응원하는 형태로 이 책이 탄생하게 되어 기쁘다. 무모한 선택으로 여겨질지 모르지만, 그들과 함께라면 새로운 사상을 효과적으로 전파할 수 있을 거라는 그림이 그려졌다. '이 책이 작은 외딴섬의 창조성 교육을 키우고 외딴섬 밖으로 퍼져 나가 종국에는 전 세계로 전파되어 세계의 창조성 교육을 변화시킬 수도 있지 않을까?' 하고 상상하니 가슴이 마구 뛰었다. 이렇게 설립된 아마노카제와 함께 아마초에서 시작된 《진화사고》라는 작은 바람이 나비효과를 불러와 세계에 허리케인을 일으킬 미래를 여러분과 함께 지켜보고 싶다.

언어와 디자인을 둘러싼 창조성 교육을 연구하기 시작한 지 15년, 이를 발전시킨 진화사고를 제창한 지 6년, 이 책의 집필을 시작한 지도 벌써 3년이라는 세월이 흘러가버렸다. 책을 쓰는 데 이렇게 오랜 시간이 걸렸다는 사실이 기가 막히지만, 마침내 진화사고에 관한 책을 여러분에게 전달할 수 있는 날이 왔다. 자연은 창조성의 본질을 품고 있다. 그리고 이는 분명 여러분의 창조적 모험에 도움이 될 지혜라고 믿는다.

뻔뻔스러울지도 모르지만, 여기까지 읽어준 여러분에게 부탁하고 싶은 바가 있다.

부탁 하나. 가까이에서부터 창조적인 진화를 고민해보자.

《진화사고》를 참고해 여러분이 평소 추진하고 있던 프로젝트의 진화를 고민해보길 바란다. 이 책은 여러분에게 도움을 주기 위해 쓰였다. 여기서 배운 지식을 바탕으로 창조적인 프로젝트가 만들어진다면 그것만큼 기쁜 일은 없을 것이다.

부탁 둘. 창조성이 필요한 사람에게 이 책을 전해주자.

이 책은 창조적인 사람을 늘리기 위해 쓴 만큼 다 읽고 나서는 진화사고가 필요한 사람에게 전달해서 돌려보기를 추천한다. 책 마지막 페이지에 편지를 쓸 수 있는 공간을 마련해두었다. 누군가에게 전해주면서 '이 책을 추천하는 이유' 같은 메시지를 적을 때 활용해보기 바란다.

부탁 셋. 여러분의 진화사고 탐구를 누군가에게 가르쳐주자.

학습의 효과는 배울 때보다 가르칠 때 훨씬 높다는 연구 결과가 있다. 진화사고에서 배운 지식을 꼭 누군가에게 가르쳐보기 바란다. 창조적인 사람을 늘리려면 창조성을 가르치는 사람이 늘어나야 한다. 여러분도 여기에 동참하면 좋겠다.

진화사고가 세계에 퍼져 나가는 모습을 수많은 동료가 함께 지켜봐주고 있음이 느껴진다. 나 혼자서는 진화사고를 발전시킬 수 없었을 것이다. 앞으로도 많은 이의 힘을 빌리게 될 것이다. 다시 한번 인사를 전해두고 싶다.

오타 나오키, 도미닉 첸, 후지이 야스시, 파나소닉의 가타야마 도모코와 스나미 유키는 파나소닉 사내에서 선발된 멤버에게 진화사고를 바탕으로 한 해커톤과 사내 교육을 진행하고 있다. 이미 4년 차에 돌입해 파나소닉 사내 기술자와 디자이너에게 많은 영향을 주었다. 일본에서 가장 이상한 공무원으로 알려진 야마다 다카시와 그의 동료들은 진화사고가 인생에 도움이 된 경험을 계기로 수백 명의 월경형 공무원에게 진화사고 강의를 자발적으로 시행하며 직접 진화 학교 프로젝트를 추진하고 있다. 행복학자 마에노 다카시는 게이오 SDM에서 진정한 혁신을 일으키는 직장인, 대학원생을 대상으로 진화사고 수업을 나와 함께 진행하고 있다. 마찬가지로 SDM에서 교편을 잡고 있는 하마구치 히데시, 창조적인 프로젝트를 만드는 동료인 카약의 야나사와 다이스케는 띠지 문구를 훌륭하게 써주었다. 주라시아의 무라타 고이치 원장은 동물원을 캠퍼스 삼아 '진화 학교'를 공동 개최하며 창조성 교육 프로그램을 환경 영역의 이노베이터에게 제공할 기회를 만들어주었다. 야마자키 마유카의 권유로 아직 유치한 수준이었던 진화사고의 논문을 《다이아몬드(DIAMOND) 하버드 비즈니스 리뷰》에 실을 수 있었다. '코크리!'의 동료로 이노베이터들을 연결해온 미타 아이, 가무라 겐슈, 오시마 나오코에게는 진화사고 워크숍 개최는 물론 개선에도 도움을 받았다. 코드 포 재팬(Code for Japan)의 대표인 세키 할에게는 그들이 주최하는 서밋에서 진화사고에 대한 기조 강연을 할 기회를 받아 일본 내 시빅 테크(civic tech)와 관련된 이들에게 진화사고를 전파하는 유익한 시간을 보낼 수 있었다. 일본 IBM의 스즈키 이타루는 진화사고로 AI에 사랑을 알려주는 프로젝트를 진행하고 있다. 각각 일본 최대 연수회사인 후지쯔 러닝 미디어의 기노 마사유 팀과 대기업의 차세대 경영자 육성으로 일본 1위를 자랑하는 세루무의 와타리 슈세이 팀에게 진화사고가 세계 최강의 이노베이션 수단이라고 호평받으며 수많은 대기업에 적용하는 프로젝트를 함께하고 있다. 2025 오사카 엑스포의 일본관 기본 구상 팀, 지요다화공건설의 SPERA수소 팀을 비롯해 생태계에 도움이 될 혁신적인 이노베이션을 탐구해준 모든 분에게도 평소의 탐구와 협조에 감사 말씀을 올리고 싶다. 이외에도 진화사고의 발전에 기여한 모든 분께 고마운 마음을 전달하고 싶지만, 지면이 제한된 만큼 이 자리를 빌려 진화사고를 키워준 인연에 감사의 뜻을 표하고자 한다.

무엇보다도 이 책을 완성하기까지 나를 끊임없이 응원해준 편집팀의 아베 히로시, 하라다 에이지, 와다 후미오, 야마시타 도모야, 최고의 출판사와 편집팀을 만나서 행복했다. 또, 육아하는 틈틈이 집필할 시간을 쪼개주고 워크숍을 개선하는 데 도움을 준 아내에게도 고마운 마음을 전한다. 이 책의 북 디자인을 도와준 노자이너의 동료들 역시 바쁜 와중에 틈을 내 함께해줬다.

마지막으로 할머니와 아들에게 감사를 전하고 싶다. 나는 어릴 때부터 부모님이 모두 안 계셔서 할머니 다치카와 히로코와 둘이 살았다. 자세히 말할 수는 없지만, 우리 집에는 정말 여러 사정이 있었는데, 내가 사회인이 된 이후에는 친척 간의 불화로 어머니처럼 여기던 할머니와 생이별하게 되었다. 이대로 후회만 남기기는 싫었기 때문에 굳은 마음을 먹고 절연한 친척에게 연락했더니, 할머니는 고령자 복지시설에 머물고 있었다. 우리는 생이별한 뒤 7년 지나 재회했다. 할머니는 벌써 만으로 100세였다. 약간 치매 증상이 있었지만 다른 동년배에 비해서는 놀라울 정도로 건강하고 즐겁게 살고 있었다. 이야기해보니 가족 간 불화가 있었던 시기의 기억만 싹 잊어버린 채 사이좋게 지내던 때의 추억만 남아 있었다. 내가 디자이너로 활약하고 있다고 이야기했더니 할머니는 눈물을 흘리며 기뻐했다. 기억의 구조는 이렇게 행복하게 천수를 누릴 수 있도록 설계된 것인지도 모르겠다.

나는 그 이후 가계도와 사망기록부를 작성하기로 결심했다. 내 몸에 흐르는 피가 어떻게 이어져 내려왔는지에 대해 친척들과 인터뷰하던 중 만난 적도 없는 증조부와 수많은 친척의 이름, 됨됨이 등을 들으면서 나는 확실한 연결성을 느꼈다. 사망기록부를 보내주면서 친척들과 연이 이어졌고, 신기하게도 다시 하나가 된 듯한 기분이 들었다. 나 자신의 과거를 계통적으로 찾아가는 경험은 진화사고에서 계통의 관점이 중요하다는 사실을 일깨워주는 계기가 되기도 했다.

할머니의 용태가 급변한 것은 그로부터 1년 뒤로, 처음으로 진화사고 워크숍을 진행해보려던 날 하루 전이었다. 급하게 병원으로 향하니 고통스러워하던 할머니는 간신히 고비를 넘기고 안정을 찾았다. 나는 사이타마의 병원에서 급하게 야마나시로 이동해 친구들이 진화사고를 경험하게 했다. 이는 큰 반향을 일으켰고 사고를 확장해 나가는 동료들과 만날 수 있었다. 마침 그날, 아베 히로시와 하라다 에이지 같은 이들과 이야기하면서 이 책의 출판이 결정됐다.

할머니는 한 달 뒤 편안하게 세상을 떠났다. 101세에 돌아가신 호상이었다. 장례가 치러진 날은 7월 29일로 태풍 예보가 있었지만, 하늘은 활짝 개어 있었다. 이날 기상청이 관측한 이래 사상 처음으로 태풍이 동에서 서로 흘러가 소멸했다고 한다. 마치 할머니가 함께 있었던 것 같은, 정말 불가사의한 하루였다. 할머니가 없었다면 애초에 나는 존재하지 않았을 것이다. 진화사고의 탐구 역시 할머니라는 존재가 기회를 주었다고 할 수 있다. 다시 한번 감사를 전하고 싶다. 할머니, 정말로 고마워.

그 뒤로 나는 결혼해서 다음 해 9월 아들이 태어났다. 이름은 '다치카와 린[輪]'이다. 아들의 이름은 바퀴(輪)에서 따왔다. 영어 스펠링은 'ring'으로 영어로도 같은 의미다. 바퀴는 인류 역사상 최고의 발명 중 하나다. 적은 동력으로 무거운 물건을 옮기는 지속가능한 디자인이자 순환과 조화의 형태를 띤다.

하루가 다르게 쑥쑥 자라는 아들을 보면서 이 책을 쓰고 있다. 아이가 태어나고 나는 더욱 세밀하게 미래를 생각하게 되었다. 언젠가 찾아올 특이점도 생물 다양성의 붕괴도 청년기의 아들이 경험할 사건일 것이다. 창조성 교육도 더욱 세부적으로 고민하게 되었다. 아들이 살아갈 세계는 창조적인 세계일까? 많은 사람이 창조성을 포기하지 않고 실력을 발휘하는 사회를 만들려면 어떻게 해야 할까? 그 앞에는 어떻게 해야 신중한 사회를 재창조할 수 있을까 하는 거대한 과제가 자리하고 있다. 우리 문명은 앞으로 60년밖에 남지 않았다고들 한다. 하지만 나는 아들에게 희망 찬 미래를 보여주고 싶다.

2025년에는 오사카 엑스포가 열린다. 나는 경제산업성(한국의 산업자원부에 해당 - 역주)으로부터 메인 전시인 일본관의 기본 구상 크리에이디로 임명받았다. 마음 맞는 동료들과 탈인간중심주의를 바탕으로 한 일본의 자연관을 보여주는 콘셉트를 구상하고 있다. 동시에 2021년부터 시작된 UN 오션 디케이드(Ocean Decade, 해양과학 10년)와 연대해 북태평양해양과학기구(PICES)라는 태평양의 해양 환경 관리를 이끄는 국제기구의 과학 커뮤니케이션에도 참여하기로 했다.

인간뿐 아니라 생명의 순환을 고려하는 시대가 드디어 도래했다. 이러한 활동을 계기로 창조적인 사회를 실현하는 데 진화사고를 어떻게 활용하면 좋을지 고민하고 있다.

미래를 살아갈 아이들, 나아가 그 뒤로 몇 세대고 이어질 후세의 존재를 떠올리면 가슴이 아플 따름이다. 지금의 우리가 미래의 희망을 창조하기 위해서라도 우리 자신이 살아가는 문명의 창조성을 진화시켜야만 한다. 우리 아이들이 어른이 되었을 때, 이 책이 미래를 창조적으로 살아가는 데 힌트가 되기를 간절히 바랄 뿐이다.

자료출처(미주). 참고문헌. 도판. 상세목차는 PDF 파일로 확인할 수 있습니다.

지은이

다치카와 에이스케
太刀川 英輔

통합 디자인 전략가
NOSIGNER 대표

2025 오사카 엑스포 일본관 크리에이터, 요코하마 베이스타즈 통합 브랜딩, 모질라 팩토리 설계, 쿨재팬 콘셉트 디렉터, 방사선폐기물 관리 정책 디자인, 830만 부가 발행된《도쿄방재》서적 제작 등 브랜드, 공간, 제품, 공공의 경계를 넘나들며 통합 디자인 프로젝트를 수행하는 전략가이다.
2003년 호세이대학교에서 건축학을 공부했고 게이오기주쿠대학에서 공학 석사 과정 중에 2006년 디자인 전략회사 NOSIGNER를 설립한다. 굿디자인상, 아시아디자인상 등 100여 개 이상의 국제상을 받았으며 JIDA(일본 인더스트리얼 디자인 협회) 최연소 이사장, 굿디자인상, DFAA(Design for Asia Awards), WAF(World Architecture Festival), DIA(Design Intelligence Award)의 심사위원을 역임하는 등 떠오르는 혁신 아이콘으로 불리고 있다.
그는 다양한 영역을 넘나들며 수백 가지 프로젝트를 진행할 수 있었던 비결로 자신이 주창한 '진화사고'를 든다.
진화사고는 생물의 진화 방식을 차용해 창의력을 시스템적으로 끌어낼 수 있도록 정리한 생각법이다. 저자는 진화론의 핵심 원리인 '변이'와 '선택'을 도입하면 누구라도 팔리는 기획, 새로운 아이디어, 끌리는 공간을 만들 수 있다고 말한다.
그의 이론을 정리한《진화사고》는 출간 즉시 아마존재팬 베스트셀러에 올랐으며 2022년 과학자와 경제학자가 선정하는 일본 최고의 학술상인 야마모토 사치에이상에 선정되기도 했다. 진화사고가 경직된 교육 시스템을 바꿔놓을 계기가 되길 희망하며 게이오기주쿠대학, 캄보디아의 키리롬 공과대학 등에서 학생들을 가르치고 있다.

옮긴이 신희라

서울대학교에서 가족아동학을 전공했다. 드넓은 세상을 한국 독자들에게 소개하고 싶어 글밥아카데미 수료 후 바른번역에서 번역가로 활동하고 있다. 정보 전달 매체가 활자에서 영상으로 옮겨가는 추세 속에서도 여전히 글에서만 얻을 수 있는 재미와 깨달음이 있다고 믿는다.

진화사고

초판 1쇄 발행 2023년 6월 5일
초판 3쇄 발행 2024년 1월 12일

지은이 다치카와 에이스케
옮긴이 신희라
펴낸이 유정연

이사 김귀분
책임편집 신성식 **기획편집** 조현주 유리슬아 서옥수 황서연 정유진 **디자인** 안수진 기경란
마케팅 반지영 박중혁 하유정 **제작** 임정호 **경영지원** 박소영 **교정교열** 허지혜

펴낸곳 흐름출판(주) **출판등록** 제313-2003-199호(2003년 5월 28일)
주소 서울시 마포구 월드컵북로5길 48-9(서교동)
전화 (02)325-4944 **팩스** (02)325-4945 **이메일** book@hbooks.co.kr
홈페이지 http://www.hbooks.co.kr **블로그** blog.naver.com/nextwave7
출력 · 인쇄 · 제본 (주)상지사 **용지** 월드페이퍼(주) **후가공** (주)이지앤비(특허 제10-1081185호)

ISBN 978-89-6596-578-7 03300